BIBLIOTHÈQUE DES CAHIERS DE L'INSTITUT
DE LINGUISTIQUE DE LOUVAIN — 124

Le nom des langues III

Le nom des langues en Afrique sub-saharienne
pratiques, dénominations, catégorisations

Naming Languages in Sub-Saharan Africa
Practices, Names, Categorisations

sous la direction de

Carole DE FÉRAL

PEETERS
LOUVAIN-LA-NEUVE
2009

LE NOM DES LANGUES

collection dirigée par Andrée Tabouret-Keller

Le nom des langues I. Les enjeux de la nomination des langues, Andrée Tabouret-Keller (éd.), 1997.

Le nom des langues II. Le patrimoine plurilingue de la Grèce, Evangelia Adamou (éd.), 2008.

D/2009/0602/50 ISSN 0779-1666 ISBN 978-90-429-2270-9 (Peeters Leuven)
ISBN 978-2-7584-0086-8 (Peeters France)

Bondgenotenlaan 153
B-3000 Leuven

Printed in Belgium

Le nom des langues III

Le nom des langues en Afrique sub-saharienne pratiques, dénominations, catégorisations

Naming Languages in Sub-Saharan Africa Practices, Names, Categorisations

sous la direction de

Carole de Féral

SOMMAIRE

III - Perspectives historiques et état des lieux

REMERCIEMENTS

En me proposant de diriger un volume sur la dénomination des langues en Afrique sub-saharienne, Andrée Tabouret-Keller m'a permis d'approfondir une réflexion que je juge essentielle quand on étudie des pratiques urbaines issues du contact des langues. Ce livre a été l'occasion de nombreux échanges de courriels entre nous et, pour moi, celle d'avoir le sentiment que nous « réfléchissions dans la même direction » sur un sujet qui nous tient toutes deux à cœur. Je lui suis très reconnaissante de la confiance qu'elle m'a faite, de sa grande disponibilité et de toutes les lectures et relectures qu'elle a partagées avec moi.

Je remercie les auteurs d'avoir accepté de contribuer à cet ouvrage et d'avoir supporté de bonne grâce mes nombreuses demandes de précisions et, parfois même, de réécriture. Je tiens également à remercier Lucette Chambard et Claudine Leralu pour leur patient et minutieux travail de relecture et de correction.

Devoir assumer non seulement la direction scientifique mais aussi une grande partie de la réalisation technique de cet ouvrage m'a permis d'approfondir mes connaissances très lacunaires en matière de mise en forme. J'ai pu cependant bénéficier des conseils de mes collègues du laboratoire *Bases, Corpus et Langage*, sans lesquels je n'aurais pu résoudre certains problèmes. En outre, pour tout ce qui concerne les photos et les cartes, je n'ai pas hésité à solliciter mon collègue niçois, Xavier Barillot, co-auteur de cet ouvrage et membre du même laboratoire. C'est grâce à son savoir-faire qu'ont été notamment élaborées les cartes des pages 13 et 147.

Le nom des langues III. Le nom des langues en Afrique sub-saharienne : pratiques, dénominations, catégorisations. Naming Languages in Sub-Saharan Africa: Practices, Names, Categorisations (sous la direction de C. de Féral), Louvain-la-Neuve, Peeters, BCILL 124, 2009, p. 9-17.

LE NOM DES LANGUES EN AFRIQUE SUB-SAHARIENNE
PRATIQUES, DÉNOMINATIONS, CATÉGORISATIONS

INTRODUCTION

Carole de FÉRAL
Laboratoire BCL, Université Nice Sophia-Antipolis, CNRS ;
MSH de Nice[1]

« - La Légion Étrangère, c'est 140 nationalités.
- Presque autant de langues alors ? »[2]

Dans le premier tome de la série *Le nom des langues,* consacré aux *Enjeux de la nomination des langues,* A. Tabouret-Keller rappelle que « la catégorie de langue résulte d'une élaboration, d'une construction qui ne dénote pas un objet naturel » (1999 : 4). Lorsque l'on nomme des pratiques langagières, on construit en effet un objet linguistique en posant des limites, en créant une discontinuité dans une réalité qui offre du continu. Cette construction est le fait de différents types d'acteurs, « acteurs réguliers » (descripteurs et évaluateurs des langues : linguistes, grammairiens…) et « acteurs séculiers » (usagers ordinaires des langues)[3].

---

[1] BCL : *Bases, Corpus et Langage* ; CNRS : *Centre national de la Recherche Scientifique* ; MSH : *Maison des Sciences de l'Homme.*

[2] Interview d'un Général de la Légion Étrangère par M. Drucker, Fr2, 22 juin 2008.

[3] J'emprunte à R. Nicolaï la distinction entre « acteur réguliers » et « acteurs séculiers » qu'il a proposée lors de la table ronde organisée sur les *Questions(s) de frontière(s) et frontière(s) en question(s),* Université de Nice-Sophia Antipolis, 14-15 décembre 2007.

PLUSIEURS NOMS POUR UNE LANGUE

Les acteurs réguliers observent des pratiques et les délimitent selon des critères qui peuvent être scientifiques (c'est ce que font les linguistes) mais aussi idéologiques et politiques : on sait depuis longtemps qu'une frontière d'État peut instituer une frontière de langue dans un continuum dialectal (c'est la frontière entre l'Allemagne et les Pays-Bas, par exemple, qui a créé deux unités discrètes nommées, l'*allemand* et le *néerlandais*). On sait aussi qu'une façon de nier l'existence d'une langue est d'omettre de la nommer (*cf.* Akin 1997 pour le kurde en Turquie). Les auteurs de l'*Atlas linguistique du Cameroun* (*ALCAM*) ont dû faire face à une double exigence : répondre au critère d'objectivité par des choix méthodiques élaborés en conformité avec leurs disciplines (linguistique, géographie, informatique) mais aussi être en conformité avec l'idéologie officielle. Ce sont donc sur leurs ressemblances plutôt que sur leurs différences, « sur une catégorisation de la diversité en réseaux plutôt que sur une mosaïque de fragments » (Renaud : 45), qu'a été construit l'inventaire des langues du Cameroun.

Les acteurs séculiers, quant à eux, se servent de dénominations qui peuvent être différentes selon la dimension de l'espace (village, région, pays, continent…) qu'ils souhaitent prendre en compte, et le positionnement qu'ils adoptent à l'intérieur de cet espace, au moment d'une interaction donnée. Les catégorisations ainsi construites par les acteurs séculiers (et par conséquent les dénominations de leurs pratiques) peuvent donc ne pas coïncider avec celles qui ont été décidées par les acteurs réguliers (ce problème est ici particulièrement illustré par la contribution de V. Feussi sur les langues bamiléké au Cameroun). Les langues peuvent être ainsi nommées de différentes manières, comme le montrent les contributions à cet ouvrage sur les langues camerounaises (Biloa et Echu, Breton, Feussi, Renaud), les langues sénégalaises (Juillard et Ndiaye), celles de l'Afrique de l'Est (Barillot), l'arabe (Miller), le kituba (Mufwene), le peul (Gottschligg), les « portugais restructurés » – c'est-à-dire les créoles portugais et les variétés vernaculaires de portugais – (Holm et Madeira), les pratiques urbaines du français (Féral, Ploog), l'anglais et le pidgin-english (Féral).

X. Barillot soutient que les noms de langues sont généralement motivés – tout du moins originellement – et les différentes contributions à cet ouvrage le montrent bien (*cf.* tableau *infra).* Elles sont en outre souvent le fait d'hétérodésignations car il est plus besoin – et sans aucun doute plus facile – de nommer, de catégoriser les autres et la langue des autres (« ethnie » et « langue » étant souvent co-extensives) que de se nommer soi-même. On ne sera pas, de ce fait, étonné d'apprendre, qu'en Afrique comme ailleurs, les hétérodésignations des langues, tout comme celles des « ethnies » (Schippers), peuvent être dotées de qualifiants ou d'étymons dont le signifié est dépréciatif (Barillot, Biloa et Echu, Breton, Feussi, Holm et Madeira) alors que ce n'est évidemment pas le cas des autodésignations. Il peut cependant arriver qu'un peuple adopte une hétérodésignation sans avoir connaissance de sa connotation péjorative originelle (Barillot) ou que des alloglottes adoptent une dénomination sans en connaître le signifié (les Camerounais qui ne parlent pas le *bəti* – nommé aussi *ewondo* – n'ont aucune raison de savoir que « bəti » en *bəti* signifie « seigneur »).

Le linguiste est donc confronté à la pluralité des noms dont peuvent être dotées les langues et les pratiques qu'il doit décrire et par conséquent nommer. Doit-il alors privilégier les autodésignations ou plutôt adopter une hétérodésignation parce qu'elle permet de lever certaines ambiguïtés ? Peut-il, en outre, se permettre de fabriquer un nom de langue, au risque de ne le voir utilisé que par lui-même, pendant une courte période ?

CATÉGORISATIONS	NOMS DE LANGUES OU DE VARIÉTÉS
ethnique	***ewondo*** (Biloa et Echu), ***kikongo*** (Mufwene), ***oromo*** ou ***oromiffa*** (Barillot), ***wolof***, ***mandingue*** (Juillard et Ndiaye)
nationale	***guinéen/guineense*** pour le créole de Guinée-Bissau, ***kabuverdianu***, ***kauberdianu***, « cap verdien » ou ***berdiánu***, « verdien » pour le créole du Cap Vert (Holm et Madeira)
sociale et/ou **géogaphique**	***kikongo ya leta,*** « kikongo de l'administration coloniale » ou ***kikongo ya bula matadi,*** « kikongo des casseurs de pierre » pour le *kituba* (Mufwene), ***Bush English,*** « anglais de la brousse » pour le pidgin-english du Cameroun (Féral), ***français makro***, « français des voyous » (Féral), ***nouchi***, « voyou », ***abidjanais***, ***français populaire d'Abidjan*** (Ploog), ***lingua kriston,*** « langue chrétienne » pour le créole de Casamance (Holm et Madeira), ***forro***, « affranchi » pour le créole de São Tomé (Holm et Madeira), ***beti*** (< beti : « seigneurs ») (Biloa et Echu), ***kuudza*** (< dahalo : Kuudza « esclaves ») pour se référer aux Swahili et à leur langue (Barillot)
linguistique	***Broken English***, « anglais cassé », ***pidgin*** pour le pidgin-english du Cameroun, ***grama*** (< angl. : grammar), « grammaire », pour l'anglais du Cameroun (Féral), ***arabi mukassir***, « arabe cassé » ou ***arabi al cajin***, « arabe mélangé » pour l'arabe véhiculaire du Soudan (Miller), ***kriyol*** pour le créole de Guinée-Bissau et ***kriol*** pour celui du Cap-Vert (Holm et Madeira), ***bilkiire*** (< belgə : « quelqu'un qui ne peut pas parler la langue locale ou qui ne prononce pas correctement ») pour le peul véhiculaire du Cameroun (Gottschligg)
auto-centrée	***nkɔbɔ bətada***, « la parole des ancêtres », ***nnam***, « notre langue/parole » pour l'ewondo (Biloa et Echu), ***nos lingaldialektlkriol*** pour le créole du São Vicente (Holm et Madeira)
citation (stigmatisation d'une expression récurrente)	***m-akad naa,*** « je dis que » pour l'ewondo (Biloa et Echu), ***tok se***, « dire que » pour le pidgin-english du Cameroun (Féral), ***mono kutuba*** (< mono tuba : « je dis ») pour le kituba (Mufwene), ***gigiza ta-kwa*** (*ta-kwa* : « est-ce que ne pas ») pour le gigiza du nord (Breton)

Catégorisations et glossonymes : quelques exemples

S. Mufwene préfère utiliser l'hétérodésignation *kituba* pour se référer à ce que les locuteurs de cette langue nomment eux-mêmes généralement *kikongo* parce que cela permet d'éviter toute confusion avec la langue vernaculaire des Bakongo dont elle est issue. En revanche, il n'y a pas de raison pour ne pas préférer la dénomination *francanglais* à ce que les linguistes, depuis une vingtaine d'années, appelaient *camfranglais* pour se référer aux pratiques langagières des jeunes francophones camerounais dans la mesure où des enquêtes récentes montrent que c'est cette appellation qui semble être la plus courante chez les jeunes et que garder la première figerait symboliquement des pratiques très mouvantes (Féral).

L'Atlas Linguistique du Cameroun (Breton, Renaud), a privilégié, pour chaque langue africaine, son autodésignation, considérée alors comme « glossonyme standard ». Dans les cas où il existe plusieurs autodésignations, les auteurs ont dû cependant faire un choix (par ex. *fulfulde*, pour le peul). Et lorsqu'une ethnie, comme l'ethnie bamiléké, par exemple, ne partage pas la même langue, *L'Atlas Linguistique du Cameroun* a créé des frontières, et ainsi des langues et des noms de langues, dans lesquelles les acteurs séculiers ont du mal à se retrouver (Feussi).

L. Todd (1979) a utilisé le terme *Cameroonian* pour se référer à ce que les Camerounais appellent eux-mêmes *pidgin* parce que cette langue n'est plus un « pidgin ». Mais ce nom n'a été adopté ni par les locuteurs ni par les autres linguistes et a été ensuite délaissé par elle-même. Au Cameroun, les acteurs séculiers savent ce qu'est *le pidgin* mais n'ont aucune raison de savoir ce qu'est *un* « pidgin » : une catégorisation linguistique est devenue nom propre pour les acteurs non linguistes.

LA POLYSÉMIE DES TERMES GÉNÉRIQUES

Il arrive donc que linguistes et locuteurs utilisent les mêmes termes mais en les catégorisant différemment : en devenant nom de langue ou nouvelle catégorisation pour les locuteurs eux-mêmes, un terme générique peut ne plus avoir la connotation péjorative qu'il a ailleurs. C'est ainsi que Feussi (2006 et ici-même), linguiste mais aussi acteur séculier de la communauté doualaise dont il étudie les pratiques et les représentations, n'hésite pas, lors de ses entretiens avec ses compatriotes, à reformuler ses questions sur les langues camerounaises en utilisant « patois » par souci de clarté[4].

De la même façon, le signifié de « langue » ne peut être le même pour les linguistes et les acteurs non linguistes d'une communauté donnée : les premiers recherchent des régularités qui permettent de poser un « système ». Pour les seconds, c'est la stigmatisation d'un groupe et de quelques-uns de ses usages qui va entraîner le sentiment de l'existence d'une « langue » autre, surtout lorsque la

[4] Terme que j'ai trouvé, avec le même référent, dans mes propres enquêtes ou dans des correspondances, avec parfois les graphies « patoua » ou « pattoua ».

compréhension est mise à mal (*cf.* en France : « langue populaire », « langue verte », « langue des jeunes », « langue de bois » ...)[5].

La dénomination des langues – et la confusion qu'elle peut provoquer – est donc un phénomène que ni les linguistes-observateurs ni les acteurs d'une communauté donnée ne peuvent éviter : on est condamné soit à nommer, c'est-à-dire à faire des choix même quand ils ne sont pas entièrement satisfaisants, soit à se taire. Nommons donc, mais en ayant conscience de ce que nous faisons.

DÉNOMINATIONS ET CATÉGORISATIONS : QUELS TYPES DE LANGUES PARLE-T-ON EN AFRIQUE ?

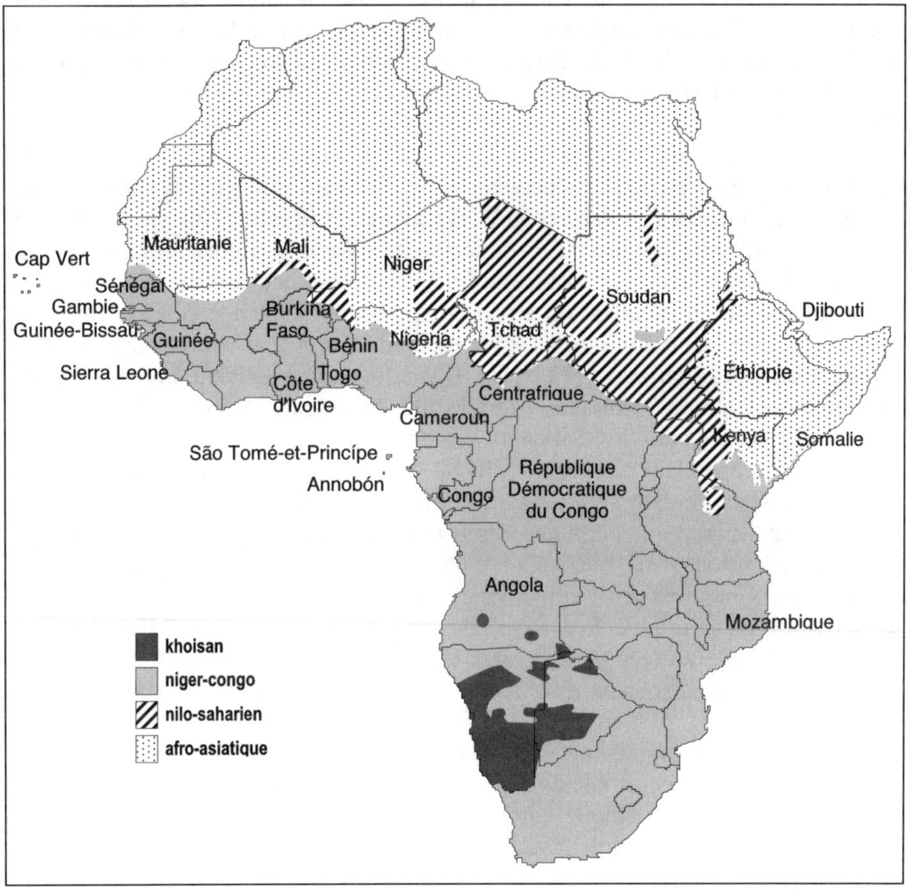

Phylums africains et localisation par pays des aires linguistiques étudiées[6]

[5] Cette disparité entre les catégorisations des linguistes et celles des acteurs séculiers ne doit évidemment pas faire croire à un consensus entre linguistes. *Cf.*, par exemple, Mufwene (2005) pour les catégorisations linguistiques « pidgin » et « créole ».

[6] Les limites des phylums sont inspirées de Moseley and Asher (1994).

L'Afrique sub-saharienne, étant donné son extrême diversité linguistique et la complexité des situations sociolinguistiques dans lesquelles se trouvent les langues en contact, est un terrain particulièrement fécond pour mener une réflexion sur la dénomination des langues. Dans ces pays, en effet, des langues européennes (importées par les colonisateurs puis choisies – exclusivement ou aux côtés d'autres langues – comme langues officielles par les États au lendemain des indépendances), se sont superposées, il y a plus d'un siècle pour certaines, à une multitude de langues : plus de deux mille[7] si l'on adopte les chiffres proposés par Heine et Nurse (2004 : 1), c'est-à-dire presque le tiers des langues du monde.

Comment qualifier cette multitude de langues ? Il y a tout d'abord les « langues africaines », réparties en quatre grand phylums : niger-congo (qui comprend les langues bantoues), afro-asiatique (dont l'arabe), nilo-Saharien et khoisan (*cf.* carte : 13). À ces langues, il convient d'ajouter les variétés issues du contact des langues européennes et africaines, pidgins et créoles nés sur le sol africain.

Dans les présentations des situations sociolinguistiques d'un pays ou d'une région de l'Afrique francophone, les auteurs se réfèrent souvent aux « langues ethniques » (*cf.* par exemple, ici même, Juillard et Ndiaye, Mufwene), sans doute parce que la notion d'« ethnie » appliquée aux peuples africains est une invention de l'administration coloniale française, présentée comme une évidence : les ethnies existent parce qu'on les a créées à un moment précis de l'histoire coloniale en se fondant le plus souvent sur des critères linguistiques jugés indiscutables (*cf.* Delafosse 1912 : 111). Il y a donc, bien souvent, homonymie, ou tout du moins racine commune, entre noms de langues et noms d'ethnies (les Ewondo parlent *ewondo*, les Bakongo, *kikongo,* les Oromo, *oromo* ou *oromiffa…*) mais ce n'est cependant pas toujours le cas, comme on l'a signalé plus haut pour l'ethnie bamiléké. Parler de « langues ethniques » peut donc être problématique non seulement parce que certaines ethnies ne présentent pas d'unité linguistique mais aussi et surtout parce que les « ethnies », tout comme les « langues », ne sont pas des objets naturels : « 'l'ethnonyme' est 'un signifiant flottant'[8] et […] son utilisation est de nature 'performative', de sorte qu'opposer telle signification d'un ethnonyme à telle autre n'a pas grand sens tant que n'a pas été établie la liste complète des usages sociaux d'un même terme » (Anselme 1999 [1985] : 37). J. Bazin (1999 [1985] : 93) rappelle que « l'ethnologie procède […] sur le modèle mais en sens inverse de ce que serait une « histoire naturelle » du genre humain : c'est en général d'un ensemble déjà nommé qu'elle cherche à savoir *a posteriori* si ne lui correspond pas quelque culture commune ». Il en est de même avec les langues et les variétés de langues qui ont été/sont le plus souvent décrites à

[7] On ne peut évidemment donner qu'une estimation étant donné le problème posé par la répartition entre langues et dialectes.

[8] *Cf.* par exemple, ici même, les différents signifiés d'« Ewondo » (Biloa et Echu) et d'« Adal » (Barillot).

l'intérieur d'un cadre que leur donne leur nom[9]. Étant donné la co-extensivité fréquente entre « langue » et « ethnie » et la problématique posée par la nomination, et de ce fait, la création d'entités qui sont souvent considérées comme « essentielles », il était important que soit présente dans cet ouvrage la contribution d'un spécialiste sur la notion d'« ethnie » (Schippers).

NOMMER CE QUE L'ON NE CONNAÎT PAS OU CE QUE L'ON VOUDRAIT QUI SOIT : DU *BARAGOUIN* ET DES *DIALECTES* AU *SÉNÉGALAIS* ET À L'*IVOIRIEN*

Il peut être intéressant de savoir ce que proposent des acteurs qui entendent régulièrement parler de l'Afrique mais qui *a priori* n'ont pas vraiment de raison d'avoir une connaissance exacte des situations linguistiques de l'Afrique sub-saharienne. Interrogeons donc quelques Français. Que disent-ils quand on les met dans une position où ils doivent donner des noms de langues ? Un premier questionnaire diffusé en octobre 2006 à des étudiants de première année de Sciences du Langage de l'Université de Nice-Sophia Antipolis lors de leur premier cours (45 fiches traitées) puis un deuxième questionnaire similaire[10], auquel ont répondu, en novembre 2006, 113 personnes habitant la région niçoise, femmes et hommes, locuteurs natifs de français, âgés de 15 à 85 ans[11], montrent que, quel que soit le pays africain concerné (Cameroun, Côte d'Ivoire, Sénégal) la majorité des réponses citent le français exclusivement. Rares sont celles qui mentionnent des langues africaines (exclusivement ou aux côtés du français),[12] et on avoue en quelque sorte son ignorance en invoquant « une langue locale », « leur langue », « une langue/des langues africaine(s) » ou « du pays », mais aussi « un/des dialecte(s) » et même « le *baragouin* de là-bas »[13]. Si, pour chacun des

---

9 *Cf.* la plupart des descriptions linguistiques : descriptions du *français*, de l'*anglais*… de l'*ewondo* mais aussi de « variétés » comme le *français populaire* (de France), le *français populaire d'Abidjan*…

10 Je remercie Claudine Pagliano pour avoir accepté de faire remplir le questionnaire pendant son cours ainsi que mon étudiante Anne Verniers pour le dynamisme avec lequel elle a mené une partie de l'enquête.

11 Ces deux questionnaires ne différaient que par l'ordre des questions posées sur les noms de langues de trois pays africains (Cameroun, Côte d'Ivoire, Sénégal) ainsi que de l'Australie, du Brésil, des Antilles et du Vanuatu. Comme il s'est avéré que ni l'ordre des questions, ni l'âge n'influaient sur les résultats, sont présentés ici, ensemble, les résultats des deux questionnaires.

12 Il s'agit de langues sénégalaises : le *wolof* est cité dix fois et le *serer,* une fois : souvenirs de vacances au Sénégal ?

13 On sait que les noms et les idées reçues peuvent avoir la vie longue. En 1916, à l'époque de l'indigénat, l'auteur anonyme d'un manuel sur *Le français tel que le parlent nos tirailleurs sénégalais*, évoquait « les dialectes de notre A.O.F. ». Près d'un demi-siècle plus tard, Alexandre (1967 : 44) s'insurgeait contre « de graves imbéciles, parfois agrégés ou docteurs au demeurant [qui] continuent à affirmer que 'ces dialectes' ne comptent que quelques centaines – ou quelques milliers – de mots ». Cependant, tout comme *patois*, ce terme, est

pays, on se réfère, dans quelques rares cas, à l'*africain* (!), on a tendance à penser aussi que les Ivoiriens parlent … l'*ivoirien*, les Sénégalais, le *sénégalais* et les Camerounais, le *camerounais*. On peut être choqué par ce type d'ignorance à propos d'États qui ont été administrés, à un moment ou à un autre de leur histoire, par la France (et souhaiter que soient améliorés les livres scolaires). On peut aussi ne pas être étonné du fait que la plupart des gens ignorent souvent ce qui se passe ailleurs que chez eux en matière de langue et qu'ils sont prêts, dans leur imaginaire, à appliquer aux autres ce qui se passe chez eux et dans des pays dont ils entendent régulièrement parler : les Français parlent *français*, les Anglais, l'*anglais*, les Portugais, le *portugais*,[14] les Suédois, le *suédois*, les Japonais, le *japonais* et même les Chinois, le *chinois*[15] : le nom de la nationalité est le même que celui de la langue[16] dans les pays à tendance monolingue ou qui se trouvent dans une situation de diglossie. Comme le montre la contribution de J. Holm et S. Madeira, certaines dénominations de créoles portugais vont dans ce sens : au Cap-Vert, les dénominations du créole, en créole, ne retiennent que le premier ou le second terme des dénominations en portugais, qui comportent un nom générique suivi d'un qualifiant indiquant la nationalité (*crioulo de Cabo Verde,* « créole du Cap-Vert » *crioulo caboverdiano*, « créole cap-verdien »), pour devenir ainsi un simple nom propre : *kriol/kriolu/kiriolu* ou *kabuverdianu/kauberdianu* et même *berdiánu*. En Guinée-Bissau, *crioulo guineense*, « créole guinéen » peut être aussi appelé tout simplement *guineense*, « guinéen » : quand une langue devient le symbole identitaire de toute une population, rien ne s'oppose *a priori* à ce qu'elle en adopte le nom. C'est sans doute ce besoin identitaire qui a incité un Camerounais vivant en France et très intéressé par les questions de langues dans son pays à créer un blog qui comporte une rubrique intitulée « Parler Camerounais[17] » : si l'auteur rappelle « qu'il n'existe pas de langue appelée *Camerounais* », il revendique de cette manière la nationalité des « adaptations du français […] à la sauce locale ».

Toute la problématique est là. Nommer n'est pas tant « rendre compte de l'existence de » que faire exister dans un contexte bien déterminé. En adaptant à notre propos la célèbre question de J. Fishman (« Who speaks what language to whom and when? »), il faut donc se demander « qui nomme quelle langue, pour qui et quand ? » C'est à cette question qu'essaye de répondre cet ouvrage.

---

encore utilisé, sans connotation péjorative particulière, par certains locuteurs africains (*cf.*, par exemple, http://www.hi5.com/friend/group/202517).

14 Les choses se compliquent parfois lorsque la langue s'expatrie : si on veut s'initier au portugais, on doit, par exemple, choisir entre le *portugais sans peine* et le *brésilien sans peine* de la célèbre *Méthode Assimil* et la revue *Langages* (1998) a consacré un numéro à *L'hyperlangue brésilienne* !

15 Grâce, comme on le sait, à une écriture commune.

16 À la majuscule près à l'écrit en français ; mais beaucoup de Français semblent l'ignorer. Est-ce parce qu'ils ont eu comme matières enseignées à l'école du *Français* et de l'*Anglais,* qui faisaient appel à des livres et des cahiers de *Français* et d'*Anglais* ?

17 Les majuscules utilisées par l'auteur ont été gardées.

RÉFÉRENCES BIBLIOGRAPHIQUES

Alexandre, P., 1967, *Langues et langage en Afrique noire,* Paris, Payot.

Anonyme, 1916, *Le français tel que le parlent nos tirailleurs sénégalais*, Imprimerie militaire universelle L. Fournier.

Anselme, J.-L., 1999 [1985], « Ethnies et espaces : pour une anthropologie topologique », in Anselme J.-L. et M'Bokolo E., *Au cœur de l'ethnie ; ethnies, tribalisme et États en Afrique*,11-48.

Auroux, S., Orlandi, E.P. et Mazière, F., 1998, *L'hyperlangue brésilienne, Langages* n° 130.

Bazin J., 1999 [1985], « À chacun son bambara », in Anselme J.-L. et M'Bokolo E., *Au cœur de l'ethnie; ethnies, tribalisme et États en Afrique*, 87-127.

Delafosse, M., 1912, *Haut-Sénégal-Niger,* Paris, Larose.

Feussi, V., 2006, *Une construction du français à Douala – Cameroun,* thèse de doctorat, Université de Tours.

Fishman, J., 1965, « Who speaks what language to whom and when ? », *La Linguistique* n° 2, 67-88.

Heine B. et Nurse D., 2004, *Les langues africaines*, Paris, Karthala.

Legriel M.-P., 1985, *Le brésilien sans peine*, Chennevières-sur-Marne, Assimil, 1985.

Moseley, C. and Asher, R.E., 1994, *Atlas of the World's Languages*, London and New York, Routledge.

Mufwene, S. S., 2005, *Créoles, écologie sociale, évolution linguistique*, Paris, L'Harmattan.

Tabouret-Keller, A., « Présentation », in Tabouret-Keller A. (dir.), *Les enjeux de la nomination des langues*, Louvain-la-Neuve, Peeters, 5-20.

Todd, L., 1979, « Cameroonian : a consideration of 'What's in a name ?' », in Hancock, I. (ed.), *Readings in Creole Studies*, Ghent, Story-Scientia, 281-294.

Le nom des langues III. Le nom des langues en Afrique sub-saharienne : pratiques, dénominations, catégorisations. Naming Languages in Sub-Saharan Africa: Practices, Names, Categorisations (sous la direction de C. de Féral), Louvain-la-Neuve, Peeters, BCILL 124, 2009, p. 19-37.

LE FAIT ETHNIQUE, HISTOIRES D'UNE NOTION CONTROVERSÉE[1]

Thomas K. SCHIPPERS
IDÉMEC, CNRS [2]

Depuis une vingtaine d'années on assiste dans les pays occidentaux à une véritable explosion du « fait ethnique » sous la forme d'un « ethno-vocabulaire » utilisé aussi bien par les médias, les hommes politiques que les spécialistes du marketing et de la publicité. Revendications ethniques, nettoyages ethniques mais aussi musique ethnique, collections de mode ethniques ne semblent plus surprendre personne tant on les rencontre quotidiennement dans les journaux, les rues ou les supermarchés. Cette apparente banalité de l'ethno-vocabulaire renvoie pourtant à des réalités fort contrastées : des massacres aussi bien en Europe (Bosnie-Herzégovine) qu'en Afrique (Rwanda), des collections de meubles (la ligne *Ethnic Chic* de Roche-Bobois 2003) et de vêtements (de marque *Ethnic*) ou des sandwiches *Ethnique* au poulet tandoori ou au saumon (vendus dans les supermarchés Casino). Face à cette diversité actuelle des usages langagiers se référant à « de l'ethnique », cet article voudrait tenter de retracer quelques aspects historiques du concept ethnique afin de mieux cerner ses sens et non-sens possibles aujourd'hui.

Pour l'ethnologue que je suis, l'ethno-vocabulaire peut d'abord être considéré comme une forme spécifique de pratique taxonomique destinée à différencier et à décrire divers groupements d'*Homo sapiens sapiens*. Comme toute taxonomie, qu'elle soit scientifique ou « vernaculaire », l'ethno-vocabulaire se fonde sur le discernement de taxons[3] à l'aide de séries de critères variés. Ceci permet ensuite de différencier – en principe – certains groupements au sein d'un

---

[1] Le terme « histoire » est ici décliné au pluriel car ce texte reflète des recherches (ethnologiques et historiques) en cours et ne prétend pas à l'exhaustivité du sujet.

[2] IDÉMEC : *Institut d'Ethnologie Méditerranéenne et Comparative* ; CNRS : *Centre National de la Recherche Scientifique*.

[3] Taxon : unité de base d'une taxonomie, c'est-à-dire d'un système de classification.

ensemble choisi. Comme on verra, une des spécificités de l'ethno-vocabulaire en comparaison avec d'autres formes de classification (scientifiques ou « populaires ») est le fait que, bien que ceux qui classent fassent partie en tant que *Homo sap. sap.*, du système, ils ont généralement tendance à s'en exclure comme un groupe extérieur et généralement supérieur. Ainsi l'ethno-vocabulaire apparaît dans l'histoire le plus souvent comme un moyen conceptuel pour « nommer » une altérité généralement considérée comme ontologique – et souvent dépréciative – entre classificateurs et classifiés. C'est seulement plus récemment que certains groupes utilisent également cet instrument – selon le principe bien connu du retournement de stigmates par les stigmatisés pour en faire des emblèmes – pour *se* différencier *eux-mêmes* comme « autres » et ainsi (ré)clamer une *re*connaissance d'altérité (sociale, politique, historique etc.) que la société englobante leur refuse : ces processus d'auto-désignation en termes ethniques sont connus dans la littérature anthropologique comme des formes modernes d'ethnogenèse (Schippers 2000 : 787-789).

1. Les débuts antiques

Étant donné que le préfixe *ethno* est dérivé du mot grec ancien *ethnos* (plur. *ethnè*), nous pouvons supposer que l'ethno-vocabulaire en tant que tel a vu le jour chez les Grecs de l'Antiquité : vers 600 avant J.C. dans un dialecte dorique selon des linguistes comme Émile Benvéniste (1969). Le terme *ethnos* semble avoir désigné des groupements d'êtres vivants, unis par des liens de parenté et des ancêtres réels ou imaginés communs. Selon certains philologues, *ethnos* serait un terme dérivé d'une racine indo-européenne *swedh-* qui renverrait à des « nous-groupes »[4]. Les Grecs de l'Antiquité ont utilisé le terme pour désigner et catégoriser aussi bien des espèces animales que des peuples non-grecs. Pour évoquer leur propre appartenance collective ils utilisèrent surtout les termes de *laos* et de *demos*. Toujours selon Benvéniste (*op.cit.* : II, 90), *laos* semble chez Homère indiquer des groupes liés à un chef de guerre ou un monarque, tandis que *demos* (ou *damos*) fut plutôt un concept politique et territorial évoquant une appartenance à une étendue de terres (*démoi*), une ville (*polis*) et ses habitants grecs « libres ». Plus tard, *laos* acquiert une signification plus sociologique en désignant le peuple commun par opposition à une aristocratie dominante.

Dans les versions grecques de l'Ancien Testament, *ethnos* et *ethnè* sont des traductions des termes hébreux *goj* et *gojim* qui désignent les peuples non-juifs, tandis que le terme hébreux *'am*, qui désigne le peuple juif lui-même, a le plus souvent été traduit par *laos*. Dans le Nouveau Testament le vocabulaire est un peu plus fluctuant et ambigu : *ethnè* y est le terme général pour les peuples non chrétiens et païens qui parfois inclut les Juifs, parfois, non. Dans les traductions

---

4 Traduction du concept *Wir-Gruppe* proposé par l'ethnologue allemand Elwert (1989 : 440-464).

latines de la Bible on trouve l'hellénisme *ethnocus* (dérivé du grec *ethnikos*) pour désigner des groupes ou des peuples non chrétiens[5]. À partir du Moyen Âge et la diffusion du christianisme, un ethno-vocabulaire ne semble avoir survécu en Europe – dans une forme plurielle *ethnè* ou latinisée comme *ethnicus* – que dans les textes de l'église catholique et exclusivement pour désigner des païens, alors les Autres par excellence.

2. DU MOYEN ÂGE AUX TEMPS MODERNES

À partir du Moyen Âge – comme par exemple chez Isodore de Séville au 7ème siècle[6] – le mot *nacio* (dérivé du verbe latin *nascere* : voir le jour, naître) devient le terme le plus courant pour désigner les différents peuples en Europe (les « nations » bretonnes ou flamandes…) et plus tard ailleurs (les « nations » iroquoises ou hottentotes…) qui partagent une « naissance » et donc une langue ou un parler maternels supposés communs, un territoire ou un souverain. Mais les textes latins sont souvent assez flous en combinant ou en échangeant mutuellement des termes comme *gens*, *nacio/natio*, *populus* et *civitas* : *nationes popularum, gentium nationes, cuncto catholico populo… gentium ac nationem*[7]. On voit aussi progressivement apparaître une différentiation sociale, où *populus* renvoie au peuple commun et *gens* (gentilhomme…) aux groupes aristocratiques dominants, tandis que « nation » indique de plus en plus exclusivement des groupes linguistiques et « culturellement spécifiques » établis dans une région spécifique. À partir du 13ème siècle, les termes *razza* (toscan, espagnol), *riaça* (portugais), *race* (français, anglais) ou *R/ras(se)* (allemand, néerlandais) sont utilisés de manière similaire pour désigner aussi bien des groupements humains linguistiques, politiques et régionaux que des espèces animales. Parenté, langue, appartenance ou assujettissement politiques, apparences physiques ou vestimentaires, « mœurs et coutumes » ou types d'habitat formeront pendant des siècles les ingrédients fluctuants et hétéroclites d'un premier vocabulaire racial européen. Des philologues et linguistes débattent sur l'étymologie du terme « race » qui est attesté (dans des textes) le plus anciennement en Europe du sud : pour certains, il viendrait du latin *(gene)ratio*, pour d'autres d'une racine germanique ancienne *ras-* et enfin pour quelques-uns du mot arabe *raz* (visage, tête).

Durant la première période des voyages de découverte et d'expansion coloniale européens et suite à la fameuse Controverse de Valladolid (1550) qui avait conclu au statut humain des habitants du Nouveau Monde, le vocabulaire, surtout ecclésiastique, des Européens utilise des termes comme *gentil(e)s* pour décrire les païens « potentiellement baptisables », tandis que les termes

---

5 Pour les usages des termes *ethnos* et *ethnikos* dans la Bible, *cf.* Bertram (1935 : 362-370) ou Bietenberg (1967 : 1318-1325).

6 *Cf.* Littré 1874, III : 691-692.

7 *Cf.* Ghébali, 1999 : 162.

naciolnationlnatie et *razzalracelras* tentent de manière courante, mais assez imprécise, de différencier des groupements humains selon leurs aspects physiques ou vestimentaires, leur parlers, leur habitat ou selon ce que des philosophes et des savants comme Voltaire, Rousseau ou Buffon nommeront au 18ème siècle, leurs « *natures* »[8]. À coté de cela, les références aux appartenances confessionnelles (Chrétiens, Mahométans, « hérétiques »...) et féodales, souvent étroitement imbriquées (*cuius regio, eius religio*...), ont été durant des siècles les formes les plus usuelles pour différencier des groupes ou des individus en Europe et ailleurs. À l'exception des écrits latins des missionnaires qui utilisent parfois encore le terme *ethnocus* pour désigner les non-chrétiens qu'ils rencontrent, l'ethno-vocabulaire semble avoir totalement disparu du langage courant jusqu'à la fin du 18ème siècle.

3. Unité anthropologique et diversités ethniques

Les premières (ré)apparitions d'un vocabulaire dérivé du mot *ethnos* dans des cercles savants en Europe ont pu être localisées et datées avec précision par quelques historiens des sciences anthropologiques en Allemagne au cours de la seconde partie du 18ème siècle (Vermeulen 1995 : 39-59). Il semblerait que ce fut un certain Johann Friedrich Schöpperlin, principal d'un lycée à Nördlingen, qui en 1767, dans un livre en latin (*Sveviae veteris per temporum periodos descriptae primae lineae*) sur les premiers habitants de la Souabe, ait inventé le néologisme mi-grec mi-latin *ethnographia* qui, déjà la même année, est repris dans un texte allemand[9] sous la forme *Ethnographie*. Schöpperlin semble avoir créé ce terme pour le différencier du terme ancien et très courant de *Géographie* et pour ainsi mettre en avant son intérêt pour les peuplements anciens de sa région. Le néologisme de Schöpperlin a été repris rapidement par deux universitaires de renom de Göttingen, August Ludwig Schlözer et Johann Christoph Gatterer, qui en ont revendiqué chacun la paternité dans leurs querelles des années 1770. Tous deux connaissaient Schöpperlin et ont très probablement lu son livre de 1767. Malgré l'aspect plutôt anecdotique de ces querelles académiques à Göttingen à la fin du 18ème siècle, cet épisode apparaît néanmoins rétrospectivement comme crucial pour la naissance de l'ethno-terminologie moderne. Premièrement, il faut souligner que l'Université de Göttingen de la fin du 18ème siècle était un des centres académiques les plus prestigieux et dynamiques d'Europe. Deuxièmement, des universitaires comme von Schlözer, Gatterer et d'autres intellectuels allemands comme Herder étaient alors en train d'introduire dans le paysage intellectuel européen une nouvelle conception de l'histoire qui était centrée sur les peuples (all. *Völker*) comme porteurs – dans la longue durée – de spécificités et de

[8] *Cf.* Todorov 1989 (chapitre 1).

[9] Il s'agit d'un compte rendu de livre de Schöpperlin par son ancien professeur et prédécesseur Albert Friedrich Thilo (Stagl 1998 : 522).

continuités pluri-séculaires. Ceci contrastait singulièrement avec l'historiographie traditionnelle des dynasties régnantes et des batailles. L'ethno-vocabulaire y voit donc le jour comme une traduction/transposition savante du terme bien plus courant de *Völkerbeschreibung*, genre classique désignant des descriptions (pseudo) historiques de populations diverses. Les peuples auxquels les savants de Göttingen de cette époque s'intéressaient surtout étaient ceux d'Europe septentrionale et de Sibérie, visitées et décrites depuis le 17ème siècle par des explorateurs allemands, polonais et scandinaves au service des tsars de Russie. Beaucoup de ces récits d'exploration avaient été rédigés en latin ou en allemand et étaient donc accessibles aux universitaires d'Europe centrale et orientale comme ressources pour leurs réflexions plus théoriques et philosophiques. Par exemple, le livre de von Schözer, *Allgemeine Nordische Geschichte* (Histoire nordique générale, 1771), qui puise très largement dans ces sources, tente d'introduire une vision globalisante de l'histoire des peuples d'Europe centrale et orientale et leur (supposée) origine nord-asiatique. Mais plus important au regard de l'ethno-vocabulaire est le fait que son livre fut un « best-seller » international, traduit en latin, russe et néerlandais et réédité plusieurs fois. Un des objectifs de von Schlözer fut de (re)construire une *systema popularum*, une généalogie historique des peuples du Nord, notamment grâce aux vocabulaires collectés par les explorateurs mentionnés. Il a baptisé ce nouveau champ disciplinaire *philosophia ethnographica* où trois critères surtout sont retenus pour différencier des groupements humains, qu'on peut résumer de manière suivante : un critère « géographique » (habitants d'une même région), un critère « génétique » (groupes apparentés qui partagent une même langue) et enfin un critère « politique » (les sujets d'un même souverain). Notons que certains de ces critères pour définir une appartenance « ethnique » sont encore aujourd'hui au centre des débats, souvent vifs, sur l'identité et l'ethnicité, comme nous verrons plus loin.

Depuis son « lancement » dans les cercles académiques à Göttingen dans la seconde partie du 18ème siècle, cet ethno-vocabulaire « nouveau » a été progressivement repris dans différentes langues européennes sous la forme de néologismes savants, d'abord en Europe centrale et orientale et ensuite au début du 19ème siècle en Europe occidentale également. Par exemple, en 1781, un jésuite slovaque, Adam Franz Kolar, utilise, probablement pour la première fois, et dans un texte en latin publié à Vienne, le terme *ethnologia* pour désigner l'étude historique des « us et coutumes » des habitants anciens d'Europe centrale (Vermeulen 1995 : 46).

Il est frappant de voir que des choix terminologiques, élaborés autour de 1800, ont eu une grande influence épistémologique et même philosophique sur la manière selon laquelle non seulement les sciences (et leurs spécialisations ultérieures) mais aussi les sociétés occidentales (à travers leurs politiques) ont conceptualisé « les Hommes » et leurs formes d'appartenance collective. Tandis que des philosophes du 18ème siècle font appel au terme d'*anthropologie*[10] dans le but de mettre en avant « l'Unité de l'Homme » et de « l'Humanité », d'autres savants – notamment des historiens et des géographes – qui étudient la *diversité* de groupes humains particuliers, adoptent plutôt un ethno-vocabulaire pour évoquer en termes académiques des pluralités nommées plus couramment « peuples ». On observe ainsi que l'articulation conceptuelle entre l'unité (à la fois philosophique et physique) de l'Homme et la diversité des groupements humains se reflète à partir du début du 19ème siècle par des choix entre des anthropo- et des ethno-vocabulaires. Curieusement, si l'anthropo-vocabulaire dispose dans différentes langues européennes de substantifs de référence, souvent dotés de majuscules (*Homo*/*Humanitas*, l'Homme/l'Humanité, *Man*/*Mankind*, *der Mensch*/*die Menschheit*), l'ethno-vocabulaire se contentera dans la plupart des langues, d'adjectifs et de néologismes plus ou moins heureux jusqu'à la fin du 19ème siècle.

Bien au-delà d'un simple choix linguistique est ici en jeu une cassure épistémologique (mais aussi politique) entre deux conceptions très différentes des appartenances collectives humaines qui avaient été désignées auparavant de manière souvent vagues et imprécises par les termes de « peuples », « races » ou « nations ». C'est le « reformatage politique » par la Révolution française des concepts de « peuple » (le *Peuple français*) et de « nation » (la *Nation française*), qui a généré autour de 1800 des nouveautés conceptuelles mais aussi « sémiologiques » : « La pensée révolutionnaire sacralisa le peuple [et]...instaura entre les concepts de peuple, de nation et d'État un véritable rapport systémique : elle fit du peuple un être fondamental dont la nation représentait l'âme et la chair » note le politologue Victor-Yves Ghébali (1999 : 162). Comme l'a également souligné l'historien Michel Winoch (1996 : 8) le paradigmatique « peuple » (« un et indivisible »), produit par la Révolution de 1789 et qui concerne à la fois l'*Homme* et chaque *citoyen*, est fondé sur une association volontaire accessible en principe et potentiellement à tous les « êtres humains » de manière directe, c'est-à-dire sans l'intermédiaire d'autres formes d'appartenance collective. Mais même la langue française gardera longtemps des traces d'une conception plus ancienne des notions de « peuple » et de « nation », comme nous le rappelle le terme de « naturalisation » utilisé pour accéder à la « citoyenneté nationale ». Napoléon disait encore : « les Français n'ont point de nationalité » pour indiquer l'absence de liens de parenté biologiques entre les citoyens, et le mot « nationalité », dans sa conception moderne, n'entrera dans le Dictionnaire de l'Académie française qu'en 1823[11].

---

10 Terme attesté pour la première fois en 1501 chez l'humaniste allemand Magnus Hundt et largement diffusé en Europe à la fin du 18ème siècle par Immanuel Kant's *Anthropologie in pragmatischer Hinsicht* (1798).

11 *Cf.* E. Littré, *Dictionnaire de la langue française*, tome 3, 1874 (première édition : 691-692) : « nation », « nationalité ». Notons que la conception « française » de la nation constituera jusqu'à nos jours une source de malentendus et de conflits en Europe.

Durant tout le 19ème siècle les milieux académiques choisissent (globalement) selon leur préoccupations, soit une vision unitaire des êtres humains en utilisant un anthropo-vocabulaire (la philosophie, l'anthropologie physique, la médecine,...) soit une vision différenciatrice à l'aide d'un ethno-vocabulaire pour étudier – dans une perspective souvent comparative – les diversités collectives humaines (la philologie, la géographie, l'histoire, l'ethnologie ...)[12]. Mais on ne peut néanmoins discerner de frontières conceptuelles très précises comme en témoignent les fluctuations classificatoires dans les différentes versions (entre 1817 et 1834) du célèbre *Tableau de la classification des sciences* d'André-Marie Ampère et fils : ici l'*ethnologie* est (*in fine*) classée parmi les « *sciences anthropologiques* » et divisée ensuite entre « géographie comparative » et « ethnogénie » (qu'on nommera plus tard « ethnogenèse »)[13]. Mais durant tout le 19ème siècle, et jusqu'aux premières décennies du 20ème siècle, la terminologie la plus courante pour désigner de manière collective et englobante des diversités linguistiques, physiques, culturelles et même parfois sociales, restera, aussi bien dans les milieux académiques que dans les langues courantes des pays européens, celle fondée sur le concept de « race ».

4. Grandes puissances, administrations et recensements

Pendant la même période, qui voit émerger sur le plan politique une « Europe des Nations » (au sens ancien de « peuples » et de « nationalités »...), des intellectuels et hommes politiques en Europe centrale et orientale utilisent des traductions des conceptions (« romantiques ») allemandes comme *Volk* (peuple) et *Volkstum*[14] – ce dernier parfois traduit comme *ethnicum* ou *ethnikon* – à des fins politiques et révolutionnaires, en particulier dans le cadre de mouvements émancipateurs au sein des grandes puissances continentales : les empires austro-

---

12 *Cf.* à ce sujet l'article de G. Stocking : « Qu'est – ce qui est en jeu dans un nom ? La Société d'Ethnographie et l'historiographie de 'l'anthropologie' en France » (1984 : 421-432).

13 Ce tableau sera finalement publié en 1834 sous le titre *Essai sur la philosophie des sciences ou une exposition analytique d'une classification naturelle de toutes les connaissances humaines. Cf.* Geza de Rohan-Csermak, « La première apparition du terme "ethnologie" » (1967 : 170-184).

14 La notion de *Volkstum*, qui se réfère à ce qui est « propre au peuple » fut introduite en 1810 par l'activiste nationaliste et « gymnaste » (*Turnvater*) allemand Friedrich Jahn (1778-1852) assez curieusement comme traduction du mot français « nationalité » (au sens ancien, *i.e.* groupe ethnolinguistique apparenté) ; l'adjectif *volkstümlich* avait déjà été utilisé par Herder auparavant. Largement repris par la phraséologie nationaliste allemande à partir de 1871, il deviendra chez Hitler l'équivalent de « race » : *Da das Volkstum, besser die Rasse, eben nicht in der Sprache liegt, sondern im Blute* (« Parce que « *das Volkstum* », mieux la race, réside même pas dans la langue, mais dans le sang »), *cf.* http://de.wikipedia.org/wiki/Volkstum.

hongrois, russe et ottoman[15]. Ici, comme ensuite à partir de la seconde moitié du 19ème siècle dans les empires coloniaux occidentaux, l'introduction d'un vocabulaire *administratif* (parfois depuis le 17ème siècle) – à des fins descriptives, classificatoires et comptables[16] des populations soumises –, a joué un rôle majeur dans la manière selon laquelle les populations concernées vont *se* définir en termes d'appartenance « nationale » ou plus tard « ethnique »[17]. Si, dans les empires russe et austro-hongrois, l'administration discerne des ensembles – généralement en fonction de critères linguistiques, mais également « historiques » ou « coutumiers » – en termes de « peuples » (allemand : *Völker*, russe : *narodi*), l'administration ottomane utilisera principalement des critères confessionnels lors de recensements et dans les tribunaux. Dans le premier cas, le plurilinguisme (fréquent) et l'absence de documents d'identité individuels donneront, évidemment, d'abord un caractère assez fluctuant aux appartenances « nommées », que des perfectionnements administratifs ultérieurs (comme des cartes d'identité ou des registres nominatifs) tenteront au cours du temps à fixer de manière à la fois de plus en plus précise et arbitraire, comme en Union Soviétique à partir des années 1920[18]. En Europe, la région des Balkans où ces trois empires continentaux ont régulièrement déplacé leurs sphères d'influence, est ainsi devenue le théâtre d'ethno-taxonomies et d'identités « fractales » (Enzenberger 1988 : 367) complexes et fluctuantes, dont la Macédoine est devenu l'emblème proverbial. Dans les empires ultra-marins[19] occidentaux, l'administration utilise, à côté de la terminologie raciale et « nationale » (au sens ancien de « peuple ») déjà mentionnée, un vocabulaire surtout dérivé du terme latin *tribus* – *tribe* en anglais, *Stam* dans les langues germaniques, « tribu » en français – sous l'influence directe des textes classiques comme ceux de Tacite (*De situ ac populis Germaniae*) ou de César (*De bello Galico*) et leurs descriptions des populations d'Europe[20].

Afin de pouvoir distinguer plus nettement, d'une part, les aspects somatiques et phénotypiques et, d'autre part, les caractéristiques linguistiques et socioculturelles (« mœurs et coutumes ») des populations (exotiques), le savant français Gustave Vacher de Lapouge propose, en 1896, dans son ouvrage *Les sélections sociales*, le terme grec *ethnè*, sous la forme francisée « ethnie », plus

---

15 Sur l'éveil des nationalités, le romantisme et le rôle des langues « nationales » en Europe, on peut lire le chapitre 5 « Old languages, new models » de l'ouvrage bien connu de Benedict Anderson (1983/1991 : 67-82).

16 Comme le caméralisme dans le monde germanique.

17 *Cf.* Blum et Goussef 1997, 49-71.

18 *Cf.* Junod, 1996.

19 Adjectif français traduit de l'anglais « overseas » (ou des termes espagnols, portugais équivalents) ; peu usité, mais reconnu par le *TLF* ou *Le Robert*.

20 Il faut rappeler ici l'importance des références à l'Antiquité, notamment romaine, dans la mentalité des administrateurs coloniaux occidentaux cherchant à étendre leurs *Pax gallica*, *brittannica* ou *americana* respectives dans les zones souvent militairement conquises.

facile à prononcer selon lui. Cette proposition restera sans suite[21] jusqu'en 1919, lorsqu'un médecin, F. Regnault, proposera lors d'une session de la Société d'Anthropologie de Paris, le terme d'*ethnie* ou de *glossethnie* pour souligner le rôle joué par la langue dans la spécificité des groupes humains et également pour avoir un autre concept que celui de « race », désignant selon lui uniquement une catégorie anatomique[22]. L'émergence de la notion d'ethnie se situe chronologiquement aussi au moment de l'établissement académique des sciences sociales et des débats souvent vifs entre naturalistes « déterministes » qui privilégient ce qu'on nommera « l'inné » et « possibilistes » des sciences sociales pour qui « le social ne s'explique que par le social » selon la célèbre formule d'Émile Durkheim. La nouveauté et une connotation [pseudo-] savante moins « zoologique » que « race », contribueront probablement au succès du terme « ethnie » dans le vocabulaire colonial français de l'*interbellum*[23]. La colonisation française, à la différence de la colonisation britannique, a surtout été fondée sur un principe de *direct rule*, où des administrateurs venus de métropole étaient présents à tous les échelons bureaucratiques. Ils ont ainsi contribué, de façon plus ou moins heureuse, à l'établissement d'ensembles et de communautés « nommés »[24], souvent avec l'aide explicite ou implicite de missionnaires. Ces derniers ont en effet largement contribué, comme le montrent de nombreuses exemples, par leurs activités depuis le 16ème siècle, à la « grammatisation » – selon le terme de S. Auroux (1994) – des langues des populations qu'ils tentaient d'évangéliser[25]. Parfois, et contrairement à certains stéréotypes, ces travaux de grammatisation par

---

21 Mes recherches actuelles portent sur les premières « traces « d'un usage du substantif « ethnie » et les dates données sont ainsi soumises à de possibles révisions.

22 F. Regnault dans les *Bulletin et Mémoires de la Société d'anthropologie de Paris,* tome X, 1919 et dans *la Revue Anthropologique*, tome XLI, 1931. Cette idée avait également été proposée par le linguiste F. de Saussure dans son célèbre cours de linguistique à Genève (1906-1911), où il évoque le terme d'*ethnisme* pour souligner d'une part les liens existants entre la langue et d'autres aspects culturels et d'autre part l'absence de rapports entre la langue et des traits physiques (« raciaux »), *cf.* G. de Rohan Czermac : « ethnie » dans *Encyclopédie Universalis,* Paris, 1968.

23 Parmi les langues européennes, seul l'allemand (académique) semble avoir repris le substantif (*die Ethnie*) comme synonyme de *Sprach-* ou *Kulturgemeinschaft* (communautés de langue ou de culture), tandis que l'anglais utilise « ethnic group » ; dans les années 1950 le substantif « ethnic » a été utilisé aux USA pour désigner des individus, *cf.* plus loin.

24 Emblématique, au sein de l'empire colonial français, des divergences administratives et académiques, a été le personnage complexe de M. Delafosse, comme le montre une série d'études qui lui sont consacrées, réunies par Amselle et Sibeud (1998).

25 Cette question complexe des interactions entre la grammatisation des langues et l'administration coloniale dans la constitution d'entités « ethniques » nommées a notamment retenu l'attention de l'ethnologue africaniste J.-L. Amselle (1985/1999 : 2001). Les ouvrages publiés par O. Servais (2004, 2006) réunissent des exemples précis du rôle des missions chrétiennes dans l'émergence d'identités autochtones. Rappelons aussi pour mémoire le rôle « normalisateur » du texte biblique traduit en langues vernaculaires en Europe suite à la Réforme.

des missionnaires ont explicitement visé une prise de conscience (culturelle) opposée aux pouvoirs (coloniaux, mais aussi plus tard nationaux) en place : l'exemple des pères G. Hustaert et E. Boelaert dans les années 1920-1950 qui, grâce à leurs travaux, mettent en avant une identité *mongo* dans ce qu'on appelle alors la Cuvette Centrale du Congo belge, est de ce point de vue éclairant. Transposant dans le contexte colonial la lutte des Flamands contre une hégémonie socio-économique wallonne, ils œuvrent très activement contre ce que Boeleart nommera la « peste blanche » de l'exploitation coloniale en promouvant dans leurs publications et leurs enseignements une conscience *mongo* spécifique[26]. Mais parfois le travail linguistique des missionnaires ne semble pas avoir contribué au renforcement d'une identité commune, bien au contraire. Ainsi, par exemple, l'histoire de la grammatisation des dialectes *Ibo/Igbo* étudiée en détail par D. van den Bersselaar (1997, 273-295) montre les difficultés rencontrées par les missionnaires pour établir une traduction et une transcription « acceptables » par tous les groupes dialectaux. Cette Bible en *Union Igbo* élaborée par les missionnaires sera finalement rejetée par tous, qui lui préféreront soit des versions dialectales soit la version anglaise. A la différence des groupes yoruba ou efik voisins, les locuteurs igbo semblent ainsi avoir privilégié leurs dialectes parlés comme marqueurs de leur appartenances collectives (restreintes) à une langue « *igbo* commune » (écrite) dont certains questionnent l'existence même jusque dans les années 1950, quand une *Society for Promoting Igbo Language and Culture* voit le jour (*ibidem* : 288-289).

Ce qui frappe, lorsqu'on examine rétrospectivement l'usage, à partir des années 1920, du concept d'ethnie (dans la langue française), c'est à la fois son aspect « évident » bien que peu précis et sa dimension « *politically correct* » dans le vocabulaire des hommes politiques, et des médias que celui des milieux académiques. Comme l'a souligné C. Guilaumin (1972 : 58)[27] : « la fortune du mot 'ethnie' dans les sciences sociales françaises [et ailleurs...] tient précisément à ce qu'il permet d'éviter le malaise que suscite la connotation biologique du mot 'race', ce qui ne l'empêche nullement de charrier implicitement les mêmes significations ». Pourtant malgré une apparence de catégorie « opératoire », certains scientifiques comme M. Weber, n'hésitent pas dès son apparition à le rejeter catégoriquement comme « un terme fourre-tout inutilisable pour une recherche véritablement exacte » (Weber 1921/1979 : 423). En effet les usages bureaucratiques et administratifs coloniaux du terme « ethnie » ont souvent confondu auto- et hétéro-ethnonymes (ou exonymes), ce qui a conduit, après la décolonisation, certains ethnologues à critiquer la valeur de nombreux ethnonymes et différentiations ethniques comme (en grande partie) de pures inventions coloniales[28]. Il n'en demeure pas moins que le terme « ethnie », utilisé

---

26 *Cf.* l'article d'H. Vinck (1996).

27 Cité par Poutignat et Streiff-Fénart (1995, 44-45).

28 *Cf.* Amselle *op. cit.*. Notamment dans le cadre des revendications des peuples dits « autochtones », nous observons partout dans le monde le remplacements d'hétéro-

abondamment non seulement par l'administration mais aussi, par exemple, lors des grandes Expositions coloniales françaises des années 1930 ou dans des manuels scolaires[29], a été diffusé parmi des millions de personnes et a ainsi été intériorisé à très grande échelle. La période coloniale française apparaît ainsi (à partir des années 1920) clairement comme le premier pas d'une diffusion extra-académique d'un ethno-vocabulaire[30] resté jusque là assez confidentiel[31].

Un processus très similaire, mais indépendant, de diffusion d'un ethno-vocabulaire a eu lieu en Russie et ensuite en Union Soviétique. Ici, une administration à base de documents et de statistiques fondés sur des recensements ethno-linguistiques, a cherché à renforcer un pouvoir central tout en masquant des différences sociales. À coté d'une citoyenneté nationale soviétique (*nacional'nost* ou *grazdanstvo*) chaque individu a aussi été identifié à partir des années 1920 par une identité d'appartenance à un « peuple » (*narod'nost*), figurant tous deux sur les documents d'identité individuels[32]. Paradoxalement une idéologie prônant l'abrogation des classes sociales est ainsi allée de pair avec la création d'appartenances « ethniques » fondées non seulement sur des critères linguistiques, mais également régionaux et même confessionnels, et qui sont, assez curieusement, devenus héréditaires à partir des années 1940. Durant des décennies, des ethnographes de l'Académie des Sciences de l'Union Soviétique ont été occupés à établir l'ethnogénèse et la distribution spatiale des différents « peuples » (*narodi*) évolués ou de « tribus » (*plemena*) plus primitives non seulement au sein de l'Union mais dans le monde entier avec l'aide de cartes et d'atlas souvent monumentaux. Des savants russes, comme S. M. Shirokogoroff (1936), dans les années 1920, et Y. Bromley (1974), ont ainsi élaboré différentes « théories de l'*ethnos* ». Sans entrer dans le détail de ces théories, on peut signaler qu'elles sont exemplaires de ce qu'on nomme une approche « essentialiste » ou « substantiviste » des appartenances et des identités collectives considérées comme fondées sur des critères (linguistiques, géographiques, voire même – pour certains – génétiques et somatiques) « objectivables ». Ces spécificités collectives – résumées par le terme savant *ethnos* – y apparaissent comme des sujets issus de processus historiques inspirés par l'évolutionnisme darwinien (dans sa version marxiste) et souvent proche méthodologiquement de la

ethnonymes jugés méprisants par des auto-ethnonymes jugés plus « justes » : Lappons/Sami, Bochiman/San, Berbères/Imazirhen, Tsiganes/Roma etc. ; pour de nombreux exemples *cf.* Tamisier (1998).

29 *Cf.* par exemple les documents réunis par Blanchard *et al.* (1995).

30 La même chose peut être suggérée au sujet du rôle de l'administration nord-américaine au sujet de l'usage du terme (polysémique) « *race* », *cf.* Ashley Montagu (1942/1997).

31 Le régime de Vichy tentera à l'aide de publications pseudo scientifiques – comme celles du sinistre Georges Montandon, auteur de *L'ethnie française* (1942) et fusillé à la Libération pour son rôle actif dans la mise en œuvre de la déportation des Juifs de France – d'accréditer le concept d'*ethnie française*, pendant gaulois de la race aryenne des nazis allemands.

32 *Cf.* Junod (1996 : 62-64).

philologie (allemande) du 19ème siècle. L'interaction, entre la mise en place administrative et bureaucratique d'un système de « nationalités » et de minorités d'une part et l'élaboration des théories de l'*ethnos* par les savants de l'Académie des Sciences d'autre part, a contribué, durant l'ère soviétique, à l'élaboration d'un système finement différencié, mais aussi hiérarchisé, des appartenances collectives, qui ne sera remis en question que dans les années 1990 à la fois par les populations concernées elles-mêmes et par une nouvelle génération d'ethnologues, plus ouverts aux approches occidentales et particulièrement nord-américaines de ce qu'on nomme les théories de l'*ethnicity*.

5. DE L'ETHNIE À L'*ETHNICITY*

Depuis les années 1940 apparaît aux États-Unis une nouvelle source de diffusion d'un ethno-vocabulaire due à des sociologues urbains qui introduisent dans une série de publications un nouveau concept heuristique nommé *ethnicity*[33]. Ici une « dimension ethnique » (*ethnic marker*) est utilisée pour différencier dans la population des grandes villes nord-américaines les divers groupes d'immigrés selon leurs origines (géographiques ou « nationales »), à l'exception du groupe « *Anglo-Américan* » qui est qualifié dans les rapports de recherche, de *Yankee*, ou même de *native American* [sic] (*cf.* Poutignat et Streiff-Fénart 1995 : 22-23). Déjà en 1952, ces sociologues urbains observent empiriquement dans des conversations quotidiennes l'usage du substantif « *ethnic(s)* » pour désigner des « *non-Yankee people* » (Hughes et Mac Gill-Hughes 1952). Cette introduction et cette diffusion assez rapide dans le langage courant d'un ethno-vocabulaire aux États-Unis conduira, notamment à travers les *Equal Rights Movements* des années 1960, à ce qu'on a nommé un *ethnic revival* au sein de la société américaine, qui se traduit concrètement par l'usage abondant de préfixes « ethniques » dans l'(auto-) désignation des appartenances collectives : *Afro-*, *Hispano-*, *Italo-Americans*, etc. Notons qu'en même temps et malgré des décennies de critiques à la fois académiques et politiques, l'administration américaine persiste jusqu'à nos jours à utiliser la catégorie de « *race* », qui recouvre ici partiellement la catégorie « ethnic »[34] dans l'identification des individus. Mais dans le contexte nord-américain les apparences collectives désignées par les termes *ethnic* et *ethnicity* ont perdu leurs connotations négatives et stigmatisantes des années 1950 pour devenir des critères perçus comme (hautement) valorisants d'une reconnaissance sociale positive (exprimé en termes de *dignity*). Cette évolution a été résumée par le slogan des années 1960 « Black is beautiful ! ». Ce renversement symbolico-sémiotique des usages d'un ethno-vocabulaire stigmatisant a conduit en Amérique

---

33 On trouve en français un historique richement documenté du concept d'*ethnicity* dans Poutignat et Streiff-Fénart (1995), dont nous reprenons ici certains citations.

34 *Cf.* note 17.

du Nord, dans certains cas, à des formes d'ethno-genèse, parfois quasiment *ex nihilo*, par des groupes qui l'utilisent (mais aussi le manipulent) pour défendre des intérêts particuliers voire partisans[35]. Ici on pratique l'ethno-vocabulaire non seulement dans l'arène politique – en masquant parfois intentionnellement des différences sociales – comme une stratégie puissante de défense des défavorisés socio-économiques, mais aussi dans le cadre d'entreprises nettement plus triviales d' « ethnic marketing »[36] qui se réfèrent explicitement à des spécificités phénotypiques. L'ethno-vocabulaire est ainsi devenu au cours des dernières décennies une des pierres angulaires de la politique intérieure des États-Unis et l'expression d'un multiculturalisme hypocritement « politically correct » mais souvent implicitement discriminatoire. Dans ce contexte, la politique, le marketing, les médias et le commerce ont (avec l'aide de lobbyistes et d'avocats toujours plus nombreux) réuni leurs intérêts afin de proposer, voire d'imposer à leurs publics une dimension « ethnique » comme forme d'appartenance (post) moderne indispensable. Ceci constitue ce que l'ethnologue américain D. Horowitz (1989) a qualifié de « paradoxe de l'ethnicité » : « [...] en même temps que l'ethnicité se trouve [de plus en plus] dépourvue de contenu culturel [spécifique], que le pluralisme est accepté, que les barrières de l'inter-mariage tombent, que les minorités apprennent rapidement l'anglais et améliorent leurs conditions matérielles – en même temps que tout cela arrive – l'ethnicité devient de plus en plus importante »[37] Comme le soulignent Poutignat et Streiff-Fénart (1995 :77) dans leur étude historique de l'*ethnicity* : « C'est précisément quand des minorités cessent de vivre en colonies et se trouvent directement confrontées aux autres groupes que leurs spécificités culturelles deviennent des sources de mobilisation et que se développe ce que Gans (1979) a appelé ' l'ethnicité symbolique' ».

6. VERS UN BABEL DE L'ETHNIQUE[38]

Cette rapide présentation des sources historiques de l'ethno-vocabulaire contemporain esquisse toute les difficultés scientifiques, mais aussi politiques et simplement sociales, pour « nommer » des apparences collectives humaines de façon satisfaisante. Tout comme la génétique[39] moderne a pu démontrer l'inexistence de « races » différentes chez les *Homo sap. sap.* depuis la disparition – encore mal comprise – des *Homo neandertalensis* il y a environ 30 000 ans, les sciences sociales et humaines se sont employées depuis la fin des années 1960 à « déconstruire » et à critiquer le concept d'ethnie et ses dérivés comme des

[35] *Cf.* Roosens (1989) ou Schippers (2000).
[36] *Cf.* Anne Singès (2003).
[37] Cité par Poutgnat et Streiff-Fénart (1995 : 77).
[38] Le choix de cette référence biblique m'a été inspiré par le titre que Jean-Loup Amselle (2001) a donné à son chapitre II : « Babel et la confusion des cultures ».
[39] *Cf.* par exemple (en français) André Langaney (1988) ou Luigi Cavalli-Sforza (1996).

catégories trop réductrices – voire carrément abusives – de réalités souvent dynamiques et foisonnantes. Dans les sciences ethnologiques[40], on a ainsi échangé des conceptions dites « substantivistes » voire « primordialistes » du fait ethnique contre des conceptions « constructivistes » de l'*ethnicity* et des *ethnic groups*. Si dans le premier cas – comme, par exemple, dans le cadre des théories soviétiques de l'*ethnos* – la recherche a porté sur la constitution d'ensembles de « traits culturels » à l'aide d'inventaires souvent extensifs (et historiques) et de cartes, les approches constructivistes plus modernes cherchent à mettre en lumière – souvent par des enquêtes monographiques intensives[41] – les modalités concrètes de « production dynamique » des appartenances et identités collectives par les groupes étudiés eux-mêmes[42]. Si les premiers ne doutent pas des réalités – objectivables – du « fait ethnique », les seconds le considèrent surtout comme un « social construct », résultante instable de rapports sociaux dynamiques. Comme le résume avec perspicacité Amselle au sujet de ce changement de perspective : « Plutôt que d'envisager les frontières ethniques comme des limites géographiques, il faut considérer celles-ci comme des barrières sémantiques ou des systèmes de classement, c'est-à-dire en définitive comme des catégories sociales » (1985/1999 : 34). Dans une telle perspective, l'ethnonyme devient « un signifiant flottant [...] qui renvoie à une multitude de signifiés » (*ibidem* : 37). Mais ces « signifiants flottants » ne semblent pas toujours compatibles avec les conceptions davantage figées de l'ethnique recherchées par des administrations ou des hommes politiques. Ainsi, un des plus éminents ethnologues russes, V. Tishkov, qui a travaillé avec son équipe à mettre en forme les questions d'un recensement national de 2002 portant sur la « nationalité » dans une perspective « constructiviste » moderne, a tout récemment été accusé par des activistes poutiniens d'être un agent occidental et d'avoir voulu semer le désordre en mettant des appartenances ethniques englobantes sur un même pied d'égalité avec des identités collectives englobées et en offrant la possibilité de réponses multiples[43].

En effet, au même moment où des universitaires occidentaux avaient achevé de déconstruire et de critiquer une conception jugée trop simplificatrice de l'ethnique, celui-ci a connu une diffusion extra-académique à une vitesse accélérée à partir de la fin des années 1980 quand l'Union soviétique et d'autres États du

---

40 Qui se nomment dans le monde anglo-saxon soit *social anthropology* (Grande Bretagne) soit *cultural anthropology* (États-Unis).

41 Des pionniers furent ici l'ethnologue norvégien F. Barth, et ses disciples, dont le livre *Ethnic Groups and Boundaries* (1969) est souvent cité comme début de la critique de la conception substantiviste de l'ethnicité. Dans Poutignat et Streiff-Fénart (1995 : 205-250), on trouve une traduction française du chapitre introductif de Barth.

42 En ethnologie, on oppose des inventaires régionaux extensifs (angl. *survey*), pratiqués par des équipes mobiles souvent pluridisciplinaires durant quelques mois, aux recherches monographiques intensives effectués par un ethnologue (souvent solitaire) pendant des périodes longues. Ces deux démarches méthodologiques, souvent complémentaires, produisent des résultats de nature différente.

43 *Cf.* Lisa Koriouchkina (2007) et www.anthrosource.net.

« bloc communiste » implosent en mettant sur le devant de la scène des conflits régionaux rapidement qualifiés par des médias globaux (comme la chaîne d'information CNN) d' « ethniques ». On a alors assisté à un télescopage sémiotico-linguistique inattendu entre les conceptions substantivistes des « nationalités » (*norodnost*) des « ex-» s (soviétiques, yougoslaves...) slavophones[44] et une conception nord-américaine de l'*ethnicity*, où cette dernière – grâce à la télévision satellitaire – a rétro-agi avec promptitude sur les premières[45]. Ici des guerres civiles et des massacres ont été (re-)qualifiés par les médias et les acteurs eux-mêmes[46] en termes « ethniques », souvent sans autres précisions.

Des processus similaires bien que dans des contextes différents ont pu être notés en Afrique sub-saharienne. Dans un récent article, les ethnologues B. Ceupens et P. Geschiere (2005 : 85-407) situent la re-émergence du vocable « autochtone » – souvent synonyme d'« ethnique »[47]– dans les années 1980-1990, comme une conséquence (imprévue) de la naissance du multipartisme – sous la pression notamment de la France – dans des États où, depuis leur indépendance, un parti politique unique avait prédominé. Ces auteurs estiment que ces nouveaux discours évoquant l'autochtonie et l'ethnicité sont alors des clefs pour comprendre les imbrications entre localisme et globalisation dans des luttes pour le pouvoir. Aussi bien au Cameroun qu'en Côte-d'Ivoire, ou au Rwanda, bien que selon des modalités différentes, certains partis politiques se réfèrent dorénavant aux notions d'autochtonie et d'appartenance ethnique pour conquérir ou se maintenir au pouvoir. Ces références ethniques s'y opposent alors directement à l'idée même d'une citoyenneté nationale, comme au Cameroun, ou au contraire s'y identifient, comme en Côte-d'Ivoire avec l'introduction du concept d'*ivoirité* – version localisée de l'*ethnicity* – en 1993 par le président Konan Bédié, successeur d'Houphouët Boigny. Dans le cas du Cameroun, les défenseurs de l'autochtonie ont commencé à stigmatiser les migrants économiques originaires de l'ouest par le sobriquet *pidgin* « come no go » (venir/négation/partir) lorsque, en 1996, des Bamiléké gagnèrent les élections municipales dans quatre arrondissements sur six à Douala. Selon une éminence grise du monde politique local, « Tout Camerounais est 'allogène' partout dans le pays... sauf à l'endroit où vécurent ses ancêtres et où sera enterrée sa dépouille mortelle... Tout le monde sait que seulement dans des circonstances exceptionnelles, un Camerounais sera enterré

---

44 Et pour les élites souvent aussi germanophones.

45 Dans un dictionnaire de sciences sociales croate de la fin des années 1990 on va voir apparaître le néologisme « etnicnost » comme traduction du terme russe « etnicnostâ », traduction de l' « ethnicity » nord-américaine et considérée par les auteurs comme synonyme de « norodnost ».

46 Et à leur suite par les universitaires.

47 On attribue à l'administration coloniale française du début du 20ème siècle l'introduction de la notion de population ou groupe « autochtone » à des fins « administrativo-politiques », c'est à dire avant l'apparition du terme « ethnie ».

ailleurs »[48]. Le reproche fait aux migrants était alors d'avoir « un autre chez-soi » où ils retournent après une vie de travail pour mourir et où ils devraient aussi retourner pour voter. Ici, droit de vote et autochtonie « ethnique » sont assimilés afin de limiter l'influence politique de migrants économiquement importants venus d'autres régions.

En Côte-d'Ivoire, la notion d'autochtonie semble déjà ancienne, car déjà en 1934 une *Association de Défense des Intérêts des Autochtones de la Côte d'Ivoire* y entendait défendre les « locaux » contre la venue d'employés d'autres parties de l'Afrique occidentale française. L'introduction de la notion d'*ivoirité* et ses usages, dans les années 1990, visent à opposer d'abord les habitants du Sud du pays à ceux du Nord (venus travailler comme planteurs de cacao). Mais des minorités ethniques du Sud (comme les Bété) ont ensuite revendiqué un statut d'*ivoirité* encore plus autochtone/authentique que d'autres groupes méridionaux (comme les Baulé). Des spécialistes comme K. Arnaut[49] ont, dans ce dernier cas, souligné que la référence à l'autochtonie peut être un puissant discours utilisé par une minorité ethnique pour se réinventer une légitimité « nationale » majoritaire. Mais dans certaines situations en Afrique, « la stratégie de l'autochtonie véritable » peut parfois mettre dans l'embarras ceux qui la prônent. Ainsi au Burundi, les Hutu doivent partager leur statut d'autochtones avec des pygmées Twa, référence « primitive » localement perçue comme peu enviable. Dans ce cas, les références à l'autochtone et l'ethnique peuvent devenir un « double-edged sword »[50].

Ces différents exemples contemporains montrent comment l'ethno-vocabulaire, une fois échappé des sphères relativement confidentielles des écrits académiques, est devenu au cours des dernières décennies une des façons – plus ou moins acceptée socialement – pour évoquer des diversités collectives humaines *perçues*. Depuis deux siècles, il participe à sa manière – de vocable – aux débats philosophiques opposant des conceptions « universalisantes » à des conceptions « particularisantes » des appartenances collectives. De stigmate d'une altérité « imposée » il tend à devenir un emblème de spécificités valorisées. Parfois présentées comme un des remèdes, voire des antidotes[51] à l'uniformisation et l'aliénation liées à la « globalisation » des échanges virtuels (médias, Internet…)

---

48 S. Eboua dans le journal *Impact Tribu-Une* (1995) cité par Ceupens et Geschiere (*ibidem* : 391).

49 K. Arnaut, *Performing displacements and rephrasing attachements : ethnographic explorations of space, mobility in art, ritual, media and politics*, Ph. D. Thesis, Université de Gand (2004 : 254), cité par Ceuppens et Geschiere (*ibidem* : 395).

50 « Une épée à double tranchant », L. H. Malkki, *Purity and Exile — Violence, Memory and National Cosmology among Hutu Refugees in Tanzania* (1995 : 63) ; cité par Ceupens et Geschiere (*ibidem* : 396).

51 Toute une symbolique végétale autour de « racines » (*roots*) semble ainsi avoir été (idéologiquement) imposée à une espèce animale (*Homo sap. sap.*) dont l'histoire est surtout jalonnée de migrations et d'échanges matrimoniaux comme le montrent aussi bien les sciences linguistiques que génétiques.

et réelles (marchandises, entreprises, diasporas...), des formes d'appartenance qualifiées d'ethniques sont aujourd'hui diffusées à l'échelle mondiale par des *global networks* nord-américains comme CNN ou MTV et s'entrechoquent avec des conceptions locales d'appartenance selon des modalités plus ou moins heureuses. En nommant et en sommant des perceptions – visuelles, auditives ... – souvent difficiles à démêler[52], l'ethno-vocabulaire paraît condamné à produire des référents « flous et flottants », mais dont les usages de tous les jours semblent se satisfaire (pour le meilleur comme pour le pire).

RÉFÉRENCES BIBLIOGRAPHIQUES

Amselle, J. L., 1995, « Ethnie », *Encyclopédie Universalis (CD-Rom)*, Paris, Encyclopédie Universalis.

Amselle, J. L., 2001, *Branchements*, Paris, Flammarion, coll. Champs.

Amselle, J. L. et M'Bokolo, E., 1985 *Au coeur de l'ethnie*, Paris, La Découverte (2ème édition, 1999).

Amselle, J. L. et Sibeud, É., 1998, (dir.) *Maurice Delafosse, entre orientalisme et ethnographie : l'itinéraire d'un africaniste (1870-1926)*, Paris, Maisonneuve et Larose.

Anderson, B., 1983, *Imagined Communities*, Londres/New-York, Verso (2ème édition, 1991).

Auroux, S., 1994, *Le révolution technologique de la grammatisation*, Bruxelles, Mardaga.

Barth, F., 1969, « Introduction », in Barth, F., *Ethnic Groups and Bounderies, The Social Organisation of Cultural Difference*, Boston, Little, Brown and C°, 7-38.

Benvéniste, É., 1969, *Le vocabulaire des institutions indo-européennes*, Paris, éd. de Minuit.

Bertam, G., 1935, « Ethnos, Ethnikos », in Kittel, G. (dir.), *Theologisches Wörterbuch zum Neuem Testament*, Stuttgart, W.Kohlhammer, 362-370.

Bietenhard, 1967, « Ethnos », in Coenen, L. (dir.), Theologisches Begriffslexikon zum Neuem Testament, Wuppertal, Brockhaus, 1318-1325.

Blanchard, P., *et al.* (dir.), 1995, *L'Autre et Nous, « scènes et types »*, Paris, Syros et Achac.

Blum, A., Goussef C., 1997, « Nationalité, groupes ethniques, peuples : la représentation des nationalités en Russie » in Courbage, Y., Piché, V. and Rallu, J.-L., (dir.), *Old and new Minorities*, Paris, INED Congresses and Colloquia, 49-71.

Bromley, Y., 1969, *Etnos i Etnografia*, Moscow, NAUK.

[52] Que la philosophe et psychanalyste J. Kristeva a résumé de façon percutante en disant (dans une émission de radio) : « je ne sais pas ce que c'est, mais j'en suis [ou pas] » ; *cf.* aussi Kristeva (1988).

Bromley, Y., 1974, « The Term *Ethnos* and its Definition », in Bromley, Y., *Soviet Ethnology and Anthropology Today*, La Haye, Paris, Mouton, 56-72.

Cavalli-Sforza, L., 1996, *Gènes, peuples et langues,* Paris, Odile Jacob.

Ceuppens, B. et Geschiere, P., 2005, « Autochtony : Local or Global ? New Modes in Struggle over Citizenship and Belonging in Africa and Europe », *Annual Review of Anthropology* 34, 385-407.

Chrétien, J. -P. et Prunier, G., 1989, *Les ethnies ont une histoire*, Paris, Karthala.

Elwert, G., 1989, « Nationalismus und Ethnizität, Über die Bildung von Wir-Gruppen », *Kölner Zeitschrift für Soziologie und Sozialpsychologie* n° 3, 440-464.

Ghébali, V.-Y., 1999, « Le semblable et le différent : remarques sur l'ethno-nationalisme dans l'Europe post-communiste », in Dupuy, R.-J. (dir.) *Mélanges en honneur de Nicolas Valticos, Droit et Justice*, Paris, Pedone, 159-176.

Guillamin, C., 1972, *L'idéologie raciste*, Mouton and C° (2002, Gallimard Folio).

Horowitz, D. L., 1989, « Europe and America : A Comparative Analysis of Ethnicit », *Revue Européenne des Migrations Internationales*, vol. 5, n° 1, 47-61 et http://remi.revues.org/document1003.html.

Hughes, E., and McGill-Hughes, H., 1952, *Where People Meet, Racial and Ethnic frontiers*, Westport, Greenwood Press.

Junod, S., 1996, *Regards sur l'ethnographie soviétique: propositions pour une lecture de la théorie de l'ethnos*, Département de Linguistique, Université de Lausanne, (Mémoire de fin d'études), disponible en ligne : http://www.unil.ch/slav/section/ethnosov.s7.html.

Koriouchkina, L., 2007, « Anthropology and Spy Games in Russia », *Anthropology News*, n° 23-24.

Kristeva, J., 1988, *Étrangers à nous-mêmes*, Paris, Fayard.

Langaney, A., 1988, *Les hommes*, Paris, Armand Colin.

Littré, É., 1874, *Dictionnaire de la langue française*, Tome III, Paris, Hachette.

Montagu, A., 1997 [1942], *Man's Most Dangerous Myth, the Falacy of Race*, Wallnut Creek, London, New Delhi, Altamira Press.

Poutignat, Ph. et Streff-Fénart, J., 1995, *Théories de l'ethnicité*, Paris, P.U.F.

Rohan-Csermak, G. de, 1967, « La première apparition du terme 'ethnologie' », *Ethnologia Europaea*, 1/3, 170-184.

Rohan-Csermak, G. de, 1968, « Ethnie », *Encyclopédie Universalis*, Paris, Encyclopaedia Britannica, 674-676.

Roosens, E. E., 1989, *Creating Ethnicity, the Process of Ethnogenesis*, London, Sage Publications.

Schippers, T. K., 2000, « Ethnogénèse » in Bonte, P. et Izard, M. (dir.), *Dictionnaire de l'ethnologie et de l'anthropologie*, Paris, Presses Universitaires de France, (3ème édition augmentée), 787-789.

Sengès, A., 2003, *Ethnik, le marketing de la différence*, Paris, Autrement.

Servais, O., et Van 't Spijker, G. (dir.), 2004, *Anthropologie et missiologie XIX-XXèmes siècles*, Paris, Karthala.

Servais, O., et Chanson, Ph., (dir.) 2006, *Identités autochtones et missions chrétiennes, brisures et émergences*, Paris, Karthala.

Shirokogoroff, S. M., 1923, *Ethnos*, Shangai.

Stagl, J., 1998, « Rationalism and Irrationalism in Early German Ethnology ; the Controversy between Schlözer and Herder 1772-1773 », *Anthropos* n° 93, 521-536.

Tamisier, J.-C., (dir.), 1998, *Dictionnaire des peuples, sociétés d'Afrique, d'Amérique, d'Asie et d'Océanie*, Paris, Larousse.

Todorov, T., 1989, *Nous et les autres, La réflexion française sur la diversité humaine*, Paris, Seuil.

Van den Bersselaar, L., 1997, « Creating 'Union Ibo' : Missionaries and the Igbo language », *Africa*, vol.67, n° 2, 273-295.

Vermeulen, H. F., 1995, « Origins and institutionalisation of ethnography and ethnology in Europe and the USA », in Vermeulen, H. F. and Roldan, A. A., *Fieldwork and Footnotes, Studies in the History of European Anthropology*, London, Routledge, 39-59.

Vinck, H., 1996, « L'influence des missionnaires sur la prise de conscience ethnique et politique des Mongo (RDC) 1925-1965 », *Revue africaine des sciences de la Mission*, 4, 131-147 www.aequatoria.be/French/HomeFrenchFrameSet.html

Weber, M., 1979 [1921], *Ausgewählte Aufsätze*, Frankfurt a. M., Suhrkamp.

Weber, M., 1996, « Qu'est-ce qu'une nation? », *L'Histoire* n° 201.

Le nom des langues III. Le nom des langues en Afrique sub-saharienne : pratiques, dénominations, catégorisations. Naming Languages in Sub-Saharan Africa: Practices, Names, Categorisations (sous la direction de C. de Féral), Louvain-la-Neuve, Peeters, BCILL 124, 2009, p. 39-71.

L'*ALCAM*[1] : UNE FABRIQUE DES LANGUES DU CAMEROUN ?

Patrick RENAUD
Paris 3 Sorbonne nouvelle

1. INTRODUCTION

Comme tout acte discursif de dénomination, dénommer une ou des langues implique des *acteurs*, individus et instances collectives, une *activité située de catégorisation*, un *espace de communication* de référence, soit le ou les groupes susceptibles d'être impliqués dans l'ajustement induit de leurs ressources verbales de dénomination et de leur structuration sociale et culturelle (Gumperz 1964 : 137 ; Duranti 2002 : 71-72). Le terme *acteur* affirme que *dénommer* est intervenir sur une réalité en la catégorisant et qu' « un tel acte [...] n'est pas neutre : nommer l'espace signifie le transformer en un lieu que s'approprie l'acteur » (Mondada 2000a : 171). Quant aux pratiques de catégorisation d'un espace de communication plus précisément, elles ne sont pas, loin de là, une activité qui n'appartiendrait qu'aux chercheurs : « elles sont développées par d'autres acteurs également et interviennent dans de nombreuses activités sociales » (Mondada 2000b : 81), à commencer par les membres mêmes de cet espace.

1.1. Catégoriser

Avant d'aller plus loin, il n'est donc pas inutile de s'arrêter un instant sur l'activité de catégorisation, très ordinaire, pour en rappeler l'importance dans la production du sens de nos activités quotidiennes comme dans les justifications données à l'ordre des choses, projeté ou décrit. H. Sacks[2] l'analysait ainsi : « [...] any member of any category is presumptively a representative of that category for

---

1 *Atlas linguistique du Cameroun*.

2 Même s'il s'est occupé surtout de catégories de personnes (« membership categorization devices »), ses analyses valent pour d'autres objets aussi, et peuvent nous inspirer pour la catégorisation des langues (*cf.* Mondada 2000b).

the purpose of use of whatever knowledge is stored by reference to that category. [...] Let me emphasize that we're dealing with categories, and not necessarily with what sociologists might call 'groups', 'organized groups', 'organizations'. It's quite important to see that presumptive representativeness holds whether or not the members of that category are or are not organized. [...] The fact that they are organized [...] does not mean that one cannot apply the knowledge stored about such a category to persons who are not selected by the group. And, furthermore, the fact that it is not a group in the sense of being organized doesn't mean that one cannot apply such knowledge » (Sacks1992 : vol.1 : 41).

On ne saurait mieux analyser l'efficience, dans un espace social, d'un discours, usant pour le dénommer de telle catégorie de langue et/ou d'ethnie et ce faisant d' « inventer » des membres « presumptively representative » de cette catégorie, prévue, inattendue, reconfigurée ou carrément absente des répertoires ; on ne saurait non plus mieux souligner le caractère ordinaire d'une pratique à laquelle tout acteur, légitime ou non, peut se livrer pour confirmer, infirmer, négocier ou 'inventer' de tels espaces en les dénommant. Nous n'y avons pas manqué[3] tout au long du traitement des données de l'*Atlas Linguistique du Cameroun* (Dieu et Renaud 1983 ; ci-après *ALCAM*). Mais, redisons-le, cette activité de (re)catégorisation, chacun l'exerce, éventuellement à son endroit, qu'il décide de se donner comme membre de « son » groupe ou au contraire d'un autre groupe que le sien – je songe par exemple aux Zumaya « aujourd'hui complètement fulbisés » (*ALCAM* : 93), qui se déclarent Fulɓe, induisant la disparition de la langue *zumaya* au profit du *fulfulde*.

Quant à l'acteur de la catégorisation, il peut être *individuel*, tel le témoin[4] sollicité par un enquêteur sur la dénomination de son parler ou de son appartenance de groupe. Mais il est le plus souvent *pluriel*, que la dénomination soit le fruit d'une négociation entre enquêteur et témoins, le cas n'est pas rare, ou que la catégorisation soit le fait d'une *instance collective*, laboratoire[5] – comme dans le cas de la catégorie *kɔɔzime* « étendue par nous à l'ensemble *bajẅe'e, ngyeme, kɔɔzime* et *njɛm* » (*ALCAM* : 104) –, éditeur, association, Église ou Administration.

---

3 R. Breton, dans ce volume, illustre et justifie divers cas d'intervention des linguistes dans le choix d'un nom pour une catégorie de leur invention. Voir également *infra*, section 3.2.

4 Le *nom* demandé par l'enquêteur n'est bien sûr pas produit « individuellement » par le témoin (voir la suite). Nous n'opposons ici que le témoin sommé de se dénommer, et à travers lui la communauté dont il est « presumptively representative », à l'instance de délibération que sera, dans une phase ultérieure du travail, le laboratoire de recherche (*cf.* plus loin, section 2.2).

5 La *Section de Linguistique Appliquée du département de linguistique et des langues africaines* (Université de Yaoundé), puis le *Centre de recherche et d'Études anthropologiques* (CREA) de l'*Institut des Sciences Humaines*.

1.2. Catégorisation située : une approche d'inspiration ethnométhodologique

En disant de l'activité de catégorisation qu'elle est *située*, ce que nous allons nous efforcer de montrer, nous voulons dire qu'elle prend forme et sens dans la relation de réflexivité (Garfinkel 1967 ; Heritage 1987, 1992) selon laquelle la catégorisation s'ajuste au contexte de sa production tout en le structurant par la manière même dont elle l'interprète, l'une et l'autre se configurant mutuellement : c'est dire que le point de vue ethnométhodologique nous semble particulièrement adéquat pour analyser les *méthodes* mises en œuvre par un acteur dans une activité de catégorisation, catégorisation de langue(s) en l'occurrence. Il en résulte que je considérerai ici la dénomination moins dans son résultat – la liste qu'offre l'*ALCAM* de langues désignées par leur nom, leur place dans une classification et leur inscription géographique – que dans le processus de sa fabrication : c'est ce que j'entends en parlant d'*activité* et de *pratiques de catégorisation*. Ce faisant, je rejoins A. Duranti qui propose de considérer « a speech community to be the product of the communicative activities engaged by a group of people » (1997 : 82), à commencer par son activité d'auto- et d' hétérocatégorisation[6] en son sein. S'il est en effet une activité qui contribue à sa construction plus encore que l'affirmation de son existence par un groupe ou par quelque autre instance, légitime ou non, c'est bien ce processus analysé par Sacks (*ibid.* 1992 : vol.1, 40-48) de sa catégorisation, qui puise dans les ressources de dénomination des répertoires verbaux de l'espace de communication concerné.

Quant à cet *espace de communication*, il s'agit de l'espace social de circulation, de négociation, d'ajustement, de documentation des catégories, des discours et, finalement, des identités affirmées comme réalités d'évidence ou repoussées comme versions inacceptables d'un ordre où ne se reconnaîtraient, ni ne voudraient se reconnaître, pour mille et une raisons qui leur appartiendraient, le groupe ou tel(s) de ses membres.

C'est donc à partir de ces trois composantes – acteur(s), activités de catégorisation, espaces de communication dotés de répertoires verbaux avec leurs ressources de catégorisation – que je me propose de revenir aujourd'hui sur les pratiques qui présidèrent à la production de l'*Inventaire préliminaire des langues du Cameroun* (ou *ALCAM)*, activité, typique s'il en fut, de catégorisation de l'espace des langues et des populations d'un pays, le Cameroun. L'acteur en fut un laboratoire dont les membres, des linguistes et un géographe, étaient étrangers à l'espace de communication concerné comme peuvent l'être des acteurs dotés d'un répertoire spécifique – celui des sciences du langage et de la géographie –, de méthodes et d'outils ignorés de cet espace, où ils intervenaient avec l'accord affiché de la puissance publique. Ce retour, je le fais avec le regard critique que rendent possible les vingt-cinq années écoulées depuis l'achèvement du travail et

---

[6] L'*autocatégorisation* est exercée par le groupe ou l'individu sur lui-même ; l'*hétéro-catégorisation* est exercée par un tiers sur le groupe ou sur l'individu.

un changement de posture dans le regard d'inspiration ethnométhodologique que je porte aujourd'hui sur le langage et les langues.

1.3. Retour critique

Le sous-titre *Inventaire préliminaire* donné à ce travail dit mieux l'objectif, les méthodes retenues et le résultat de notre activité que le titre générique *Atlas linguistique du Cameroun* qui devait réunir par la suite autour de lui sept autres pays de la Région dans la production de l'*Atlas linguistique d'Afrique centrale (ALAC)* : Burundi, Congo, Gabon, République de Centre Afrique, Rwanda, Tchad et Zaïre. Cet *Inventaire* voulait en effet apporter une réponse à l'autorité politique qui ne souhaitait s'engager dans « le marécage des langues du Cameroun »[7] par quelque politique linguistique que ce fût – en matière d'éducation notamment – sans disposer d'un inventaire exhaustif « de toutes les langues camerounaises » : offrir cet inventaire fut donc l'objectif affiché de l'entreprise. Le résultat fut d'abord une collection de catégories de toute sorte, noms de groupes sociaux « ethniques », noms de variétés linguistiques, soit environ un millier et demi de *glossonymes* et d'*ethnonymes* (*ALCAM* : 435-69), renvoyant à une belle polyphonie d'énonciateurs : auteurs, institutions, administrations, déclarations des intéressés visités chez eux par nous, de « site habité » en « site habité ». De ce corpus de catégories, et de données linguistiques associées, nous allons voir comment émergea la réponse que nous fîmes à l'autorité politique : que la diversité ethnique du Cameroun pouvait être ordonnée en 239 « langues »[8] dont nous livrions la liste (*ALCAM* : 27-81, 357-64).

Comme je l'ai dit d'entrée de jeu, je souhaite donc revenir sur les *pratiques* de catégorisation linguistique des divers acteurs qui y prirent part, à un titre ou à un autre, plus que sur l'évaluation de l'inventaire et de la classification produits (*cf.* ici même pour le Cameroun la contribution de Valentin Feussi). *Pratiques*, c'est-à-dire, en m'inspirant de l'anthropologie des sciences telle que proposée par Latour (1989) et Lynch (1993), les méthodes situées de catégorisation d'abord orientées vers le laboratoire, ensuite vers l'Administration du Territoire (Breton et Fohtung 1991). Elles engendrèrent ce qui m'apparaît aujourd'hui, pour reprendre un terme de coloriste, comme une sorte de « nuancier » sociolinguistique propre à repérer et situer tout groupe dans sa coïncidence avec telle « teinte » ou, plus souvent, dans son écart par rapport à elle. Ces méthodes délaissèrent la description – impensable sur les 249 langues finalement dénommées, et dans les cinq années initialement imparties au programme (Dieu et *al.* 1983a : 24-26, pour une discussion plus détaillée) – au profit de l'élaboration d'un réseau de « variétés cardinales » linguistiquement

---

[7] Expression employée par un haut fonctionnaire de la Présidence de la République lors d'un entretien à l'époque.

[8] Voir ci-après section 4 : Breton établit finalement à 249 le nombre des « langues autonomes » du Cameroun.

construites et dénommées. L'*ALCAM*, en dépit de son sous-titre, n'est pas un « inventaire », même préliminaire, de langues : c'est ce que je me propose de montrer maintenant.

1.4. Démarche

Je reviendrai donc d'abord sur (section 2) les *acteurs* qui prirent part diversement à la catégorisation et à la dénomination : a) l'État camerounais qui, en l'autorisant, orientait le sens et la forme de l'*Inventaire*, l'inscrivant dans la conciliation d'un décompte officiel des langues affichant sa reconnaissance d'une diversité constitutive du pays, et de la nécessité d'une politique linguistique orientée vers l'ontogenèse d'un État unifié/unifiant (Breton : 1987) autour du seul bilinguisme concevable une fois reconnues officiellement deux langues, et deux langues seulement : le français et l'anglais ; b) les linguistes, initiateurs et instance de décision des choix méthodiquement élaborés, en conformité avec les discours de leur discipline ; c) les témoins enfin, sollicités sur toute l'étendue du territoire national pour se faire l'écho de leurs catégorisations, de leur fondement historique et social et des ressources lexicales venues en nourrir leurs répertoires verbaux – ethnonymes et glossonymes ; témoins également sollicités pour produire les données exigées par les méthodes lexicostatistiques auxquelles nous avions prévu de recourir pour évaluer ensuite les distances linguistiques entre variétés dénommées. Le cadre ainsi rappelé, nous pourrons analyser (section 3) notre *activité de catégorisation* de l'espace d'activités langagières des groupes et des « populations » concernées dans la forme induite par les exigences et les contraintes exercées par la scientificité annoncée sur : a) le transfert du terrain, avec son infinie diversité ethnique et linguistique, à l'espace du laboratoire avec sa codification finie de la diversité ; b) les différents types de données recueillies dans l'accomplissement de ce transfert, et leur fabrication propre à donner prise sur elles aux méthodes prévues de leur traitement ; c) les méthodes d'enquête à la source de données primaires de nature « étique » et les instruments de leur mise en relation géographique et linguistique. Il nous restera à nous intéresser (section 4) à l'*espace de communication de référence* et à ce qu'acteurs et méthodes « scientifiques » de production de notre *Inventaire* en ont fait : nous verrons comment la structuration de l'espace camerounais en « variétés cardinales », re-catégorisées et re-dénommées, s'est libérée d'une culture du verbe « incarné » (Renaud 1998) assignant la « voix », la « parole », la « bouche », inaliénables comme les parties du corps, à son propriétaire plutôt qu'à une « langue » dotée d'autonomie, et l'interprétation qui en résulte aujourd'hui de notre *Inventaire préliminaire*. En conclusion (section 5), je reviendrai sur l'opération linguistique ainsi accomplie : élaborer à l'aide de méthodes linguistiques de laboratoire, un répertoire de ressources glossonymiques, localement susceptibles d'accomplissements divers dans une activité sociale de catégorisation située, en un réseau fini, hiérarchisé de « variétés linguistiques cardinales », à l'image du trapèze vocalique et de ses voyelles cardinales familier aux phonéticiens.

2. LES ACTEURS DE LA CATÉGORISATION

2.1. L'État camerounais et ses relais

Il ne faut pas sous-estimer, dans la réalisation de l'*ALCAM*, la part que prirent l'État camerounais et ses divers relais, composantes politiques du contexte dans lequel le projet devait prendre forme. Il revenait en effet aux autorités de tutelle, dont dépendaient les autorisations de recherche, de s'assurer de la conformité des projets à l'idéologie officielle, quand ils impliquaient une Administration ou une institution – Secrétariat d'État, Délégation provinciale d'une Administration, l'Université de Yaoundé ou l'Institut des Sciences Humaines. Les descriptifs de recherche devaient couler leur argumentaire dans le moule des discours officiels.

Ceux-ci développaient deux thèmes : la construction de l' « unité nationale » dans le silence de règle imposé aux spécificités ethniques, et l'affirmation de l' « identité camerounaise » dont il était difficile malgré tout de ne pas attribuer l'expression à la diversité des langues « nationales », c'est-à-dire camerounaises. C'est ainsi qu'il fallut cinq années au projet *ALCAM* pour recevoir son autorisation. Elle vint de la présidence de la République, initialement peu encline à laisser des chercheurs en Sciences Humaines et Sociales jouer d'un bout à l'autre du territoire national avec des particularismes locaux toujours susceptibles de nourrir quelque « tribalisme », ennemi désigné de l'unité nationale : « Nous avons fondé une nation – déclarait le « père de l'indépendance » Ahmadou Ahidjo, le 19 novembre 1962 dans son discours d'ouverture solennelle de l'Université fédérale du Cameroun – et nous devons éviter tout ce qui peut menacer son unité. L'une de ces causes est la querelle linguistique » (*in* Renaud 2000 : 30). Il n'allait donc pas de soi de faire admettre l'*ALCAM* en commande d'État, à un État qui ne reconnaissait que deux langues à ses citoyens – à charge pour l'école de les leur enseigner puisqu'il s'agissait de langues venues d'ailleurs – le français et l'anglais, ces « deux langues de portée universelle [qui] peuvent faire de notre pays le catalyseur de l'unité africaine » (Ahidjo, *ibid.*).

Nous commençâmes donc par renouveler, pour l'adapter au Cameroun, le discours de Gaston Paris niant la coupure du territoire français en zones d'oc et d'oïl au bénéfice d'une France affirmée dans son unité et sa continuité, « tapisserie dont les couleurs variées se fondent sur tous les points en nuances insensiblement dégradées » (*in* Picoche 1973). On affirmait souvent du Cameroun qu'il était une « mosaïque de langues », nous allions prendre le contre-pied en offrant de centrer l'*ALCAM* sur les relations organisant les langues en un réseau ; relations de différences sans doute mais qui seraient abordées par leur complément : c'est sur leurs ressemblances que serait construit l'inventaire des langues. De cette orientation du programme héritée du contexte politique et de l'intervention de l'État, on trouve la confirmation dès les premières lignes de la présentation des méthodes du programme cadre d'Atlas linguistique de l'Afrique centrale (*ALAC*), et en son sein de l'*ALCAM* : « L'*ALAC* s'adresse à deux publics différents. L'un, sans être spécialiste du langage et des langues demande une image aussi fidèle, complète et lisible que possible des diverses situations linguistiques d'un territoire donné, pour en nourrir et y enraciner les politiques d'éducation, d'information, de culture qu'il élabore, décide ou applique. L'autre a fait du langage et des langues sa spécialité, il a besoin d'une vision d'ensemble de la répartition géographique des variétés linguistiques et de leurs relations mutuelles sur l'étendue d'un pays et de la Région Afrique centrale (...) » (Dieu et *al.*1983a : 21). Derrière ces deux publics, on aura reconnu deux des acteurs de la catégorisation des langues au Cameroun : l'État et les linguistes ; et du côté des linguistes l'accent était mis, conformément aux engagements initiaux, sur les relations entre variétés linguistiques.

Ce discours ne suffisait évidemment pas pour convaincre l'État camerounais d'en appeler aux langues vernaculaires pour fonder son identité. Il attira cependant son attention sur une catégorisation de la diversité en réseaux plutôt que sur une mosaïque de fragments. En outre, comme nous l'avons déjà montré ailleurs (Renaud 2000 : 24-59), on va voir (ci-après section 2.2) qu'en linguistes nous proposions de travailler sur la diversité linguistique plus que sur la diversité « tribale » ou ethnique comme le rappelle fort bien R. Breton dans ce volume (p. 74) : « L'étude des noms de langues (...) est un problème auquel linguistes, sociolinguistes et géolinguistes sont constamment confrontés, (et) qu'ils doivent s'efforcer de résoudre avec méthode, pour dessiner et qualifier avec précision la trame linguistique d'une région. Ce dont les locuteurs natifs n'ont qu'une conscience très approximative, alors que l'histoire leur a généralement enseigné des distinctions ethniques auxquelles ils sont attachés, mais qui n'ont pas forcément une base linguistique ». En accordant finalement sa reconnaissance à l'*Inventaire préliminaire* que Breton, quelques années plus tard avec Fohtung, allait mettre à la disposition de l'Administration du Territoire en le projetant sur la carte des circonscriptions administratives (Breton et Fohtung 1991), l'État acceptait la publication d'un discours de l'hétérogénéité de la nation camerounaise, mais sur son versant le moins inquiétant pour deux raisons : 1) l'inventaire serait réputé scientifique, c'est-à-dire indemne d'orientations partisanes ; 2) l'inventaire, exhaustif, ne serait qu'un inventaire. A ce titre, il ne donnerait prise à aucune « querelle linguistique » : n'excluant aucun parler il ne favoriserait ni n'exclurait personne.

2.2. Les linguistes : une visée scientifique configurante

Acteurs les plus visibles et les plus engagés dans la catégorisation « scientifique » de l'espace de communication camerounais, les linguistes étaient par métier très loin de la perception qu'avaient de leurs langues les locuteurs concernés. Nous passerons en revue plus bas (section 3) les méthodes que nous avons mises en œuvre dans notre activité de catégorisation. Ici, il ne s'agit que de rappeler la spécificité de la « visée » que nous avons maintenue tout au long sur la catégorisation des langues, en contraste avec celle des populations concernées.

Nous venons de voir que nous avions dû négocier le projet avec l'État camerounais en nous engageant à mettre l'accent sur les relations interlangues, privilégiant le tissu linguistique national sur la version ordinaire d'une mosaïque camerounaise. Cela étant, les linguistes n'en demeuraient pas moins linguistes, abordant les langues de leur point de vue, celui du « laboratoire ». Le nôtre n'y manqua pas, ce qui peut expliquer à la fois les insatisfactions des locuteurs devant des recatégorisations « mutilantes » (*cf.* Auroux, 1998 : 3) et l'objectivité généralement reconnue aux travaux dits « scientifiques »[9].

Les linguistes que nous étions, à l'œuvre sur le terrain camerounais, s'étaient donné pour première tâche de recueillir des échantillons linguistiques fiables. C'est-à-dire qu'ils devaient offrir, sous certaines conditions que nous avions définies, une image fidèle de la diversité des langues et des variétés de langue sur la totalité du territoire national. Acteurs-linguistes, identifiés comme tels par les autorités camerounaises, nous avons donc homogénéisé notre terrain en le réduisant au prélèvement systématique d'une liste de 120 mots, le Q.E.L.[10], prélèvement phonolexical n'offrant plus à catégorisation que du matériau linguistique pour le différencier et l'ordonner de façon linguistiquement significative. Cela nous a conduits, très logiquement pour des linguistes, à extraire la diversité linguistique de son espace de communication, c'est-à-dire à découpler ethnie et langue, pour ne plus catégoriser qu'une « réalité » linguistique, pure de toute inscription sociale ; quitte à tenter ensuite, grâce aux relations esquissées entre ethnonymes et glossonymes (*ALCAM* : 21-81), de faire retour à son ancrage ethnique. Ce sont donc les langues qui sont venues en *figure*, renvoyant en *fond* l'espace camerounais d'activités de communication. Or ce que les locuteurs eux, placent en *figure*, ce sont leurs catégorisations ethniques que les ethnonymes projettent sur le *fond* de la diversité linguistique qu'ils organisent et structurent en « social meaning » pour reprendre l'expression de Gumperz (1968a). Les locuteurs peuvent donc diverger sensiblement des linguistes dans les versions de la diversité, linguistique et sociale, qu'ils négocient entre eux ordinairement, à toutes fins pratiques.

---

9 On l'a vu, depuis l'affaire du sang contaminé, en France, jusqu'aux politiques liées à l'identification du virus H5N1 en passant par le « trou d'ozone » et le réchauffement climatique, l'autorité politique s'en remet volontiers à l'autorité scientifique pour dire « les faits » indépendamment des intérêts locaux. Mais, comme le souligne Sacks (1992), catégorise qui veut un discours comme « scientifique » ; entre chercheurs pour autant, cela se fait en général sur le mode du doute et de la dispute, maintenant l'actualité du vieil adage latin : « Devant un augure à l'œuvre, un augure toujours se prend à ricaner » (*in* Adorno, 2000 : 17).

10 Q.E.L. : abréviation de « questionnaire d'enquête linguistique ». Il est inspiré des listes de glottochronologie, 100 et 200 mots, de Swadesh (1955).

Cet écart des points de vue, entre chercheur et intéressé devenu objet d'étude, est constitutif d'une démarche d'expert qui constitue ses témoins en « judgmental dopes »[11] (Garfinkel 1984 [1967] : 66-8, 283 ; Ogien 2001) aux savoirs et aux compétences irrecevables dans le discours de la rationalité scientifique. On touche là du doigt la mise à l'écart, par le chercheur, des vérités de sens commun de la société *sur* laquelle il opère, au profit des visées, des savoirs et des discours de sa discipline. Le coût de pareilles visées sur une réalité qu'elles simplifient par méthode et reconfigurent par le fait même, est qu'elles ne peuvent coïncider avec ce qui fonde la visée de ceux qui se trouvent impliqués à toutes fins pratiques comme acteurs *dans* la réalité traitée. Si chez les linguistes c'est la *langue* qui est sélectionnée comme principe de catégorisation et de classification d'un espace de communication, il apparaît en revanche que chez les locuteurs ce sont les *individus* et leur aptitude à être assignés comme « presumptively representative » de telles et telles catégories ethnonymiques organisant leur(s) répertoire(s), appliquées à telle réalité, que sélectionne leur(s) point(s) de vue. Et ce d'autant mieux que les outils dont disposent les linguistes pour maintenir efficacement leur visée sur les langues – tous les outils de la littératie et de la grammatisation appliqués aux langues, *ausbau Sprachen* mais aussi *abstand Sprachen* (Kloss 1967) – sont totalement étrangers à des groupes dont les pratiques sociales ne se sont pas élaborées sous l'effet des régimes de littératie qui concourent à réifier et instituer les langues en tant que telles. C'est ainsi que, le plus souvent, nous y reviendrons, la langue d'un groupe est catégorisée et dénommée par ses locuteurs comme « la parole de », « la voix de », ou « la bouche de » ce groupe, souvent désigné par son autonyme ou par quelque auto-qualification flatteuse : les Baka par exemple parlent *li.baka* (m. à m. « voix [des] Baka ») ; classiquement, dans les langues bantoues, le radical du nom désigne aussi bien les gens que leur langue – seule l'alternance des préfixes **ba- /*ki-*[12] faisant la différence ; au Cameroun, glossonymes et ethnonymes dans l'aire bantoue, du fait de l'effacement du préfixe nominal, se confondent souvent : *mbo* vs. Mbo, *duala* vs. Duala, *ɓasaa* vs. Basaa, etc.

Face aux pratiques sociales camerounaises traditionnelles de catégorisation orientées vers la composante ethnique de l'espace de communication, la visée des linguistes faisait donc émerger pour l'État, avec l'usage d'une catégorie *langue* issue des discours de leur discipline, une catégorisation orientée vers la composante linguistique, et seulement linguistique, de cet espace. Il devait en résulter que tout membre – toute variété « cardinale » comme nous l'appellerons – donné comme « presumptively a representative » de la catégorie, ne serait plus exploitable en termes de savoirs ethniques de type « L_i est la langue des E_i », où E_i est une catégorie ethnique, mais seulement en termes

11 « abrutis dénués de jugement » (Heritage 1992 : 89).

12 Nous faisons référence ici aux formes reconstruites du proto-bantu, traditionnellement précédées d'un astérisque dans leur graphie. Leurs « réflexes » aujourd'hui dans les diverses langues bantoues sont le résultat d'évolutions phonétiques diverses (*ki- > {ki-, ci-, hi-, ∅-, *etc.*}.

de savoirs linguistiques de type « L_i est/n'est pas distincte de L_j », où L_i et L_j sont des membres éligibles pour la catégorie *langue*. L'usage de ces seuls savoirs devait faire à chaque « langue » pressentie comme membre de la catégorie – déjà décrite, en tout ou en partie, aussi bien qu'inconnue de la bibliographie[13] – une place où pourraient apparaître, avec l'autorité conférée par la systématicité et la cohérence de procédures et de savoirs explicites, des langues qu'il reviendrait à leurs inventeurs de dénommer.

2.3. Les témoins : répondre aux questions ?

Je reprends le terme « témoin » à la tradition dialectologique qui attend de ce « sujet [qu'il] produise, dans son 'franc parler', la vérité des faits [...] saisis en 'instantanés', et francs de toute retouche » (Gilliéron et Edmont 1902 : 7). Bien qu'il y eût d'autres sources de catégorisation accessibles – Administration, Églises, bibliographie, etc. – ce sont nos « témoins », membres des groupes concernés, qu'il convient de constituer en troisième type d'acteurs.

Pour l'État en effet, ils sont les populations concernées et consultées à travers quelques-uns de leurs représentants choisis selon des méthodes qui sont laissées à notre convenance. Pour nous linguistes, ce sont des membres compétents de leur communauté, maîtrisant son répertoire verbal, c'est-à-dire au fait, notamment, de son nom autonyme – *ethnonyme* « propre » –, de celui de leur « langue » – *glossonyme* « propre » –, et de la catégorisation par hétéronymes de leurs voisinages proche et lointain. À nous, linguistes, de nous y prendre convenablement pour obtenir d'eux réponses à nos questions : dénomination du groupe au site enquêté, dénomination de leurs voisins, dénomination(s) du parler par ses locuteurs, par les voisins ou d'autres « étrangers », délimitation territoriale et, pour finir, échantillon de vocabulaire. Nous verrons plus bas (section 3) les instruments élaborés pour ce faire et l'usage qui en fut fait.

La population de ces témoins n'était pas homogène et chacun ne fut pas toujours choisi de la même manière d'un enquêteur à l'autre, ou par le même enquêteur : ce pouvait être des représentants des villages interrogés en présence du chef de canton ou du sous-préfet (*cf.* Breton ici-même) qui les convoquait, méthode qui situe l'interaction entre chercheur et témoin dans un cadre très officiel, sous le regard de représentants de l'État ; ce pouvait être des rencontres de hasard au site visité, natifs du lieu répondant favorablement à la proposition d'entretien de l'enquêteur. Ce pouvait être encore le fait d'un chercheur faisant le témoin en reprenant les réponses obtenues sur son propre terrain à des questions semblables qu'il avait pu être amené à poser quelque temps auparavant.

Il en résulte que les réponses obtenues en présence d'un sous-préfet n'étaient sans doute pas orientées vers les mêmes fins pratiques que les réponses

---

[13] Voir les cartes des recherches monographiques in *ALCAM* : 408-419. Un nombre impressionnant de « langues » n'étaient l'objet d'aucune étude monographique au moment de la publication en 1985.

données dans des rencontres de hasard ou dans des séances de travail avec un chercheur auquel les villageois avaient fait une place chez eux : quiconque a dû interroger des témoins sait que les réponses aux questions posées varient avec le contexte de l'interaction, notamment selon le niveau de connaissance de la culture locale qui vous est attribué et selon la catégorie dans laquelle votre témoin vous range. Si vous êtes catégorisé comme membre, à un titre ou un autre, de l'Administration par exemple, on vous donnera les noms de langue réputés connus de l'Administration : c'est ainsi que le *fʉ́sap* deviendra *bafoussam* et que le *wɛ* deviendra *bahouan* (voir *ALCAM* : 19-81). On ne peut pas ne pas penser ici à Gumperz (Blom and Gumperz 1972 : 409-34) qui soupçonne ses témoins d'Hemnesberget de forcer les différences entre leur parler, *ranamål*, et la langue standard, *bokmål*, en documentant des oppositions phonologiques que Gumperz ne trouvera plus attestées dans les corpus enregistrés de conversation ordinaire, c'est-à-dire dans un cadre qui n'était plus celui de la séance classique de production de données par questions et réponses entre l'enquêteur et son témoin.

Il en va de même si l'on s'interroge sur l'interprétation faite par un témoin – répondant en général sous la surveillance, sinon de l'autorité préfectorale[14], souvent sous celle d'autres membres du groupe venus se joindre à la rencontre – de la question posée sur l'extension territoriale du parler local : « – Qui parle comme vous ? – Qui ne parle pas comme vous ? ». Nous y avons fait allusion et nous allons y revenir, mais il est fort probable que la question était interprétée comme interrogeant la catégorisation du groupe et l'identification de ses frontières territoriales : « – Qui est membre de votre groupe ? Qui ne l'est pas ? Jusqu'où va le territoire de votre groupe ? » Questions éminemment politiques et difficiles pour qui ne sait pas exactement où l'« on » veut en venir. Dans ces conditions, quelle réponse donner ? Affirmer la force et l'importance du groupe ? Faire plutôt profil bas et taire les prétentions locales ? Saisir l'occasion de la présence de l'Administration pour faire valoir une version favorable au groupe ? C'est dire que nos « témoins » intervenaient nécessairement en acteurs dans l'activité de catégorisation, selon l'interprétation qu'ils faisaient du tour qu'elle prenait. C'est ainsi qu'un témoin banɛn pouvait être tenté d'intégrer dans l'aire géographique de sa langue, le [511] *tunɛn*, les langues [514] *ninyɔ'ɔ* et [513] *tuɔtɔmp* dont les locuteurs sont traditionnellement sous influence banɛn (*ALCAM* : 106-07). On ne saurait donc faire de ces témoins de simples robinets à réponses « déjà-là » aux questions que nous avions formulées à l'avance sous la forme d'un questionnaire.

En outre, le rôle qui leur était imparti n'était pas seulement de nous livrer leur répertoire structuré d'ethnonymes et de glossonymes. Nous les constituions également en témoins de leur « langue » en leur faisant prononcer la forme qu'y prenaient les 120 mots du Q.E.L. (ci-dessus section 2.2) que nous leur soumettions et que nous transcrivions sur le champ en alphabet I.A.I.[15]. Cette seconde partie du

---

14 Pareille situation, on s'en doute, est restée l'exception.

15 Alphabet phonétique de l'Association Phonétique Internationale modifié par l'*International African Institute / Institut Africain International* (Londres) pour les besoins des langues africaines.

travail donnait toujours matière à discussion entre tous, témoin initialement sélectionné, curieux « non-adressés » et prenant leur part à la négociation des réponses, interprète et enquêteur : la réponse était ainsi souvent donnée, là encore, sous le contrôle social attentif de membres d'un groupe villageois quelquefois débordés par de jeunes écoliers qu'ils ne manquaient pas de rabrouer lorsque, reconnaissant un jeu de question et réponse traditionnel entre maître et élèves, ceux-ci répondaient sans attendre l'accord des anciens.

Les trois groupes d'acteurs ainsi rappelés – État, linguistes, témoins – qui ont chacun contribué à configurer le cadre de l'invention des langues du Cameroun, il est maintenant possible de nous concentrer sur ce que furent nos pratiques de linguistes dans l'activité de fabrication et de *catégorisation* de ce « nuancier » ou réseau de « langues cardinales » qu'offre aujourd'hui l'*ALCAM*.

3. La fabrique des « langues cardinales »

Les cinq années que prirent les négociations du projet *ALCAM* avec l'État furent utilisées à mettre au point et tester nos méthodes : à quelles enquêtes se livrer, quels types de données rassembler, pour quels types de traitement, etc. Tout cela est largement exposé dans Dieu *et al.*, 1983a.

M' inspirant de la démarche de B. Latour observant les pratiques de ses collègues pédologues et botaniste depuis la forêt amazonienne de Boa Vista jusqu'au laboratoire de Manaus (Latour 1993), il me semble plus intéressant d'analyser les pratiques qui furent les nôtres dans la construction de langues qu'il nous fallut extraire de l'espace des pratiques langagières observables sur toute l'étendue du Cameroun, pour en livrer la liste, comme promis, aux représentants de l'État. Nous commencerons donc (section 3.1) par le transport du terrain au laboratoire et ce que nous y avons gagné pour la fabrication des langues. Nous verrons ensuite (section 3.2) comment le prélèvement standardisé de données phonolexicales nous permit de situer chaque variété dans une classification des langues africaines faisant office de « glottocomparateur »[16]. Nous achèverons l'analyse de nos pratiques de catégorisation des langues en nous arrêtant (section 3.3) sur la façon dont la codification des langues dénommées, que nous dirons « cardinales », a conjugué les deux cartographies, de l'espace géographique des sites habités d'une part, et de l'espace linguistique des relations de similitude entre variétés d'autre part.

[16] Latour (1993 : 193) nous montre l'usage que font les pédologues de leur « pédocomparateur » ; nous avons, dans l'ignorance à l'époque de ce « bel objet », créé notre « glottocomparateur ».

3.1. Le transport du terrain au laboratoire

Il nous faut rapidement décrire ces deux espaces, terrain et laboratoire, ainsi que les processus du transport de l'un à l'autre. Au terme du voyage, le laboratoire accueille des « données » qui, tout au long de la chaîne des transformations qu'elles ont subies, conservent leur double qualité à la fois de référent linguistique catégorisé et dénommé, et en même temps de preuve empirique initiale.

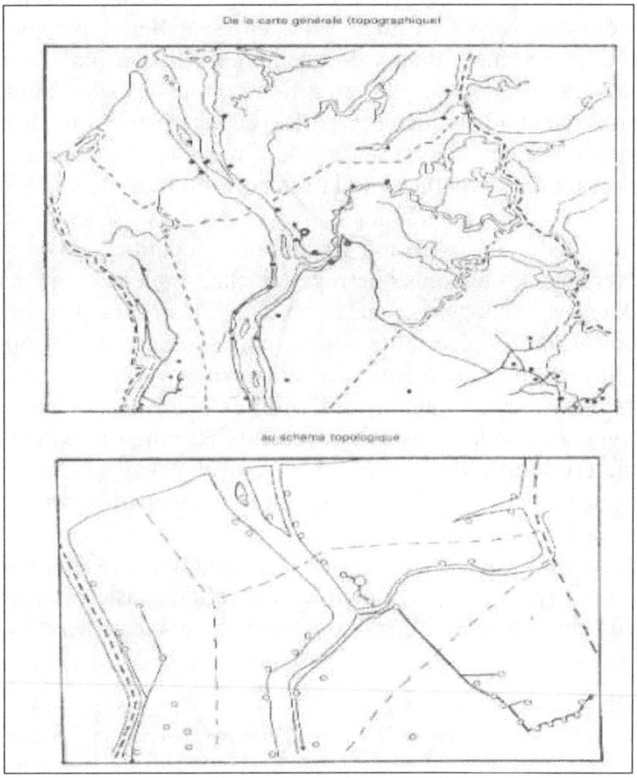

Fig. 1. *De la carte au schéma topologique (ALCAM)*

Avant de partir, tout enquêteur reçoit de R. Breton, le géographe de l'équipe (voir sa contribution au présent volume), un ou des « carnets topologiques » (C.T.) correspondant au terrain qu'il devra couvrir[17]. Au départ de l'enquête, chaque C.T. est constitué d'une liasse reliée de dix exemplaires identiques du schéma cartographique de son terrain ; *schéma* car la cartographie ne retient que les « sites habités » – habités de locuteurs du ou des parlers qui constituent l'objet de l'enquête –, en conservant leur topologie, c'est-à-dire leurs

[17] Pour une description détaillée, voir Dieu *et al.* 1983a : 31-45.

relations dans l'espace, ainsi qu'un minimum de repères topographiques (rivière(s), routes et voies de circulation) facilement reconnaissables sur place tant par l'enquêteur que par les occupants des sites concernés. Ces derniers sont identifiés par des cercles vides accompagnés de leur nom, relevé dans le *Dictionnaire des villages* (Orstom/Onarest, 1965-78). Pourquoi dix exemplaires du même schéma ? Pour que chacune des dix pages identiques ne soit affectée qu'au relevé d'*une* variété linguistique : si trois variétés par exemple voisinent dans l'aire représentée par le C.T., trois pages en seront utilisées, une par variété, dès lors nécessairement catégorisée. Le terrain est ainsi « feuilleté », jusqu'à épuisement des sites habités. Limité à la représentation topologique des sites habités, le C.T. permet donc de délimiter l'extension territoriale des « communautés linguistiques », par agrégation de tous les sites habités autour de la variété linguistique identiquement parlée et dénommée que leur assigne le témoin. C'est cette dénomination autonyme qui est relevée comme *glossonyme propre*. Celui-ci fonde l'hypothèse de la catégorisation d'une variété linguistique propre avec son aire géographique rapportée aux schémas topologiques correspondants. Outre son extension territoriale, l'identification proprement dite de la ou des variétés des témoins interrogés au site, sera élaborée à partir de deux familles de données : endogènes pour la première, exogènes pour la seconde. La première, interrogeant les répertoires des membres de l'espace de communication, constitue le corpus des glossonymes et ethnonymes désignant ce parler et ses locuteurs respectivement – autonymes utilisés par les « autochtones » et hétéronymes utilisés par les voisins ; la seconde constitue le corpus de données exogènes : elle est nourrie des formes phonolexicales demandées aux témoins et transcrites sur place par l'enquêteur[18], dont nous avons parlé (*supra*, section 2.2). Ces deux familles de données et les pages remplies du C.T. constitueront ce qui est extrait du terrain pour être transporté et conservé au laboratoire dans un « meuble-tiroirs » spécialement conçu à cet effet, vaste assemblage d'une cinquantaine de blocs de cinq tiroirs[19] commandés à un menuisier du voisinage. Ce

[18] Bien qu'il s'agisse de formes phoniques prononcées par le témoin, leur extraction par sollicitation de formes lexicales isolées et produites hors énonciation, et leur « traduction » (Akrich *et al.* 2006) dans une transcription phonétique accomplie par l'enquêteur, conduisent logiquement à considérer ces données comme exogènes, c'est-à-dire comme produites par un observateur extérieur.

[19] Nous gardons le nombre de 500 Q.E.L. environ, distribués dans 255 tiroirs, etc. Ce nombre de 500, commode pour l'exposé, est inférieur au nombre des questionnaires qui furent remplis sur le terrain, l'important ici étant l'ordre de grandeur et l'analyse de nos pratiques. Cela dit, les Q.E.L. distribués dans les 255 tiroirs au terme du recueil de données sont aujourd'hui perdus (leur inventaire figure dans l'*ALCAM*) : en 1991 en effet, le CREA fut fermé et ses chercheurs enjoints de regagner l'Université de Yaoundé. Quant aux données primaires et aux métadonnées (les contenus des 255 titroirs), laissées à l'abandon, on procéda tardivement à leur sauvegarde. Le CERDOTOLA en la personne de son directeur E. Soundjock-Soundjock, co-éditeur de l'*ALCAM*, fut le seul à ma connaissance à tenter de sauver ce qui pouvait l'être encore du « corpus » des Q.E.L. S'il s'est agi d'une négligence, je serais tenté de dire qu'elle fut délibérée, significative de la réception difficile d'un travail

meuble matérialise et organise un espace intermédiaire entre le terrain d'un côté, et de l'autre les outils offerts par la littératie – figures, cartes et tableaux (Goody 1979 [1977]) – pour élaborer et produire ce qui constituera l'*ALCAM.* En voici le principe.

Le meuble, installé dans une pièce du laboratoire, au Centre de recherche et d'Études anthropologiques (CREA) à Yaoundé, offre une sorte de tableau croisé de lignes et de colonnes dont les tiroirs seraient les cellules. Chacun d'eux accueille en effet les données des deux familles qui viennent documenter la variété linguistique qui lui est assignée : d'abord le Q.E.L. des 120 formes lexicales transcrites au site qui fonde l'occupation d'un tiroir, puis leur transposition sur un « bordereau informatique » en vue d'une comparaison assistée par ordinateur (Dieu *et al.*, 1983a : 54) ; ensuite les autres documents associés – métadonnées – qui ensemble transportent et installent le point d'enquête correspondant dans le meuble-tiroirs (feuilles issues de plusieurs C.T. référant à un ensemble de Q.E.L. réunis en une langue ou « variété cardinale » et délimitant son aire d'extension, feuille de relevé des autonymes et hétéronymes figurant au dos du C.T. (Dieu *et al.*, 1983a. : 45); documents d'autres origines : bibliographie, éléments de classification, photocopie d'articles traitant du parler en question, etc.).

Sur leur panneau frontal, chacun des 255 tiroirs du meuble reçoit sur une étiquette en gros caractères bien lisibles, outre le glossonyme proposé pour la variété constituée, un numéro de code à trois chiffres, dit « code-langues », qui l'enregistre et la situe comme « langue cardinale », en forme d'hypothèse de classement, en attendant vérification ; par exemple [191] *zləŋə* (*ALCAM* : 90-91). Le premier chiffre du code renvoie à la zone géographique où a été relevée la variété, ici la zone [1..] parmi les neuf dans lesquelles le Cameroun a été divisé (*ALAC* : 370). Les deux chiffres suivants du code, [.91], organisent un autre type de voisinages : les voisinages linguistiques des tiroirs, à établir à partir de leurs contenus respectifs par des méthodes appropriées : c'est ainsi que le tiroir [191] *psikyɛ* {[191] *psikyɛ* ; [191] *zləŋə* ; [191] *wula*} voisine avec les tiroirs [183] *mafa* (là encore il réunit trois Q.E.L. : { [183] *mafa-Ouest* ; [183] *mafa-Centre* ; [183] *mafa-Est*}), [182] *mefele* (soit deux Q.E.L. {[182] *mefele* ; [182] *shügule*}), [181] *cuvok* d'un côté ; et [192] *hya*, [193] *bana* de l'autre.

Il en résulte une reconfiguration du terrain, transporté au CREA et distribué dans des tiroirs dont les panneaux visibles offrent déjà une première cartographie des données en retour d'enquête, mais distribuées à la fois selon les voisinages *géographiques* des neuf zones qui divisent le Cameroun et selon des

de catégorisation « externe » où les intéressés, objets d'étude, ont pu se sentir dépossédés du sens et de la maîtrise de leurs propres pratiques « endogènes » de catégorisation. Au-delà de l'interprétation tentante, mais un peu courte peut-être, du rejet, ainsi manifesté d'une démarche et d'un produit post-coloniaux (*cf.* Renaud 2000), ce point d'histoire pourrait contribuer à nourrir une réflexion sur les conditions de possibilité d'un dialogue entre deux versions d'un monde traité de façon endogène, ou « émique », comme une ressource à toutes fins pratiques par les membres d'un groupe pour l'une ; de façon exogène, ou « étique » comme un objet d'étude par des chercheurs pour l'autre.

voisinages *linguistiques* à vérifier : ethnonymes, glossonymes, schémas remplis des C.T. et données phonolexicales relevées et transcrites dans les Q.E.L. Nous voilà loin du terrain, dans une sorte d'entre deux – terrain à une extrémité, recélant un inventaire *ouvert* de ressources lexicales de catégorisation d'un espace de communication toujours négociable par ses membres dans les cours d'action ; inventaire *fermé* des variétés ou « langues cardinales», à l'autre extrémité, déjà encarté dans la forme graphique du code-langues à trois chiffres étiquetant chaque tiroir – où commencent à prendre figure des hypothèses de langues, [191] *psikyɛ,* [183] *mafa*, [182] *mefele*, [181] *cuvok* par exemple, qui seront identifiées et dénommées au terme des traitements que subiront les deux familles de données, endogènes et exogènes respectivement, qui ont littéralement, pour reprendre l'expression de Latour (1993 : 198) déplacé le terrain au laboratoire. Bref, nous sommes à mi-chemin, entre terrain et univers des objets de discours que sont les « langues » constituées, dans l'espace précisément où elles émergent de nos méthodes.

Ce faisant, qu'avons-nous perdu, qu'avons-nous gagné dans ce transport ? Avec un minimum de déformations des données pour que nos outils de linguistes puissent les charger de sens, nous nous sommes débarrassé de tout leur contexte local et avec lui de tout le « bruit » des pratiques sociales dans lesquelles elles sont ordinairement intriquées – à la fois configurantes et réflexivement configurées par elles –, au profit d'un espace structuré de tiroirs organisant dans l'espace restreint d'une pièce du CREA des données à la fois *pures* de toute scorie non-linguistique[20], *compatibles,* nous allons le voir, avec les procédures prévues de leur traitement lexicostatistique (ci-après, section 3.2), *comparables*, puisque obtenues par la transcription aux normes de l'I.A.I. d'une liste standardisée de 120 mots, et *manipulables* dans l'espace du laboratoire depuis le meuble dont les tiroirs peuvent être extraits, rapprochés – faisant apparaître des proximités inattendues – et redistribués suivant le mouvement des hypothèses, et peuvent fournir sous forme graphique des éléments de comparaison à quelque texte, rapport de recherche ou projet d'article : détachées de leur contexte d'origine, « les données peuvent ainsi être [...] re-assemblées selon des critères nouveaux, inconnus du terrain mais élaborés par les modèles scientifiques, qui permettront de faire émerger de nouveaux *patterns*, invisibles jusque-là, d'identifier des similarités permettant de rapprocher des éléments [...] jamais côte à côte sur le terrain » (Mondada 1998a : 49). Bref, nous sommes à mi-chemin, entre terrain et univers des objets de discours que sont les « langues » constituées, dans l'espace précisément où elles émergent en « variétés cardinales » de nos méthodes. Voyons cela de plus près.

---

20 Les ethnonymes ont été collectés mais sont tenus à part des glossonymes provisoirement utilisés dans un premier état de la catégorisation qui repose sur les ressources vernaculaires des répertoires aux sites enquêtés. Ces ressources se révéleront sur-différencier l'espace linguistique par rapport aux analyses de laboratoire.

3.2. Données phonolexicales et « glottocomparateur »

On vient de voir que le principe d'occupation d'un tiroir du meuble-tiroirs est le dépôt d'un Q.E.L. transcrit auprès d'un témoin. Un exemplaire en a été rempli pour tout glossonyme propre fourni par ses locuteurs natifs sur le terrain : interrogés, ceux-ci ont désigné à l'enquêteur, sur le C.T., les sites habités « où l'on parle exactement de la même manière » la variété dénommée par le glossonyme déclaré sous le contrôle du groupe des témoins (ci-dessus section 2.3). Chaque tiroir du meuble recèle donc un échantillon phonolexical au moins de 120 items de la plus petite unité linguistique catégorisée par ses locuteurs comme « leur façon de parler », « leur voix », « leur bouche ». L'ensemble des tiroirs-langues constitue donc l'échantillonnage phonolexical systématique de chacune des variétés linguistiques du Cameroun, catégorisées et dénommées par leurs propres locuteurs. Chacune de ces listes lexicales retourne la forme « étique », transcrite en alphabet I.A.I., de chacun des 120 items de la liste traduits au point d'enquête dans la variété dénommée. C'est donc la forme *phonétique* segmentale produite par le témoin qui est transcrite directement par l'enquêteur, sans aucune procédure ni test intermédiaires propres à produire quelque forme « émique » sous-jacente, qui restituerait un point de vue endogène sur elles ; pour cette raison même, nous avions décidé de ne pas transcrire les tons, interprétables, dans une perspective comparative, au seul niveau émique. Du côté des données exogènes il s'agit donc de l'échantillon phonolexical de toute la diversité linguistique du Cameroun, brut de toute structuration linguistique abstraite[21] : il représente notre prélèvement linguistique d'un terrain étendu aux dimensions du Cameroun. Cela dit, nous devons maintenant nous demander à quoi réfère ce prélèvement ou, si l'on préfère, ce que nous prétendons avoir transporté du terrain aux meuble-tiroirs, sans déformation significative.

Nous disposons par ailleurs du cadre général de la classification des langues africaines de Greenberg (1966), de celui de Newman (1977) pour la famille tchadique, de celui de Guthrie pour le bantu, et d'un certain nombre de travaux y apportant des aménagements et des ajouts admis (*ALCAM* : 353). Ces divers cadres de classification définissent des arborescences (phylums, sous-phylums, familles, sous-familles, branches, sous-branches, groupes combinés, groupes) dominant les variétés « dialectales », seul niveau de manifestation des « langues » échantillonnées par les Q.E.L. Le travail de « glottocomparaison » doit nous permettre de placer chaque « tiroir » – c'est-à-dire chaque Q.E.L. ou ensemble de Q.E.L. proches, dénommé(s) et transcrit(s) – parmi ceux de son voisinage, linguistique d'abord, géographique ensuite.

Nous avons vu, plus haut, l'étiquetage des tiroirs, et du ou des Q.E.L. recélés par chacun, par un code à trois chiffres qui dit ces relations : [191] *zləŋə* par exemple (ci-dessus section 3.1.). Cet étiquetage est le *produit* du processus qui nous a permis de produire, à partir d'elle notamment, la langue ou « variété

---

21 On lira le détail des raisons de ce choix dans Dieu *et al.* 1983a : 25-26.

cardinale » dénommée par nous finalement [191] *psikyɛ*. Il faut maintenant analyser ce processus, en observant comment procède notre « glotto-comparateur ». Celui-ci est ainsi constitué : d'un côté les classifications des familles linguistiques africaines dont nous disposons déjà, de l'autre un compresseur de Q.E.L. en « langues ». Les classifications ont la forme d'arborescences dont le niveau inférieur livre des noms de langue, plus ou moins nombreux, donnés comme membres représentatifs ou typiques des « nœuds » supérieurs dans l'arborescence. On peut donc se servir de ces classifications comme les géologues de leur nuancier – le code Munsell (Latour 1993) – pour situer grossièrement un Q.E.L. dans l'ensemble de la classification. Le compresseur de variétés, lui, est plus complexe : il faut dire en deux mots comment il opère.

Nous avons considéré – ce n'est pas ici le lieu de le justifier – que les données phonolexicales rapportées des enquêtes aux sites habités constituaient des échantillons linguistiquement représentatifs de chacune des variétés prélevées. Entendons-nous : l'expérience lexicostatistique de la glottochronologie appliquée à des listes courtes de 100 mots, nous fondait à considérer que la liste standard de données recueillies dans chaque Q.E.L. était suffisante[22] pour inférer de la valeur mesurée de la « distance linguistique » entre deux listes quelconques la distance entre leurs deux variétés « mères », c'est-à-dire de chacune des variétés à la source des deux listes. Pour plus de détails on pourra se reporter à Dieu *et al.*, 1983a [23]. L'important ici est de retenir que les formes phonolexicales des Q.E.L., disposées en un « grand tableau » croisé de 100 lignes (une par item retenu du Q.E.L.) et de 500 colonnes (une par variété relevée), ont été soumises à un processus de comparaison systématique – assisté par ordinateur en raison de la quantité théorique d'opérations à traiter[24] –, afin d'évaluer les différences entre variétés catégorisées par leurs locuteurs respectifs et d'opérer, si nous le jugions bon, une « compression » de plusieurs variétés en une seule « langue » en raison de leur degré de similitude : nous sommes ainsi passés de 500 Q.E.L. environ (*cf. supra* note 19) à 239 « langues cardinales », revenant en « experts » sur les catégorisations d'abord ethniques, secondairement linguistiques nous l'avons vu, de leur espace de communication par nos témoins.

Les fonctions ainsi rappelées du glottocomparateur, la question maintenant est celle-ci : « Que sont ces langues ? » produites en appliquant au « grand tableau » de nos données évoqué plus haut, les procédures

---

22 Il est arrivé à J.H. Greenberg, pour sa classification des langues de l'Afrique (1966), de se contenter de la liste des cardinaux de 1 à 10.

23 Le principe du traitement lexicostatistique des données y est exposé p. 55-58.

24 En fait, nous avons éliminé du traitement la mesure des distances entre membres de familles, phylums et/ou de branches différentes pour n'évaluer les distances entre variétés qu'au sein de leurs groupe et sous-groupe d'appartenance ou pour situer dans la classification des variétés jusque-là non répertoriées ni identifiées. Le logiciel portable élaboré à cette occasion par M. Dieu en collaboration avec le Département de mathématiques de la Faculté des Sciences de l'Université de Yaoundé, *Colexa*, a été remis à l'ACCT, aujourd'hui OIF, parmi les produits du programme ALAC.

lexicostatistiques de calcul de distance, à partir de jugements d'équivalence semi-automatisés par nous, comme ci-dessous (Dieu *et al.*, 1983a. : 56) :

Item 1 : « tête »	L1	L2	L3	L4	L5	L6	L7	L8	…	L252
formes phonolexicales	*tul*	*hɛd*	*tsul*	*sul*	*kabeθa*	*yuː*	*tɛt*	*yo*	…	*kpuk*
indices d'équivalence	1	2	1	1	3	4	5	4	…	N

Parcourons la procédure. Les formes phonolexicales transcrites en I.A.I. sur le terrain sont d'abord « traduites » (Akrich *et al.* 2006) en indices numériques qui ne conservent des formes phonolexicales que les relations d'équivalence ou de non-équivalence entre variétés ou listes (L1, L2, …, Ln), d'item en item[25] (de 1 à 100)[26], d'où leur appellation « indices d'équivalence ». Les formes phonolexicales sont alors abandonnées au profit des seules lignes de ces indices qui composent une matrice d'équivalence (100 lignes, 500 colonnes toujours du grand tableau initial) d'où l'on extrait, par calcul des taux de ressemblance entre couples de colonnes, une matrice des distances entre elles dont le traitement statistique livre, en fin de procédure, le groupement hiérarchique des variétés documentées par leurs Q.E.L. respectifs.

Tout au long de cette chaîne de traductions des formes phonolexicales en indices d'équivalence, d'indices d'équivalence en matrice de distances, de matrice de distances en voisinages enfin dans un regroupement hiérarchique en forme d'arborescence, on a conservé les relations – d'équivalence et non-équivalence – entre les formes phonolexicales des listes collectées. Cela dit, une transformation radicale a été introduite en cours de route, dans la matrice des distances, opérant la réduction de 500 à 239 colonnes après regroupement hiérarchique : les couples de listes L_i/L_j affichant une distance linguistique inférieure à un certain seuil, ont été confondus en une seule « variété cardinale ». Il en est résulté une nouvelle liste de colonnes ne correspondant plus à aucun Q.E.L. précisément.

Autrement dit, nous avons reformulé les catégorisations de nos témoins en passant de leur « discrétisation » initiale de l'espace de communication langagière en 500 « communautés » géographiquement délimitées, à une collection de 239 entités abstraites soumises, en tant que nos nouveaux individus statistiques, à une procédure de regroupement hiérarchique. Ces 239 individus nouveaux, linguistiquement définis en termes de distance phonolexicale, représentent, par rapport aux « communautés » initialement catégorisées par les témoins, un premier niveau de regroupement, défini de la façon suivante : c'est la réunion de toutes les variétés telles que leurs distances mutuelles sont inférieures à la valeur

25 Deux formes, décidées comme équivalentes (rattachables au même étymon) sont affectées du même indice. Dans la matrice dite « d'équivalence » qui enregistre ces décisions, les lignes livrant le polymorphisme phonolexical des Q.E.L. pour un item donné, sont donc réécrites, ou « traduites » dans la terminologie de B. Latour (Akrich *et al.* 2006), par une ligne d'indices numériques comme la troisième ligne « indices d'équivalence » de l'exemple « tête » ci-dessus.

26 En fait, une centaine d'items seulement, parmi les 120 relevés, ont été sélectionnés.

minimale exigée[27] par nous pour fonder l'existence de deux « langues » ou « variétés cardinales ».

À ce point de notre parcours, on peut dire que ce que livre le regroupement hiérarchique des individus de la matrice des distances a opéré une recatégorisation de l'espace de diversité linguistique en « nœuds » dans une arborescence, indépendamment des ressources de dénomination utilisées dans leurs réponses par nos témoins à la question : « – Que parlez-vous ici ? ». Ce sont des objets statistiquement construits sur le traitement d'une matrice de distances phonolexicales entre échantillons lexicaux. Nos instruments à nous linguistes – glottocomparateur et compresseur de variétés – ont opéré pour produire une liste d'objets discrets, des nœuds dans une arborescence. Il reste à en faire des « langues ». C'est là qu'interviennent les trois opérations auxquelles nous nous sommes alors livrés pour produire l'*Inventaire préliminaire des langues du Cameroun* : codification, cartographie et dénomination.

3.3. Codifier, cartographier, dénommer : la carte des langues

3.3.1. Codifier

Notre démarche de catégorisation n'a guère emprunté aux méthodes de nos témoins qui usent des ressources lexicales de leur répertoire pour catégoriser en dénommant. Notre démarche a été à l'inverse : nous avons catégorisé d'abord au sein d'un espace numérique, à l'aide des traitements statistiques que nous venons de voir, pour finalement *définir* des « individus-langue » en tant que tels, libres de toute hypothèse d'inscription sociale. Ces « individus-langues » ne sont encore, à ce point de notre démarche, que des nœuds dans une arborescence regroupant des variétés en des ensembles de plus en plus vastes et abstraits, au fur et à mesure que l'on s'élève dans l'arborescence, de niveau en niveau, jusqu'à son sommet.

[27] Valeur arrêtée en fonction de l'amplitude de variation constatée dans l'aire dialectale considérée.

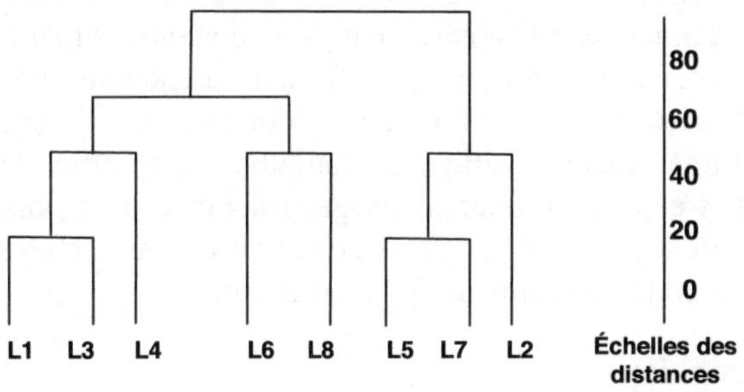

Fig. 2. *Arborescence au sortir de la procédure statistique de regroupement hiérarchique*

Une fois identifié statistiquement, chaque « individu-langue » a été doté de ses coordonnées dans deux systèmes de référence : notre propre regroupement hiérarchique issu du traitement statistique de notre grand tableau de données – à l'aide de notre « compresseur » – d'une part, et les classifications disponibles faisant office de nuancier Munsell pour y situer nos « individus-langue » d'autre part. L'identification a pris la forme du code-langues déjà présenté plus haut. Souvenons-nous, en nous intéressant aux deux derniers chiffres de droite : le premier situe l'individu-langue dans le nuancier des groupes et sous-groupes connus à l'intérieur des familles de langues ; le second situe l'individu dans ses relations de voisinage avec les autres individus-langues de même « nuance ». Soit par exemple, dans la zone géographique 9, l'individu-langue [(9)13] *« mankon »* : elle réunit les catégories, relevées sur le terrain, { *maŋkuŋə, soŋgwa, shomba, mbutu, akum, njong* } et les Q.E.L. correspondants, donnés comme « équivalents » ; [(9)13] situe également *« mankon »* dans ses relations de proximité avec les autres individus-langue du sous-groupe *« NGEMBA »* : { [(9)12] *« bafut »*, [(9)11] *« mundum »*, [(9)14] *« bambili »*, [(9)15] *« nkwen »*, [(9)17] *« awing »*, [(9)16] *« pinyin »* }.

Quant au premier des deux chiffres, *[(.)1.]* en l'occurrence, il situe les voisinages entre sous-groupes et groupes, au niveau supérieur, dans l'arborescence générale établie par les classifications existantes. Dans le cas du sous-groupe *« NGEMBA »* ci-dessus, la classification nous a été fournie à l'époque par les résultats du Groupe de travail sur le *« Bantou du Grassfield »* (GTBG) coordonné par L.Hyman et J. Voorhoeve : 4 groupes (ci-après soulignés) sont rangés sous le nœud *« Bantou du Grassfield »* {[(8)6.] *MOMO ;* [(8)5.] *MENCHUM ;* [(8)1.] *RING-OUEST* [(8)2.] *RING-CENTRE* [(8)3.] *RING-EST,* [(8)4.] *RING-SUD ;* [(9)..] *EST-GRASSFIELD {* [(9)1.] *NGEMBA ;* [(9)2.- (9)9.] *BAMILEKE-CENTRAL ;* [(9)0.] *NOUN et NORD* } (*ALAC*, 362).

Le code-langues situe donc l'individu-langue issu du comparateur parmi les unités de même niveau (les individus-langue du sous-groupe *« NGEMBA »*) d'une part et indique d'autre part son ascendance dans l'arborescence (groupe *« Bantou du Grassfield »*, sous-groupe *EST-GRASSFIELD*). Les deux chiffres de droite consacrent en outre le caractère fermé de l'*Inventaire préliminaire*, ainsi que le caractère discontinu de l'espace de variation linguistique camerounais, chaque individu-langue étant séparé, par une distance supérieure au seuil de similitude, de toute autre unité-langue. Il faut maintenant projeter cet espace linguistique « discrétisé » sur un mode « étique », sur l'espace géographique camerounais, d'une façon « étique » toujours, qui allie les pratiques de représentation de l'espace familières aux géographes et l'organisation spatiale de la classification des individus-langue des classifications linguistiques. C'est le premier chiffre du code, notamment, qui s'en charge.

3.3.2. Cartographier

Les discontinuités linguistiques inscrites dans le code-langues trouvent leur traduction cartographique dans le tracé géographique de *frontières* délimitant le territoire des diverses langues. Les données pour ce faire sont reprises des C.T. remplis sur le terrain. Voici ce qu'en dit Breton, concepteur et réalisateur en grande part de la cartographie de l'*Inventaire* :

> « La plupart du temps les schémas topologiques permettent de saisir d'un coup d'œil le sens général d'une extension spatiale, et ensuite, très rapidement de reporter avec précision cette extension sur des cartes plus conventionnelles où est figurée toute la gamme désirée des phénomènes de référence.
>
> Les utilisations partielles du schéma topologique convergent vers l'utilisation finale, c'est-à-dire la confection des cartes donnant de façon exhaustive l'étendue territoriale de toutes les aires linguistique du pays. C'est la raison d'être fondamentale du schéma topologique. » (Dieu *et al.* 1983a : 41).

Le premier chiffre du code-langue renvoie donc aux aires de localisation géographique des individus-langues inventoriés. « Elles indiquent la situation des locuteurs dans l'espace » dit justement Breton, rappelant la référence conservée par les données : les C.T. offrent le relevé des sites désignés par un témoin comme lieu propre ou terroir des locuteurs de la variété dénommée par son glossonyme propre ; ce qui peut être glosé ainsi (ci-dessus section 2.2) : « La langue des E_i est parlée par les E_i qui habitent tels villages » cochés par l'enquêteur sur le ou les schémas topologiques correspondants. Les individus-langues produits, comme on l'a vu au sortir du regroupement hiérarchique, étant la « compression » des variétés jugées équivalentes, il suffit pour offrir l'image cartographique d'une langue de réunir les schémas topologiques conservant le relevé des sites occupés par les locuteurs de chacune de ses variétés originelles. En d'autres termes, autant la catégorisation des voisinages ethniques peut être relative et sujette à négociation en fonction du cadre et des acteurs de la catégorisation, autant la traduction géographique, de nature totalement « étique » elle aussi, d'individus-langues est simple à réaliser : il suffit au cartographe de tracer le périmètre de l'aire réunissant tous les relevés des schémas topologiques associés. Cette projection de l'inventaire des individus-langues sur la carte des villages du Cameroun « réincarne » en quelque sorte les « nœuds » statistiques que sont les individus-langues dans un espace de sites habités, géographiquement identifiés, dont elle délimite l'extension. Nous opérons à l'inverse des locuteurs qui découpent l'espace de communication à partir des communautés qui l'organisent. Nos pratiques en revanche catégorisent l'espace de communication en individus-langues projetés ensuite en forme de frontières maillant un semis de « sites habités », et induisant des communautés de locuteurs.

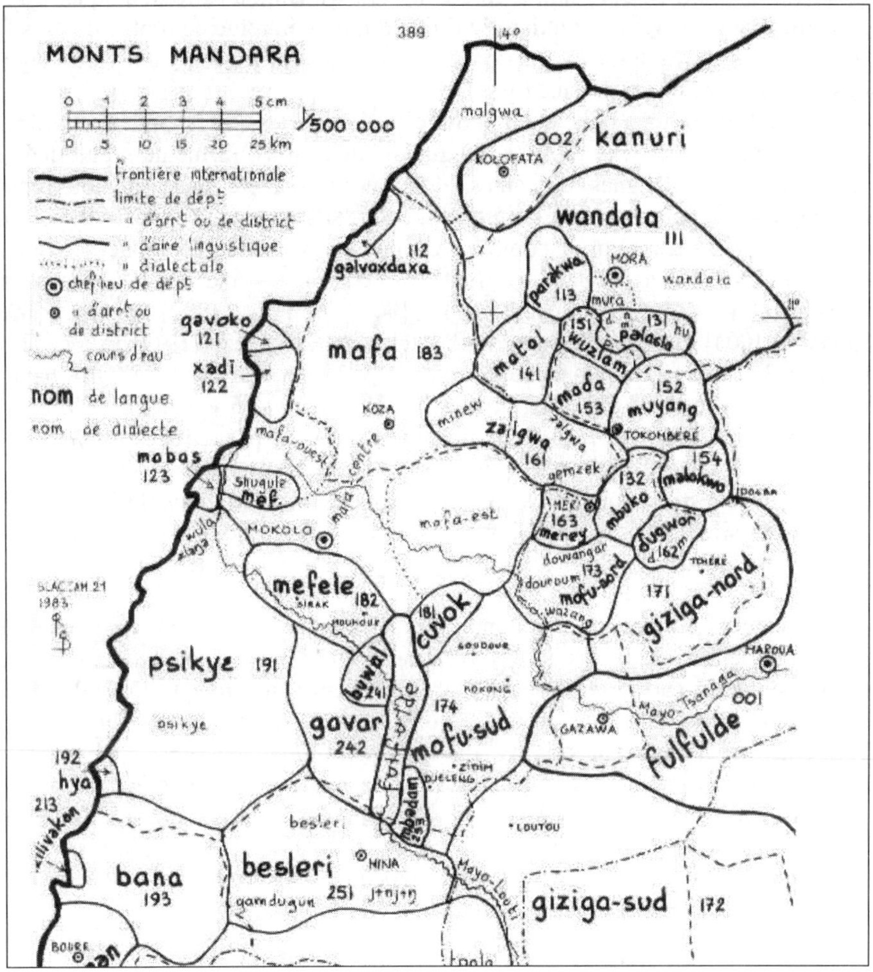

Fig. 3. *Fragment NW de la zone 1-2 « tchadique »*
(*ALCAM*, cartographie R. Breton)

R. Breton prend soin d'en avertir le lecteur : « Ce sont toutes des cartes en **aires**, figurant de façon simplifiée l'extension géographique d'un parler par une aire homogène délimitée linéairement. Cette image simple d'une réalité en général beaucoup plus complexe était nécessaire [...] » (*ALCAM* : 365).

Assurément, la réalité est plus complexe. Mais, la tâche du cartographe, une fois produits les (individus-)langues et leurs distances mutuelles dans une classification hiérarchique, était d'en donner une traduction cartographique. Ce fut fait en traçant les diverses frontières à l'aide d'une hiérarchie de traits : du plus fin au plus épais suivant le niveau concerné de la classification : individu-langue, sous-groupe, groupe (ci-dessus, fig. 2).

Le Cameroun a donc été d'abord divisé en zones correspondant chacune à l'aire occupée par un ensemble de langues réunies sous un même nœud dans la classification des langues africaines, dont le nom a été bien entendu repris. Comme déjà rappelé, ces zones dites « du code-langues » (*ALCAM* : 370) sont au nombre de 9, le maximum disponible dans une classification décimale, le code 0. ayant été réservé « à des langues dont l'affectation à l'une des 9 zones posait problème » (*ALCAM* : 27-29, 85-87) : [**0**01] *fulfulde,* [**0**02] *kanuri,* [**0**03] *ngambay,* [**0**04] *pidgin.* Ce sont : 1-2 « tchadique », p. ex. [**1**91] *psikyɛ,* [**25**1] *besleri* ; 3 « adamaoua-oubanguien », p. ex. [**3**81] *gbaya,* [**3**42] *dii* ; 4 « bantou équatorial nord-est », p. ex. [**4**01] *ɓasaa,* [**4**03] *bəti-faŋ* ; 5 « bantou du Mbam », p. ex. [**5**00] *ndemli,* [**5**11] *tunen* ; 6 « bantou côtier », p. ex. [**6**10] *duala,* [**6**51] *mbo* ; 7 « Bénoué-Congo non-bantou », p. ex. [**7**20] *vʉte,* [**7**40] *konja* ; 8 « Grassfield-ouest et bantou au sens large », p. ex. [**8**00] *ejagham,* [**8**81] *kenyaŋ* ; 9 « Est-Grassfield », p. ex. [**9**01] *shʉ pamən,* [**9**53] *ŋwe.* Ces zones du code-langue sont distribuées du Nord au Sud de la carte du Cameroun et de l'Est à l'Ouest (*infra*, fig. 3).

La cartographie dessine donc l'aire d'extension territoriale de langues en fonction de leur niveau dans la classification. Mais, dans le mouvement même de la représentation cartographique, il faut être attentif au fait que l'on glisse des « langues » – individus, sous-groupes, groupes, etc. suivant le niveau du « noeud » représenté par l'épaisseur relative du trait délimitant son aire – au territoire occupé, non pas par la « langue » mais par la réunion des *sites habités* par les locuteurs des variétés compressées dans cette « langue ». Partis d'une catégorisation d'un espace numérique nous voici donc, avec le processus de cartographie des unités de notre regroupement hiérarchique, revenus à la catégorisation de l'espace habité par une population de locuteurs.

C'est sur l'articulation de ces deux espaces, espace de la classification des langues et espace d'habitation d'une population de locuteurs, que va opérer maintenant l'activité de dénomination qu'il nous reste à analyser avant de reprendre un peu de hauteur.

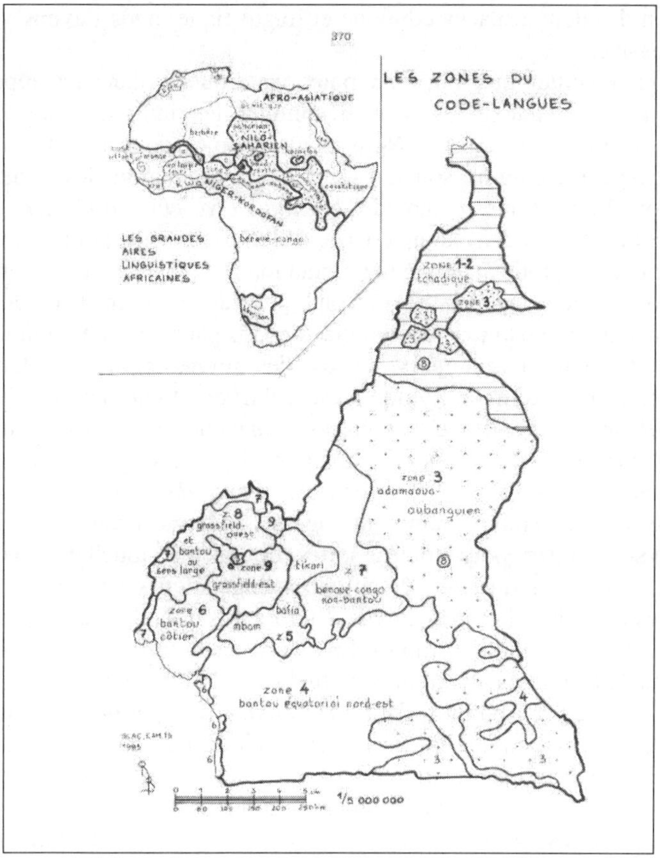

Fig. 4. *Carte des zones du code-langues* (*ALCAM* : 370)

3.3.3. Dénommer

Nous aurions pu nous contenter des coordonnées du code-langues pour désigner chacune des aires linguistiques cartographiées. Comme le rappelait Breton, la cartographie était construite sur celle de la répartition des locuteurs. Il était donc « parlant » pour une carte linguistique de restituer les ethnonymes de ces locuteurs. Malheureusement, on l'a vu, la production des individus-langues avait entraîné une re-catégorisation de l'espace de communication : si la cartographie dessinait des aires cernant la réunion des sites habités par les locuteurs d'une « même » unité-langue, cette réunion, résultat d'un travail de laboratoire, avait produit des entités ne correspondant plus aux catégories disponibles dans les répertoires des communautés concernées : les catégories obtenues avec des méthodes et des ressources radicalement différentes dans chacun des deux espaces ethnique et linguistique, nous l'avons vu, n'étaient plus coextensives.

Il en résultait que nous ne pouvions trouver, dans les répertoires, de catégories *a priori* adéquates pour dénommer les individus-langues que nos méthodes avaient « inventées ». Nous nous sommes donc rabattus soit sur des créations exogènes, comme souvent dans la dénomination des nœuds dans les classifications linguistiques – 'nœuds' *gbwata Nord*, *gbwata Centre*, *gbwata Sud* sous le 'nœud' *gbwata* par exemple (*ALCAM* : 357) où nos points cardinaux sont mis à contribution, produisant une dénomination à l'évidence hétérogène – soit sur des catégories traditionnelles. Ce second procédé a pu induire, du fait de la recatégorisation linguistique accomplie de l'espace de communication, des polysémies touchant aux enjeux locaux des référents de ces dénominations traditionnelles. Un exemple typique est celui qu'étudie ici V. Feussi de la catégorie *Ghomala'*, spécifique d'un groupe – une chefferie – parmi quatre. Choisi dans l'*ALCAM* pour dénommer la réunion de quatre parlers traités comme linguistiquement équivalents – *ngəmba*, *ghomala'-nord*, *ghomala'-centre*, *ghomala'-sud* – il semble contraindre leurs locuteurs à une unité linguistique qu'ils peuvent refuser pour toutes sortes de raisons touchant aux équilibres politiques locaux plus qu'à des divergences linguistiques en soi qui, si elles ne suffisent pas à fonder, du point de vue d'un linguiste, la réalité de quatre langues différentes, n'en offrent pas moins les "variantes" suffisantes pour assurer la construction de frontières identitaires mutuelles (*cf.* Blom and Gumperz 1972).

En revanche, l'emploi d'un hétéronyme ne pose guère de problème puisque la catégorisation qui en résulte est le fait d'une voix exogène. C'est le cas pour l'aire souvent désignée comme bamileke dont la catégorisation par référence au territoire habité par ses locuteurs « c'est-à-dire, en *yɛmba* : « pe me lekeu » (les habitants des terres et des ravins) » (Breton : 76) est inhabituelle pour un autonyme, au regard de ce que nous avons affirmé plus haut. Ce nom est largement connu et utilisé au Cameroun et au-delà, pour désigner le « Pays Bamiléké » (*ALCAM* : 399) et ses ressortissants (*cf.* par ex. Warnier 1992). Il est reçu par les individus ainsi désignés qui n'en peuvent mais, comme une appellation exogène ne mettant en cause aucune catégorie endogène traditionnellement pertinente pour eux[28]. Il n'est en revanche pas utilisé par les intéressés, chacun d'eux ne se reconnaissant d'appartenance « propre » qu'à des unités ethno-politiques de rang inférieur - des chefferies par exemple - induisant les catégorisations linguistiques correspondantes. A l'opposé de ce que nous avons fait avec la catégorie ghomala', nous avons pu utiliser la catégorie bamileke, en restant dans le registre générique hétéronyme où l'usage exogène commun l'a installé, comme nom de groupe dans l'expression « bamiléké central » (*ALCAM*, pl. 2, p.

[28] Je m'écarte ici sensiblement, en raison d'un point de vue plus « micro », de la version présentée par Breton, significative, elle, d'un point de vue « national », donc plus « macro », et de sa catégorisation de la population camerounaise en grands ensembles dits, jusque dans les années 1980, « Nordistes (ou « Hausa ») », « Bamilékés », « Sudistes », « Côtiers » et « anglophones ».

362, 438) ; il ne figure nulle part ailleurs dans l'*Inventaire*, à quelque niveau inférieur que ce soit de la classification.

Il faut donc admettre que la réutilisation et le recyclage d'un certain nombre de catégories empruntées au répertoire des communautés linguistiques, familières par conséquent aux pratiques camerounaises de repérage mutuel dans l'espace de communication organisé par ces catégories, il faut donc admettre que cette réutilisation a pu laisser croire que les objets dénommés étaient ces objets familiers, simplement repris, inventoriés et cartographiés avec la systématicité attendue d'une démarche scientifique. Mais ce faisant, l'*Inventaire préliminaire* ne fait que s'inscrire dans la tradition du discours scientifique qui formule ses objets en puisant dans les ressources de la langue commune. Les linguistes de l'*ALCAM*, s'ils ont redéfini les langues du Cameroun et les mots pour les dire, n'ont fait que ce que font les philosophes, les mathématiciens ou les physiciens dans leur domaine.

Sans doute, mais on ne peut s'en tenir là si l'on songe que les linguistes n'ont pas été les seuls acteurs de cet *Inventaire préliminaire* : nous avons décrit dans ce rôle également l'État camerounais et nos témoins (*supra* section 2). Il nous faut donc maintenant reprendre un peu de hauteur et interpréter ce qu'ont produit ces méthodes « scientifiques » de catégorisation et de regroupement hiérarchique d'entités linguistiques d'abord extraites puis déplacées de leur contexte social au laboratoire, ensuite codifiées, et « réinjectées » par cartographie puis dénomination dans l'espace de communication originel apparemment familier. Est-ce bien cela que nous avons fait ? Et « pour quoi faire ? »

4. CARTE LINGUISTIQUE OU « NUANCIER » GÉOLINGUISTIQUE ?

Les « langues » produites par notre glottocomparateur sont donc des objets très particuliers : 1. nos déclarations d'équivalence entre variétés affichant une distance mutuelle inférieure à une certaine valeur[29] ont effacé leurs différences, ôtant toute possibilité de revenir aux significations sociales auxquelles elles pouvaient offrir leur ressource ; 2. ces nœuds de compression linguistique, statistiquement discrétisés, sont situés, comme les nœuds d'un filet, dans un espace que construisent leurs distances respectives – phonolexicales et uniquement phonolexicales, à partir d'un point de vue « étique » – aux autres nœuds de proche en proche, distances synthétisées par le code-langues qui résume et situe chacun d'eux dans ce nouvel espace.

L'*ALCAM* livre ainsi à l'État camerounais, à travers ce réseau de nœuds théoriques discrets, purs de différenciation interne, un état structuré de son espace linguistique en forme d'un tissu de relations de ressemblance/différence entre des glossonymes redéfinis comme nous venons de le voir, puisant nécessairement dans les ressources ethnonymiques autant que glossonymiques puisque ces dernières sont en général produites à partir des premières. Les glossonymes de l'*ALCAM*

[29] Valeur arrêtée en fonction de l'amplitude de variation constatée dans l'aire dialectale considérée.

n'ont donc plus fonction de dénomination-catégorisation de quoi que ce soit par qui que ce soit, locuteurs catégorisant leur espace de communication ou linguistes identifiant, d'un point de vue « émique » des systèmes ou des grammaires que l'*ALAC* serait bien en peine de livrer. Alors, pour quoi faire cet *Inventaire préliminaire* ?

Contrairement à ce que nous annoncions, si l'on peut considérer qu'en extrayant un espace linguistique camerounais de son espace de communication, avec des méthodes bien connues de la linguistique, nous avons renvoyé en *fond* les catégorisations que produisent des locuteurs camerounais de leur espace de communication, nous n'avons donc pas pour autant mis en *figure* leurs « langues », redéfinies selon nos règles de l'art. En fait, nous venons de le voir, la dénomination la plus adéquate des objets que nous avons produits – les « nœuds » d'une arborescence descendant au plus près de la diversité des communautés linguistiques interrogées sur les limites territoriales de leurs « voix », « bouches », « paroles » respectives – c'est leur code-langues qui situe chacun dans le réseau systématiquement tissé de leur relations de ressemblance / différence phonolexicales. Tout ce que l'on peut formuler comme lien entre les communautés linguistiques prises en compte par les schémas topologiques initiaux et la compression en un code-langues qui les réunit d'autorité, c'est une hypothèse relativement peu risquée d'intercompréhension mutuelle immédiate entre locuteurs des variétés confondues dans le même code-langue. Mais, une fois encore, en matière de « schibboleths », les enjeux politiques et le détail dans lequel il trouve son expression peuvent être sans commune mesure. Par ailleurs, l'intercompréhension n'est pas un critère sérieux pour affirmer que tous ceux qui, dans un groupe se comprennent, parlent la même langue. Ce serait réduire *ad absurdum* les ressources dont les membres d'un espace de communication peuvent nourrir leur activité de catégorisation et l'ordre social qu'elle vient légitimer.

Cela dit, ce filet de réseaux de relations de ressemblance/différence situant des « nœuds » dans l'espace d'une diversité linguistique « étique » est ancré, par le premier chiffre du code-langues, dans les neuf zones géolinguistiques du pays et projette ses nœuds sur l'espace de cartes géographiques qui les représentent de deux manières : 1. en forme de voisinages géographiques par des frontières interprétables sur le terrain ; 2. en termes de voisinages ethniques grâce à ces glossonymes/ethnonymes pris dans les répertoires des communautés linguistiques, quand bien même réutilisés par nous et redéfinis. Codes-langues et glossonymes « bricolés » comme nous l'avons vu projettent ainsi l'espace linguistique de leurs nœuds sur un espace de communication qu'elles n'épuisent, ni ne décrivent exactement, qu'elles ne prétendent pas catégoriser non plus, mais auquel elles offrent un système de coordonnées et de repères fixes – car systématiquement et explicitement produits – permettant de situer toute communauté linguistique, au sens de Duranti (1992), par rapport à eux, comme, en phonétique, le trapèze des voyelles cardinales, par exemple, offre son cadre et ses coordonnées, en aperture et localisation, pour localiser précisément l'infinie diversité des voyelles des langues du monde dans l'espace phonatoire. Ici, il ne s'agit que de situer, dans ce que l'on peut considérer comme un « nuancier géolinguistique » les catégorisations auxquelles peut se livrer tout groupe camerounais affirmant sa « voix », « sa bouche », « sa parole » à toutes fins pratiques.

5. CONCLUSION

Plutôt que de résumer la méthodologie et les objectifs de l'*ALCAM* constitué en prototype d'une activité scientifique de catégorisation linguistique d'un territoire national, pour revenir à la lumière de travaux plus récents sur les limites de l'inventaire produit à l'époque, j'ai préféré, vingt-cinq ans après l'achèvement de ce travail, reconsidérer ce que l'équipe qui avait conçu, élaboré et emmené le projet avait finalement produit. Pour ce faire, j'ai tenté d'analyser nos pratiques scientifiques, du terrain où nous sommes allés chercher les données jusqu'à la publication, en suivant la piste ouverte en anthropologie des sciences par Latour notamment.

Je me suis attardé d'abord sur le *cadre*, montrant que le projet lui-même, dans sa définition et dans son orientation, avait été le produit d'une interaction à laquelle avaient pris part de façon configurante ses différents acteurs : linguistes bien évidemment, mais aussi État camerounais et témoins interrogés. L'atlas linguistique que nous avons produit doit donc être situé dans ce cadre et l'on doit considérer qu'il n'est évidemment pas le produit de la seule inventivité d'une jeune équipe de chercheurs travaillant en toute autonomie dans l'enclos de son laboratoire : la dimension située de l'atlas, on l'a vu en 2.1, est aussi historique et idéologique.

J'ai accordé une attention toute particulière à ce que l'univers du laboratoire – avec ses méthodes aussi brièvement exposées que possible sans nuire à la compréhension – a fait du terrain, de sa complexité, en a gardé, en a produit. Il sera apparu clairement au lecteur, du moins je l'espère, que nos données, de la transcription initiale sur le terrain à la projection cartographique de « variétés cardinales » obtenues par re-catégorisation de l'espace de communication de référence, ont produit ce qu'il faut interpréter comme un « nuancier géolinguistique étique ». Nuancier de 249 « teintes géolinguistiques », plus qu'inventaire à proprement parler, il permet de situer par rapport à ses « variétés cardinales » ou nœuds dotés d'un nom et d'un code-langues à 3 chiffres, toute communauté de « parole », de « voix », de « bouche » auto-catégorisée de façon endogène ou « émique » par ses membres.

Cette relativisation du travail accompli voici un quart de siècle ne réduit pas son mérite : ce fut un travail rigoureusement accompli de bout en bout et il fallut les conditions politiques et administratives exceptionnelles réunies par les autorités du Cameroun, les ressources humaines accordées par la Coopération française, les moyens offerts par l'Agence de Coopération Culturelle et Technique (ACCT), et la coopération de chercheurs de trois disciplines au moins – linguistique, géographie, informatique – pour le rendre possible. Il m'apparaît seulement plus clairement encore, au terme de ce retour sur nos pratiques de catégorisation scientifique de l'espace de communication camerounais, que nous sommes allés dans la seule direction qu'il était raisonnable et sensé de suivre. Tout en disant que nous allions « compter les langues », ce qui ne manqua pas de faire sourire plus d'un aîné dans le métier, nous avons produit un instrument de catégorisation permettant de situer le point de vue endogène des membres des communautés concernées à l'intérieur du système des « langues cardinales » abstraites mais stables offert en forme de nuancier ou de grille de repérage.

RÉFÉRENCES BIBLIOGRAPHIQUES

Documentation géographique

ORSTOM/ONAREST, *Dictionnaire des villages du.../de la...* (1965-1978, [collection par auteur(s) et par département]).

Autres références

Adorno, T. W., 2000, *Des étoiles à terre. La rubrique astrologique du « Los Angeles Times » : Étude sur une superstition secondaire,* Paris, Exils.

Akrich, M., Callon, M. et Latour, B., 2006, *Sociologie de la traduction : Textes fondateurs*, Paris, Presses de l'École des Mines.

Anderson, B., 1983, *Imagined Communities: Reflections on the Origin and Spread of Nationalism, Revised Edition*, Londres et New York, Verso.

Auroux, S., Orlandi, E.P. et Mazière, F., 1998, *L'hyperlangue brésilienne, Langages* n°130.

Barreteau, D. et Newman, P., 1978, « Les langues tchadiques », in *Inventaire des études linguistiques sur les pays d'Afrique noire d'expression française et sur Madagascar*, Paris, CILF, 291-320.

Bennett P.R. and Sterk J. P., 1977, South Central Niger-Congo: A reclassification, *Studies in African Linguistics,* n° 8 (3), 241-274.

Blom, J.P. and Gumperz J.J., 1972, « Social Meaning in Linguistic Structure : Code-Switching in Norway », in Gumperz J.J. and Hymes, D., *Directions in Sociolinguistics : The Ethnography of Communication*, New York, Holt, Rinehart and Winston, 407-434.

Breton, R., 1987, Ethnogenèse et politogenèse : dynamique des ethnies et des états, *Annales de géographie,* 538, 742-744.

Breton, R. et Fohtung, B.G., 1991, *Atlas administratif des langues nationales du Cameroun*, Paris/Yaoundé, ACCT/CERDOTOLA/MESRES (coll. ALCAM).

Bright, W., ed., 1971 [1966], *Sociolinguistics. Proceedings of the UCLA Sociolinguistics Conference,* 1964 (Janua Linguarum, XX), La Haye/Paris, Mouton [discussion de Garfinkel, à la suite de Charles Ferguson, 325 *sq.*].

Caïtucoli, C., Sanogo M.L. et Tsekos N., 1995, « Le Passe-Muraille. Réalités langagières au Burkina Faso et en Grèce », *La Bretagne linguistique* n° 10 [*Actes du Colloque Badume-standard-norme. Le Double Jeu de la Langue, Brest, 2-4 juin 1994*], 105-19.

Dieu, M., Renaud, P., Tadajeu, M. et Breton, R., 1983a, *Atlas linguistique de l'Afrique centrale : Structures et méthodes*, Paris/Yaoundé, ACCT/CERDOTOLA.

Dieu, M. et Renaud, P., dir., 1983b, *Situation linguistique en Afrique centrale. Inventaire préliminaire : le Cameroun*, Yaoundé/Paris, DGRST/ CERDOTOLA / ACCT.

Duranti, A., 1997, *Linguistic Anthropology*, Cambridge, Cambridge University Press.

Fasold R., 1984, *The Sociolinguistics of Society: Introduction to Sociolinguistics*, Oxford, Blackwell.

Fasold, R., 1990, *The Sociolinguistics of Language*, Oxford, Blackwell.

Fishman, J., 1972, *Language and Nationalism: Two Integrative Essays*, Rowley, MA, Newbury House.

Garfinkel,L, H., 1984 [1967], *Studies in Ethnomethodology*, Englewood, Prentice-Hall.

Gillieron, J. et Edmond E., 1902, *Atlas linguistique de la France : Notice pour servir à l'intelligence des cartes*, Bologne, Forni Editore.

Goodwin, C. and Duranti, A. (1992), « Rethinking Context: an Introduction », in Duranti A., Goodwin C,. (eds.) *Rethinking Context*, Cambridge, Cambridge University Press, 1-42.

Greenberg, J.H., 1966 [1963], *The Languages of Africa*, La Haye, Mouton.

Gregersen, E. A., 1977, *Language in Africa: an Introductory Survey*, New York, Gordon and Breach.

Gumperz J. J., 1964, Linguistic and Social Interaction in Two Communities, in *American Anthropologist* 66 - 6, 137-153.

Gumperz J. J., 1968a, « Types of Linguistic Communities », in Fishman, J., ed., *Readings in the sociology of Language*, La Haye, Mouton, 460-472.

Guthrie, M., 1953, *The Bantu Languages of Western Equatorial Africa,* Londres, Oxford University Press for IAI (Handbook of African Languages).

Guthrie, M. and Tucker, A.N., eds., 1956, *Linguistic Survey of the Northern Bantu Borderland,* Londres, Oxford University Press (vol. 1).

Hanks, W., 1995, *Language and Communicative Practices*, Boulder, Westview Press.

Heritage, J., 1987, «Ethnomethodology», in Giddens A. and Turner, J., (eds.), *Social Theory Today*, Stanford, Stanford University Press, 224-272.

Heritage, J., 1992, « L'ethnométhodologie : une approche procédurale de l'action et de la communication », *Réseaux 50,* 89-131 [trad. française partielle de Heritage 1987].

Hudson, R.A., 1996, *Sociolinguistics*, Cambridge, Cambridge University Press.

Kloss, H., 1967, « 'Abstand languages' and 'Ausbau languages' », *Anthropological Linguistics* n° 9, 29-41.

Latour, B., 1989, *La science en action*, Paris, La Découverte.

Latour, R, B., 1993, « 'Le pédofil' de Boa Vista – montage photo-philosophique », in *Petites leçons de sociologie des sciences*, Paris, La Découverte, 171-225.

Le Dû J. et Le Berre Y., 1995, « Parité et disparité : sphère publique et sphère privée de la parole », *La Bretagne linguistique* n°10, *Actes du Colloque Badume – Standard – Norme. Le Double Jeu de la Langue, Brest 2-4 juin 1994*, 7-25.

Levinson, S., 1983, *Pragmatics*, Cambridge, Cambridge University Press.

Lynch, M., 1988, «The Externalized Retina: Selection and Mathematization in the Visual Documentation of Objects in the Life Sciences», *Human Studies* n° 11, 201-234.

Lynch, M., 1993, *Scientific Practice and Ordinary Action*, Cambridge, Cambridge University Press.

Mondada, L., 1998a, « Technologies et interactions dans la fabrication du terrain du linguiste », in Mahmoudian, M. et Mondada, L., (dir.), *Le travail du chercheur sur le terrain. Questionner les pratiques, les méthodes, les techniques de l'enquête*, *Cahiers de l'ILSL* n° 10, 39-68.

Mondada, L, 1998b, « De l'analyse des représentations à l'analyse des activités descriptives en contexte », *Cahiers de Praxématique : Représentations, discours et analyse de discours* n° 31.

Mondada, L., 1999, « L'accomplissement de l' 'étrangéité' dans et par l'interaction : procédures de catégorisation des locuteurs », *Langages* n° 134, 20-34.

Mondada, L., 2000a, *Décrire la ville. La construction des savoirs urbains dans l'interaction et dans le texte*, Paris, Anthropos.

Mondada, L., 2000b, La compétence de catégorisation : procédés situés de catégorisation des ressources linguistiques, in *Notions en questions* n° 4, 81-101.

Newman, P., 1977, «Tchadic Classification and Reconstructions », *Afro-Asiatic Linguistics (AAL)* n° 5,1, 1-42.

Ogien, R., 2001, « L'idiot culturel », *Recherches : L'Ethnométhodologie. Une sociologie radicale*, Paris, La Découverte, 57-74.

Picoche, J., 1973, « Les monographies dialectales (domaine gallo-roman) », *Langue française* n° 18, 8-41.

Renaud, P., 1998, « L'invention du verbe : d'une linguistique *en* Afrique à une linguistique *de* l'Afrique », in Platiel S., et Kaboré, R. dir., *Les langues d'Afrique sub-saharienne*, Paris, Ophrys, 13-46.

Renaud, P., 2000, *Qui multiplie les langues ?*, Dossier pour l'Habilitation à Diriger des Recherches, Université de Paris X- Nanterre.

Sacks, H., 1992, *Lectures on Conversation*, Oxford, Blackwell.

Swadesh, M., 1955, « Towards Greater Accuracy in Lexicostatistic Dating », *International Journal of American Linguistics*, 21, 121-37.

Tabouret-Keller, A., 1995, « Le nom des langues », *La Bretagne linguistique* n° 10, *Actes du Colloque Badume – Standard – Norme. Le Double Jeu de la Langue, Brest 2-4 juin 1994*, 169-176.

Warnier, J.P., 1992, *L'esprit d'entreprise au Cameroun*, Paris, Karthala.

Woolard K.A. and Schieffelin B.B., 1994, « Language Ideology », *Annual Review of Anthropology* n° 23, 55-82.

Zimmermann, D. H. and Pollner, M., 1971, « The Everyday World as a Phenomenon », in Douglas, J.D. (ed)., *Understanding Everyday Life : Toward the reconstruction of sociological Knowledge,* Chicago, Aldine, 80-104.

Le nom des langues III. Le nom des langues en Afrique sub-saharienne : pratiques, dénominations, catégorisations. Naming Languages in Sub-Saharan Africa: Practices, Names, Categorisations (sous la direction de C. de Féral), Louvain-la-Neuve, Peeters, BCILL 124, 2009, p. 73-76.

LA DÉNOMINATION DES LANGUES AU CAMEROUN ET LE PROJET *ALCAM*[1] :
L'EXPÉRIENCE D'UN GÉOGRAPHE

Roland J.-L. Breton
Université Paris VIII

De 1977 à 1987, j'ai travaillé comme géographe, à la réalisation de la série *Atlas Linguistique de l'Afrique Centrale* (ALAC), initiée par l'Agence de Coopération Culturelle et Technique (ACCT, Paris) et le *Centre Régional de Recherche et de Documentation sur les Traditions Orales et pour le Développement des Langues Africaines* (CERDOTOLA, Yaoundé), dont la publication a pu, finalement, couvrir cinq pays : Cameroun, Congo, Zaïre (devenu « République Démocratique du Congo »), Centrafrique et Burundi.

Au Cameroun, grâce au *Projet ALCAM* (Atlas Linguistique du Cameroun), auquel, comme Maître de conférences à l'Université de Yaoundé, je fus affecté à plein temps, j'ai fait, avec mes collègues linguistes, de nombreuses enquêtes de terrain, destinées à délimiter l'extension spatiale des parlers, en ramenant pour chacun d'eux les réponses à un questionnaire linguistique commun (120 mots). Nous devions aller en équipe de village en village ou demander qu'un chef de canton rassemble les représentants de ces villages. Il s'agissait de noter la langue parlée dans chacun d'eux par une interrogation orale détaillée portant sur chaque mot du questionnaire non en enregistrant mais en transcrivant phonétiquement chaque réponse, quitte à faire répéter les enquêtés. Ces réponses étaient ensuite soumises à des analyses en laboratoire permettant de mesurer la distance linguistique les séparant. Au delà d'un certain seuil, on pouvait affirmer qu'il s'agissait de parlers distincts.

Ces enquêtes étaient menées notamment dans les zones les moins accessibles à pied. Par exemple, nous étions déposés en hélicoptère, sur un terrain de football, où les représentants des villages avaient été convoqués par le chef de canton ou le sous-préfet. Cela nous a permis de découvrir des langues jusqu'alors

[1] *Atlas Linguistique du Cameroun.*

inconnues. Je peux donc témoigner de ce que l'étude des noms de langues, les « glossonymes », est un problème auquel linguistes, sociolinguistes et géolinguistes sont constamment confrontés, et qu'ils doivent s'efforcer de résoudre avec méthode, pour dessiner et qualifier avec précision la trame linguistique d'une région. Les locuteurs natifs n'en ont souvent qu'une conscience très approximative, alors que l'histoire leur a généralement enseigné des distinctions ethniques, auxquelles ils sont attachés mais qui n'ont pas forcément une base linguistique.

À la suite de ce premier inventaire systématique, on avait identifié, dans l'*Atlas Linguistique du Cameroun* (*ALAC*)[2], paru en 1985, 239 langues autochtones, y compris le *pidgin*, auxquelles les enquêtes ultérieures de l'*ALCAM*, permirent d'ajouter dix autres langues : deux tchadiques, le *gaduwa* (groupe *mafa*) et le *mo'e* (groupe *mida'a*), deux jukunoïdes, l'*akum* et le *beezen*, cinq beboïdes, le *mungon*, le *cun*, le *busu*, le *bishuo* et le *bikya*, et une momo, le *njen*.

La question de la dénomination correcte de chacune se posait à l'issue de plusieurs démarches conduites simultanément et menant à son identification sous quatre angles distincts.

D'abord l'extension spatiale du parler en question en vérifiant les limites de chaque aire linguistique à travers un milieu naturel parfois complexe, et dans un espace humain plus ou moins continu d'habitat à densité variable couvrant un certain nombre de villages et d'agglomérations. Il fallait donc s'assurer de l'étanchéité des limites comme de la présence éventuelle d'îlots intérieurs et extérieurs. Cette géographie des langues, par l'étude de terrain, est un point de départ de l'enquête linguistique, comme l'atlas en est l'aboutissement final.

Le second point, proprement linguistique, est fondé sur le partage interne d'une « unité-langue » en « variétés » plus ou moins intercompréhensibles pour leurs locuteurs : « dialectes » assez nettement différenciés, ou « parlers » très proches. Cette variation peut être mesurée par l'enquête orale portant sur le lexique et la phonétique mais aussi sur l'intercompréhension. Finalement, un traitement informatique de la lexicostatistique aboutira à des jugements de ressemblance contrôlés. Cette délimitation finale de l'importance relative de la variation linguistique devra être repérée dans l'espace, délimitée village par village et cartographiée.

Le troisième point, lui aussi linguistique, est celui de la classification extérieure de chaque langue par famille, branche, groupe et sous-groupe, dans lesquels on l'introduit sur un arbre généalogique et dans une hiérarchie d'aires macro-linguistiques.

Enfin, le quatrième et dernier point, qui est souvent le plus ardu à étudier, est celui de l'extension de la langue à un groupe ethnique donné – tribu, sous-tribu, groupe de tribus, peuple, etc. – ayant sa propre dénomination ou « ethnonyme ». Il faut alors prendre soin de comparer les dénominations – glosso-

---

2 *Atlas Linguistique de l'Afrique Centrale* (Alac). *Inventaire préliminaire : le Cameroun* ACCT/CERDOTOLA/DGRST, Yaoundé, 1983.

nymes et ethnonymes – données par les uns et les autres. Les auto-désignations sont généralement élogieuses, avec des significations telles que : les « grands », les « nobles », les « seigneurs », les « libres », etc. À l'opposé, les désignations données par les voisins, les adversaires, les dominateurs, les hautes administrations, ou les voyageurs, sont plus souvent péjoratives : les « esclaves », les « obscurs », les « petits » etc.

C'est en enregistrant toute la gamme des dénominations entendues localement que le linguiste fera le partage entre elles, pour privilégier plutôt un nom employé par les locuteurs natifs qui sera proposé comme « nom de référence » destiné à devenir le « glossonyme standard ». Cela dans la perspective, peut-être illusoire, d'arriver à mettre au point une classification rationnelle des désignations de langues et d'ethnies, tout en rappelant les autres désignations en cours, et en précisant, pour chacune, son origine éventuellement extérieure, et sa signification, péjorative ou non. Il sera utile aussi de montrer les coïncidences ou discordances sociétales, plus ou moins étendues et profondes, entre les ensembles linguistiques, ethniques, et même géopolitiques, qui peuvent diviser certains continuums humains.

Ainsi le glossonyme *fulfulde* fut préféré à la prolifération des ethnonymes tels que « peul », « poular », « ful », « fula », « foulani », « foulbé » etc., qui ne faisaient qu'entretenir la confusion. L'ethnonyme autochtone « Giziga » a été divisé en deux glossonymes : *giziga-nord,* regroupant en une langue les dialectes mutuellement intelligibles de Maroua (le *mi-marva*), Tchéré et Dogba, et en *giziga-sud*, ceux de Moutouroua (le *mi-muturwa*), Midjivin (le *mi-mijivin*) et Loutou (jusqu'alors ceux du nord étaient dénommés *giziga toko-toko* et ceux du sud, *giziga ta-kwa*, suivant leur façon de dire « est-ce que ne pas ? »).

Enfin, la langue commune aux ethnies des Mbreme, Demwa, Gwendele, Hurza et Ndreme n'ayant pas de glossonyme unique accepté par tous, le terme *pelasla* a été choisi parce que, d'une part il est déjà connu dans la littérature linguistique et, d'autre part, il désigne le dialecte du centre économique principal de l'aire d'extension de cette langue.

De même, quand ethnie et langue ne sont pas coextensives, faut-il créer des distinctions : par exemple entre les glossonymes *sharwa* de Tchévi et *tsuvan* de Téléki, à l'intérieur de l'ethnonyme « Gude ». Ou entre *hya* et *psikye* (ou *kapsiki*) dans l'ethnonyme « Margi ». Comme l'ethnonyme « Giziga » a donné deux glossonymes : *giziga-nord* et *giziga-sud*. Ou l'ethnonyme « Mofu », englobant les glossonymes *mofu-nord* de Douroum, Douvangar et Wazang, et *mofu-sud,* des massifs de Goudour, Mokong, Massakal, Zidim et Njeleng. Tandis que le glossonyme *zulgo* (ou *zelgwa*) réunit les ethnonymes « Minew », « Zulgo », et « Gemjek ». Et le glossonyme *wandala* est commun aux trois ethnies des « Malgwa » (ou « Gamergou »), « Mura » (ou « Mora ») et « Wandala » (ou « Mandara »).

On peut considérer que l'un des cas les plus délicats de cette discordance entre désignation ethnonymique courante et qualification glossonymique précise fut présenté par l'ensemble de la population dite « Bamiléké » – c'est-à-dire, en *yemba,* « pe me lekeu » (les habitants des terres et des ravins) –, qui groupe près de quatre millions de personnes sur les hautes terres, non boisées du Grassfield, dans l'ouest du pays, traversé par l'ancienne frontière entre le Cameroun anglophone et le Cameroun francophone. Cette population présente une certaine unité de vie économique, fondée sur une agriculture intensive en terres basaltiques avec des champs et prés entourés de clôtures et un habitat dispersé en hameaux, qui atteint la plus haute densité du Cameroun (300 à 400 habitants au km^2). Elle constitue une communauté divisée en de multiples chefferies avec une tradition culturelle surtout catholique, la différenciant de ses voisins bamoun, regroupés en un sultanat musulman. Elle a été poussée au 20ème siècle par son essor démographique à une forte émigration vers les grandes agglomérations urbaines de Douala et Yaoundé, où sa qualification, son activité et sa solidarité financière lui font occuper une place éminente dans le secteur commercial, renforcée par des allers-retours constants de personnes et d'investissements, entre les points de naissance et ceux d'activité en ville. Les Bamiléké sont ressentis de l'extérieur, et s'estiment entre eux, comme une population unique au comportement particulièrement actif et productif. Cette population, bien qu'ayant l'usage social commun du *pidgin-english,* se révéla partagée entre de nombreuses langues distinctes et une grande variété de parlers natifs classés dans la sous-branche du « Grassfield » des langues semi-bantoues comportant une cinquantaine de langues, dont la moitié fut rangée par les linguistes dans le groupe dit de l'« est du Grassfield », distinct de trois autres groupes situés à l'ouest du Grassfield. Mais, si ce groupe de l'*Est du Grassfield*, qui inclut vingt-six langues, couvre toute l'aire des Bamiléké, il la dépasse largement au nord, à l'est et a l'ouest, en englobant d'autres langues, telle celle des Bamoun. Finalement seules dix langues ont été incluses dans un sous-groupe dénommé *bamiléké central* , mais d'autres langues, par exemple, le *ngemba,* au nord et le *noun*, à l'est et au sud, peuvent aussi mériter le qualificatif de *bamiléké.*

Ainsi, le terme « bamiléké » reste un simple ethnonyme. Cette population des « Bamiléké » parle plusieurs langues différentes, dont dix ont des glossonymes constituant le sous-groupe du *bamiléké central,* entouré par un nombre non défini d'autres langues ayant des glossonymes rangés dans d'autres sous-groupes linguistiques mais comportant également des ethnies réputées non bamiléké.

Le nom des langues III. Le nom des langues en Afrique sub-saharienne : pratiques, dénominations, catégorisations. Naming Languages in Sub-Saharan Africa: Practices, Names, Categorisations (sous la direction de C. de Féral), Louvain-la-Neuve, Peeters, BCILL 124, 2009, p. 77-107.

ENTRE CATÉGORISATIONS OBJECTIVES ET SUBJECTIVES :

LES NOMS DE LANGUES COMME MOTIFS DE REVENDICATION SOCIO-IDENTITAIRE AU CAMEROUN[1]

Valentin FEUSSI
Université de Douala

Au cours des enquêtes sociolinguistiques menées dans le cadre de ma thèse[2], j[3]'ai constaté que certaines pratiques linguistiques liées aux glossonymes, permettaient aux témoins de réorganiser leurs rapports sociaux. C'est ainsi que j'ai pu remarquer que certains ghomalaphones[4] (du dialecte *ŋgəmba* en particulier, mais aussi d'autres groupes dialectaux) refusent parfois de reconnaître leur parler comme appartenant à ce groupe linguistique tel que défini par les hommes politiques ou les linguistes (voir carte 1, annexe 1, où on peut facilement comparer les frontières administratives et linguistiques qui régentent la région bamiléké). J'ai alors pu percevoir en interrogeant des locuteurs du *ŋgəmba* (ainsi que certains

---

1 Je remercie Rafaëlle Delepaut pour sa relecture attentive, de même que Carole de Féral pour ses conseils, tout en restant responsable des imperfections qui peuvent demeurer dans ce texte.

2 Feussi 2006 : *Une construction du français à Douala-Cameroun*, thèse de Doctorat, Université François Rabelais de Tours.

3 L'usage de la première personne se justifie par une pratique sociale au Cameroun : à partir de mon nom, mes témoins me catégorisent facilement comme un Bamiléké, catégorie ethnique par rapport à laquelle je m'identifie également, et qui est également prise en compte dans les interactions qui ont permis de fabriquer mes observables, pour la partie consacrée aux entretiens. Il s'agit donc d'un choix épistémologique, qui me permet de mettre en évidence l'implication du chercheur dans la construction de la recherche. Le pluriel sera utilisé quand les observables utilisés seront le fruit de mon travail en relation avec celui de témoins, ou bien quand le lecteur sera pris à témoin pour certaines analyses.

4 Il s'agit de locuteurs du *ghɔmala*' (qui peut s'écrire *ghomala*', en respect des principes orthographiques de Tadadjeu et Sadembouo 1979), langue localisée le plus souvent dans un ensemble bamiléké. L'*ALCAM* la range dans le groupe bamiléké-central à côté d'autres idiomes comme le *yɛmba*, le *fe'efe'*, le *mədumba*, le *ngyəmboon*, le *ngomba* entre autres.

originaires de régions voisines), que leurs pratiques ethniques, bien que proches, ne les autorisent pas à unifier leurs langues. Cette réaction de locuteurs trouve son fondement en un fait : malgré leur pertinence, les conclusions présentées par les linguistes épousent peu une perspective vue de l'intérieur, en faisant état de la position des locuteurs. Parlant de langues bamiléké, Stallcup (1980) par exemple choisit *bandjun, dschang, bangang* comme langues, alors que pour les mêmes catégories de pratiques, l'*Atlas linguistique du Cameroun* (désormais *ALCAM*) préfère respectivement *jo, yɛmba* et *ngyəmboon*. C'est dire que les étiquettes auxquelles sont associés ces lectes sont à questionner. On comprendra grâce au présent article que ce choix est loin d'être fortuit, qu'il traduit un positionnement social ou identitaire, en tout cas qu'il est fonction d'enjeux plus ou moins inavoués. Mon propos ici sera focalisé sur un groupe en particulier, celui des locuteurs de ce que les linguistes de l'*ALCAM* ont reconnu comme le *ghɔmala'* (et en particulier le groupe dialectal *ŋgəmba*), situé dans un ensemble bamiléké[5].

Je commence l'article par la présentation de l'approche adoptée pour la production et l'interprétation des observables. Cette démarche m'amènera à poser le *ghɔmala'* et le *ŋgəmba* comme deux pratiques linguistiques à la fois proches et différentes. Ce sera par la suite l'occasion de présenter quelques unes des raisons de la catégorisation linguistique. Enfin, nous verrons que la glossonymie peut s'inscrire dans une logique de contextualisation.

1. COMMENT J'AI FAIT

Ce travail s'est basé sur des entretiens compréhensifs[6] (Kaufmann 1996), mais également sur des observations effectuées sans cadre précis, dans des situations multiples et diversifiées (repas en famille, réunions entre collègues, cérémonies funéraires, rencontres sportives etc.), bref dans tous les espaces de rencontre où j'étais intégré. Je me suis donc inspiré de situations de « la vie

---

5 Je souhaite ajouter ici que contrairement à certains usages qui considèrent qu'il y aurait une langue bamiléké, les scientifiques et ceux qui ont approché le groupe ethnique bamiléké (voir note 17) ont pu constater qu'il n'en n'est rien. Dans cet ensemble, il existe des divisions parfois si fortement ressenties que sur un parcours de presque trente kilomètres (entre les arrondissements de Babadjou et de Bandjoun) par exemple, le voyageur traverse des régions utilisant, le *ngomba*, le *fʉ̩'sap*, le *mʉŋgum* et le *sa*, sans oublier le *jo*, pratiques linguistiques entre lesquelles il n'y a pratiquement pas d'intercompréhension observable, et qui correspondent dès lors à autant de sub-divisions ethniques.

6 Seize entretiens ont été effectués avec des témoins, en plus d'une trentaine d'entretiens réalisés entre les années 2002 et 2006, soit un total d'environ 46 entretiens. On pourrait penser que plus de témoins aurait été préférable. Cela serait pertinent, mais ce serait également oublier les croisements avec d'autres phénomènes provenant des observations et des expériences des uns et des autres. En plus, loin de toute idée de représentativité, j'ai focalisé mes préoccupations sur pourquoi, « comment et en quoi » les produits utilisés « rend[ent] compte de certaines constructions interprétatives du monde social par certains de ses acteurs » (Blanchet 2007).

quotidienne, *hors de toute situation explicite et formelle d'enquête* » (Blanchet 2000 : 41), dans la logique d'une participation observante. En plus du corpus non-sollicité (Feussi 2006), ces observables m'ont aidé grâce à une démarche constructiviste (Le Moigne 1994), à comprendre les usages à travers la diversité glossonymique en *ghomala'*. J'ai aussi exploité des expériences (la mienne, mais aussi et surtout celles d'autres témoins), travaillées grâce à des croisements. C'est dire que la dimension de l'« expérienciation » (qui ne peut être occultée ici) a également eu une place considérable.

Cette pratique épistémologique mène vers des considérations assez délicates à interpréter : la subjectivité des participants. Toutes proportions gardées cependant, ceci devrait être considéré comme un avantage : éviter l'introspection par une altéro-réflexivité et par un travail sur l'expérience du monde, construit par croisement des expériences des participants à l'activité de recherche, les réflexions et pratiques de nos témoins s'inscrivant dans le sens du travail sur soi et avec l'autre, sur un plan diachronique. Il devient logique de penser mon approche comme un cadre constructiviste sur fond de réflexivité (Dortier 2004), démarche qui permettra de mieux comprendre, de mieux interpréter des représentations glossonymiques de ghomalaphones.

2. *GHOMALA'* ET *NGƏMBA* : DEUX CATÉGORIES LINGUISTIQUES À LA FOIS SI PROCHES ET SI DIFFÉRENTES

Mon objectif dans ce travail est de poursuivre le questionnement qui s'est posé dans Feussi (2006 : 386-387). À quoi équivaut un nom ? Que signifie nommer ? Tout acte de nomination est un projet social. Nommer correspond alors à un processus qui suppose deux faces indissociables[7] : une attribution/dénégation d'identité, mais également une délimitation/abolition de frontières. Cela permet de reconnaître l'entité nommée comme différente/identique à une autre. Nommer serait donc légitimer, construire/détruire des frontières entre des entités[8]. Cependant, qui choisit cette étiquette attribuée au groupe ? Cela peut se faire de manière endogène et/ou exogène, et les différentes représentations rattachées au nom en dépendront. Parfois, il est possible qu'il existe plus d'une désignation. Tabouret-Keller (1996 : 171 ; 1997 : 9-10) pense que ces labels peuvent venir des locuteurs eux-mêmes, des linguistes ou bien des institutions sociales[9]. Ce qui

[7] Chaque fois que je parlerai d'un cas d'attribution d'identité, comprenons que cela suppose l'autre versant du problème, la dénégation d'identité, et *vice versa*. La construction identitaire fonctionne dans cette logique.

[8] A. Kourouma affirme par exemple qu'« une chose qui ne peut pas être nommée n'existe pas » (voir Gauvin 1997 : 159).

[9] Ceci est très pertinent car en pensant au cas de sociolectes au Cameroun, le *francanglais* apparaît comme le terme communément utilisé par les locuteurs pour désigner certaines de leurs pratiques linguistiques (*cf.* Féral ici-même). Pour la même catégorie de pratiques

suppose la reconnaissance du groupe comme unité sociale pertinente. La multiplicité des noms sera dès lors un corollaire des différents sentiments et croyances rattachés au dit groupe. Ces diverses caractéristiques attribuées ou revendiquées participent conjointement de la dynamique sociale, la pertinence d'une définition n'ayant de sens qu'en référence à l'autre.

1. Le glossonyme comme mode de gestion de rapports à l'altérité

Je pars du postulat selon lequel l'interaction serait « un ensemble de relations sociales qui s'effectuent selon des schémas articulés à un but communicationnel donné » (Gumperz 1989 : 70), ou bien traduirait une volonté de positionnement. Cela revient à dire que le choix du terme de nomination résulte des enjeux en scène. Dans cette dynamique interactionnelle, la nomination d'une langue peut être significative. Les observables produits montrent qu'elle permet soit de s'octroyer une identité générationnelle ou sociale, soit de matérialiser une distanciation, ou bien encore de manifester une solidarité groupale.

2.1.1. S'octroyer une identité générationnelle ou linguistique

Selon mes témoins, l'adoption de l'un ou de l'autre glossonyme peut être significative dans les rapports générationnels. En ce sens, parents et enfants n'utilisent pas toujours les mêmes noms pour désigner la même catégorie de pratiques linguistiques. Prenons l'exemple de la langue parlée par les originaires du village Bamoungoum. La différence dans les termes de dénomination peut venir de la langue pratiquée dans l'interaction :

(nous discutons des pratiques linguistiques à la maison avec Sandrine, locutrice du bamoungoum (présenté par l'*ALCAM* comme un dialecte du *ŋgəmba* et sous-dialecte du *ghɔmala'*) : par le terme *bamoungoum*, elle désigne la langue « ethnique » de sa famille. Ses parents préfèrent, eux, le terme *mŋgum*)

E : toi tu dis le *bamoungoum* + d'autres personnes tes parents appellent ça quoi ?[10]
Sandrine : ils n'ont qu'une seule appellation du *ba-*
E : quoi
Sandrine : le *ba-* + *mʉŋgum* no :n
E : le *mʉŋgum* + pourquoi y a-t-il une différence entre vos appellations respectives ? Toi tu dis *bamoungoum* et eux le *mʉŋgum*
Sandrine : puisque moi je parle français oui eux ils parlent en patois + eux ils appellent ce: ils //// (interruption par un étranger qui sollicite une information) moi je parle en français eux ils parlent en patois c'est la seule différence

---

linguistiques cependant, les journalistes en particulier auraient créé *camfranglais*, glossonyme repris et vulgarisé par les chercheurs.

10 *Cf.* Annexe II pour les conventions de transcription.

On pourrait penser que cette différence de nomination vient de la différence de générations. Cela est possible. Mais à bien scruter les pratiques (j'ai eu l'occasion d'observer des jeunes sur un stade de football à Bamoungoum pendant le dernier week-end de janvier 2007), on se rend vite compte que les jeunes utilisent soit le terme *mʉŋgum*, soit celui de *bamoungoum* selon qu'ils s'adressent à des pairs ou selon que l'interlocuteur est un inconnu, considéré comme étranger[11]. Il devient alors logique de penser que la différence de nomination de Sandrine et ses parents se situerait ailleurs : la volonté de se présenter comme locuteur du français, qui a un pouvoir symbolique certain au Cameroun (Feussi 2006), ou bien le désir, pour le parent, de se positionner comme un locuteur ancré dans des racines ethniques et culturelles.

2.1.2. Créer une distance et prendre le pouvoir symbolique dans l'interaction

Parfois quand le terme de nomination vient d'un groupe ethnique différent du macro-groupe d'appartenance, il peut présenter une valeur de moquerie, de prise de pouvoir symbolique dans l'interaction inter-ethnique. C'est par exemple le cas dans cet extrait qui met en relation un yemba'phone[12] et un ghomala'phone.

(Victor, locuteur du *yɛmba*, discute avec Valéry qui parle le *ghɔmala*' et l'informe des représentations attribuées par les yembaphones aux ghomala'phones)

Victor :	tu sais que vous de l'autre côté on vous appelle les « ŋgaana » non ?
Valéry :	ça veut dire quoi « ŋgaana » ?
Victor :	c'est parce que au marché quand on vous propose n'importe quel prix + vous dites toujours « ŋgaanaa »+ c'est difficile d'acheter sans trop discuter
Valéry :	c'est « ŋgɛɛnaa »
Victor :	oui c'est comme ça mais on dit aussi ça pour nous venger et pour rappeler que vous êtes quand même dans la Menoua ici

Le discours de Victor est révélateur de certaines représentations sociales : le département de la Menoua est perçu comme celui des Dschang[13] (ou locuteurs du *yɛmba*). En conséquence, toute personne qui n'appartient pas à ce macro-groupe serait minorée. L'usage de « ŋgaana » est donc péjoratif, et désigne « ceux

11 A mes questions présentées en français, ils ont presque toujours répondu en français ; un des trois groupes de jeunes abordés sur ce stade de football va reprendre mes questions tout en s'interrogeant sur le bien fondé de mon enquête, mais cette fois en leur « langue », tout en la désignant par le terme *mʉŋgum.*

12 Le *yɛmba* est une langue bamiléké, parlée dans le département de la Menoua, département où se trouve rangé administrativement, le village Bansoa dont les populations, par leur langue (le *sa*), se présentent comme des *ŋgəmba*phones.

13 À mon sens, il ne s'agit pas uniquement des originaires de Dschang, mais de ceux qui se considèrent comme tels. Il en sera de même chaque fois que je vais utiliser l'expression « *les* + nom d'un groupe ethnique ».

qui ne sont jamais d'accord »[14]. Il serait pertinent de remarquer que cet usage se fait toujours en l'absence des nommés, comme pour signifier qu'il s'agit bien de l'autre, et que malgré l'appartenance à une même unité administrative, il existe bien une frontière dans les pratiques au marché. Nous sommes alors face à deux groupes qui se rejettent mutuellement. Les Bansoa voudraient implicitement un rattachement à l'unité administrative qui regroupe l'essentiel des locuteurs du *ŋgəmba*. En même temps, les yemba'phones les considèrent comme des étrangers. Pourtant les frontières politiques maintiennent ces deux groupes ethniques dans une unité administrative commune. L'usage de « ŋgaanaa » pour désigner tout locuteur du *sa* et donc du *ghɔmala'* apparaît ainsi comme un indicateur de frontières entre les groupes ethniques. Dans cette même logique, la langue parlée par les Bafoussam est parfois identifiée par les Bangangté comme le *batchou*[15]. Suivons cet extrait d'entretien avec Augustine :

(étudiante à l'université, Augustine est originaire de Bafoussam et parle le *fʉ'sap*. Notre conversation a lieu un week-end sur le campus universitaire)

E :	toi tu as parlé de *bafoussam* + il y a d'autres noms pour désigner le *bafoussam* ? La langue *bafoussam* ?
Augustine :	bon + on dit aussi *fʉ'sap*
E :	quoi d'autre aussi ?
Augustine :	En plus + euh + il y a on parle le bafoussam + il y a aussi le *fʉ'sap* + d'autres disent le *batchou* + c'est le Bangangté qui désigne comme ça
E :	batchou c'est le Bangangté qui désigne comme ça le *bafoussam*
Augustine :	oui c'est le Bangangté qui : désigne comme ça + le *batchou*
E :	et ça veut dire quoi *batchou* ?
Augustine :	*bafoussam*
E :	en *bangangté*
Augustine :	oui en *bangangté*

C'est dire qu'en plus des locuteurs d'un groupe, les locuteurs d'un exo-groupe nomment souvent des pratiques linguistiques, dans une logique de domination : à ce nouveau nom est donc rattaché un ensemble de traits dévalorisants. Canut (1997 : 226 – 227) relève le même phénomène entre les langues européennes et africaines pendant la période coloniale. Parfois, pourtant, le glossonyme a valeur de rapprochement et met en évidence une solidarité dans le groupe.

---

14 Ce glosso-ethnonyme vient du fait que parmi les populations de la Menoua, les originaires de Bansoa (locuteurs du *sa*) souhaiteraient un rattachement au département de la Mifi dont ils se sentent plus proches culturellement. Plus encore, ces derniers réagissent souvent par « ŋgɛɛ naa » (je refuse), face aux propositions d'achats qui ne leur donne pas satisfaction. Les autres populations, ne partageant pas la langue des Bansoa, vont les désigner par cette même expression, comme pour dire « les gens qui ne sont jamais d'accord », expression moqueuse.

15 J'ai pu poser la question à des originaires de Bangangté, qui reconnaissent le terme *batchou*, en précisant toutefois qu'il est utilisé chaque fois qu'ils parlent d'une langue étrangère dévalorisante ou dévalorisée. Augustine a donc certainement entendu cet usage pour désigner sa langue, sans savoir qu'il portait une charge socio-identitaire plus forte.

2.1.3. Montrer une solidarité groupale

Le terme utilisé peut indiquer si le locuteur se positionne comme membre ou non de la communauté des utilisateurs de ladite « langue » :

E :	ceux qui disent *bafoussam* c'est qui ?
Augustine :	c'est les Camerounais ++ ceux qui disent *fʉ'sap* c'est nous-même c'est nous les Bafoussam + c'est le Bafoussam même + c'est-à-dire les Bafoussam en langue *bafoussam*
E :	toi tu as dit tout à l'heure *bafoussam* ++ pourquoi pas le *fʉ'sap* + alors que tu es une Bafoussam qui désigne sa langue
Augustine :	Je désigne donc le *bafoussam* par rapport à mon interlocuteur

Augustine est assez claire : parce que je ne suis pas de son groupe ethnique, elle ne peut désigner sa langue ethnique devant moi comme étant le *fʉ'sap.* Le terme qu'elle utilise dans ce contexte, comme ce serait le cas devant tout étranger ou considéré comme tel, est alors *bafoussam.* C'est dire pour celui qui connaît ces nominations, que le terme choisi par le locuteur permet de greffer une identité à son interlocuteur. Certains « étrangers », conscients de cette pratique, vont essayer de franchir la frontière inter-ethnique par l'usage d'une forme ethnique. Il s'agit alors pour eux de revendiquer une place dans le groupe et dans l'interaction. En ce sens, un Gouverneur de la province de l'Ouest, dans une tournée administrative à Bayangam, va prononcer quelques mots en *yɔgam.* Il sera fortement applaudi par la population, avant que Le Maire ne consacre son entrée dans le groupe par ces mots ô combien gentils : « Bayangam est le chez vous ! Monsieur le gouverneur, bienvenue dans votre dernière demeure »[16].

Une fois que cette connivence est établie, on peut alors désigner sa langue par des termes qui seraient vus ailleurs comme péjoratifs. On parlera son « patois » par opposition à ceux qui ne le font pas. Le statut de la langue n'est en aucune façon évoquée, même implicitement. Ce qui paraît important, c'est sa fonction dans l'interaction.

(« bayam-sellam »[17] au marché de Bonamoussadi, Sabine parle le *fu'ndaa* – parler des Bafounda. Elle rattache dans cet extrait les catégories « langue maternelle » et « patois » à une réalité unique, puisque leur fonction commune est d'établir la solidarité du groupe ethnique)

Sabine :	le *patois* c'est ::: je ne sais pas comment dire + c'est la langue maternelle non?
E :	la langue maternelle c'est quoi donc finalement ?

---

[16] Il s'agit du dernier énoncé du discours du maire de Bayangam, à l'attention du Gouverneur de la province de l'Ouest dans sa localité, après que ce dernier eut prononcé quelques termes de salutation à son arrivée sur l'estrade. Le Maire a ainsi voulu signifier au Gouverneur que les portes de sa commune lui étaient ouvertes, et qu'il était désormais considéré comme un fils du village et donc un membre de sa communauté. On serait perdu si on comprenait cette phrase en ayant comme référence, la norme standard du français : c'est dire que la *fluidité des frontières* s'applique également au français (Feussi 2006).

[17] Revendeuse.

Sabine : c'est c'est c'est un moyen de communication entre peuples de différents milieux + comme le français c'est un patois en Europe +++ comme au Cameroun il y a plusieurs dialectes et patois + c'est un moyen pour les gens au Cameroun de s'entendre pour s'entendre mutuellement

Le *patois* serait donc cet élément de rapprochement, de cohésion et surtout de solidarité. Il permet d'indiquer son appartenance à un groupe, à une région, à un peuple, bref de franchir la frontière et de trouver une place, de se donner une identité ethnique. Il suffit parfois de le parler pour être accepté dans une ethnie.

Augustine : moi je pense que le *patois* c'est une langue commune appartenant au peuple d'une région donnée
E : comme les gens de Douala comme ça là ?
Augustine : (rires)[18] oui comme les gens de Douala
E : les gens de Douala c'est qui toi tu es quelqu'un de Douala ?
Augustine : j'habite à Douala mais je ne suis pas de Douala
E : ah tu habites à Douala mais tu n'es pas de Douala
Augustine : je suis pas originaire de Douala
E : donc le *patois* a trait aux personnes originaires d'une région c'est ça ?
Augustine : c'est comme ça que je peux définir

S'il est établi que la possibilité est ouverte de franchir des frontières linguistiques, il faudrait également s'interroger sur cette flexibilité qui permet aux acteurs sociaux de garder ouvertes les frontières entre groupes. Mes observations et ma connaissance de ces pratiques me permettent de penser qu'on pourrait inscrire les usages dans l'aire ethnique bamiléké[19] et en particulier des ghomala'phones, comme un univers d'acceptation mutuelle.

2.2. Intercompréhension ou acceptation mutuelle ?

2.2.1. Une intercompréhension parfois impossible

Je veux commencer cette section en me penchant sur une idée chère aux dialectologues de l'*ALCAM* : l'intercompréhension. Le « haut degré de compréhension avoué » ou « prévisible » (Wiesemann, Sadembouo et Tadadjeu 1983 : 142) apparaît comme primordial dans le choix du « dialecte de référence standard » (j'y reviendrai). Si cela est parfois observable sur le terrain, il arrive parfois que certains locuteurs ne comprennent pas certaines autres « langues », pourtant classées par les linguistes dans une « unité-langue » commune. Certains

---

18 Le rire s'inscrit dans un implicite que nous partageons. Généralement, les Bamiléké qui vivent à Douala se présentent aux connaissances de l'arrière pays comme des citadins. Ma question ramène immédiatement sur un même pied d'égalité tous les Camerounais, puisque même les citadins vivraient dans un cadre qu'on pourrait qualifier de « village », pour ceux qui sont originaires de la localité désignée. Le rire met alors en évidence ce paradoxe.

19 L'ethnie bamiléké équivaut selon moi, à un groupe de personnes partageant des caractéristiques communes, et qui se considèrent comme appartenant au groupe dit bamiléké.

de mes témoins présentent des cas d'intercompréhension impossible entre *fʉ'sap* et *mʉŋgum*, pourtant « dialectes » du *ghomala'*.

(dans l'entretien avec Augustine et Sandrine, cette dernière ramène vers son expérience propre une des questions que je lui pose. Elle déclare ne comprendre aucune des autres formes dialectales du *ghomala'*. Toutefois, quand ces pratiques linguistiques sont du groupe dialectal *ŋgəmba*, elle les comprend toutes, sans pourtant pouvoir y marquer des frontières)

E :	Est-ce que le Bafoussam et le Bamoungoum se comprennent ?
Sandrine :	Moi je ne comprends pas
E :	Toi tu ne comprends pas le *bafoussam* ?
Sandrine :	Non
E :	(à Augustine) toi tu comprends le *bamoungoum* ?
Augustine :	Ce que je comprends bien c'est le *baleng*
E :	(à Augustine) si elle (Sandrine) te parle le *bamoungoum* tu ne vas pas comprendre ?
Augustine :	Je vais comprendre mais je ne peux pas faire la différence entre + + il y a le *bansoa* + le *bamendjou*

Comment interpréter une situation pareille si nous nous fions uniquement aux critères du dialectologue ? L'absence d'intercompréhension n'est-elle pas un argument militant pour des frontières linguistiques dans ce contexte ? Ne pourrait-on dire, alors, pour ce qui est de cet exemple (et contrairement aux dispositions de l'*ALCAM*), que le *ŋgəmba* pourrait appartenir à la même catégorie que le *ghomala'* ?[20] Comment alors concilier ces représentations : des témoins qui déclarent ne pas comprendre une autre forme dialectale, et des linguistes qui, sur la base de l'intercompréhension rapprochent ces mêmes pratiques ? Ce choix des linguistes, qui découle en partie du découpage administratif, a octroyé aux jophones un pouvoir symbolique dans leurs interactions avec les locuteurs des autres formes dites dialectales.

2.2.2. L'usage du *bandjoun* / *jo* / *ghɔmajo* : jongler avec les « langues » et prendre le pouvoir symbolique ?

Centrons actuellement nos réflexions sur les pratiques du *jo*, dialecte central tel que présenté par l'*ALCAM*. Selon Maman[21] Martine (locutrice du *nlɔŋ*, parler des Baleng),

Maman Martine :	tu dois comprendre le *bandjoun* parce que les gens là sont trop nombreux + ils vendent partout et ils ont aussi beaucoup les intellectuels

[20] Le *ŋgəmba* est organisé autour de dialectes entre lesquels il y a une intercompréhension ; pourtant, ces formes dialectales sont, sur le plan de l'intercompréhension, éloignées des autres formes (*nlɔŋ, fʉ'sap*) quoique rattachées, elles aussi, au *ghomala'*.

[21] Au Cameroun, l'usage de « maman » devant un nom permet d'indiquer que la personne dont on parle est une dame d'un certain âge. Il s'agit donc d'un signe de respect.

Cela suppose une soumission des ghomala'phones (dans le sens *ALCAM*) à la domination du *jo*. La force démographique des gens originaires de Bandjoun, leurs positions sociales, voilà des arguments qui font de leur « langue » un parler prééminent. Augustine, étudiante, fait savoir que dans sa classe, il est facile de rencontrer des jophones alors que les ŋgəmbaphones sont rares. Elle trouve parfois condescendant mais normal tout de même, que les jophones narguent les autres locuteurs des langues voisines au *jo*. Il s'agit en quelque sorte de reconnaître ce que Bourdieu (1991) appelle « pouvoir symbolique ». Cependant, quand la question identitaire est assez prononcée, ce pouvoir n'est plus accepté :

(Justin, originaire de Bameka et locuteur du *mʉŋka*, invoque les critères de reconnaissance de souveraineté ethnique : un territoire, un monarque, une langue. Il ne comprend donc pas que, malgré la présence de ces attributs, certains continuent de fondre les Bameka et les Bandjoun dans un même groupe)

Justin : que les Bandjoun sont comment + ils ont leur village + leur chef et nous avons aussi notre village et notre chef ++ il n'est pas normal qu'on pense que nous parlons la même langue parce que ce n'est pas la même chose ++ ils disent par exemple [ŋgəfa] alors que nous disons [ŋgəsaŋ] ++ quand nous disons [*a lem mboo*] eux ils disent [*oho ba*] ++ il ne faut pas forcer les choses ++ nous avons chacun sa langue car c'est deux villages différents ++ c'est souvent les étrangers qui pensent que c'est la même chose ++ ils disent que c'est les Bafoussam + comme nous on a accepté de vivre dans l'ancien département de la Mifi les gens croient que c'est le même chose comme quand on dit le Mfoundi + c'est les Ewondo + le Wouri c'est les Duala ++ chez nous c'est différent

Dans une logique similaire, on comprend que la solidarité ethnique *supra* ne corresponde en aucune façon au découpage administratif, et que les enjeux ne soient pas les mêmes sur les deux plans.

(Blaise, locuteur du *jo* – parler de Bandjoun, prétend à certains moments ne pas comprendre les autres formes dialectales voisines. Son objectif est de marquer une certaine domination sur les autres grâce à ce jeu qui est en tout cas circonstanciel)

Blaise : souvent même quand les gens de Bansoa ou de Bafounda + même les Bamendjou parlent + je fais comme si je n'entends pas + comme ça ils essaient de parler le *bandjoun*
E : pourquoi fais-tu ça ?
Blaise : pour leur montrer que notre village est plus grand + nous avons les grands hommes d'affaires + ils ont qui ?

Pour certains des témoins interrogés, ce choix de poser le *jo* comme référence par rapport à tous les autres parlers voisins n'est pas fortuit. Il en est de même pour les frontières de linguistes, dont les objectifs ne rencontrent pas toujours ceux des acteurs sociaux.

Pour communiquer, le locuteur exploiterait donc son expérience du social. Il développerait en effet au quotidien des stratégies, il naviguerait en permanence entre diverses pratiques, si bien qu'il lui est devenu relativement facile d'exploiter ces ressources sociolinguistiques pour traduire des idées rien que par l'usage d'un(e) (pôle de) langue. Sa préférence est alors une vie en symbiose, à travers des échanges avec d'autres participants.

(« Bendskineur »[22], Bosco est un locuteur du *tɛ* -parlé à Batié. Nous nous rencontrons dans un café suite à une entrevue préalable qui a surtout permis que nous nous entendions pour un rendez-vous. Il décrit ici quelques pratiques linguistiques de sa maman)

Bosco : mais quand elle lui parle *bafoussam* + son amie là répond en son patois
E : c'est quel patois ?
Bosco : + + + le *balengou*
E : donc chacune d'elles parle sa langue
Bosco : mais elles se comprennent

Cette pratique peut faire penser que la société aurait un fonctionnement polynomique[23] (Bavoux et Gaudin 2001). J'ai rencontré, avec une certaine régularité, cette pratique symbiotique dans mes enquêtes.

(Je m'entretiens avec deux témoins – Joël est de Bansoa et Laurent de Bamoungoum - que je rencontre à Bafoussam. Notre conversation est actuellement orientée vers l'usage du *bandjoun*, parfois nommé *jo*, dialecte utilisé par l'*ALCAM* comme dialecte de référence pour le *ghomala*')

Joël : quand les gens parlent *bandjoun* à côté de moi je comprends tout + mais si tu parles le *bansoa* à un Bandjoun il te dit qu'il ne comprend rien c'est son patois qu'il veut que tu lui parles + + oui que tu lui parles sa langue ++ pourtant quand mon ami-ci me parle sa langue + le *bamoungoum* + je comprends bien ++ entre le *sa* et le *mʉŋgum* + il n'y a que de très légères différences
Laurent : c'est vrai mais est-ce que tu comprends même bien le *bandjoun* + parce que moi j'ai grandi au village mais si tu me parles le *bandjoun* je vais seulement deviner ce que tu veux dire et parfois je n'arrive même pas à deviner parce que c'est difficile à comprendre ++ les gens qui comprennent ces langues là c'est surtout les commerçants

Ces deux représentations construites en rapport avec le *bandjoun* pour deux ŋgəmbaphones paraissent en partie antinomiques. Comment comprendre que l'un déclare bien comprendre le *bandjoun* et que l'autre déclare le contraire ? C'est dans la fin du propos de Laurent qu'un élément d'explication se présente : les mouvements d'hommes et en particulier les commerçants, qui développent ainsi grâce à leurs activités, des pratiques linguistiques à caractère véhiculaire. En interrogeant la vie de ces deux témoins, je me rends compte que si les parents de Laurent sont matériellement nantis, Joël a dû, certaines années, effectuer des tâches de manoeuvre dans des entreprises de génie civil, pour s'acheter des

---

22 Conducteur de moto-taxi communément appelé « bendskin ».

23 Les observations des pratiques linguistiques au Cameroun ne permettent pas de dégager ce « sentiment d'individuation » qui légitimerait le caractère essentiellement polynomique de ces pratiques. Il ne s'agit donc à mon avis pas de langues polynomiques (Marcellesi 2001), mais d'un usage à caractère polynomique, fondé sur l'acceptation mutuelle, une atmosphère dans laquelle la tolérance réciproque des locuteurs, la multiplicité des noms pour une même pratique linguistique etc. sont de règle.

fournitures scolaires. C'est donc dire que s'il comprend le *bandjoun*, c'est probablement parce que dans sa vie, il a été très tôt habitué aux contacts humains avec des gens extérieurs à son village, et probablement des locuteurs du *bandjoun*. Pour les acteurs sociaux vivant en contexte urbain, les pratiques linguistiques plurielles sont évidentes. On peut alors jongler avec les langues, nager entre les pratiques linguistiques, le plus important étant de créer chaque fois, un rapport altéritaire particulier. Augustine décrit les pratiques linguistiques à la maison, dans lesquelles elle présente ainsi les comportements linguistiques de sa mère dans leurs interactions :

Augustine :	le plus souvent c'est en *patois*
E :	mais elle te parle aussi le *français* ?
Augustine :	oui
E :	à quel moment ?
Augustine :	(silence)
E :	ou à quels sujets ?
Augustine :	je peux dire je suis fatiguée ++ elle dit mais pourquoi tu es fatiguée + va te coucher
E :	elle vit où ta maman ?
Augustine :	elle vit à Douala
E :	depuis toujours ?
Augustine :	oui
E :	et à la maison avec son mari elle parle quelle langue ?
Augustine :	le *bafoussam*
E :	le *bafoussam* ? Et toi + avec tes frères et sœurs + vous parlez quelle langue entre vous ?
Augustine :	le *français*
E :	et avec le papa ?
Augustine :	le *patois*
E :	c'est le *patois* que vous parlez régulièrement
Augustine :	oui régulièrement
E :	lui il ne parle pas le français avec vous ?
Augustine :	il parle comme avec sa femme ++ rarement le français [...] il parle le *français* avec ses amis et avec les voisins
E :	les voisins ne sont pas bafoussam !
Augustine :	non ils appartiennent sont de plusieurs *patois* ++ les Bafang les Bangoua les Mbo les Bangangté

Dans la même logique, Sandrine déclare que son père, locuteur du français, utilise la langue ethnique et le français en fonction du contexte interactif.

E :	quand il prend les bières c'est alors en quelle langue qu'il parle
Sandrine :	A la maison mon père parle souvent en *patois* + mais quand il finit les champs et il part trouver ses amis en route + il parle le *français* ++ comme quand il le fait il est devant la télé avec ses amis + c'est le *français*

Les langues vivent à travers les pratiques humaines[24]. Des réactions comme celle de Laurent *supra* sont certes fréquentes, même si certains locuteurs

[24] On peut alors valider l'idée selon laquelle la *linguistique*, c'est surtout de la *sociolinguistique* (Calvet 1994). Robillard (2007) comme Blanchet (2000, 2007)

se comportent comme Joël. C'est dire que dans cette fluidité, la priorité est parfois accordée au caractère identitaire des constructions linguistiques.

2.2.3. Une pratique identitaire affirmée avec fermeté

Malgré ces ouvertures à d'autres noms, il devient impératif, quand se présente une volonté d'affirmer son identité « ethnique », d'éviter toute confusion. Selon Bertrand,

> (Technicien de laboratoire, Bertrand est originaire du village Bameka ; nous nous entretenons dans un café non loin de l'université)
>
> Bertrand : quand on dit *ghomala'* on sait que c'est les Bandjounais le Bayangam le Baham le Bahouan ++ les Bamendjou les Bamoungoum ont leur patois d'abord ++ on ne peut pas dire que les Bafoussam parlent le *bandjoun* ++ et quand les Bandjoun disent souvent qu'ils ne comprennent pas les autres c'est surtout une question de zèle + c'est parce qu'ils sont zélés

Il existerait donc une différence significative entre les groupes locuteurs de ces idiomes. Sur le plan identitaire, les enjeux sont encore plus violemment exprimés :

> Augustine : si ce terme [*ghomala'*] est utilisé pour désigner toutes nos langues + je me dis que ce sont surtout les Bandjounais qui veulent ainsi montrer leur domination car il n'y a que les Bandjounais pour prendre une décision comme ça ++ c'est les Bandjounais ! (le débit est plus rapide et le ton est élevé) ++ c'est une façon pour les Bandjounais (tousse) de se prendre pour les maîtres (rire) X X ils mettent tout à l'œuvre pour aboutir à leurs fins

Les indices para-verbaux (ton, vitesse d'exécution) sont très éloquents dans cet extrait. Le ton élevé, la rapidité observée dans le rythme traduisent l'état d'âme de mon interlocutrice qui laisse éclater, dans notre travail, sa colère face au découpage linguistique et identitaire qu'elle subit actuellement. Elle souhaite le rapprochement des locuteurs du *ŋgəmba* :

> quand on parle le *bansoa bamoungoum bamendjou bameka* pour moi c'est la même chose + + quand on parle le *bafounda* ou le *bansoa* pour moi c'est la même chose

Il n'est pas exclu que cette position, bien que radicale, soit une éventuelle solution à ce climat conflictuel. Tout comme Sandrine, Irené (guérisseur et locuteur du *monjo*, parler de Bamendjou) est encore plus clair, dans une conclusion qui paraît logique et qui s'imposerait au regard des arguments développés :

---

partagent la même idée et soutiennent que les langues n'existent pas objectivement. *Cf.* Feussi (2006) pour d'autres développements illustratifs à ce sujet.

(Irené pense qu'une scission serait souhaitable entre l'ensemble dialectal *ŋgəmba* et les autres formes dialectales du *ghɔmala'*)

Irené : chez les Bamendjou le pronom personnel c'est **a** + et chez nous c'est **i** + + par exemple pour dire il est parti ils disent [a ɣo] + alors que nous disons [i ɣo]

E : pour dire

Irené : il est parti ++ mais même avec ça + + moi je vois que si on sépare *ghɔmala'* et *ŋgəmba* + je pense que ce serait mieux ++ (souffle) et c'est un terme com-com-comme *ŋgəmba* qu'on va alors utiliser + + c'est-à-dire + pour désigner notre langue commune (les deux poings sont fermés au moment où il le dit)

La pertinence des représentations du témoin est une fois encore mise en relief par des éléments du discours non verbal : dans la dernière réplique, il souffle comme pour se donner une consistance avant le verdict final, qui est la séparation de la catégorie *ghomala'* des linguistes et politiques, en deux classes dont l'une serait le *ŋgəmba*. On voit que c'est une sorte de révolte implicite qui est manifestée, ce que traduisent l'hésitation par le bégaiement qui suit le souffle, mais surtout les deux poings qui sont fermés, comme pour ajouter de la force et plus de conviction à son discours.

2.2.4. L'acceptation mutuelle comme fondement de catégorisation des pratiques linguistiques

Il devient, eu égard à ces analyses, difficile de concilier en un tour de main les positions des linguistes/politiques et celles des locuteurs. L'intercompréhension est parfois établie quand on observe les populations dans leurs interactions. Cependant, elle est délibérément créée dans d'autres cas, pour une fin précise. Laquelle des situations faut-il donc privilégier ? Ce critère important pour les dialectologues s'avère parfois très peu efficace dans la fabrication de « langues » et « sous-langues ». Ne faut-il pas se tourner vers un autre critère ou du moins relativiser celui de l'intercompréhension (*cf.* Renaud ici-même) ? On se rend aussi compte que les linguistes (de l'*ALCAM*) ont surtout effectué une analyse partielle (et peut-être partiale), en refusant de prendre en compte les comportements des locuteurs dans toute leur complexité. Il est d'ailleurs possible d'affirmer ici que sauf exceptions, les positions des linguistes rejoignent celles des politiques, puisqu'il était question d'aider à la gestion politique du Cameroun.

Je préfère parler d'acceptation mutuelle plutôt que d'intercompréhension : cela facilite une circulation d'identités, et aide à réguler l'apparent trouble de la situation. Dans cette logique, les pratiques reconnues et acceptées par les locuteurs devraient avoir une place importante dans la détermination scientifique, sociale et linguistique d'une communauté. Si les différents glossonymes sont utilisés dans la société, c'est tout simplement parce que les locuteurs, grâce à une pratique de reconnaissance-naissance (Marcellesi 2001), leur permettent d'exister. En effet, la validation d'une catégorie sociale dépend des représentations construites, qui la rendent visible.

Sandrine : en privilégiant le *ghɔmala'* + ce serait accorder + plus d'importance aux Bandjounais ++ il faut donner au *ghɔmala'* la même valeur que le *ŋgəmba* et bien l'appeler comme ça

Nous comprenons qu'être nommé, c'est exister. C'est probablement une des raisons qui amène ces locuteurs à penser dans certaines interactions, qu'il serait souhaitable de les nommer comme des locuteurs du *ŋgəmba* et non du *ghomala'*. Cela leur conférerait une existence et une certaine visibilité. En effet, « l'existence et la réalité d'un groupe [...] ne peuvent pas être attribuées par autre chose que par le fait qu'il se désigne lui-même et est désigné par ses voisins au moyen d'un nom spécifique » (Poutignat et Streiff-Fenart 1995 : 156-157). Cependant, à certains moments, c'est la nomination (par un autre groupe) qui donne corps au groupe. On pourrait ainsi penser que *nommer c'est créer*, c'est « une façon de faire exister » (Calvet 2007). C'est dans cette logique qu'on pourrait situer les travaux de linguistes en relation avec la constitution d'une « unité-langue », telle que présentée par l'*ALCAM*. Cette logique peut s'inscrire dans une activité exo-nominative. Si nous prenons en compte uniquement les locuteurs du *ŋgəmba*, ces derniers revendiquent une existence grâce à une nomination locale (*ŋgəmba*), qui leur permet de se positionner comme un groupe concurrent à celui du dialecte de référence choisi (les frontières de cette entité correspondraient à l'esquisse de la carte 2, annexe 3).

Voilà globalement présentées les représentations métalinguistiques des locuteurs sur les frontières linguistiques dans l'aire *ghomala'*. Cela met en évidence un phénomène, celui de l'incohérence des représentations sur le *ghomala'*, sur *la* langue. En effet, selon qu'on adopte le point de vue du linguiste ou celui du locuteur, on se rend compte que les frontières entre pratiques sont parfois différentes. Si les linguistes construisent leurs frontières sur la base de l'intercompréhension, les locuteurs mettent souvent en avant le critère identitaire et en particulier une pratique d'acceptation mutuelle construite sur l'interconnaissance : la langue du locuteur n'est donc pas toujours celle du linguiste et *vice versa*. Cela devrait susciter quelques interrogations : comment expliquer cette opposition qui est parfois remarquée entre les frontières linguistiques du locuteur, celles du linguiste et/ou du politique ? Ne faut-il pas élargir l'assiette des critères qui définissent la langue ?

3. Pourquoi nommer et catégoriser les pratiques dans un contexte d'hétérogénéité ethno-sociolinguistique ?

Parvenu à ce point de mes réflexions, je souhaite continuer de m'interroger sur les valeurs des variations de pratiques, tant du linguiste que du locuteur. Quelle position faut-il privilégier : celle du linguiste/politique ou bien celle du locuteur ? On voit bien qu'il est question de mettre en évidence, ou bien de permettre, la domination de l'un sur l'autre. Supposons que le linguiste, mieux que l'acteur social, connaîtrait davantage ce qu'est une langue dans la société. Dans cette logique, la langue du linguiste serait supérieure, et le glossonyme qu'il a choisi pour représenter les pratiques des acteurs sociaux serait objectif et unique, sans possibilité de varier. Cependant, si le linguiste connaît la société au même degré que les acteurs sociaux, on devrait considérer son glossonyme comme un élément d'un ensemble plus vaste, la catégorie scientifique devenant dès lors empirique. Il s'agira alors d'interpréter un fonctionnement pluriel.

2.3. *La* langue du linguiste : un nom et un seul nom

Le linguiste accorde aux différentes catégories de pratiques observées un seul nom. Pour comprendre cet usage, il conviendrait de s'interroger sur ses modes de travail. Prenons exemple sur les recherches effectuées dans la logique de l'*ALCAM*. Elles se sont construites sur la base de critères « primordiaux » et « secondaires » et/ou « marginaux » (Wiesemann, Sadembouo et Tadadjeu, 1983 : 142-143). Les critères primordiaux sont considérés comme « nécessaires et suffisants pour un choix judicieux et acceptable » (*ibid.* : 142). On pourrait se poser une autre question : pour qui ces critères sont-ils suffisants ? Qui juge de leur degré d'acceptabilité ou de leur justesse ? Pour aller plus loin, ces critères sont présentés dans une liste plus ou moins close. Ce sont :

a) « le haut degré de compréhension avoué du dialecte »
b) « le haut degré de compréhension prévisible du dialecte »
c) « l'importance numérique des locuteurs du dialecte »
d) « la position géographique avantageuse (centrale notamment) du dialecte »
e) « le prestige acquis par le dialecte en question »
f) « la pureté du dialecte »
g) « la véhicularité du dialecte »

On comprend bien que les chercheurs aient voulu associer les locuteurs à leur démarche, notamment par les critères *a* et *c*. Toutefois au regard de l'ensemble de ces critères, comment déterminer la prévisibilité d'un dialecte (*b*) par rapport aux pratiques voisines ? S'agit-il d'*hypothèses* ou bien de *lignes de conduite* à respecter ? Pour aller plus loin, qui détermine le centre du groupe dialectal (*d*) ? Par rapport à quoi le fait-on ? Pour qui cette position est-elle « avantageuse » ? Qu'entend-on par langue pure (*f*) ? En existe-t-il ? Toujours dans la même logique, Wiesemann, Sadembouo et Tadadjeu (1983 : 142-143) présentent des critères considérés comme « secondaires », qui tournent autour de l'attitude du politique, de la religion, des structures de standardisation, et enfin « les sentiments exprimés des locuteurs » (*ibid.* : 143). On peut, en lisant ces lignes, avoir l'impression que la langue est représentée grâce à des « faits » caractérisés par une certaine « objectivité ». Stallcup (1980 : 55) peut alors penser que « la distinction entre les langues du groupe *mbam-nkam* et celles du groupe *grassfield de l'ouest* est claire ». On serait en droit de se demander « pour qui ? ». Le travail est présenté de sorte qu'on puisse imaginer des faisceaux d'isoglosses qui organiseraient, une fois pour toutes et en toute objectivité, ces langues.

Quant aux travaux de l'*ALCAM*, il y a de fortes chances que les conclusions aient été en partie déterminées par les objectifs, qui étaient doubles. D'une part, un volet linguistique qui « devait s'occuper de l'identification des unités langues » (Boum Ndongo Semengue et Sadembouo, 1999 : 68). Renaud (ici même) indique que le travail mené par les linguistes était en partie orienté par le souci de respecter une préoccupation du pouvoir politique du moment : construire un État homogène, en faisant fi, dans la mesure du possible, de la diversité linguistique qui dépendait d'une dimension ethnique, et donc identitaire. Les linguistes ont alors inscrit les particularités ethniques comme périphériques, en focalisant leurs enquêtes sur des « échantillons linguistiques fiables ». Cela leur permettait de ne se préoccuper que d'« une « réalité » linguistique « pure » qui ignore toute inscription sociale des pratiques. Par ce choix, on comprendra d'autre part le volet sociolinguistique, dont l'objectif était de dégager le degré d'intercompréhension à l'intérieur d'une même « unité langue[25] », ce qui a permis de faire émerger une « variété dialectale » érigée en « dialecte de référence », dans le but de la développer pour représenter l'ensemble du groupe dialectal et donc, *la* langue. Globalement, un des objectifs majeurs du projet est de permettre à ces langues d'« être mises par écrit et utilisées pour la communication écrite, dans une communauté scientifique » (Wiesemann, Sadembouo et Tadadjeu, 1983 : 137). Il s'agit de « sauver » ces « langues » en voie de disparition à cause d'un « bilinguisme social transitoire » et du « brassage des populations » entre autres (*ibid.* : 137)[26]. Un nom et un seul nom est alors choisi pour chaque unité-langue ainsi constituée.

On pourrait dès lors comprendre cette stabilité revendiquée par les linguistes, qui créent des structures linguistiques figées sur la base de critères « authentiques ». C'est ainsi que malgré leurs différences fonctionnelles, Stallcup (1980 : 49) considère que « les langues/dialectes bamiléké sont étroitement liés entre eux et forment un sous-groupe cohérent des langues *bantu des Grassfields*. C'est le seul groupe historique qui corresponde à un groupement linguistique ». Il faut dire que ces conclusions se font sur fond de classement génétique. Les langues, qui présentent des configurations linguistiques similaires en termes de classes nominales, sont rangées dans une catégorie unique. Les « langues des Grassfield » sont dans cette logique organisées en deux sous-groupes : « le

[25] L'unité langue est « un système d'expression qui peut être composé d'une seule langue ou de plusieurs dialectes, non immédiatement intelligibles sans contact et sans apprentissage par les locuteurs d'une autre unité-langue. ». Il s'agit alors d'un terme qui équivaut à celui de « langue » (Boum Ndongo Semengue et Sadembouo, 1999 : 67).

[26] Il aurait pourtant été simple de considérer avec Lodge (1997 [1993] : 112) que les réseaux sociaux comme les modes de communication peuvent être assez efficaces pour assurer une certaine vitalité à une langue.

grassfield de l'ouest » et le « mbam-nkam ». Le dernier sous-groupe comprend alors le *nkambe*, le *nun*, le *ngemba* et enfin le *bamiléké*. Ce dernier sous-groupe comprend à son tour des langues suivantes : *ngwe, bangang, dschang, fe'fe', bandjun* et *bangangte*. L'*ALCAM* va d'une certaine manière entériner cette classification, même si nous nous rendons compte que les glossonymes sont parfois différents et que le nombre de langues va passer de six à sept : le *ngombale*, le *məgaka*, le *ngomba*, le *ngyəmboon* (*bangang* ci-dessus), le *yɛmba* (*dschang* ci-dessus), le *nwɛ* le *jo* (*bandjun* ci-dessus). Cette dernière langue s'organise à son tour en quatre variantes dialectales : le ghomala' central (*jo, we, yogam* et *hom*) ; le ghomala' nord (*fu'sap* et *laŋ*) ; le ngəmba (*fu'ndaa, sa, monjo, muŋka, muŋgum*) ; le ghomala' sud (*te', pa, ndenkwop*).

S'il est alors possible de stabiliser de la sorte les « langues », pourquoi s'encombrer d'autres noms ? Prenons le cas du *ghomala*'. Une fois que l'unité-langue est construite par des frontières définies par le linguiste (grâce en partie au découpage administratif du pays, mais aussi à l'intercompréhension et d'autres critères subjectifs mais **objectivés**), le nom donné à la « langue » par le groupe dialectal de référence est étendu à l'ensemble construit de l'unité. On peut alors entendre des témoins réagir aujourd'hui comme suit :

> Augustine : le *ghomala*' est un terme que j'entends souvent chez les Bandjounais pour dire la langue du village

Pourtant, à travers les productions scientifiques et religieuses[27], cette locutrice du *baleng* est supposée parler le *ghomala*', nomination qu'elle semble attribuer à une autre langue, à un autre peuple.

Les critères de travail définis par l'*ALCAM* peuvent susciter plusieurs questions. Les chercheurs prennent-ils véritablement en compte les rapports des locuteurs aux « langues » ? Adoptent-ils une approche qui laisse *efficacement* la parole à ces derniers ? N'ont-il pas simplement trouvé en cette opportunité l'occasion une fois de plus d'exercer leur pouvoir ? Latour (2006 : 120) montre que la division d'une situation « en une composante matérielle à laquelle s'ajouterait comme un appendice une composante sociale », équivaudrait à « une division artificielle imposée par des disputes disciplinaires et non par une exigence empirique ». Comment localiser le social quand on sait que, pour toute société plurilingue et pluriculturelle, « le social ne se trouve dans aucun maillon de la chaîne en particulier, il n'est pas une chose parmi d'autres choses, mais **il peut circuler partout** comme un mouvement qui met en relation des éléments non sociaux » (Latour 2006 : 155) ?

On pourrait radicaliser ce positionnement pour affirmer que sur le plan sociolinguistique, chercher à saisir les *observables* sous forme de *faits*, essayer d'analyser les pratiques linguistiques sans passer par l' « expérienciation », par les

[27] J'ai parcouru des textes de chorale de l'église catholique en particulier : chaque fois qu'une transcription du *ghomala*' était effectuée, c'est le *jo* qui a toujours été utilisé, et pas une seule fois les autres idiomes.

connexions sociales, ce serait fabriquer[28] des « langues » en procédant par sélection et par prélèvement. Il serait pourtant plus efficace de procéder par globalité et par inclusion. Cela revient implicitement à considérer que l'univers du scientifique ne serait pas *a priori* différent de celui du locuteur ou de l'acteur social. Pourquoi ne pas associer ce dernier à la fabrication de cette recherche dans tout le processus de construction ? En quoi le scientifique serait-il différent de l'acteur social ? La recherche ne gagnerait-elle pas à les mettre sur un pied d'égalité ? Le Moigne résume clairement ce débat en reconnaissant que « la culture scientifique qui se construit ainsi ne doit pas être disjointe de la culture tout court dans laquelle elle s'inscrit. Mais je peux entendre (sans faire mienne) une conception élitiste et régalienne de la culture scientifique séparable de la culture tout court » (Le Moigne 1994 : 106).

Dans cette relation entre la science et la culture, le chercheur ne peut non plus ignorer ou dissimuler sa position, et encore moins celle des acteurs sociaux dont les locuteurs. L'*ALCAM*, comme dans toute entreprise dialectologique, a travaillé avec des locuteurs[29], tout en se conformant à des projets d'idéologie politique, organisés autour d'un idéal, la construction de l'unité nationale chère au pouvoir politique au lendemain de l'indépendance du pays (Renaud ici-même). Il faut toutefois noter que cette place accordée à ces acteurs sociaux ne paraît pas suffisamment théorisée dans les résultats. Cet *« Inventaire préliminaire »* serait pourtant devenu la bible de plusieurs collègues et étudiants camerounais. Dès qu'ils entament une recherche sur les « langues » camerounaises, ils s'en approprient, sans les réinterroger, les catégories de glossonymes. Pour plus d'efficacité cependant, il faudrait non seulement faire parler les locuteurs, mais surtout observer leurs pratiques quotidiennes contextualisées. Ces produits seraient dès lors interprétés en relation avec ceux des linguistes et des hommes politiques, sans hiérarchisation aucune. C'est de cette façon, je le pense, qu'on pourrait mieux rendre compte de la fluidité des frontières entre glossonymes au Cameroun.

---

28 Renaud (ici-même) considère la codification, la cartographie et la dénomination comme les trois opérations par lesquelles devaient passer les linguistes de l'*ALCAM* pour catégoriser une « langue ». Passons sous silence le travail de codification et de cartographie, qui relèvent d'une posture « étique » (faits observés de l'extérieur). Même si nous acceptons la prise en compte du point de vue des locuteurs dans la dénomination, il reste une réalité : par un travail de laboratoire, les linguistes ont réorganisé les aires géographiques de sorte que dans leurs résultats, les catégories utilisées, parce qu'exogènes, n'avaient plus toujours les mêmes contours que les catégories empiriques. En d'autres termes, le point de vue du locuteur, même pris en compte, est minoré.

29 Dans cette perspective, ce sont des « membres compétents de leur communauté, maîtrisant son répertoire verbal » (Renaud ici-même). Nous avons eu l'occasion d'indiquer le caractère essentiellement linguistique du principal critère de reconnaissance d'une « langue ». Si on met en évidence un autre critère (identitaire par exemple), on pourrait soulever une autre question : comment reconnaîtrait-on qu'un locuteur maîtrise le répertoire verbal de la communauté ?

2.4. Une nomination empirique : l'instabilité des frontières

Si nous concentrons actuellement les réflexions sur la nomination du locuteur, il devient évident que le figement dont je parlais *supra* laisse la place à une variété de noms pour chaque langue. De manière globale, mes témoins et moi avons relevé au moins deux noms pour chaque pratique linguistique : un nom des linguistes et/ou du politique, et un nom des locuteurs. Parfois, ces derniers en proposent d'autres, s'ils veulent s'inscrire dans une logique du pouvoir symbolique dans l'interaction avec autrui.

Je pense plus efficace de présenter les différentes nominations de nos enquêtes dans le tableau ci-dessous :

Linguistes			**Locuteurs**			
muŋgum	*ŋgəmba*	*ghomala'*	*(nəghaa) mʉŋgum*	*nəghaala*	*bamoungoum*[30]	*ŋgəmba*
mɔnjo	*ŋgəmba*	*ghomala'*	*(nəghaa) mɔnjo*	*nəghaala*	*bamendjou*	*ŋgəmba*
muŋka	*ŋgəmba*	*ghomala'*	*(nəghaa) mʉŋka*	*nəghaala*	*bameka*	*ŋgəmba*
fu'ndaa	*ŋgəmba*	*ghomala'*	*(nəghaa) fu'ndaa*	*nəghaala*	*bafounda*	*ŋgəmba*
sa	*ŋgəmba*	*ghomala'*	*(nəghaa) sa*	*nəghaala*	*bansoa*	*ŋgəmba*
laŋ		*ghomala'*	*nlɔŋ*		*baleng*	
fʉ'sap		*ghomala'*	*fʉ'sap*		*bafoussam*	
jo		*ghomala'*	*ghɔmajo*	*ghɔmala'*	*bandjoun*	
wɛ		*ghomala'*	*ghɔmawɛŋ*	*ghɔmala'*	*bahouan*	
hɔm		*ghomala'*	*ghɔmahɔm*	*ghɔmala'*	*baham*	
yɔgam		*ghomala'*	*ghɔmayɔgam*	*ghɔmala'*	*bayangam*	

Glossonymes des « langues » du groupe dit ghomala' *au Cameroun*

Avant tout commentaire, il conviendrait de mentionner que dans le nom *nəghala* ou *ghɔmala'* (« la langue du village »), la particule *la'* (« village ») peut être remplacée par le nom qui désigne un ethnonyme. On obtiendra alors respectivement *nəghaamʉŋgum, nəghaamɔnjo, nəghaamʉŋka, nəghaafu'ndaa, nəghaasa*, ou bien *ghɔmajo, ghɔmawɛŋ, ghɔmahɔm, ghɔmayɔgam.* Dans le même ordre d'idée, une remarque facilement observable est également que les locuteurs, comme le linguiste, attribuent à chaque parler plus d'une nomination, et reprennent souvent à leur compte les catégories de l'administration (voir les termes soulignés).

---

30 Les termes soulignés sont des ethnonymes parfois repris dans les discours politiques comme glossonymes.

Pour le linguiste, la diversité glossonymique équivaut à autant de frontières (dans une construction hiérarchique). Prenons le cas de *mʉŋgum~ŋgəmba~ghɔmala'*. Le premier nom est utilisé par le linguiste pour désigner le dialecte. Le deuxième quant à lui renvoie au groupe dialectal *ŋgəmba*, lequel est une subdivision de la langue *ghɔmala'*. Ces trois noms renvoient respectivement aux catégories **dialecte ~ groupe dialectal ~ langue**. Voilà les catégories que vont régulièrement recouvrer la nomination du scientifique (il faut toutefois remarquer que les catégories **langue** et **dialecte** sont les plus fréquentes).

Je souhaiterais que nous recentrions la réflexion sur les pratiques du locuteur. Sur la base des nominations observées, on pourrait ramener les noms en trois groupes. Les formes *nəghaala'* pourraient entrer dans une catégorie. Il en est de même pour les formes acceptant *ghɔmala'* C'est d'ailleurs ce que fait l'*ALCAM*, qui s'inspire (en partie) de noms utilisés par les locuteurs. Cependant, pourquoi regrouper ces pratiques en un ensemble unifié ? Autant certains locuteurs d'un des *ghɔmala'* récusent parfois leur appartenance au même groupe que les locuteurs d'un *nəghaala'*, autant l'inverse est souvent possible. Malgré quelques différences purement phonétiques, les derniers tolèrent plus facilement un rapprochement que leur intégration dans l'ensemble *ghɔmala'*. Comment comprendre ce choix ? Sur les plans ethnologiques et historiques, nous apprenons que les fondateurs des villages Bamendjou, Bameka, Bansoa et Bamoungoum seraient des frères originaires de Bangoulap dans le département du Ndé. Il devient donc possible d'imaginer que les populations de ces villages « sont liées non seulement sur le plan linguistique, mais aussi sur les plans traditions et coutumes » (*Ngi peh Mugoum* n°13 : 21). On pourrait alors penser, sous le prisme des représentations des locuteurs, que le groupe *ŋgəmba* renverrait également à une catégorie linguistique différente du groupe *ghomala'*.

Je veux montrer par cet argument qu'il pourrait y avoir d'autres rapprochements, d'autres frontières, que le linguiste ne prend pas en compte, et qui sont parfois plus intéressantes pour le locuteur. Selon l'objectif dans l'interaction, le locuteur peut accorder sa préférence au nom donné par l'administration, qui en plus est un toponyme de la localité. Sur le plan politique, ces noms ont donc à la fois valeur d'ethnonyme, de toponyme et de glossonyme. Il en est de même pour le locuteur qui utilise soit la particule « nəgha » (la langue) suivie de « la' » (village) pour dire « la langue du village » ; soit cette même particule suivie de l'ethnonyme pour former « la langue du village X ». Parfois aussi, c'est l'ethnonyme seul qui est utilisé. La même remarque peut être faite au sujet de *ghɔmala'*, à la seule différence qu'en aucune façon, l'ethnonyme n'est utilisé. On aurait donc, d'une part le nom de la langue, et, d'autre part, une manière différente de nommer le parler rattaché à cette ethnie. On peut aussi comprendre que les locuteurs de ces parlers n'accordent pas leurs violons pour reconnaître le nom *ghɔmala'* comme désignant *objectivement* leurs parlers. Chacun utilise le nom qu'il veut, selon qu'il veut ou non se rapprocher de l'autre[31].

31 Voir *supra* les enjeux des différentes façons de nommer une langue.

A la différence du linguiste qui mettait en évidence des critères plus ou moins objectifs et vérifiables, on se rend compte que le locuteur ne fournit pas de frontières aussi stables. Cela nous invite à réagir d'une certaine façon sur les valeurs sociales des langues.

2.5. La multiplicité de glossonymes : désordre ordonné ?

Mon raisonnement part du principe selon lequel « la description scientifique ne peut être, en pratique et en principe, orientée que vers un ordre » (Eloy 2003 : 175). On comprend dans cette logique que les linguistes mettent en avant le caractère systémique des langues, qui induit un nom et une forme. L'inattendu serait que ces formes, que ces noms soient imposés à toutes les communautés scientifiques et sociolinguistiques, en postulant qu'il n'y en a pas d'autres. Cette pratique qui correspondrait à une « linguistification » (Robillard 2003) des *langues*, équivaut à la construction d'une cohérence systémique dans les pratiques. On comprend que si cette logique est retenue, c'est que le linguiste analyse les pratiques linguistiques sous le prisme d'une seule fonction, communiquer. Que faire de la fonctionnalité sociale des pratiques ? C'est avec cette autre dimension que le caractère plurilingue des pratiques est mieux pris en compte.

On peut penser les pratiques linguistiques comme étant plurielles, ce qui permettrait de mettre en relief plusieurs glossonymes et différentes fonctions de *langues*, dont la fonction identitaire. Nous avons certainement compris que si parfois le locuteur du *bandjoun* refuse de comprendre d'autres pratiques linguistiques rattachées par l'*ALCAM* à l'aire *ghomala'*, il s'agit d'une attitude consciente qui lui permet de garder ou de prendre le pouvoir symbolique dans l'interaction. C'est donc dire que pour le locuteur comme pour le linguiste ou le politique, la définition de la catégorie langue ne recouperait pas les mêmes frontières. Pourtant en inscrivant l'analyse dans un cadre social, en adoptant l'angle de vue du locuteur, en considérant le linguiste/politique comme un acteur social au même titre que le locuteur, en mettant dans un moule unique catégories scientifiques et catégories empiriques, on comprend que l'ensemble fonctionne comme un ordre chaotique (Robillard 2001, 2003). La langue n'est donc pas seulement un « faitiche »[32] (Latour 1996). Elle est surtout un ensemble de pratiques communicatives contextualisées, dont la finalité est de maintenir une stabilité nécessaire à la communication. Il ne faut pas perdre de vue l'idée selon laquelle ces pratiques sont socialement et fondamentalement identitaires. Cela suppose que les choix linguistiques dépendent de faits prédictibles, sans l'être totalement étant donné qu'il existe toujours une dimension non prévisible. Il s'agit

[32] Pour Latour (1996 : 44), le « faitiche » renvoie à « la robuste certitude qui permet à la pratique de passer à l'action sans jamais croire à la différence entre construction et recueillement, immanence et transcendance ». Il s'agit de croire fermement à des faits, en les brandissant comme une panacée, dans les questions scientifiques.

alors de mêler à la fois ordre et désordre, action et rétroaction dans la fabrication de l'identité ; de maintenir un « *équilibre* dynamique », à la manière du « vélo qu'on pédale » : « c'est parce que ça bouge que ça tient en équilibre (et réciproquement) » (Blanchet 2003 : 303).

On peut donc comprendre ainsi les différents processus de nomination de langues dans l'aire culturelle bamiléké au Cameroun. Si les linguistes ont choisi un nom unique pour désigner des « langues », s'ils ont voulu tracer des frontières grâce à des critères objectifs, c'est parce que cette visibilité aidait, sur le plan politique, à situer des zones administratives, à octroyer/imposer un critère d'identification pour des régions ou bien des populations du Cameroun. Derrière ce choix on peut donc entrevoir une volonté de gestion politique du pays.

Il en est de même pour les locuteurs. Autant le glossonyme peut changer dans chacun des contextes d'interaction, autant les participants à l'interaction doivent partager les mêmes valeurs rattachées aux différents glossonymes utilisés. On peut ainsi passer d'un nom de langue à l'autre, c'est-à-dire traduire par le nom utilisé l'un ou l'autre projet de gestion relationnelle. Prenons le cas de *mʉŋka*, terme désignant parfois la pratique du *ŋgəmba* par les originaires du village Bameka. Ce terme alterne avec d'autres formes comme *nəghamʉŋka* (« la langue de Bameka »), voire *nəghala'* (« la langue du pays »). Dire qu'on parle le *mʉŋka* c'est mettre un accent sur l'ethnie. Par contre, utiliser le terme *nəghala'* c'est se positionner comme originaire d'une certaine aire ethnique et linguistique, dans un contexte pluriel, la ville par exemple. Nous nous trouvons alors face à une interaction entre les cadres urbain et rural, une mise en rapport entre les formes d'idiomes pratiqués en ville et ceux pratiqués dans les villages. En ce sens, **nommer est un bon moyen d'homogénéiser en se rapprochant du groupe valorisé dans le contexte, mais c'est aussi parfois mettre un accent sur l'hétérogénéité dans le but de se démarquer d'un groupe**, de refuser une identité dont on se rapprocherait par certaines pratiques linguistiques. Le processus de nomination s'inscrit dans une logique relationnelle (voir Breton ici-même).

Le locuteur de *jo* peut alors prétendre ne pas comprendre d'autres pratiques linguistiques rattachées par l'*ALCAM* à l'ensemble *ghomala'*, dans le but de s'assurer les avantages du pouvoir symbolique dans l'interaction. De même, on comprend que le passage de *baleng* à *nlɔŋ* n'est pas fortuit. Le locuteur peut ainsi, dans la même interaction, gérer des sujets différents requérant une variété d'identités de soi ou d'autrui (jeune, francophone, préférence des valeurs traditionnelles), lesquelles sont parfois mises en évidence grâce au passage d'une pratique linguistique à l'autre. C'est dire que, comme les identités (Kaufmann 2004 ; Feussi 2006) qui ne sont pertinentes qu'en contexte, les pratiques linguistiques et les processus de nomination épousent la même instabilité. Il s'agit cependant d'une mobilité cadrée par l'**histoire** que partagent les participants à l'interaction. En ce sens, il devient facile de comprendre que l'usage du glossonyme *batchou* pour désigner les Bafoussam, de *ŋgaana* pour désigner les ghomala'phones par des personnes étrangères à la communauté soit péjoratif, tout en traduisant une volonté de domination (du baptiseur). Le même usage peut d'ailleurs être exploité par des membres de la communauté sociolinguistique des ghomala'phones, pour se positionner et gérer leurs relations avec autrui. Voilà comment cette société fonctionne, en alternant ordre et désordre, sans pour autant que la communication soit rompue, pour tous ceux qui partagent les mêmes valeurs en contexte. Cette contextualité doit être prise en compte dans toute analyse scientifique, au risque de ne prendre en compte que le point de vue du chercheur qui n'est d'ailleurs toujours pas le seul. En effet,

> « Le chercheur, le scientifique, n'est pas le producteur du seul savoir légitime, qui s'imposerait aux représentations empiriques triviales, subjectives et erronées de « l'homme de la rue » : les informateurs, puisqu'ils informent ceux qui cherchent, sont bien porteurs de savoir » (Blanchet 2003 : 299).

C'est donc en toute logique avec Renaud (ici-même) qui considère que l'*ALCAM* devrait être compris comme un « nuancier géolinguistique 'étique' » dont le but est simplement de fournir des repères (contextuellement pertinents), que nous considérons que la mission du chercheur serait alors non pas de révéler la vérité, mais de synthétiser des savoirs épars, implicites, parcellaires, afin de les mettre en perspective. Sans hiérarchisation *objective*, ses modèles devraient aider à une compréhension-action.

4. GLOSSONYME, CONTEXTE, ALTÉRITÉ ET RÉFLEXIVITÉ[33]

Comment procéder pour comprendre cette variété de glossonymes ? L'étude des procédés de nomination, des rapports construits aux langues montre alors qu'il est presque impossible d'interpréter les usages linguistiques en faisant fi du contexte de production, et donc de l'interaction car toute pratique linguistique se fait toujours dans un rapport à l'altérité. Voilà pourquoi il devient logique de penser sur le plan épistémologique que, mieux que la construction, la dimension réflexive est à prendre en compte. En multipliant des « expérienciations » de l'altérité, on finit par cultiver une certaine expérience de soi, qui conduit à la réflexivité. Or le meilleur moyen de comprendre la réflexivité de l'autre, c'est de comprendre et de raconter son expérience « historicisée ».

Ceci pour dire que sur le plan épistémologique, les résultats auxquels je parviens sont le fruit de cette construction, de mes relations avec des témoins, mais surtout d'un travail sur ces expériences. La fabrication des produits de la recherche se fait alors selon une logique altéro-réflexive. Cela permet de ne plus traiter seulement de « matters of fact », mais surtout de « matters of concern » (Latour 2006 : 163). La multiplicité des glossonymes dans l'aire culturelle bamiléké au Cameroun trouve de ce fait une logique : loin de constituer un désordre comme l'auraient pensé certains scientifiques, elle est surtout (si nous accordons la priorité à une analyse empirique), un mode de gestion des rapports avec autrui, dans un contexte d'hétérogénéité ethno-sociolinguistique. Il faut

[33] Pour plus d'explications sur cette logique épistémologique, voir Robillard (2007).

surtout comprendre ici que « les 'réponses' aux questions que se pose la recherche scientifique ne se construisent pas seulement à l'aide du 'parce que' mais aussi, et souvent fort pertinemment, à l'aide de 'afin de' » (H. von Foerster in Le Moigne 1994 : 130).

En adoptant une approche constructiviste pour la compréhension des observables de cette recherche, j'ai pu réaliser que ce sont l'interprétation, les représentations, le travail du chercheur, qui organisent et produisent la connaissance, et donnent un sens à la construction.

5. CONCLUSION

Les processus de nominations sont, comme nous l'avons compris, complexes. En effet, tout est fonction des enjeux construits par le locuteur dans ses rapports avec le(s) participant(s) à l'interaction, qu'ils soient destinateurs directs ou bien « overhearers » (Kerbrat-Orecchioni 1998 : 80). Les glossonymes n'échappent pas à cette logique du discours construit. Grâce aux pratiques dans l'aire linguistique *ghomala'* (*ALCAM* 1983), nous avons pu réaliser que la pluralité des noms de langues épouse les frontières identitaires dont la pertinence en contexte régule le fonctionnement social. Pour des pratiques reconnues ailleurs comme identiques et appartenant à une même catégorie grâce à un nom précis, on rencontrera un autre nom dans un autre contexte (politique ou scientifique entre autres). De même, les catégories reliées à un nom n'ont pas toujours les mêmes frontières, selon le contexte interactif. Ce qui est ici reconnu comme *ghomala'* par rapport à un projet, est désigné ailleurs comme *ŋgəmba* ou bien *mʉŋgum*, voire *sa*, ou bien encore *bameka* entre autres, parce que le projet n'est plus le même.

On peut alors penser, au regard de ces pratiques décrites, que « la *nomination* de la langue, […], est déjà un parti pris, une représentation, *pour le locuteur comme pour le linguiste* » (Calvet 1998 : 25). Elle perdure grâce à des croyances qui ne sont ni totalement fondées, ni totalement fausses, ni totalement aléatoires ni totalement déterminées, prises dans une dynamique chaotique comme mode de gestion de l'environnement linguistique et social. Dans cette logique de confrontation, la nomination devient un acte reflétant des représentations sociales dont le but est de gérer la vie relationnelle de manière avantageuse pour le « baptiseur ».

Il reste cependant à comprendre que pour mieux analyser ces pratiques, il faudrait adopter un regard empirique. Cela suppose un travail de construction, sans *a priori*, sans sélection préalable. Il n'est pas non plus question d'universaliser ces conclusions car tout change en permanence, et toute prédiction serait illusoire. Dans cette logique, l'axe altérité-réflexivité devient central dans la recherche.

RÉFÉRENCES BIBLIOGRAPHIQUES

Barbier J. -C., 1981, « Les groupes ethniques » in *L'Encyclopédie de la République Unie du Cameroun*, Douala, NEA, 239-260.

Bavoux, C. et Gaudin F., (éds), 2001, *Francophonie et polynomie*, Rouen, Publications de l'Université de Rouen.

Blanchet, P., 2003, « Contacts, continuum, hétérogénéité, polynomie, organisation 'chaotique', pratiques sociales, interventions ... quels modèles? » : pour une (socio)linguistique de la complexité » in Blanchet, Ph. et D. de Robillard (dir.), *Langues, contacts, complexité. Perspectives théoriques en sociolinguistique*, Presses Universitaires de Rennes, 279-308.

Blanchet, P., 2007a, « Quels 'linguistes' parlent de quoi, à qui, quand, comment et pourquoi ? Pour un débat épistémologique sur l'étude des phénomènes linguistiques », in Blanchet P., Calvet L.-J. et Robillard D. de (éds), *Un siècle après le* Cours *de Saussure : la Linguistique en question*, Carnets d'atelier de Sociolinguistique n°1, L'Harmattan.

Blanchet P., 2007-b, « Biais et contre-biais : réflexions méthodologiques et épistémologiques sur la notion 'corpus' dans un cadre ethno-sociolinguistique » in Auzanneau M. (éd), *La mise en oeuvre des langues dans l'interaction*, Paris, L'Harmattan, 341-352.

Bourdieu, P., 2001 [1991], *Langage et pouvoir symbolique*, Paris, Fayard.

Boum Ndongo-Semengue, M.A.et Sadembouo, E., 1999, « L'atlas linguistique du Cameroun : les langues nationales et leur gestion » in Mendo Ze, G. (dir.), *Le français langue africaine : enjeux et atouts pour la francophonie*, Paris, Publisud, 67-79.

Calvet, L.-J., 1994 : *Les voix de la ville : Introduction à la sociolinguistique urbaine*, Paris, Payot.

Calvet, L.-J., 2004, *Essai de linguistique – La langue est-elle une invention des linguistes ?*, Paris, Plon.

Calvet, L.-J., 2007 : « Pour une linguistique du désordre et de la complexité », in Blanchet P., Calvet L.-J. et Robillard, D. de (éds), *Un siècle après le Cours de Saussure : la Linguistique en question*, Carnets d'atelier de Sociolinguistique n° 1, L'Harmattan.

Canut, C., 1997, « Le nom des langues au Mali. Identité(s) en question » in Tabouret-Keller, A., (éd.), 1997, *Les enjeux de la nomination des langues*, Louvain, Peeters, 225-239.

Dieu, M. et Renaud, P., 1983, *Atlas linguistique du Cameroun*, ACCT-Cerdotola, Paris, Yaoundé.

Dortier, J.-F. (dir.), 2004, *Le dictionnaire des sciences humaines*, Auxerre, Sciences Humaines.

Eloy, M., 2003, « Pour une approche complexe de la nature sociale de la langue » in Blanchet, Ph. et Robillard D. de (dir.), *Langues, contacts, complexité. Perspectives théoriques en sociolinguistique*, Presses Universitaires de Rennes, 171-188.

Feussi, V., 2006, *Une construction du français à Douala – Cameroun*, Thèse de doctorat, Université François Rabelais de Tours.

Feussi, V., 2007 : « Le français et les pratiques linguistiques en contexte urbain au Cameroun : une dynamique interactionnelle » in *Le français en Afrique* n° 22, 233-252.

Gauvin, L., 1997, *L'écrivain francophone à la croisée des langues*, Paris, Khartala

Heine B. et Nurse, D., (dir) 2004, *Les Langues africaines*, Paris, Khartala, AUF.

Kaufmann, J.C., 1996, *L'entretien compréhensif*, Paris, Nathan.

Kaufmann, J.-C., 2004, *L'invention de soi – Une théorie de l'identité*, Paris, Armand Colin.

Kerbrat-Orecchioni, C., 1998 [1990], *Les Interactions verbales* t.1, Paris, Armand Colin.

Latour, B., 1996, *Petite réflexion sur le culte moderne des dieux Faitiches*, Paris, Synthélabo.

Latour, B., 2006, *Changer de société – Refaire de la sociologie*, Paris, La Découverte.

Le Moigne, J.-L., 1994 : *Le constructivisme* : *des fondements*, Paris, ESF.

Marcellesi, J.-B., 2001 : « Polynomie et francophonie » in Laroussi, F. et Babault S. (dir.), *Variations et dynamisme du français. Une approche polynomique de l'espace francophone*, Paris, L'Harmattan, 17-28.

Mucchielli, A., 2000 [1996], *Dictionnaire des méthodes qualitatives en sciences humaines et sociales*, Paris, Armand Colin.

Poutignat P.et J. Streiff-Fenart, 1995, *Théories de l'ethnicité*, Paris, PUF.

Robillard, D. de, 2001, « Peut-on construire des 'faits linguistiques' comme chaotiques? Quelques éléments de réflexion pour amorcer le débat », *Marges Linguistiques* n°1, www.marges-linguistiques.com, 163-204

Robillard, D. de, 2003, « What we heedlessly and somewhat rashly call 'language' : vers une approche fonctionnelle du (dés)ordre linguistique à partir des contacts de langues : vers une linguistique douce ? » in Blanchet, Ph. et Robillard D. de (dir.), *Langues, contacts, complexité. Perspectives théoriques en sociolinguistique*, Presses Universitaires de Rennes, 207- 231.

Robillard, D. de, 2007, « La linguistique autrement : altérité, expérienciation, réflexivité, constructivisme, multiversalité : en attendant que le Titanic ne coule pas » in Blanchet P., Calvet L.-J. et Robillard, D. de (éds), *Un siècle après le* Cours *de Saussure : la Linguistique en question*, Carnets d'atelier de Sociolinguistique n° 1, *alterlinguistiques. Métaphores et traductions de l'autre parlant*, L'Harmattan.

Stallcup, K., 1980, « La géographie linguistique des grassfields » in Hyman, L. M. et Voorhoeve J. (éds), *L'expansion bantoue*, Paris, SELAL, 43-57.

Tabouret-Keller, A., 1996, « Le nom des langues » in *La Bretagne linguistique*, vol. 10, *Actes du colloque Badume – Standard – Norme. Le Double Jeu de la Langue, Brest 2-4 juin 1994*, 169-176.

Tabouret-Keller, A., (éd.), 1997, *Le nom des langues 1. Les enjeux de la nomination des langues*, Louvain-La-Neuve, Peeters.

Tadadjeu, M. et Sadembouo, E., 1979, *Alphabet général des langues camerounaises*, Yaoundé, PROPELCA n° 1.

Wiesemann, U., Sadembouo, E. et Tadadjeu, M., 1983, *Guide pour le développement des systèmes d'écriture des langues africaines*, Yaoundé, PROPELCA n° 2.

ANNEXE I

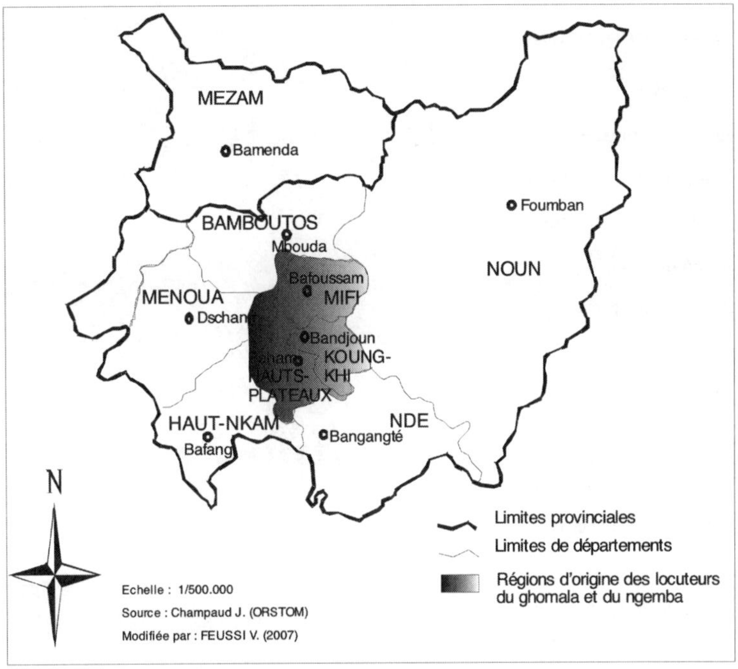

Carte 1. *Région bamiléké*

ANNEXE II

Conventions de transcription

+	pause brève
++	pause plus longue
[ ]	transcription phonétique
v :	allongement vocalique
E	enquêteur
X	syllabe inaudible
////	interruption
( )	pratique non verbale
a-avec	amorce de mot
?	intonation interrogative
!	intonation exclamative

ANNEXE III

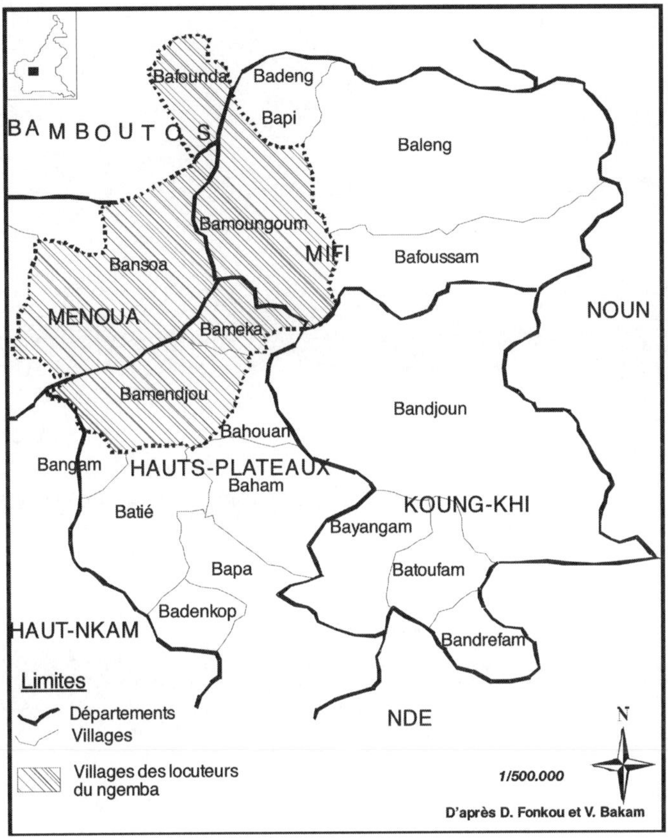

Carte 2. *Localisation des villages des locuteurs du* ŋgəmba *et du* ghɔmala'

Le nom des langues III. Le nom des langues en Afrique sub-saharienne : pratiques, dénominations, catégorisations. Naming Languages in Sub-Saharan Africa: Practices, Names, Categorisations (sous la direction de C. de Féral), Louvain-la-Neuve, Peeters, BCILL 124, 2009, p. 109-118.

À PROPOS DES NOMS DES VARIÉTÉS DU PORTUGAIS RESTRUCTURÉ EN AFRIQUE[1]

John Holm et Sandra Madeira
Université de Coimbra

Dans cette contribution, nous présentons les noms couramment utilisés en français, en anglais, en portugais et localement, pour désigner les différentes variétés du portugais créolisé ou partiellement restructuré en Afrique, notamment : les créoles du groupe Nord-ouest, ceux du golfe de Guinée, ainsi que les portugais vernaculaires d'Angola et du Mozambique. Quelques références bibliographiques concernant les premières utilisations connues de ces termes par écrit, ainsi que leurs différentes connotations, seront également présentées.

1. Les créoles du groupe Nord-ouest

Les créoles portugais des îles du Cap-Vert et de Guinée-Bissau, également parlés dans la Casamance sénégalaise, sont étroitement liés, comme le montrent les études comparées de Barros (1897-99) et de Baptista, Mello et Suzuki (2007). Ils constituent ainsi le groupe Nord-ouest des variétés du créole portugais, un groupe bien distinct des variétés du golfe de Guinée (voir section 2), comme Ivens Ferraz (1987) l'a démontré. Les différences entre ces deux groupes de créoles s'expliquent par leur substrat différent (Schuchardt 1882 : 914) et par l'histoire du peuplement des différents pays.

Les îles du Cap-Vert furent peuplées par des esclaves venus de l'actuelle Guinée-Bissau parlant de nombreuses langues des groupes ouest-atlantique et

1 Nous tenons à remercier, pour leur aide précieuse, nos collègues, en particulier : Jorge Morais Barbosa, Olavo Bilac Cardoso, Hildo do Couto, Perpétua Gonçalves, Incanha Intumbo, Liliana Inverno, Jürgen Lang, Philippe Maurer, Júlia Melicio Pereira, Maria da Graça de Pina, Matthias Perl, Nicolas Quint, Jean-Louis Rougé et Dominika Swolkien.

mandé. Durant presque toute la période de la domination coloniale portugaise, ces îles servirent notamment de centre administratif pour le continent.

1.1. Les îles du Cap-Vert

Bien que le portugais soit la langue officielle du Cap-Vert depuis son indépendance en 1975, le créole continue d'être la langue maternelle des 393 840 habitants (Famighetti 1998). En portugais, les noms généralement utilisés pour désigner le créole sont *crioulo de Cabo Verde* ou *crioulo caboverdiano,* alors que, localement, on utilise les termes *kriol* / *kriolu* / *kiriolu* ou *kabuverdianu* (Veiga 1984), *kauberdianu*, ou encore *berdiánu* (Mendes *et al.* 2002). En anglais, on parle de *Cape Verdean (Creole)* et, en français, de *créole du Cap-Vert* ou *créole capverdien.*

Les îles sont divisées en deux grands groupes : le groupe *Sotavento* ou groupe des îles sous le vent, au sud, (comprenant Santiago, Fogo, Maio, et Brava) et le groupe *Barlavento* ou des îles au vent, au nord (Santo Antão, São Vicente, Santa Luzia, São Nicolau, Boa Vista et Sal). Cette division géographique correspondrait traditionnellement à la division dialectale du créole, même si ce fait a été récemment discuté et remis en cause par Pereira (2006).

1.1.1. Sotavento

Étant donné la proximité de la côte africaine (l'actuelle Guinée-Bissau) qui servait de fond de commerce pour la main d'œuvre servile, la colonisation des îles du Cap-Vert, à l'origine inhabitées, débuta en 1462. Les premiers noyaux de peuplement se développèrent sur l'île de Santiago et d'autres îles du groupe Sotavento. D'ailleurs, ces îles ont encore aujourd'hui une très grande proportion d'habitants de descendance principalement africaine. Ainsi les variétés du créole du groupe Sotavento sont généralement plus proches du créole de Guinée-Bissau du point de vue de leur phonologie et de leur morphosyntaxe.

On doit également noter qu'à Praia, la capitale, le nom donné aux habitants de l'île de Santiago et à leur langue est *badiu*, un nom à connotations quelque peu méprisantes, venant du portugais *vadio* qui signifie « vagabond » (Lang *et al.* 2002).

1.1.2. Barlavento

Les îles du groupe Barlavento restèrent, quant à elles, inhabitées jusqu'au 17ème siècle. Elles furent alors peuplées par des hommes et des femmes parlant le portugais non restructuré des Açores, de Madère et du Portugal continental et par d'autres parlant les variétés du groupe Sotavento.

Depuis Schuchardt (1887), les observateurs ont remarqué que les variétés de Barlavento possèdent davantage de traits linguistiques proches du portugais européen. L'île de São Vicente, dont la capitale est Mindelo, se présente comme le centre de la culture Barlavento, avec ses attitudes pro-européennes. Pour se démarquer des autres îles, les habitants de São Vicente emploient les expressions *nos dialekt, nos linga* ou *nos kriol* (Swolkien, communication personnelle) pour désigner leur propre variété de langue. Il existe néanmoins le terme *sanpadjudu*[2], employé avec une connotation de mépris et associé aux variétés du groupe Barlavento, mais ce terme est en fait utilisé par les habitants de Santiago pour désigner tous les autres Capverdiens et leur langue (Lang *et al.* 2002).

1.2. Guinée-Bissau

Le créole portugais est aussi utilisé, comme langue maternelle et comme langue seconde, sur la côte atlantique de l'Afrique occidentale dans la République de Guinée-Bissau par ses 1 178 580 habitants (Famighetti 1998). Il est également utilisé au nord, dans la région sénégalaise de Casamance, que le Portugal céda à la France en 1886. Chataigner (1963 : 54) estime le nombre total de locuteurs sénégalais de créole portugais à 57 500, dont 42 000 élevés dans cette langue. Cette variété est localement appelée *lingua kriston* (langue chrétienne/ langue des Chrétiens), étant donné son utilisation en tant que langue de référence ethnique pour la communauté chrétienne de cette région (Kihm 1994 : 2), alors que le nom donné à la variété générale de Guinée-Bissau est *kriyol* ou *kiriyol.* Cette dernière est appelée *crioulo guineense*, ou simplement *guineense*, en portugais, *créole de Guinée-Bissau* ou *(créole) guinéen* en français et *Guiné-Bissau Creole* en anglais.

Il existe trois dialectes : celui des principales villes côtières de Bissau et Bilama, celui de Bafatá dans l'arrière-pays et celui de Cacheu au nord. Ce dernier s'étend au-delà de la frontière jusqu'à Ziguinchor, la principale ville de Casamance, et jusqu'aux villes de Bignona et Kolda. Certains mots de vocabulaire du français vernaculaire sont présents dans les variétés sénégalaises, mais toutes ces variétés sont dans l'ensemble mutuellement compréhensibles. Intumbo (communication personnelle) a observé l'existence de variétés ethniques du créole immédiatement reconnaissables par d'autres locuteurs à cause de certains transferts structurels de la langue ethnique en question. Cependant, on méconnaît

---

2 Il est possible que le terme *sanpadjudu* vienne du portugais *palha* (« paille ») et renvoie à l'idée de rusticité, mais l'origine du mot reste incertaine.

encore à quel point ces variétés ethniques peuvent avoir influencé les variétés régionales.

2. LES CRÉOLES DU GOLFE DE GUINÉE

On distingue quatre créoles portugais répartis sur trois îles au sud-est du golfe de Guinée, au large des côtes du Gabon, formant ainsi le groupe du golfe de Guinée. Il existe ainsi deux variétés sur l'île de São Tomé (le créole de São Tomé et l'angolar), le créole de l'île de Príncipe (à noter que les îles de São Tomé-et-Príncipe constituent un seul et même état, indépendant du Portugal depuis 1975) et celui de l'île d'Annobón. Malgré leurs différences, ces quatre dialectes partagent la même structure de base, ce qui les rend partiellement intercompréhensibles. Comme nous l'avons déjà fait remarquer dans la section 1, les variétés du golfe de Guinée constituent un groupe bien distinct des variétés du groupe Nord-ouest, ne serait-ce que par le fait que les premiers habitants des îles du golfe parlaient des langues majoritairement kwa et bantoues (Ferraz 1979 : 110) et par leur histoire de peuplement.

2.1. Le créole de São Tomé

Étant donné que le peuplement des îles de Príncipe et d'Annobón s'effectua à partir de São Tomé, l'histoire sociolinguistique de cette île est d'autant plus intéressante qu'elle permet de cerner le développement du groupe des créoles du golfe de Guinée. Lorsque les Portugais découvrirent ces trois îles (São Tomé, Príncipe et Annobón) en 1471, celles-ci étaient totalement désertes. Cependant, elles ne furent peuplées que quelques années plus tard, à commencer par São Tomé, la plus vaste, vers 1485. Le Portugal introduisit, d'une part, des esclaves africains venus des pays du golfe du Bénin et de la région Congo-Angola qui parlaient des langues kwa et, d'autre part, des colons, des condamnés et des enfants juifs portugais. C'est ainsi qu'apparurent les premières formes des créoles de SãoTomé-et-Príncipe.

Même si, actuellement, la langue officielle des plus de 160 000 habitants est le portugais, le créole de São Tomé, parlé par près de 69 900 locuteurs (Gordon 2005), se maintient comme un système linguistique à part malgré de nombreux emprunts à la langue portugaise. Toutefois, de moins en moins d'enfants utilisent le créole comme langue première bien que le créole de São Tomé soit certainement celui qui gagne en importance face à l'angolar et au créole de Príncipe (Rougé 2004).

Alors qu'en portugais, les termes généralement utilisés pour désigner le créole de São Tomé sont *crioulo são-tomense/santomense* ou *crioulo de São Tomé*, localement, on parlera plutôt de *forro*, qui signifie « affranchi », ou *lungwa santome* (idem 2004). En anglais, on préfèrera les noms *São Tomé Creole Portuguese ou Santomense.*

2.2. L'angolar

L'*angolar* (Maurer 1995 ; Lorenzino 1998) ou, encore en portugais, *crioulo dos Angolares* et *Angolar Creole Portuguese* en anglais, est également appelé *ngola* de angolar ou *lungwa n'gola* par ses locuteurs. C'est une autre des variétés de créole portugais parlé sur l'île de São Tomé. Bien qu'en régression, l'angolar est semble-t-il encore parlé par plus de 5 000 personnes, soit près de 10% de la population totale de l'île. Selon Ferraz (1974), les Angolares seraient des descendants d'esclaves qui se seraient échappés des plantations portugaises de canne à sucre de São Tomé au 16ème siècle et réfugiés à l'intérieur des terres jusqu'à l'abandon de l'île par les Portugais partis vers le Brésil. Les descendants des Angolars s'installeront plus tard sur les côtes sud-ouest et est de l'île. Suivant cette thèse, plus plausible que celle du naufrage d'un navire négrier, au moment de leur fuite, ces ancêtres devaient parler le créole ou pidgin naissant de São Tomé et le *kimbundu*, largement répandu en Angola, ce qui expliquerait le lien étroit qui existe encore aujourd'hui entre l'*angolar* et le *forro*.

2.3. Le créole de Príncipe

Le *créole de Príncipe, Príncipe Creole Portuguese* en anglais, *principense* en portugais, est également appelé localement *lun'gwiye* ou *lung'ie*, qui signifie « la langue de l'île ». L'histoire sociolinguistique de l'île est intimement liée à celle de São Tomé puisque l'île de Príncipe fut partiellement peuplée à partir de celle de São Tomé (voir section 2.1) pour en faire une plantation de canne à sucre. Au milieu du 18ème siècle, après la fuite des colons portugais vers le Brésil, la prospérité de la ville de Santo António de Príncipe en fit la capitale de l'archipel pendant près d'un siècle. Cependant, vers 1900, une épidémie répandue par la mouche tsé-tsé décima la population. Il semblerait que le nombre de locuteurs du créole de Príncipe soit en franche diminution : 200 (Graham 1999) pour une population ethnique de 1 558 habitants, laissant place au portugais ou au créole de São Tomé.

2.4. Le créole d'Annobón

Le *créole d'Annobón* en français, *crioulo anobonense* ou *anobonês* en portugais, *Annobón Creole Portuguese* en anglais, est également connu sous le nom de *fá d'Ambo* ou *fa d'ambu*, qui signifie « la langue d'Annobón », par ses locuteurs (2 500 dans toute la Guinée équatoriale, Gordon 2005). Annobón est une petite île au sud de São Tomé qui, tout comme l'île de Bioko, appartient à la partie insulaire de la république de Guinée équatoriale, l'enclave de Mbini étant la partie continentale. Comme nous l'avons déjà fait remarquer dans la section 2.1, l'île d'Annobón fut peuplée à partir de São Tomé vers 1503. Un créole alors déjà mis en place sur l'île de São Tomé se serait ensuite diffusé sur l'île d'Annobón, ce qui expliquerait la proximité entre ces deux variétés, renforcée par des contacts ultérieurs au cours du 16ème siècle. Cependant, les Portugais abandonnèrent l'île et ses habitants, comme ils le firent pour les autres îles de l'archipel de São Tomé-et-Príncipe, avant de la céder en 1778 aux Espagnols contre quelques territoires au sud de l'actuel Brésil. Mais l'occupation coloniale espagnole ne prit forme qu'en 1885 se terminant par l'indépendance de la Guinée équatoriale en 1968. Ces longs isolements expliquent les particularités du créole d'Annobón. Les jeunes locuteurs du *fa d'ambu* ont tendance à adopter plus de mots venant de l'espagnol mais aussi de l'anglais pidginisé de l'île de Bioko, ce qui provoque « une évolution rapide et violente du créole portugais » (De Granda 1985 : 291).

Il est à noter que le portugais non créolisé est encore présent sur l'île d'Annobón comme langue de liturgie par les Catholiques de la région. Actuellement, le français et l'espagnol sont les deux langues officielles de la Guinée équatoriale mais elles ne sont pratiquement pas utilisées comme langue première, restant du domaine du gouvernement et de l'éducation.

3. LES PORTUGAIS PARTIELLEMENT RESTRUCTURÉS

Des variétés non-créolisées du portugais vernaculaire conservant une partie de la morphosyntaxe de la langue source mais avec de nombreuses caractéristiques du substrat et de l'interlangue (Holm 2004) se sont développées en Angola (section 3.1) et au Mozambique (section 3.2). Il est possible de les comparer aux variétés du portugais non standard qui sont apparues au Brésil comme conséquence des contacts avec les langues africaines et indigènes, à part le fait qu'en Afrique ces variétés sont encore influencées par les substrats. La comparaison peut également s'étendre aux variétés du portugais, encore peu ou pas du tout étudiées, qui se sont développées dans les pays africains parlant un créole portugais (voir les sections 1 et 2). Ces variétés sont apparues au contact des différents créoles mais restent encore sous l'influence continue de la langue standard.

3.1. Le portugais vernaculaire d'Angola

Sur les 14 millions d'habitants que compte l'Angola (2004), 20% parlent le portugais comme langue maternelle. Il s'agit essentiellement d'une jeune élite vivant dans les villes côtières (Inverno 2006). Ce portugais est habituellement reconnaissable par ses traits locaux, reflet de l'influence historique des langues africaines. Les autres 80%, souvent la population plus pauvre habitant les villes côtières ou l'intérieur rural du pays, utilisent une ou plusieurs langues indigènes, bantoue ou khoisan, comme langue première et peuvent éventuellement montrer des compétences en portugais local à différents degrés, allant de l'utilisation élémentaire, voire nulle, à une parfaite maîtrise de la langue. En portugais, les études linguistiques existantes utilisent les termes *português angolano, português angolanizado, português vernacularizado* ou *português vernáculo de Angola* (Inverno 2006) pour désigner cette variété locale. Plus familièrement, on l'appelle aussi *português da rua* (*ibid.*), qui signifie « portugais de la rue ». En anglais, on rencontrera les termes *Angolan Portuguese* ou *Angolan Vernacular Portuguese.*

3.2. Le portugais vernaculaire du Mozambique

La situation du portugais au Mozambique est en partie comparable à celle du portugais en Angola. Toutefois, d'après les résultats divulgués par l'Institut national de statistique à la suite du dernier recensement de la population en 1997, sur les 16,09 millions d'habitants, 39,6% des Mozambicains (soit près de 6,4 millions de personnes) parlent le portugais dont à peine 6,5% comme langue maternelle. La grande majorité l'utilise en tant que langue seconde en plus d'une ou de plusieurs des 36 langues bantoues parlées au Mozambique. Dans la bibliographie spécialisée, cette dernière variété du portugais est appelée *Mozambican African Portuguese* (Gonçalves 2004) ou *Mozambican Vernacular Portuguese* en anglais. En portugais, on préférera utiliser l'expression *português moçambicano*. D'après Firmino (2001), il est parfois possible de rencontrer les termes *português barato*, qui signifie « portugais bon marché », pour désigner le basilecte (parlé par les personnes moins instruites) et *português caro*, signifiant « portugais cher », pour l'acrolecte (parlé par les personnes mieux instruites).

Français	**Anglais**	**Portugais**	**Créole / portugais local**
		I. Groupe Nord-ouest	
1. créole du Cap-Vert créole capverdien	Cape Verdean (Creole)	crioulo de Cabo Verde crioulo caboverdiano	kriol / kriolu / kiriolu kabuverdianu (Veiga 1984) kauberdianu berdiánu (Mendes *et al.* 2002)
1.1. créole de Sotavento	Sotavento Creole Portuguese	crioulo de Sotavento	badiu (Lang *et al.* 2002) – Santiago sanpadjudu (Lang *et al.* 2002) – autres îles
1.2. créole de Barlavento	Barlavento Creole Poruguese	crioulo de Barlavento	sanpadjudu (Lang *et al.* 2002) – toutes les îles sauf Santiago
2. créole de Guinée-Bissau	Guiné-Bissau Creole / Creole Portuguese	crioulo guineense guineense	kriyol / kiriyol (Kihm 1994 : 2)
2.1. créole de Guinée-Bissau (créole) guinéen	Guiné-Bissau Creole / Creole Portuguese	crioulo guineense guineense	kriyol / kiriyol (Kihm 1994 : 2)
2.2. créole de Casamance	Casamanse Creole Portuguese	crioulo da Casamance	lingua kriston (*ibid.*)
		II. Golfe de Guinée	
1. créole de São Tomé	São Tomé Creole Portuguese Santomense	crioulo são-tomense / santomense crioulo de São Tomé	forro /fôlô lungwa santome (Rougé 2004)
2. angolar (Maurer 1995)	Angolar Creole Portuguese Angolar (Lorenzino 1998)	crioulo dos angolares angolar	(lungwa) n'gola
3. créole de Príncipe	Príncipe Creole Portuguese	principense	lun'gwiye lung'ie (Rougé 2004)
4. créole d'Annobón	Annobón Creole Portuguese	crioulo anobonense anobonês	fá d'Ambo /fa d'ambu
		III. Variétés partiellement restructurées	
1. portugais vernaculaire d'Angola	Angolan (Vernacular) Portuguese (Inverno 2006)	Português vernáculo de Angola Angolano (Mingas 1998: 115) Português angolano / angolanizado Português vernacularizado	Português da rua (Inverno 2006)
2. portugais vernaculaire du Mozambique	Mozambican African Portuguese (Gonçalves 2004) Mozambican Vernacular Portuguese	Português moçambicano	Português barato (Firmino 2001)

Tableau récapitulatif des noms des variétés restructurées du portugais en Afrique

RÉFÉRENCES BIBLIOGRAPHIQUES

Baptista, M., Mello, H. R. de, et Suzuki, M., 2007, « Kabuverdianu or Cape Verdean, and Kriyol, or Guiné-Bissau Creole Portuguese » in Holm, J. and Patrick, P. (eds.), *Comparative Creole Syntax : Parallel outlines of 18 creole grammars*, London, Battlebridge.

Barros, M. Márques de, 1897-1899, « O guineense », *Revista Lusitana* n° 5 : 271-300.

Chataigner, A., 1963, « Le créole portugais du Sénégal : observations et textes », *Journal of African Languages* n° 2 (1), 44-71.

De Granda, G., 1985, *Sociolingüística de un microespacio criollo portugués de África (Annobón)*, Lingüística española actual, 277-291.

Famighetti, R. (éd.), 1998, *The World Almanac and Book of Facts, 1998*, World Almanac Books, Mahwah NJ.

Ferraz, L., 1974, « A linguistic appraisal of Angolar », in *In Memoriam António Jorge Dias*, Instituto de Alta Cultura, Lisbonne, Junta de Investigações Científicas do Ultramar, 177-186.

Ferraz, L., 1979, *The Creole of São Tomé*, Witwatersrand, Johannesburg, University Press.

Firmino, G., 2001, *A "questão linguística" na Africa pós-colonial : o caso do português e das línguas autóctones em Moçambique*, Maputo Promédia.

Gonçalves, P., 2004, « Towards a unified vision of classes of language acquisition and change : Arguments from the genesis of Mozambican African Portuguese », *Journal of Pidgin and Creole Languages* n° 19 : 2, 225-259.

Gordon, R. G., Jr. (ed.), 2005, *Ethnologue : Languages of the World,* fifteenth edition, Dallas, SIL International (http://www.ethnologue.com/).

Graham, S., 1999, « A brief review of pidgins and creoles », *Notes on Sociolinguistics* 4, 117-140.

Holm, J., 2004, *Languages in Contact : the partial restructuring of vernaculars*, Cambridge, Cambridge University Press.

Inverno, L., 2006, *Angola's Transition to Vernacular Portuguese*, Master Dissertation, Universidade de Coimbra, University Microfilms International.

Ivens Ferraz, L., 1987, « Portuguese creoles of West Africa and Asia », in Gilbert G. (ed.), *Pidgin and creole languages : essays in memory of John E. Reinecke*, Honolulu, University Press of Hawaii, 337-360.

Kihm, A., 1994, *Kriyol Syntax : The Portuguese-based Creole Language of Guinea-Bissau*, Amsterdam / Philadelphia, John Benjamins.

Lang, J. *et al.*, 2002, *Dicionário do Crioulo da Ilha de Santiago (Cabo Verde)*, Tübingen, Gunter Narr.

Lorenzino, G. A., 1998, *The Angolar Creole Portuguese of São Tomé : its grammar and sociolinguistic history*, Munique/Newcastle, LINCOM Europa.

Maurer, P., 1995, *L'angolar*, Hamburg, Helmut Buske.
Mendes, M., Quint, N., Ragageles, F., Semedo, A., 2002, *Dicionário Prático Português-Caboverdiano (Variante de Santiago)*, Lisbonne,Verbalis.
Mingas, A. A., 1998, « O português em Angola : Reflexões », *VIII Encontro da Associação das Universidades de Língua Portuguesa*, vol.I., Macau, Cultural Center of the University of Macau,109-126.
Pereira, D., 2006, « Argumentos históricos e linguísticos contra a oposição entre crioulo de Barlavento e de Sotavento, em Cabo Verde », communication présentée lors du congrès annuel de l'*Associação : Crioulos de Base Lexical Portuguesa e Espanhola*, Université de Coimbra.
Rougé, J.-L., 2004, *Dictionnaire étymologique des créoles portugais d'Afrique*, Paris, Karthala.
Schuchardt, H., 1882, « Kreolische Studien. I. Ueber das Negerportugiesische von S. Thomé (Westafrika) », *Sitzungsberichte der kaiserlichen Akademie der Wissenschaften zu Wien* n° 101 (2), 889-917.
Schuchardt, H., 1886, *O creôlo de Cabo Verde*, Critique littéraire de da Costa et Duarte, in 1887, *Literaturblatt für germanische und romanische Philologie* n° 8, 132-141.
Veiga, M., 1984, *Diskrison Strutural di Lingua Kabuverdianu*, Praia, Instituto Kabuverdianu di Livru.

Le nom des langues III. Le nom des langues en Afrique sub-saharienne : pratiques, dénominations, catégorisations. Naming Languages in Sub-Saharan Africa: Practices, Names, Categorisations (sous la direction de C. de Féral), Louvain-la-Neuve, Peeters, BCILL 124, 2009, p. 119-152.

NOMMER ET CATÉGORISER DES PRATIQUES URBAINES : *PIDGIN* ET *FRANCANGLAIS* AU CAMEROUN

Carole de FÉRAL
Laboratoire BCL, Université Nice Sophia-Antipolis, CNRS ; MSH de Nice[1]

« Pourquoi on doit seulement speak comme les white ?[2] »

Une des conséquences du contact des langues peut être l'émergence de nouvelles pratiques langagières. Ces pratiques, lorsqu'elles restent (ou se retrouvent[3]) en contact avec une des langues qui est explicitement reconnue comme ayant joué un rôle dans leur genèse, peuvent être pensées par diverses instances énonciatives (locuteurs, non locuteurs appartenant au même « tissu communautaire »[4], enseignants, journalistes, politiques, linguistes…) soit comme de simples façons, souvent dépréciées, de parler cette langue, soit au contraire, comme des entités nettement distinctes, voire même comme des « langues », ainsi qu'en témoignent les diverses dénominations et catégorisations dont elles font l'objet.

La réflexion que je propose concerne deux sortes de phénomènes langagiers /linguistiques, qui sont des « objets nommés » que l'on trouve au Cameroun et qui ont pour origine le contact entre une ou plusieurs langues européennes et des langues africaines : (1) le *pidgin*, pidgin « élaboré »[5] à base

---

1 BCL : *Bases, Corpus et Langage*; CNRS : *Centre national de la Recherche Scientifique* ; MSH : *Maison des Sciences de l'Homme*.

2 Internaute camerounaise, février 2007.

3 C'est le cas du *pidgin* au Cameroun (*cf.* section 1).

4 J'emprunte cette notion à Nicolaï (2003 : 5) car *tissu communautaire* permet de mettre l'accent sur l'organisation des rapports qui existent entre les locuteurs plutôt que sur les frontières qui délimitent la *communauté linguistique* et qui peuvent varier à tout moment, y compris à l'intérieur d'un même échange.

5 « Extended Pidgin » (Todd 1974 : 5).

lexicale anglaise, utilisé comme véhiculaire mais aussi comme vernaculaire interethnique dans toute la zone anglophone et dans une partie de la zone francophone, et (2) le *francanglais*, « parler jeune » des francophones en milieu urbain.

On verra que ces produits langagiers, bien que de nature très différente, assument non seulement des fonctions semblables mais peuvent parfois être l'objet de catégorisations et même de dénominations similaires. On se demandera alors dans quelle mesure nommer a une valeur illocutoire : si en nommant on érige des frontières, on construit du discontinu dans du continu, suffit-il cependant que soient dotées de noms spécifiques de simples ressources discursives pour qu'elles deviennent « langue » ?

1. LE *PIDGIN*

Le *pidgin* parlé au Cameroun peut être considéré comme une variété dialectale de ce que les linguistes anglophones ont appelé le *West African Pidgin English* (*cf.*, par exemple, Dwyer 1966, Schneider 1966, 1967, Holm 1989) ou, plus simplement, le *West African Pidgin* (Holm 1989). Il s'étend de la Sierra Leone à la Guinée Équatoriale et comprend « many varieties [which] range from rudimentary pidgins to highly expanded, creole-like varieties » (Holm 1989 : 426).

Utilisé à l'origine, bien avant la colonisation[6], dans tout le Golfe de Guinée, dans les échanges commerciaux entre Européens et Africains, le *pidgin* est devenu un moyen de communication indispensable entre Africains eux-mêmes étant donné la multitude de leurs langues. C'est donc l'hétérogénéité des langues africaines qui rend compte de l'expansion du *pidgin* et de son maintien au fil des siècles.

Lorsque l'Allemagne colonisa le Cameroun en 1884, le *pidgin* y était si bien implanté, notamment dans la zone des grandes plantations (entre Douala et l'actuel Limbe) où il assurait la communication entre les ouvriers agricoles d'origines différentes, qu'un manuel de *Neger Englisch* fut publié en 1913 à l'intention des administrateurs allemands (Mbassi-Manga 1973).

Après la défaite de l'Allemagne à la fin de la première Guerre Mondiale, les quatre cinquièmes du territoire camerounais furent administrés par la France tandis que le cinquième restant fut rattaché au Nigeria et administré par la Grande-Bretagne. En 1961, un an après les indépendances, une partie du Cameroun devenu nigérian choisit de se « réunifier » avec le Cameroun francophone, ce qui explique le bilinguisme officiel anglais-français du Cameroun actuel. Mais ce bilinguisme est loin d'être une réalité individuelle dans un pays où ont été recensées 248 langues « nationales » (Breton et Fohtung 1991) : tous les habitants de la zone anglophone ne parlent pas effectivement l'anglais ni tous

---

6 Dès le 17ème siècle selon Schneider (1974 : 22).

ceux de la zone francophone, le français (notamment les personnes âgées et les villageois non ou peu scolarisés) malgré l'importance croissante en tant que véhiculaire et même vernaculaire de celui-ci dans les grandes villes de la zone francophone, particulièrement dans le sud (Féral 1989, Bitjaa Kody 2000)[7].

De nos jours, le *pidgin* est encore utilisé au Cameroun comme véhiculaire dans les deux provinces anglophones mais aussi dans une partie de la zone francophone contiguë à la zone anglophone, (« Pays Bamiléké », et région de Douala ; *cf.* carte, annexe I). Il peut faire aussi l'objet d'une appropriation vernaculaire, surtout en zone anglophone, non seulement pour les locuteurs qui ne parlent pas anglais mais aussi pour ceux qui le maîtrisent bien : parler *pidgin* pour un Camerounais anglophone, c'est parler une langue ressentie comme camerounaise alors que l'anglais reste, dans la mémoire collective, la langue de l'ex-colonisateur, même si elle est l'une des langues officielles du Cameroun depuis presque un demi-siècle maintenant. En ce sens, on peut dire que le *pidgin* est devenu au Cameroun un « vernaculaire interethnique » car, contrairement aux langues ethniques dites « nationales », il assure la communication interethnique[8] tout en permettant de symboliser une identité qui dépasse celle du village, du groupe ethnique ou même d'une région.

Pidgin et *anglais* en zone anglophone : qui est l'un, qui est l'autre… quand l'un est l'autre ?

Si la très grande majorité du lexique *pidgin* est d'origine anglaise (Schneider 1966), c'est la syntaxe qui permet de définir un objet linguistique relativement stable et homogène, distinct de l'anglais (*cf.*, par exemple, Schneider 1966, Todd 1974, 1984, Féral 1989, 2001a, 2001b). Cependant, il convient de faire une distinction entre le *pidgin* parlé en zone francophone (dorénavant PEF) et celui parlé en zone anglophone (dorénavant PEA) du fait que ces deux variétés[9] se trouvent dans un rapport différent avec la langue superposée de la région : s'il est facile pour le linguiste de poser une frontière entre PEF et français, ce l'est moins entre *anglais* et *pidgin*. Outre la continuité lexicale que l'on peut qualifier d' « essentielle » entre les deux langues en présence, il est aussi une continuité « opportuniste » (aux niveaux phonétique, morphologique et syntaxique) construite ou non par les locuteurs selon la connaissance qu'ils ont de l'anglais et leurs stratégies discursives (*cf.* exemple, annexe II). Ce flou frontalier entre *anglais* et *pidgin* dans les pratiques n'est pas sans poser de problèmes aux

---

7 Dans le nord, le français se trouve dans une situation sensiblement différente dans la mesure où le *fulfulde* (peul) assume une importante fonction véhiculaire.

8 Et même intra-ethnique, en zone francophone, dans le cas des Bamiléké puisque ceux-ci ne partagent pas la même langue et ne se comprennent pas obligatoirement lorsqu'ils sont originaires de villages différents. *Cf. infra* et l'article de Feussi ici-même.

9 Il existe quelques différences structurelles entre PEF et PEA, notamment au niveau de la combinatoire aspecto-temporelle (Féral 1989) et de l'expression de « être » (Féral 2001b).

instances éducatives comme l'atteste la présence de nombreux panneaux installés à l'entrée de certains établissements d'enseignement de la région de Buéa.

Photo 1. *Entrée d'un établissement secondaire, région de Buéa.*

Que nous apprend le panneau de la photo 1 ? Outre son message comminatoire explicite, il donne au lecteur, par sa présence même, deux informations :

- Le pidgin occupe une place importante dans le répertoire verbal des jeunes de la zone anglophone du Cameroun puisqu'ils le pratiquent, semble-t-il, entre eux, même à l'intérieur de l'école, malgré le fait qu'ils sont censés parler couramment l'anglais, appris dès la première année du primaire et qui se superpose généralement à une ou plusieurs « langues nationales » acquises à la maison et/ou dans la rue[10].
- Les autorités éducatives camerounaises considèrent cette pratique du pidgin-english comme un élément nuisible dont il faut se débarrasser à l'entrée de l'école, plutôt que comme un ancrage sur lequel on va pouvoir s'appuyer au cours d'apprentissages dont le but est la maîtrise de l'anglais et l'acquisition de connaissances par l'intermédiaire de cette langue. Cette considération du *pidgin* comme pratique nuisible à l'apprentissage de l'anglais est également exprimée de manière tout à fait explicite sur des panneaux installés sur le campus de l'université de Buéa (*cf. infra*).

Quant à l'injonction elle-même, « drop your pidgin here », elle ressemble fort à une injonction paradoxale : on demande à l'élève de jeter un instrument de communication (le *pidgin*, considéré ici comme un simple objet, extérieur au locuteur, dont le cerveau pourrait se débarrasser à la porte de l'école pour le retrouver à la sortie[11]) parce qu'il n'arrive pas à le dissocier d'un autre objet

[10] En zone anglophone, le pidgin est aussi devenu langue première de certains Camerounais issus de mariages dont les parents ne parlent pas la même langue « nationale ».

[11] Ce message est un détournement de *drop your litter here* (« déposez vos ordures ici ») et j'y vois une certaine dose d'humour, que l'on peut aussi trouver dans d'autres panneaux.

(l'*anglais*). Comment va-t-il pouvoir, alors, se débarrasser de son *pidgin* sans jeter son *anglais* avec ? On voit bien ici que les dénominations (*pidgin*/*anglais*) et les représentations qu'elles véhiculent ont établi des frontières, posées comme des évidences, que les pratiques semblent ignorer.

Un autre panneau susceptible de susciter notre intérêt de linguistes est celui de la photo 2, prise sur le campus de l'Université de Buéa : « If you speak Pidgin, you will write Pidgin »[12].

Photo 2. *Campus de l'université de Buéa*

Cette affirmation n'a de sens que si l'on perçoit l'implicite : « instead of English ». En effet, comment suffirait-il de parler une langue pour pouvoir l'écrire, à plus forte raison lorsque celle-ci n'est pas dotée d'une orthographe ? Comprenons, par conséquent : le *pidgin* serait source d'interférences dans les devoirs (en anglais) des étudiants. Étant donné la proximité des deux langues et leur complémentarité fonctionnelle, a priori, rien d'extraordinaire à cela. En outre, les élèves et étudiants camerounais mélangeraient peut-être *pidgin* et *anglais* comme nos élèves mélangeraient les « niveaux de langue » chers à nos enseignants du primaire et du secondaire. Cependant, je ne connais malheureusement pas d'étude (analyse des erreurs dans les copies d'élèves et d'étudiants, par exemple) qui montreraient que certaines erreurs seraient dues à des interférences du pidgin dans l'anglais des élèves et étudiants camerounais de la zone anglophone plutôt qu'à des erreurs d'hypergénéralisation, susceptibles d'être présentes chez des alloglottes quelle que soit leur langue première mais aussi, dans une moindre mesure, chez des locuteurs natifs (enfants). Mais on peut se demander si le PEA, étant donné la situation de diglossie (Ferguson 1959) dans laquelle il se trouve en zone anglophone, et par conséquent son manque de prestige, ne serait pas une sorte de « bouc émissaire » (*cf.* « Pidgin is taking a heavy toll on your English, shun it » photo 3), tenu systématiquement pour responsable des mauvaises performances en anglais des élèves et étudiants camerounais.

---

[12] Je remercie A. Souop de m'avoir envoyé des versions numériques des photos 2 et 3.

En tout cas, le panneau 4 montre une volonté d'ignorer l'importance des fonctions véhiculaire et identitaire du pidgin (« l'anglais, un passeport pour le monde ; le pidgin, un ticket pour nulle part. » Photo 4).

Photo 3. *Campus de l'université de Buéa*

Photo 4. *Campus de l'université de Buéa*

Dénominations

Du côté des linguistes

Ce que les autorités regrettent, en fin de compte, c'est que le pidgin ne cède pas sa place à l'anglais chez les locuteurs les plus scolarisés (comme le suggère l'incitation « be my friend, speak English », sur un autre panneau que j'ai pu voir en 2004 mais dont je n'ai pas la photo). Le *pidgin*, langue à part, qui ne jouit d'aucun statut : ni « langue officielle », comme l'anglais et le français, ni « langue nationale » comme les 248 langues d'origine africaine recensées par *l'Atlas administratif du Cameroun* (Breton et Fohtung 1991). Le *pidgin*, dont le nom ne fait explicitement référence à aucun pays, aucun peuple (contrairement au *français* et à l'*anglais*), aucune ethnie (contrairement au *basaa*, à l'*ewondo*, au *duala*…), aucun village (contrairement au *bansoa* ou au *bamoungoum* ; *cf.* Feussi ici même) : un « pidgin » est un type de langue. Et un « pidgin » est souvent qualifié par la base lexicale qu'il possède. Il y a des « pidgins anglais », des « pidgins français », des « pidgins hollandais » etc. *Pidgin* : nom générique pour les linguistes, devenu nom propre pour les Camerounais. L'ambiguïté de cette dénomination est sans doute à l'origine de la gêne qu'ont, semble-t-il, éprouvé certains linguistes à utiliser le terme *pidgin*, malgré son usage par les locuteurs eux-mêmes, pour une langue qui n'en était pas (ou plus) un selon les définitions généralement acceptées[13]. Si Schneider choisit l'appellation *West African Pidgin-English*[14] pour le titre de sa thèse publiée en 1966, il avait

---

13 *Cf.*, par exemple, Hymes (1971 : 43) : « here is a variety of speech whose vocabulary is mostly from one language ; its sentence structures often from another, but yet distinct from both ; restricted in vocabulary and structure, variable in pronunciation ; restricted in function, and used by a community for none of whose members is it a first language ».

14 « The writer does not claim to have made a detailed study over a broad geographical area, but he personally tested and found his Pidgin-English acquired mainly in the highlands of

auparavant, en 1960, publié, non pas un *Cameroons Pidgin Dictionary* mais un *Cameroons Creole Dictionary*, sans doute parce qu'il pensait que *Creole*, bien qu'inconnu des locuteurs, catégorisait/représentait plus justement ce qu'il décrivait. Trois ans plus tard, est-ce pour éviter toute connotation péjorative liée au terme *pidgin* et même à celui de *créole*, que le manuel qu'il a élaboré à l'intention des volontaires du *Peace Corps* américain s'intitule *First and Second Steps in Wes-Kos* (← angl. « West Coast ») ? Todd (1979 : 28), quant à elle, choisit de re-baptiser le *pidgin* du Cameroun *Cameroonian*, après avoir exposé très clairement le problème que lui pose l'appellation *Pidgin* :

> « What shoud we call the vehicular variety of English which has become established over wide areas of Cameroon, in particular throughout the area known as « West Cameroon » ? Should we follow local custom and call it "Pidgin" ? Should we be influenced by its range of usage, its extensive vocabulary, its syntactic subtlety and its associated literature into regarding it as a Creole ? Or is it something else again ? Is it really a Creole being used as a second language without having been repidginised ? »

Mais en 1984, Todd se réfère à nouveau au *Cameroon Pidgin English.* En fait, certains linguistes font comme les locuteurs cités par V. Feussi (ici même) : le choix d'une dénomination dépend des exclusions ou des inclusions que l'on veut poser à un moment donné. Selon la thématique propre à une publication, le public à qui celle-ci s'adresse, un linguiste peut préférer une dénomination à une autre[15]. Si Todd (1974, 1984) se réfère au *Cameroon Pidgin (English)* dans ses ouvrages généraux sur les pidgins et les créoles à base lexicale anglaise, c'est qu'elle n'a aucun intérêt à refuser la catégorisation de « pidgin » au *pidgin* du Cameroun dans la mesure où elle s'en sert comme illustration d'un pidgin à base lexicale anglaise ! La distinction qu'elle propose alors entre « restricted pidgin » et « extended pidgin » le lui permet[16]... Mais en 1999, une nouvelle dénomination est proposée par ce même auteur (www.edu.au/langnet/cameroon) : *Kamtok* (mot valise, composé de *Cam(eroon)* et *tok*, « langue »), terme qu'elle a entendu pour la première fois au Cameroun, à la radio en 1988-1989 (communication personnelle). La raison pour ce choix est la même que celle qui lui avait fait utiliser *Cameroonian* vingt ans plus tôt : le *pidgin* du Cameroun n'est pas un

---

West Cameroon, intelligible to people working, in the port cities, on the plantations and along the roadways in Sierra Leone, Ghana and Nigeria. » (Schneider 1966 : 1).

15 J'ai moi-même, jusqu'à présent, utilisé dans les titres de mes différentes publications (par ex., Féral 1989, 2001a, 2001b) l'appellation *pidgin-english*, sans doute pour rendre explicite aux lecteurs linguistes l'identité de la base lexicale du *pidgin* camerounais, quitte au fil du texte à n'utiliser que *pidgin*, conformément à l'usage communément rencontré au Cameroun.

16 Il est toutefois difficile, dans ce cas, d'échapper complètement à la circularité : d'un côté, on refuse une dénomination (par ex. *Cameroonian* qui remplace *Pidgin*, Todd 1979) parce que les données ne correspondent pas/plus à la catégorisation qu'elle représente pour le linguiste, de l'autre, on construit des sous-catégorisations (distinction entre « restricted Pidgin » et « extended Pidgin », Todd 1974 : 5) qui permettent que la dénomination « colle » encore/à nouveau aux données décrites…

pidgin… Pas plus que *Cameroonian*, cette dénomination ne semble avoir été adoptée par les locuteurs.

Du côté des locuteurs

Si les Camerounais sont en général ignorants des différentes appellations proposées par des linguistes comme Schneider ou Todd pour se référer au *pidgin*, mes enquêtes sur le terrain dans le milieu des années 1970 montraient que non seulement les locuteurs de *pidgin* utilisaient d'autres dénominations comme *bush inglish*[17] (←angl. : « Bush English ») ou *broken inglish* (←angl. « Broken English »[18]), mais que les locuteurs non scolarisés de la zone anglophone qui ne parlaient pas anglais, utilisaient souvent spontanément *grama* (←angl. : « grammar » mais qui a perdu, bien évidemment[19], son sens initial) ou encore *propa inglish* (←angl. « proper English ») ou *gut inglish* (←angl. « good English ») pour désigner l'anglais. Un locuteur qui ne parlait pas anglais pouvait, par conséquent, dire en *pidgin* qu'il parlait *inglish*. Il suffisait seulement de préciser de quel *inglish* il s'agissait :

a di tok inglish bot a no fit tok ***grama***
je/habituel /parler/*inglish*/mais/je/négation/pouvoir/parler/*grama*
je parle l' *inglish* mais je ne peux pas parler le *grama*

a no sabi propa inglish // na ***broken*** *inglish a di tok*
je/négation/savoir/vrai/ *inglish*// c'est/cassé/*inglish*/je/habituel/parler
je ne connais pas le vrai anglais ; c'est le *Broken English* que je parle

Champ lexical de *inglish* :

inglish

propa inglish	*bush inglish*
gut inglish	*broken inglish*
grama	*pidgin (inglish)*

---

17 J'utilise ici la graphie pidgin que j'ai élaborée pour ma thèse en 1980 et ré-utilisée dans chacun de mes articles.

18 *Broken* (« cassé »), tout comme *bush* (« brousse »), peuvent qualifier n'importe quelle langue. *Cf.*, par exemple, *broken French* utilisé dans les années 1960 par des locuteurs anglophones de Trinidad pour se référer au créole à base lexicale française parlé sur cette île (Le Page and Tabouret-Keller 1985/2006 : 95).

19 En effet, que peut signifier « grammaire » chez quelqu'un qui n'est jamais allé à l'école ? En outre, les francophones, même scolarisés, n'ont pas à l'esprit l'étymologie anglaise du mot pidgin *grama*.

Qu'en est-il aujourd'hui ? Un questionnaire sur les dénominations et les catégorisations du pidgin et de l'anglais a pu être soumis à 181 Camerounais de la zone anglophone et de la zone francophone en 2006-2007[20]. Malgré les inconvénients que présentent les questionnaires (*cf.* par exemple, Boukous 1999, Bres 1999), ce type d'enquête était le seul moyen, étant donné mon éloignement du Cameroun et le manque de formation spécifique de la plupart des enquêteurs, de savoir si les dénominations et les représentations concernant le pidgin et l'anglais étaient très différentes de ce que j'avais observé dans les années 1970.

Questionnaire en zone francophone

Parmi les 119 enquêtés[21], de la zone francophone (villes de Douala et de Yaoundé), 11 sont d'origine anglophone. Ces derniers, qui parlent également français, disent parler l'*anglais* et le *pidgin*. Parmi les enquêtés d'origine francophone, la moitié dit ne pas parler *pidgin*, tandis que l'autre dit le parler bien ou un peu et 40% disent ne pas parler anglais, ce qui est un chiffre relativement important dans un pays bilingue au niveau officiel et compte tenu du fait que 30% des enquêtés ont au moins le baccalauréat.

Qu'est-ce que c'est, le pidgin ?

A la question « Qu'est-ce que c'est, le pidgin /What is Pidgin ? », les mêmes types de réponses, avec des pourcentages similaires, sont observés, que les locuteurs parlent ou ne parlent pas pidgin, qu'ils soient d'origine anglophone ou francophone. Sont donc regroupées les réponses des 119 enquêtés.

- anglais+ qualifiant : 45%
  simple anglais, mauvais anglais, anglais déchiré, faux anglais, anglais des sous quartiers, anglais approximatif, anglais mal parlé, anglais confondu, anglais renversé, anglais nigérian, anglais familiarisé, anglais familier, anglais renforcé, anglais mélangé, anglais léger.
  aussi : *dialecte de l'anglais, dérivé de l'anglais, pièce détachée de l'anglais.*

- langue + qualifiant : 32%
  langue des anglophones, langue des non francophones, langue commerciale, langue camerounaise, langue hybride, langue non officielle, langue vernaculaire,langue vulgaire qui détruit l'anglais, langue qui tire un peu à l'anglais, catégorisations auxquelles il convient d'ajouter : *patois des anglophones.*

---

[20] Je remercie vivement mes collègues camerounais G. Echu et V. Feussi, ainsi que C. Ondoua, étudiant à l'Université de Yaoundé, grâce à qui ces questionnaires ont pu être diffusés au Cameroun. Je remercie également mon étudiante M. Pomykala qui m'a aidée à dépouiller une partie des fiches.

[21] L'âge des locuteurs n'a pas été systématiquement mentionné mais il l'est dans la plupart des cas : les plus jeunes ont 12 ans, les plus âgés, un peu moins de 60 ans.

- anglais + autre(s) langue(s) : 13%
  anglais et langues locales, anglais et langues maternelles, anglais et français.

Le pidgin est également défini comme *un mélange* ou encore comme *un argot*, *une lingua franca* ou *un créole* (total : 10%).

On voit que sont majoritaires les catégorisations faisant intervenir l'anglais et qu'elles sont alors souvent plutôt dépréciatives.

Qui parle pidgin ?

Les réponses à la question « Qui parle pidgin ?/Who speaks Pidgin ? », nous amènent à tenir compte de la distinction entre les enquêtés qui disent parler pidgin et ceux qui disent ne pas le parler.

Locuteurs qui disent ne pas parler pidgin :

La réponse la plus courante se réfère aux « anglophones » (28%). On peut s'étonner qu'un pourcentage presque aussi important de réponses (20%) évoque « tout le monde » ! Sans doute faut-il comprendre par « tout le monde » que les locuteurs de pidgin peuvent être d'origines géographiques et sociales très différentes.

Certaines des autres réponses se réfèrent aux « non-anglophones » (6%), ce qui peut paraître contradictoire avec la réponse « les anglophones ». Mais le terme « anglophone », tout comme le terme « francophone » est ambigu au Cameroun : s'il peut se référer, selon l'usage courant, à une personne qui parle anglais, il signifie aussi « Camerounais originaire de la zone anglophone ». Il y a donc au Cameroun des *anglophones* non anglophones et des *francophones* non francophones (pour lever cette ambiguïté, j'ai souvent[22] mis une majuscule à « Anglophone » quand il s'agissait de parler de l'origine géographique du locuteur et réservé la minuscule pour la référence à la compétence linguistique). *Non anglophones*, dans l'enquête, semble par conséquent devoir être compris en référence à la compétence linguistique en anglais alors que « *anglophones* » se réfère plutôt à une catégorisation géographique (les deux provinces anglophones) voire « ethnique »[23] des locuteurs. Le terme *Anglos*, que

---

22 *Cf.*, par exemple, Féral 1989.

23 Les « Anglophones » font en effet partie des « ethnies » qui composent la carte de la communauté urbaine de Douala, « Mosaïque ethnique de Douala » (CUD/DST/DDU/OU/Atelier d'infographie, juillet 2001), reproduite dans la thèse de Feussi (2006b, vol.2 : 323). Y figurent également les étiquettes de « Douala », « Bassa », « Bamiléké », « Centre et Sud », « Nordistes et Bamoun », « Mbamois », « Européens et nationaux aisés ». L'hétérogénéité des critères utilisés pour la catégorisation « ethnique » des habitants de Douala est assez remarquable. Sont utilisés, en effet, des noms d'ethnies (« Duala », « Bassa », « Bamiléké », « Bamoun ») mais aussi des noms qui ont trait à la localisation géographique (noms de provinces, « centre et sud » ; noms qui indiquent la provenance d'un département, « Mbamois », ou la provenance d'une région qui comporte trois provinces, « nordistes »). Est présente aussi une catégorie basée sur un critère d'ordre

j'ai inclus dans « anglophones », se réfère sans ambiguïté, aux Camerounais originaires des provinces anglophones du Cameroun. J'ai aussi inclus dans la réponse *anglophones* la citation des deux provinces anglophones (*Nord-Ouest* et *Sud-Ouest*) et même *Bamenda*, nom de la ville anglophone la plus peuplée ainsi que de ses habitants (« les Bamenda »).

Les autres réponses font intervenir l'âge (en majorité les « personnes âgées » (10%) mais aussi les « adultes » (2%) et les « jeunes » (2%)), la profession (« les commerçants » et les « bayam-sellam[24] » (12%) « les chauffeurs 2%», « le monde actif » (2%)), le niveau d'éducation (« les sans éducation » (2 %)), l'origine géographique (« l'Ouest du Cameroun »[25] (2%)). On pense aussi aux étrangers anglophones : Ghanéens et Nigérians (4%) et une fois aux « vandales » (2%). 4% des enquêtés citent aussi « les anglophones et les/certains francophones » ou même « les Camerounais » (2%). Ces dernières réponses peuvent être assimilées à « tout le monde ».

Locuteurs qui disent parler pidgin :

Chez les locuteurs qui disent parler pidgin (tous les anglophones et une partie des francophones), la majorité des réponses concerne « tout le monde » (30%), ensuite les anglophones (18%), les commerçants (16%), les personnes peu éduquées (8% : « sans éducation », « gens du quartier[26] »), les personnes âgées (10%) mais aussi les jeunes (2%) ; les « enfants de la rue » (4%), « certains francophones » (4%) et « les non-francophones » (8%). Là encore se retrouve avec *francophone* l'ambiguïté soulevée à propos d'*anglophone* : *non-francophones* semble devoir être compris en référence à la compétence linguistique en français alors que « *certains francophones*» se réfère plutôt à une catégorisation d'ordre géographique (on pourrait très bien accepter un énoncé du genre « certains *francophones* qui ne parlent pas français »).

Connaissez-vous d'autre noms pour « pidgin » ?

Lorsqu'il est proposé un autre nom pour *pidgin*[27], le terme *Bush English* est cité dans 80% des cas, que les enquêtés soient ou non des locuteurs de *pidgin.*

économique : les « nationaux aisés », qui vivent dans le même quartier que les « Européens ». Pour les « anglophones » (originaire des provinces dont la langue officielle est l'anglais), la catégorisation est à la fois linguistique et géographique.

24 Terme emprunté au pidgin («acheter-vendre »). Revendeuses de produits maraîchers au marché.

25 C'est-à-dire le Pays Bamiléké en zone francophone (*cf.* carte).

26 « Quartier » : couramment utilisé en français d'Afrique dans le sens de quartier d'habitat populaire, par opposition aux quartiers résidentiels ou au centre ville.

27 Il y a 48% de non-réponses (57/119), soit parce que les enquêtés ont répondu « non » à la question, soit parce qu'ils ont répondu « oui » mais qu'ils n'ont pas donné d'autre nom ! Ce phénomène s'est également passé pour d'autres questions ainsi que dans les enquêtes faites en zone anglophone.

Il est aussi intéressant de noter que parmi les 12 réponses des locuteurs qui disent ne pas parler pidgin la dénomination *francanglais* est également citée par 2 locuteurs (8 locuteurs citent *Bush English,* un, *faux anglais* et un autre, *kro tok*[28]) car on verra que certains locuteurs de *francanglais* définissent, quant à eux, leurs pratiques comme étant du *pidgin* (*cf.* section 2).

Connaissez-vous d'autres noms pour « anglais » ?

Par cette question, je voulais savoir si *grama* viendrait spontanément à l'esprit de ceux qui parlent pidgin, comme c'était le cas dans les années 1970, ou si cette dénomination avait disparu. Sur les 119 enquêtés, 78 locuteurs n'ont pas répondu (soit 66%) et 57 réponses ont été données (un enquêté pouvant proposer plusieurs réponses). *Grama* est le plus souvent cité (28 fois, soit dans 49% des cas). On pouvait s'attendre à ce que les locuteurs qui ne parlent pas pidgin ne connaissent pas cette dénomination dans la mesure où il s'agit d'un mot *pidgin* qui catégorise l'*anglais* par rapport au *pidgin* (*cf.* supra) mais il est cité par des locuteurs qui disent ne pas parler pidgin (peut-être le parlent-ils mais préfèrent-ils ne pas l'avouer pour mieux mettre en valeur leur compétence revendiquée en anglais) mais qui sont originaires de lieux où l'on parle pidgin (Douala, Pays Bamiléké). Les autres réponses sont très hétérogènes : il s'agit de reprendre la dénomination en anglais (*English*) assortie ou non d'un qualifiant (*British English, Commonwealth English* et même de *British* seul). *Queen's language* est cité trois fois par des enquêtés d'origine anglophone. On reprend également le nom *anglais* ou encore *langue* auxquels on ajoute un qualifiant : *gros anglais, langue des Américains, langue de Bush* (en référence au président américain George Bush), *langue de Shakespeare.* Une fois est proposé *camfranglais*, sur lequel je reviendrai en 2. Enfin, on fait référence au statut de l'anglais au Cameroun : *langue officielle /langue officielle des anglophones.*

Questionnaire en zone anglophone

50 enquêtés de la zone anglophone ont répondu au questionnaire. Tous parlent – bien évidemment – pidgin. Six enquêtés (ils n'ont pas tous donné leur âge mais le plus jeune est né en 1962) ne parlent pas anglais. Dans ce cas, ils ont répondu en pidgin et j'imagine que les questions originellement formulées en anglais ont été traduites en pidgin par l'enquêteur.

---

[28] Sans doute en référence au *Kru Pidgin English*, parlé par les Kru du Liberia et qui a joué un rôle important dans la diffusion du pidgin-english sur les côtes africaines (*cf.* Holm 1989 : 422).

What is « Pidgin » ?

48 enquêtés (96%) ont répondu à la question : « What is Pidgin » ? On aurait pu s'attendre à ce que la majorité des réponses fassent référence à l'anglais (à l'exclusion de toute autre langue ; *cf.* 1.1.), dans une proportion encore plus grande qu'en zone francophone mais seulement 9 réponses (19%) le font : *sort of English (incorrect pronunciation), Broken English, Bush English, easy form of English, sort of simplified English, a local form of English not learned in school, illiteracy kind of English, Inglish fo Kamerunian-dem we wayt dem dem bring-am fo fos taym* (« anglais des Camerounais que les Blancs ont apporté la première fois »).

36 réponses (75%) font intervenir *language* :
mixture of (colonial) languages,contact language, normal language, a language used by illiterates, simple form of language, a language close to English and dialects, a form of language used when people do not speak the same language, native language fo anglofon-dem (« langue première des Anglophones »*), tok fo all wi fo South-West an iven North-West an pipol we dem di kom fo maket fo wi* (« notre langue à tous dans le Sud-Ouest et même le Nord-Ouest et celle des gens qui viennent sur nos marchés ») et, aussi avec une référence aux Européens du temps de la colonisation : *mixture of colonial languages, language of colonial masters, language brought by colonial masters, language taught to Cameroonians by Europeans.*

A cette liste, il convient d'ajouter trois étiquettes « savantes » (6%) : *vehicular language, lingua franca, means of communication*, donnés par des étudiants qui ont probablement suivi des cours de linguistique.

Who speaks Pidgin ?

Les 50 enquêtés ont répondu à la question « Who speaks Pidgin ? ». Dans la mesure où tous les enquêtés parlent pidgin, il n'est pas étonnant que les réponses du type « tout le monde » soient les plus nombreuses (58%). On insiste parfois sur le fait qu'il s'agit aussi bien d'anglophones que de francophones, de lettrés que d'illettrés (*literates and illiterates ; ol man iven govno,* « tout le monde même les fonctionnaires »).

Certains enquêtés préfèrent localiser géographiquement le pidgin (14%) : provinces du Nord-Ouest et du Sud-Ouest (zone anglophone, donc) mais aussi Douala et Yaoundé ou encore tous les pays anglophones d'Afrique. 12% se réfèrent aux illettrés, oubliant qu'eux-mêmes sont lettrés et disent parler pidgin ! Certaines réponses, par exemple, *those who understand and speak Pidgin ; colonial masters,* me laissent perplexe. Une seule réponse fait référence à des occupations précises : *missionaries, traders, students.*

Do you know any other names for «Pidgin » ?

Nombreux sont les locuteurs qui n'ont pas répondu (20, soit 40%). Parmi les 37 réponses (quelques locuteurs ont donné plusieurs réponses) 16 (43%) citent *lingua franca* !! Ces réponses ne proviennent pas seulement d'étudiants mais aussi d'élèves (niveau collège). Ce terme est sans doute utilisé à l'école et peut-être dans les médias et semble être connu des jeunes. Le terme *English* précédé d'un qualifiant apparaît également 16 fois (43%), le plus fréquent étant *Bush English* (7 fois), suivi de *Broken English* (4 fois), *wrong English, uneducated English, bad English* (chaque appellation étant citée une fois). Pour ces trois dernières appellations je me demande s'il faut continuer à mettre des majuscules aux qualifiants comme pour *Bush English* et *Broken English,* appellations « consacrées ». Faut-il considérer, en effet, qualifiant et qualifié comme un nom de langue (ce qui implique, en anglais, une majuscule au qualifiant également) ou comme une catégorisation (et donc mettre une minuscule au qualifiant) ? Où est la frontière entre dénominations et catégorisations quand on n'a affaire ni à des noms « consacrés » ni à des noms spécifiques ?

Language apparaît aussi dans *monkey language* (2 fois), *broken language* (une fois). Citons aussi *Creole, Tok Se* (« dire que »)[29].

De toute façon, il est clair que les autres appellations proposées pour *Pidgin,* exception faite de *lingua franca* et de *Creole* (cité une fois), qui sont des termes techniques, sont toutes dépréciatives, et utilisées non seulement par les lettrés mais aussi par les locuteurs qui ne parlent pas anglais.

Ceci peut sembler être en contradiction avec les réponses à la question « What is Pidgin ? » mais il n' y a pas contradiction si on considère que cette question appelle un jugement personnel alors que la question « Do you know any other names for *Pidgin* ? » demande un simple témoignage sur des dénominations également utilisées dans le passé ou de nos jours : les locuteurs ne disent pas les utiliser eux-mêmes (le questionnaire ne permet pas de le savoir) et ne disent pas ce qu'ils en pensent (on ne leur a pas demandé).

Do you know any other names for « English » ?

24 locuteurs n'ont pas proposé d'autres noms et les réponses données (31 réponses) sont plutôt des catégorisations et même parfois des stéréotypes : *official language, the white men language, language for the educated, world global language, language of Shakespeare, Queen's English…* Parmi l'hétérogénéité de toutes ces appellations proposées, dont la plupart ne sont citées qu'une seule fois, *grammar* semble bien être la dénomination la mieux partagée en étant citée 10

[29] Il n'est pas rare de trouver des langues nommées par des expressions du type « je dis » (*cf.* Mufwene pour l'appellation *mono kutuba* et Biloa et Echu, pour l'*ewondo*, ici-même). Il s'agit vraisemblablement d'une hétéro-désignation qui catégorise un groupe de locuteurs à partir d'une formule récurrente qui initie une prise de parole (Mufwene, Renaud, comunications personnelles) et qui serait ensuite appliquée à leur langue.

fois. Il aurait été intéressant de savoir si les enquêtés qui ne l'avaient pas citée spontanément la connaissaient mais alourdir le questionnaire risquait de rendre l'enquête encore plus difficile.

Pidgin en zone francophone et en zone anglophone : des catégorisations différentes ?

Il est remarquable que le questionnaire dévoile des catégorisations sensiblement différentes en zone anglophone et en zone francophone (*cf.* supra et tableau 1) et l'on doit se demander pourquoi, en zone francophone, semblent être privilégiées des catégorisations dépréciatives faisant intervenir l'anglais alors qu'en zone anglophone sont majoritaires des catégorisations qui posent le *pidgin* comme une « langue » (angl. : « language » ; pidg. : « tok »).

ZONE FRANCOPHONE	ZONE ANGLOPHONE
« anglais » + qualifiant (45%) *simple anglais, mauvais anglais, anglais déchiré, faux anglais, anglais des sous quartiers, anglais approximatif, anglais mal parlé, anglais confondu, anglais renversé, anglais nigérian, anglais familiarisé, anglais familier, anglais renforcé, anglais mélangé, anglais léger.* **« langue » + qualifiant** (32%) *langue des anglophones, langue des non francophones, langue commerciale, langue camerounaise, langue hybride, langue non officielle, langue vernaculaire,langue vulgaire qui détruit l'anglais, langue qui tire un peu à l'anglais*	**« language » + qualifiant** (75%) *mixture of (colonial) languages,contact language, normal language, a language used by illiterates, simple form of language, a language close to English and dialects, a form of language used when people do not speak the same language, native language fo anglofon-dem, tok fo all wi fo South-West an iven North-West an pipol we dem di kom fo maket fo wi, mixture of colonial languages, language of colonial masters, language brought by colonial masters, language taught to Cameroonians by Europeans.* **« anglais » + qualifiant** (19%) *sort of English (incorrect pronunciation), Broken English, Bush English, easy form of English, sort of simplified English, a local form of English not learned in school, illiteracy kind of English, Inglish fo Kamerunian-dem we wayt dem dem bring-am fo fos taym*

Tableau 1. ***Pidgin*** : *catégorisations les plus usitées en zone francophone et en zone anglophone (questionnaire soumis à 181 locuteurs)*

Si l'on extrait de l'enquête menée en zone francophone les dix réponses données (un locuteur n'a pas donné de réponse) par les locuteurs d'origine anglophone, on remarque que les catégorisations de ceux-ci vont dans le même sens que les pourcentages du questionnaire de la zone anglophone : 4 locuteurs donnent des réponses du type « anglais » + qualifiant tandis que 6 proposent de définir le pidgin comme une « langue ». Tout se passe, par conséquent, comme si une grande partie des francophones interrogés tenaient à mettre en avant la continuité entre anglais et pidgin alors que la plupart des anglophones interrogés semblent préférer insister sur la discontinuité entre les deux langues. Il peut alors être éclairant de considérer dans quelle mesure et de quelle manière l'utilisation d'une langue ou d'une façon de parler est un acte identitaire (« Act of identity », le Page and Tabouret-Keller 1985/2006). Pour les Camerounais anglophones de la zone anglophone, seul le *pidgin* peut être un symbole identitaire commun, quelle que soit l'origine ethnique et le degré de scolarisation de chacun : il est alors important de poser le *pidgin* comme un objet linguistique différent de l'anglais, langue vécue comme non camerounaise. Chez les Francophones[30], il en va différemment. Le pidgin n'est pas parlé sur tout le territoire francophone, loin de là, et s'il assume encore une fonction véhiculaire sur les marchés de Douala, et même une fonction identitaire parmi les commerçants et chauffeurs de taxi d'origine bamiléké qui se sont installés à Douala (et à Yaoundé, situé en dehors de la zone proprement pidginophone), il est fortement concurrencé par le français, langue prestigieuse, qui occupe tous les domaines : l'école et les médias, bien sûr, mais aussi, la rue, les marchés et même l'espace familial où il a tendance à prendre la place des langues « nationales ». En milieu urbain, en effet, certains parents s'adressent à leurs enfants exclusivement en français afin que ceux-ci en aient une bonne maîtrise avant d'aller à l'école et il est courant que frères et sœurs communiquent entre eux en français même s'ils continuent à utiliser une langue « nationale » avec leurs parents (*cf.*, par exemple, le témoignage d'Augustine dans Feussi ici même). De ce fait, le français, langue officielle, langue véhiculaire, est aussi l'objet d'une véritable appropriation vernaculaire, dont l'une des manifestations est le *francanglais*. Beaucoup de jeunes Francophones ne voient aucun intérêt à utiliser le pidgin (perçu, comme on l'a vu, comme un frein à l'apprentissage de l'anglais par les autorités[31]), qui les rapprocherait des Anglophones alors que les deux communautés ne revendiquent pas de lien de solidarité particulier, bien au contraire. Il n'est donc pas étonnant que le pidgin puisse être perçu par certains Francophones comme une sorte d'anglais – peu recommandable – propre aux Anglophones ainsi qu'à certains groupes stigmatisés (commerçants et chauffeurs de taxi bamiléké ; vieilles « mamies » non scolarisées).

2. LE *FRANCANGLAIS*

Ce qui distingue le *francanglais* du français courant, c'est le recours, dans des proportions très variables d'une interaction à l'autre (*cf.* annexe III), à des unités lexicales (substantifs, verbes, adjectifs, adverbes) qui sont des emprunts (à des langues camerounaises mais surtout à l'anglais et/ou au pidgin-english), des termes qui, en France, sont considérés comme familiers ou argotiques, ou encore

[30] Avec une majuscule, comme j'ai l'habitude de le faire pour signifier « originaire de la zone francophone » quelle que soit la compétence en français des locuteurs.

[31] J'ai remarqué, lors de mes séjours au Cameroun en 2003 et en 2004, que certains jeunes francophones avaient du mal à admettre qu'ils parlaient pidgin et qu'ils préféraient revendiquer leur désir de parler le « bon anglais ».

des termes qui ont subi des changements morphologiques (tels que troncation, métathèse…) ou des dérivations sémantiques. Ce phénomène n'a rien de singulier. Il se retrouve, par exemple, en France avec *le français/la langue des jeunes/des cités/des banlieues* et autres *parlers jeunes* (*cf.* par exemple Billiez 1992, Caubet et al. 2004, Goudaillier 2001, *Langue française* 1991 et 1997, Seguin et Teillard 1996) mais aussi chez les jeunes Canadiens francophones qui empruntent à l'anglais (*chiac* de Moncton, Perrot 2005) et ailleurs en Afrique : par ex., *nouchi* de Côte d'Ivoire, Ahua 2007, Kouadio N'guessan 1992, 2006, Lafage 2002, et Ploog ici-même).

Si le *francanglais* assume une fonction identitaire en milieu urbain chez les jeunes francophones, comme le fait le *pidgin* en zone anglophone, *francanglais* et *pidgin* ne sont pas des objets linguistiques/langagiers de même nature. Différentes aussi sont les modalités de leur genèse (*cf.* tableau 2) et de leur acquisition. Il n'est pas besoin de connaître l'anglais pour parler *pidgin* alors qu'il est indispensable de bien maîtriser le français pour parler le *francanglais.* Ce qui distingue le *pidgin* de l'*anglais* au Cameroun, c'est essentiellement la syntaxe alors que ce qui distingue le *francanglais* du *français*, c'est seulement le recours à des unités lexicales[32] qui ne sont pas ordinairement utilisées en français par les Camerounais non locuteurs de *francanglais*, recours, qui, en outre, n'est pas systématique, comme ce le serait s'il s'agissait de passer d'une langue, ou d'une variété nettement définie, à une autre (*cf.* Féral 2006, 2007). Un petit nombre seulement des unités lexicales qui permettent de percevoir un discours comme étant du *francanglais* est spécifique (*cf.* Féral 2007) : une analyse linguistique qui ignorerait le contexte situationnel de l'interaction ne suffit donc pas à définir le *francanglais.* Par exemple, le verbe « go » (← anglais, « aller » ; qui a donné le verbe pidgin « go ») ou les substantifs « galère », « fringues » ne peuvent être identifiés comme *francanglais* que s'ils sont employés par des Camerounais dans un discours en français. *Go* perd évidemment son identité *francanglaise* s'il est utilisé dans du discours en anglais, en *pidgin* ou encore dans du discours en français, en France, par un jeune s'adressant à un autre jeune … ou même à un adulte (adolescent français de 14 ans à sa mère en 2005 : « On y go, Maman ? »). Et « galère » et « fringues » sont tout simplement du français familier en France (le premier a récemment été emprunté aux « jeunes » par certains adultes).

32 Une base de données lexicographique est en cours d'élaboration : elle permettra de savoir quels sont les processus lexicaux et morphologiques les plus utilisés en *francanglais*.

Rapport avec la langue superposée	PIDGIN/ANGLAIS	FRANCANGLAIS/FRANÇAIS
genèse	Avant la colonisation Pas de véritable accès à la langue des anglophones natifs → pidginisation de l'anglais →Autonomisation	XXème siècle Accès à la langue officielle (école, médias...) →Appropriation vernaculaire du français
maîtrise de la langue superposée	Non nécessaire	Nécessaire
syntaxe	Différente de l'anglais	Celle du français
lexique	Très majoritairement d'origine anglaise	Français courant + termes « francanglais » (dont emprunts à l'anglais et /ou au pidgin)
discontinuité	syntaxe	lexique

Tableau 2. ***Pidgin** et **francanglais** : objets linguistiques*

Dénominations

Du côté des linguistes

À ma connaissance, c'est Feussi (2006a), qui, le premier, a utilisé, dans le titre d'un article, l'appellation *francanglais* pour se référer à ce que les médias, les linguistes camerounais, et d'autres à leur suite, (*cf.* par exemple, Echu 2001, Essono 1997, Féral 1993, 1997, Mendo Ze 1992, Kiessling and Mous 2004, Queffélec 2007, Schröder 2007) nommaient *camfranglais* depuis la fin des années 1980. Le *camfranglais* (ou *francanglais*) se réfère à des pratiques qui ressemblent fort à celles que j'ai pu observer dès les années 1970 (*cf.* Féral 1980, 1989) chez des jeunes de Douala et de Yaoundé sortis du système scolaire, mais qui commençaient aussi à être adoptées par des élèves et des étudiants. Ces pratiques avaient pour nom *français makro* (« voyou » en français du Cameroun), sans doute parce ce que cette sorte d'argot avait été à l'origine créée par de petits délinquants dans un but cryptique avant de sortir de son cercle restreint pour assumer également chez d'autres jeunes, moins marginaux, une fonction également ludique et identitaire[33]. Avec la disparition de cette appellation, a disparu la reconnaissance explicite d'une origine peu prestigieuse (« makro ») au profit d'un mot valise *camfranglais*, fortement médiatisé dans les années 1980, par lequel s'affichent une identité nationale (*cam* pour « Cameroun » ou « langues camerounaises ») et le bilinguisme officiel (*franglais,* comme « français » et « anglais ») de ce pays. Cependant, il semble que la majorité des locuteurs donnent aujourd'hui la préférence au terme *francanglais* ([frãkãglɛ] qui peut être considéré comme une sorte de verlanisation du mot *camfranglais* [kamfrãglɛ]). C'est pour cette raison que Feussi a utilisé d'emblée cette appellation et pour cette même raison que je me décide à le faire aujourd'hui. Cependant, pour un auteur

[33] Ceci est un phénomène courant pour les argots (*cf.*, par ex., Guiraud 1956).

qui a commencé à écrire sur un phénomène langagier/linguistique donné en utilisant un nom X, garder le nom X qui n'est presque plus utilisé ou, au contraire, décider d'adopter une nouvelle appellation, est problématique : si on garde le nom X, alors que les locuteurs dans leur majorité ont commencé à adopter une autre appellation, on ne suit pas la dynamique de la communauté observée. Mais adopter ce nouveau nom peut faire penser qu'il y a rupture dans les pratiques alors qu'il y a seulement rupture dans les appellations (qui existe d'ailleurs non seulement en diachronie mais aussi en synchronie étant donné la diversité des dénominations chez les locuteurs ; *cf.* section 2.1.2.).

Les deux dénominations *camfranglais* et *francanglais* affichent les deux composantes les plus prestigieuses (le français et l'anglais) de ce phénomène langagier mais tiennent sous silence la composante « camerounaise » dans le cas de *francanglais* et la composante *pidgin* dans les deux cas. Elles sont aussi porteuses d'une certaine ambivalence, qui se retrouve dans certains discours épilinguistiques car, si d'un côté on est fier d'invoquer un bilinguisme français-anglais (« nous, au Cameroun, on est bilingues »)[34], de l'autre, on est enclin à penser que cette connaissance de l'anglais par les jeunes francophones, qui serait exprimée en *camfranglais/francanglais,* est susceptible de nuire à la pureté et à la maîtrise d'un français normatif, véhiculé par l'école. En outre, si *franglais* dans *camfranglais* ne renvoie pas forcément au concept d'Étiemble (1964), qui n'est connu que d'un cercle restreint d'intellectuels, on peut penser que le terme *camfranglais* a été créé par quelque universitaire ou journaliste camerounais puriste, soucieux de préserver le français contre une invasion éventuelle de l'anglais, plutôt que par les locuteurs eux-mêmes, habitués à utiliser jusqu'alors *français makro*[35].

En bref, contrairement à *français makro*, les deux dénominations *camfranglais* et *francanglais* sont en partie trompeuses et dangereuses en ce sens qu'elles nous incitent *a priori* non seulement à penser qu'on est en présence d'un produit linguistique qui se distinguerait nettement du français mais aussi à surestimer, dans ce « produit linguistique », le rôle de l'anglais au détriment de celui du pidgin-english. Ainsi Echu (2001 : 207), par exemple, qualifie-t-il le *camfranglais* de « langue hybride »[36] dont « l'anglais constitue une des

---

[34] Comme on l'a dit dès le début de cet article le bilinguisme officiel camerounais est loin d'être une réalité individuelle même chez les jeunes, et les jeunes francophones ne possèdent bien souvent de l'anglais que ce qu'ils ont appris à l'école dans des classes aux effectifs pléthoriques et aux moyens matériels limités, dans un pays où la communauté francophone et la communauté anglophone ne se mélangent généralement pas et ne manifestent pas une grande estime mutuelle.

[35] Ce qui ne veut pas dire que *français makro* soit une création endogène. Comme le rappelle Barillot pour les glossonymes et les ethnonymes (ici même, 276) « il n'y a pas de nécessité *a priori* de donner un nom à sa langue ou à son peuple » et on doit s'attendre à trouver très peu d'autonymes. Il doit en être de même pour les façons de parler.

[36] Point de vue que je ne partage pas (*cf.* Féral 2007) puisque, pour le moment, le recours à des termes identifiés comme *camfranglais/francanglais* n'est pas systématique mais dépend d'un choix discursif de la part du locuteur.

composantes majeures ». Évidemment, le lexique pidgin est majoritairement d'origine anglaise mais ce type d'affirmation néglige, entre autres, la composante pragmatique : si certains termes ont sans doute été directement empruntés à l'anglais, d'autres l'ont été par le biais du *pidgin* tandis que certains cas restent indécidables (*cf.* Féral 2007).

Du côté des locuteurs

Plusieurs enquêtes récentes montrent que c'est la dénomination *francanglais* qui semble être la plus commune au début des années 2000 mais qu'elle co-existe avec de nombreuses autres.

Harter (2007) note 10 différentes dénominations (*francanglais, camfranglais, francamanglais, fran-anglais, francam, francamerounais, français camerounais, cam-anglais, cam-quoi-là, fran-quoi-là*) dans une enquête qu'elle a menée en 2003-2004 avec l'aide de collaborateurs camerounais auprès de 21 jeunes Camerounais vivant à Yaoundé. C'est *francanglais* qui, de loin, est le plus employé (par 11 enquêtés). En outre, elle souligne le fait que *francanglais* est spontanément employé non seulement par la majorité des enquêtés mais aussi par certains enquêteurs alors que ses guides d'entretien adoptaient la formulation *camfranglais*. De même, Feussi (2006b : 390) note chez ses 33 enquêtés de Douala la prédominance de l'appellation *francanglais* mais également l'utilisation de termes comme *camfran-anglais, francam, truc, bricolage, franglais, français des jeunes, français des yo(r)s*[37], *français à la mode, français des rappeurs, français des paresseux, français de la débrouillardise*. Dans les études de ces deux chercheurs, *camfranglais* reste le plus cité après *francanglais*[38].

Nous sommes donc en présence de dénominations spécifiques (*francanglais*, *camfranglais francam…*) mais aussi de termes génériques minorants (*truc, bricolage)* et de dénominations du type *français* + qualifiant (*français des jeunes, français de la débrouillardise)*. Les deux appellations *cam-quoi-là, fran-quoi-là* qualifiées par Harter d'« indéterminations péjoratives », même si elles ne sont pas courantes, méritent qu'on s'y attarde. En effet, ce type de nomination, qui comporte un pronom interrogatif, peut être interprété comme un refus de nommer quelque chose d'innommable : le produit linguistique *camfranglais*, parlé par les jeunes Camerounais censés être bilingues en français et en anglais ne mériterait pas d'exister (ce n'est pas du « bon français » encore moins du « bon anglais »). S'il ne mérite pas d'exister, il n'a pas droit à un nom.

Les dénominations que j'ai pu moi-même relever, tout d'abord en novembre 2004, grâce à un questionnaire présenté à des élèves du Lycée[39]

---

[37] Jeunes Camerounais à la mode.

[38] *Cf.* aussi Schröder (2003 : 79-81) : alors qu'elle-même emploie le terme *camfranglais*, on peut noter que ses enquêtés utilisent celui de *francanglais*.

[39] Ce « lycée » offre des cours du niveau de 6ème jusqu'à la Terminale.

d'Anguissa à Yaoundé, puis en 2006-2007 grâce au questionnaire qui a été diffusé auprès de 181 Camerounais (dorénavant « questionnaire général »), font ressortir également la préférence pour *francanglais*.

Questionnaire du lycée d'Anguissa (Yaoundé)

Ce questionnaire écrit a été distribué par leurs professeurs à 175 élèves[40] : 57 élèves de 6ème, 57 élèves de 3ème et 61 élèves de terminale. Il portait non seulement sur les langues mais aussi sur la mode, la musique. En ce qui concerne ce que j'appelais encore à l'époque le *camfranglais,* il fallait éviter d'utiliser une dénomination précise pour ne pas influer sur les réponses. La question posée était donc : « Avez-vous une façon à vous de parler ? » suivie de la question « Comment l'appelez-vous ? » (plusieurs réponses étaient permises). Pour vérifier qu'il s'agissait bien du *francanglais*, il était aussi demandé de donner quelques phrases illustrant ce que les enquêtés revendiquaient comme leur façon de parler. Ont pu être ainsi écartées les appellations qui concernaient les langues « nationales » ou la variété littéraire de français apprise à l'école. Une fois additionnées les nombres de réponses négatives à la première question, de non-réponses et de réponses non pertinentes, ont pu être étudiées 27 réponses d'élèves de 6ème, 32 réponses d'élèves de 3ème et 58 réponses d'élèves de Terminale (total : 117 réponses).

Élèves de 6ème :

Aucun élève n'a utilisé le terme *camfranglais*, et c'est *francanglais*, avec différentes graphies (*fran-anglais, francamglais, frankanglais, franc-anglais, Franc-anglais)* et trois variantes proches *: fracanglais/fracamglais, francsanglais et frananglais*), qui a été majoritairement proposé (14 fois, soit 54%). *Pidgin* est cité 4 fois (15%) avec des variantes (*pidine, pidin, pidnine*) ; argot (*l'argot ; le largo ; l'argo*), 3 fois (12%). Deux élèves utilisent *français* qu'ils font suivre d'un qualifiant (*français mélangé avec l'anglais ; français dehoulla*), deux autres font appel à *francam* (...) : *francameanglais ; francameroun*. Un élève cite *watisé,* un autre *watisage*[41].

Élèves de 3ème :

C'est encore *francanglais*, avec différentes graphies (*francanglais, frankanglais, fran-anglais, francamglais*) et des variantes proches (*franç-anglais, franco-anglais, franca-anglais*), qui est majoritairement cité : 25 fois, soit 78 % des cas. On parle trois fois (9%) d'*argot,* deux fois de *pidgin/piding* (6%), une

---

40 Je remercie Monsieur le Proviseur Ekoumou Tsimi de son chaleureux accueil au Lycée d'Anguissa et de m'avoir permis de rencontrer des enseignants et des élèves de son établissement. Merci aussi à mon étudiante Ménina Azza pour son aide dans le dépouillement des fiches.

41 Du pidgin : *weti i di se* ? (« Qu'est-ce qu'il dit ? ») ? Si tel est le cas, ceci fait penser aux « indéterminations péjoratives » relevées par Harter (*cf. supra*).

fois de *francamanglais* (3%). Est mentionné une fois également *camfranglais* (3%). Des entretiens oraux dans les classes avec les élèves m'ont permis de relever également *français élastique* et *français du kwat* (←pidg. : « kwata »←angl. : « quarter » ; « quartier »).

Élèves de Terminale :

Plus les jeunes avancent en âge, plus il semblerait qu'ils ont des chances d'utiliser *camfranglais* puisque trois réponses (5%) concernent cette appellation. Mais, encore une fois, c'est *francanglais* qui obtient le plus de suffrages (33 réponses, soit 57%), suivi par *argot* (10 fois cité ; 17%), *pidgin* (5 fois ; 9%), *camfrancanglais* (2 réponses ; 3%). *Francam* est utilisé une fois seul et une autre fois suivi de « anglais » : *francamanglais* (total : 3%). Une fois on parle de *français du ghetto*, une autre fois du *langage des jeunes* ou encore de *verlan*, ces trois termes étant absents des réponses données par les plus jeunes.

Quel que soit l'âge des élèves, on remarque que, loin derrière *francanglais*, les deux termes qui sont les plus fréquents sont *argot* et *pidgin*.

Si *argot* semble un terme adéquat étant donné l'objet linguistique dont il est question (*cf.* supra), *pidgin* peut étonner dans la mesure où cette dénomination fait référence à un autre objet linguistique parlé au Cameroun, dont la nature est différente. On pourrait donc raisonnablement s'attendre à ce que les élèves qui parlent effectivement le *pidgin* n'utilisent pas le même terme pour se référer au *camfranglais/francanglais* et au *pidgin (-english)*. Mais dans neuf cas sur onze, les élèves qui emploient le terme *pidgin,* exclusivement ou aux côtés d'autres dénominations, en réponse à la question « Comment appelez-vous votre façon de parler ? », disent parler pidgin (*cf.* tableau 3). Dans la mesure où il n'y a que deux élèves (locuteur 11, classe de 3ème, et locuteur 53, classe de Terminale) qui donnent chacun deux exemples, un exemple en *francanglais* et un exemple en *pidgin*, pour illustrer leurs façons de parler, je n'ai aucun moyen de vérifier pour les neuf autres s'ils parlent effectivement ce que j'appelle *pidgin.* Je n'ai aucun moyen de savoir non plus si *pidgin*, dans ma question, a été compris en référence au *pidgin* (*-english*) ou en référence au *francanglais*! Restent deux élèves qui utilisent la dénomination *pidgin* pour se référer à ce que j'appelle *francanglais* mais qui répondent « non » à la question « parlez-vous *pidgin* ? ». Ceci montre qu'ils se réfèrent dans cette question précise non plus au *francanglais* (qu'ils parlent comme l'attestent leurs exemples) mais bien au *pidgin*(*-english*) !

classe-élève	dénominations	exemples	parlez-vous pidgin ?
6-11	pidgin	on go, allons falla *(chercher)*[42] les do *(l'argent)*	non
6-12	pidine	showes-moi mes dos	oui
6-35	pidin	je go chez les wat *(Blancs)*	oui
6-51	pidnine	la matere *(mère)* de mon amie est bouboque (?)	oui
3-11	le francanglais et le pidgin	a di go fo house[43]. je go à la piole *(maison)*	oui
3-40	le pidging	je go play au stade ; je vais buy les chaussures au market	oui
T-3	camfranglais ; pidgin	je tell que j'ai faim	un petit peu
T-25	l'argot, le francan-glais et le pidgin	la joe *(fille)* veut come out avec moi	un peu
T-52	le pidgin, le francanglais	hey man, tu no *(sais)* que le prof de math est venu	un peu
T-53	le francanglais et le pidgin	gars tu go où ? A drink wata[44]	un peu
T-61	le francanglais, le pidgin	on go, on va siba (?) au kwatt *(quartier)*	non

Tableau 3. *Dénomination* ***pidgin*** *pour se référer au* ***francanglais***

On a vu aussi, en 1.2.2.1., que deux des 119 locuteurs auxquels a été soumis le « questionnaire général » en zone francophone mentionnaient *francanglais* comme « autre nom » pour *pidgin.* Il semblerait donc bien, que *pidgin* puisse, chez certains locuteurs, se référer aussi bien au *pidgin* (*-english*) qu'au *francanglais* (tableau 4)[45].

---

42 La graphie est celle des enquêtés. Est proposée en italiques la traduction en français hexagonal de termes, identifiés comme *francanglais,* qui pourraient présenter des difficultés de compréhension à un lecteur ne comprenant que le français et l'anglais standard.

43 Pidgin : « je vais à la maison ».

44 Pidgin : « je bois de l'eau/l'eau ».

45 Harter (2007 : 261) note également que pour trois de ses enquêtés « les deux variétés [*camfranglais* et *pidgin*] ne sont pas différenciées.

PIDGIN	FRANCANGLAIS
DENOMINATIONS AUTRES QUE *PIDGIN* questionnaire général **Bush English (80%)** (...) **francanglais (4%)**	DENOMINATIONS AUTRES QUE *CAMFRANGLAIS* questionnaire général **francanglais (69%)** (...) **pidgin camerounais (1%)** DENOMINATIONS SPONTANEES questionnaire du lycée d'Anguissa **francanglais (78%)** (...) **pidgin (13%)**

Tableau 4. ***Pidgin*** *et* ***francanglais*** *: dénominations (zone francophone)*

Questionnaire général

Si on regarde à nouveau le « questionnaire général » et la question :

Utilise-t-on d'autres noms que « camfranglais » ?

On voit que, sur 75 réponses données, 52 (69%) proposent *francanglais*, suivi de *verlan* (mais cité seulement 6 fois, soit 8%) et d'*argot* (cité 5 fois, soit 7%). *Pidgin camerounais* est cité une fois par un locuteur qui dit parler pidgin. Sont proposés également : *jargon, kamerlok, kamerphrase, parler jeune, bad English, camrounanisme, et camtalk* (nous retrouvons ici, cité une fois, *camtalk* pour se référer au *francanglais* alors qu'il est censé se référer au *pidgin* et qu'il n'est cité par personne dans la partie du questionnaire concernant le pidgin !).

Pour la question :

Qu'est-ce que c'est, le camfranglais ?

La grande majorité (124 réponses[46]) évoque un *mélange* (73%) : mélange de français et d'anglais (48%) ; mélange de français, d'anglais et de langues locales (15%) ; mélange de français et de pidgin (5%).

46 Quelques enquêtés n'ont pas donné de réponse tandis que d'autres en ont donné plusieurs.

Les autres réponses définissent le *camfranglais* par rapport au français (*français des jeunes, français mélangé* (encore le mélange), *français renversé, mauvais français, variété de français*) ou évoque un type de langue : *langue des jeunes* mais aussi parfois tout simplement *code*. *Verlan* a été cité une fois.

On peut donc penser que *francanglais* et *pidgin* sont dotés par certains locuteurs des mêmes dénominations dans la mesure où ces deux types de pratiques peuvent être perçues comme des mélanges dans lesquels intervient souvent l'anglais. D'autre part, on peut s'attendre à ce que les pratiques révèlent, à Douala par exemple, chez les locuteurs la fois pidginophones et francophones, de l'alternance entre *pidgin* et français. C'était le cas dans les années 1970 pour les locuteurs de *français makro* qui étaient aussi pidginophones. Ils disaient parler également le *pidgin makro* et l'alternance entre pidgin et français était courante dans le discours de ces locuteurs. Le *pidgin makro* se distinguait du *pidgin* courant par l'emploi de termes français et, comme en *français makro,* de termes qui avaient subi des tansformations morphologiques ou des emprunts au *duala*. Le support syntaxique du *français makro* était le français, celui du *pidgin makro*, le pidgin :

français makro : Hier, j'étais avec ma *reme* (« mère ») au *kwat* (« quartier »)[47]
pidgin makro : Yesade, a bin bi weti ma *reme* fo kwat

Qu'est devenu ce *pidgin makro* ? Le corpus, dont s'est servi H. Nguetchuing-Timnou pour son DEA en 2004, malgré un manque de cohérence au niveau de la transcription et de l'analyse, montre bien que les jeunes locuteurs pidginophones de Douala (qui parlent tous couramment français) font alterner *pidgin* et *français* en utilisant des termes *camfranglais*. Il faudrait savoir si, dans ce cas, le pidgin utilisé par ces jeunes est lui aussi doté d'une ou de plusieurs dénominations particulières. Mais si dans les pratiques, les frontières entre *pidgin* et *français* sont remises en question, notamment par l'appel à des unités lexicales identifiées comme du *camfranglais/francanglais,* qui peuvent se greffer sur l'un ou l'autre système, on peut comprendre que, pour certains « nommeurs », le terme *francanglais* puisse s'appliquer aussi bien à ce que j'appelle *francanglais* qu'à ce que j'appelle *pidgin.*

POUR CONCLURE

Il peut paraître paradoxal que le *pidgin,* qui est doté d'une structure qui lui est propre, ce qui permet au linguiste de le décrire comme un système différent de l'anglais, n'ait pas fait l'objet de créativité nominative de la part de ses locuteurs, contrairement au *francanglais* qui, lui, ne peut être décrit, pour le moment, comme un système indépendant du français. Mais il faut insister sur le

47 Le même énoncé serait identifié de nos jours comme *francanglais*.

fait que *pidgin* est un nom propre pour ses locuteurs. Qui, en effet, parmi ceux-ci, sait ce que les linguistes appellent un *pidgin* ? Il faut également rappeler que le *pidgin* était utilisé comme langue véhiculaire avant la colonisation anglaise et même avant la colonisation allemande, et que, depuis presque un siècle, une partie de l'aire pidginophone se trouve en zone francophone. Il n'était donc pas besoin de donner un nouveau nom à une langue qui ne s'est pas toujours trouvée au cours de son histoire dans une situation de diglossie avec l'anglais. Mais les panneaux que j'ai pris en photo inciteront peut-être les étudiants et les « lettrés » de la zone anglophone à re-baptiser cette langue afin que soit explicitement reconnue sa fonction identitaire et qu'il lui soit donné un statut, un prestige qu'il n'a jamais eus, et peut-être ainsi une voie vers la standardisation.

Si *pidgin* semble avoir été adopté par tous, on observe une grande hétérogénéité dans les dénominations qui concerne le *francanglais,* à l'image de ce que l'on observe dans les pratiques, puisqu'on a affaire, pour le moment, à des choix discursifs et non à des contraintes systémiques. Cependant, on doit se demander (1) pourquoi une dénomination plutôt qu'une autre semble recevoir la majorité des suffrages dans un groupe à un moment donné, (2) ce que cette préférence signifie et (3) pourquoi, aussi, des objets linguistiques de nature différente peuvent être dotés par certains « nommeurs », même s'ils sont très minoritaires, des mêmes dénominations.

Le passage de *français makro* à *camfranglais* puis à *francanglais* permet de poser quelques hypothèses sur les donneurs de noms. Il est très probable que la spécification *makro* dans *français makro* vienne d'une nomination et d'une catégorisation exogènes, données par ceux qui ne se considéraient pas *makro* (voyous). Il semblerait que *camfranglais* soit également, à l'origine, une nomination exogène que des locuteurs se sont ensuite appropriés en la verlanisant. Le passage de *français* + qualifiant (*français makro)* à une dénomination spécifique (*camfranglais/francanglais)* occulte son origine sociale stigmatisée et, en mettant en scène les deux langues officielles du Cameroun, construit un symbole identitaire politiquement correct dans la mesure où il va dans le sens de l'idéal bilingue anglais-français camerounais. Mais, en même temps, la création nominative de simples ressources discursives propres à un groupe (« les jeunes ») « stigmatise linguistiquement » ces ressources : beaucoup de publications sur le *camfranglais* présentent comme systématiques l'utilisation de termes *camfranglais*, comme s'il s'agissait de passer d'une langue X à une langue Y, alors qu'il s'agit – on ne saurait trop insister – (*cf.* Féral 2007) de choix, et non de contraintes, de la part du locuteur. On peut aussi s'étonner de voir dans certaines présentations du plurilinguisme camerounais (par ex. Echu 2005 : 25 ; Feussi 2006b) le *camfranglais/francanglais* mentionné aux côtés de l'anglais, du français, du *pidgin(-english)* et des langues « nationales »/« ethniques » comme si l'on avait affaire à une langue à part entière. Et on peut penser qu'il y a contradiction lorsque, dans une même étude, un même auteur qualifie le *francanglais* tantôt de « langue » et tantôt de simple « pôle » du français (*cf.*, par ex., Feussi 2006b). Ce qu'il faut retenir, en tout cas, c'est à quel point il est important, non seulement pour les acteurs « ordinaires » mais aussi pour les linguistes, lorsqu'ils font partie du même tissu communautaire que le groupe dont ils observent les pratiques, de rendre compte de la discontinuité, de l'opacité qui est créée par le recours à des ressources lexicales qui se distinguent de la langue courante et qui stigmatisent ce groupe. Il faut en effet insister sur le fait que les pertinences pour parler de « langue » ne sont pas les mêmes pour les linguistes-observateurs des usages d'une communauté à laquelle ils n'appartiennent pas et pour les acteurs de cette communauté (qu'ils soient locuteurs ou non des pratiques étudiées) : d'un côté, on s'intéresse aux régularités qui sont susceptibles de faire système, de l'autre, on pose une « langue » différente de la langue commune parce que certains usages stigmatisent un groupe et remettent en question la compréhension (et il suffit de quelques lexèmes opaques pour cela). Ces deux types de pertinences ont sans doute le même poids pour les linguistes qui sont non seulement observateurs mais aussi acteurs de la communauté qu'ils étudient. Il faut alors poser clairement deux signifiés bien distincts à « langue » : « façon de parler » d'un groupe, qui se différencie de l'usage courant, et « système » (et non discours). Le *francanglais* est *une façon* de s'approprier le français, grâce notamment à des emprunts aux autres langues en présence. Il permet aux jeunes citadins camerounais francophones de poser une identité à la fois « jeune », « camerounaise » et « francophone ». Cette liberté qu'ils prennent avec le français est « leur langue » : « Les gens talk [disent] que le camfranglais n'est pas mo [bien][48]. Bon, c'est un peu vrai mais le way [fait] c'est que il faut quand meme ya [comprendre] que ca gui [donne] au camer [Cameroun] un peu de style non ? pourquoi on doit seulement speak comme les white ? c'est 'notre langue à nous que nous avons, hein Kans [49]? On se ya [comprend] dedans, c'est mo [bien] comme ça »[50].

Ma boule de cristal de linguiste ne me dit pas, en 2008, si un jour le *francanglais*, « langue » des jeunes camerounais francophones, deviendra ou non un système à part, qu'il faudra apprendre comme on doit apprendre l'*espagnol*, l'*anglais*, l'*ewondo* ou… le *pidgin*.

48 Les mots dont la compréhension est susceptible de poser problème sont traduits entre crochets. Comme il s'agit d'une citation, les fautes de frappe ont été retranscrites.

49 Pseudonyme de l'administrateur du blog.

50 Intervention de Princesse Di sur « Le blog du Prési ! », http://etounou.free.fr/?2007/02/22/13-le-camfranglais, 24 juin 2007.

RÉFÉRENCES BIBLIOGRAPHIQUES

Ahua, B. M., 2007, « Élaborer un code graphique pour le nouchi : une initiative précoce ? », *Le français en Afrique* n° 22, 183-198.

Billiez, J., 1992, « 'Le parler véhiculaire interethnique' de groupes d'adolescents en milieu urbain » in *Des villes et des langues,* Actes du colloque de Dakar, Paris, Didier Érudition, 117-126.

Bitjaa Kody, Z., 2000, « Vitalité des langues à Yaoundé : le choix conscient » inCalvet, L.-J. et Moussirou-Mouyama (éds.), *Le plurilinguisme urbain*, actes du colloque de Libreville « Les villes plurilingues », Paris, Didier-Érudition.

Boukous, A., 1999, « le questionnaire » in Calvet L. J. et Dumont P. (éds.), *L'enquête sociolinguistique*, Paris, L'Harmattan, 15-24.

Boyer, H., 1991, *Les mots des jeunes : observations et hypothèses, Langue française* n° 114.

Bres, J., 1999, « L'entretien et ses techniques » in Calvet, L.-J. et Dumont, P. (éds), *L'enquête sociolinguistique*, Paris, L'Harmattan, 61-76.

Breton, R. et Fohtung, B., 1991, *Atlas administratif du Cameroun,* Paris/Yaoundé, ACCT/CERDOTOLA, MESRES.

Caubet, D. et al. (éds.), 2004, *Parlers jeunes ici et là-bas. Pratiques et représentations*, Paris, L'Harmattan.

Dwyer D., 1966, *An Introduction to West African Pidgin English,* East Lansing, African Studies Center, Michigan State University.

Echu, G., 2001, « le camfranglais : l'aventure de l'anglais en contexte multilingue camerounais », *Écritures VIII*, 207-221.

Echu, G., 2005, *Plurilinguisme, politique linguistique et contact de langues du Cameroun* t. 1, dossier pour l'habilitation à diriger des recherches, Université de Nice-Sophia Antipolis.

Efoua-Zengue, R., 1999, « L'emprunt : figure néologique récurrente du camfranglais, un français fonctionnel au Cameroun in Mendo Ze, G. (éd.), *Le français langue camerounaise. Enjeux et défis pour la francophonie,* Publisud, Paris.

Essono, J.-M., 1997, « Le camfranglais : un code excentrique, une appropriation vernaculaire du français », in Frey, C. et al. (éds), *Les corpus lexicographique, méthodes de constitution et de gestion,* Louvain-La-Neuve, Duculot, 381-396.

Étiemble, É., 1964, *Parlez-vous franglais?*, Paris, Gallimard.

Féral, C. de, 1980, *Le pidgin-english camerounais : aspects linguistiques et sociolinguistiques,* thèse de doctorat, Université de Nice-Sophia Antipolis.

Féral, C. de, 1989, *Pidgin-english du Cameroun,* Peeters/Selaf.

Féral, C. de, 1993, « Le français au Cameroun : approximations, vernacularisation et camfranglais » in Robillard, D. de et Beniamino, M. (éds), *Le français dans l'espace francophone,* Paris, Champion, 205-218.

Féral, C. de, 1997, « Français oral et camfranglais dans le sud du Cameroun » in Queffélec A. (éd.), *Alternances codique et français parlé en Afrique*, Publications de l'Université de Provence, 205-212.

Féral, C. de, 2001a, « Sémantaxe et changement linguistique : quelques réflexions sur la pronominalisation en pidgin-english (Cameroun et Nigeria) » in *Leçons d'Afrique,* Paris, Peeters, 515-527.

Féral, C. de, 2001b, « Quand *être* ne peut plus être : prédication et changement linguistique en pidgin-english camerounais », *Travaux du Cercle Linguistique de Nice* n° 20, 59-71.

Féral, C. de, 2006, « Décrire un 'parler jeune' : le cas du *camfranglais* (Cameroun) », *Le français en Afrique* n° 21, 257-266.

Féral, C. de, 2007, « Ce que parler *camfranglais* n'est pas : de quelques problèmes posés par la description d'un 'parler jeune' (Cameroun) », in Auzanneau, M. (dir.), *La mise en œuvre des langues dans l'interaction*, Paris, L'Harmattan, 259-276.

Ferguson, C.A., 1959, « Diglossia », *Word* vol. 15, 325-340.

Feussi, V., 2006a, « Le francanglais dans une dynamique fonctionnelle : une construction sociale et identitaire du francophone au Cameroun », http://www.sdl.auf.org/-Equipes-virtuelles-

Feussi, V., 2006b, *Une construction du français à Douala – Cameroun,* thèse de doctorat, Université de Tours.

François-Geiger, D. et Goudaillier, P. (éds), 1991, *Parlures argotiques, Langue française* n° 90.

Goudaillier, P., 2001, *Comment tu tchatches ! Dictionnaire du français contemporain des cités,* Paris, Maisonneuve et Larose.

Guiraud, P., 1956, *L'argot*, Que Sais-je ? Paris, PUF.

Harter, A.-F., 2007, « Représentations autour d'un parler jeune : le camfranglais », *Le français en Afrique* n° 22, 253-266.

Holm, J., 1989, *Pidgins and Creoles* vol. II, Cambridge, New York, Cambridge University Press.

Hymes, D., 1971, « Introduction » in Hymes D. (ed.), *Pidginization and Creolization of Languages,* Cambridge University Press, 65-90.

Kiessling, R. and Mous, M., 2004, « Urban Youth Languages in Africa », Anthhropological Linguistics n° 46 (3), 303-341.

Kouadio-Nguessan, J., 1992, « le nouchi abidjanais, naissance d'un argot ou mode linguistique passagère ? » in *Des villes et des langues,* Actes du colloque de Dakar, Paris, Didier Érudition, 373-383.

Kouadio-Nguessan, J., 2006, « Le nouchi et les rapports dioula-français », *Le français en Afrique* n° 21, 177-192.

Lafage, S., 2002, *Le lexique français de Côte d'Ivoire ; appropriation et créativité, Le français en Afrique* n° 16.

Le Page, R.B. and Tabouret-Keller, A., 1985, *Acts of Identity,* Cambridge, Cambridge University Press (2ème éd. : 2006, Fernelmont, EME).

Mbassi-Manga, F., 1973, *English in Cameroon: A Study in Historical contacts, Patterns of Usage and Current Trends,* PhD Thesis, University of Leeds.

Mendo-Ze, G., 1992, *Une crise dans la crise. Le français en Afrique noire ; le cas du Cameroun,* Paris, ABC.

Nicolaï, R., 2003, « Contact et genèse : ouvertures et perspectives pour un ' Nouveau programme' de recherche sur l'évolution des langues. » *Proceedings, XVII International Congress of Linguists,* Prague, July 24-29 2003. Cd-rom, Matfypress, vydavarelstvi matematicko-fyzikalni fakulty Univerzity Karlovy v Praze.

Perrot, M. E., 2005, « le chiac de Moncton : description synchronique et tendances évolutives » in Valdman A., Auger J. et Piston-Hatlen, D. (éds), *Le français en Amérique du Nord,* Québec, Les presses de l'Université Laval, 307-326.

Queffélec, A., « Le camfranglais, un parler jeune en évolution : du résolecte au véhiculaire urbain » in Ledegen, G. (dir.) *Pratiques linguistiques des jeunes en terrains plurilingues*, Paris, L'Harmattan, 2007.

Séguin, B. et Teillard, F., 1996, *Les Céfrans parlent aux Français*, Paris, Calmann-Lévy.

Schneider, G. D., 1960, *Cameroons Creole Dictionary,* Bamenda, multigr.

Schneider, G. D., 1966, *West African Pidgin-English,* Athens, Ohio.

Schneider, G. D., 1967, « West African Pidgin-English – an overview : phonology-morphology », *Journal of English Linguistics* n° 1, 49-56.

Schneider, G. D., 1974, *Masa Troki Tok Sey...*, Athens, Ohio University, multigr.

Schröder, A., 2003, *Status, Functions, and Prospects of Pidgin English. An empirical Approach to Language Dyhnamics in Cameroon*, Tübingen, Gunter Narr Verlag Tübingen.

Schröder, A., 2007, « Camfranglais – A language with Several (Sur)Faces and Important Sociolinguistic Functions » in Bartels A. and Wieman D. (eds), *Global Fragments ; (Dis)Orientation in the New World Order*, Amsterdam, New York, Rodopi.

Todd, L., 1974, *Pidgins and Creoles*, London and Boston, Routledge and Kegan Paul.

Todd, L., 1979, « Cameroonian : a consideration of 'What's in a name ?' » in Hancock, I. (ed.), *Readings in Creole Studies,* Ghent, Story-Scientia, 281-294.

Todd, L., 1984, *Modern Englishes : Pidgins and Creoles*, Oxford, Basil Blackwell.

Todd, L., 1999, *Kamtok (Cameroon Pidgin),*www.edu.au/langnet/cameroon.

ANNEXE I

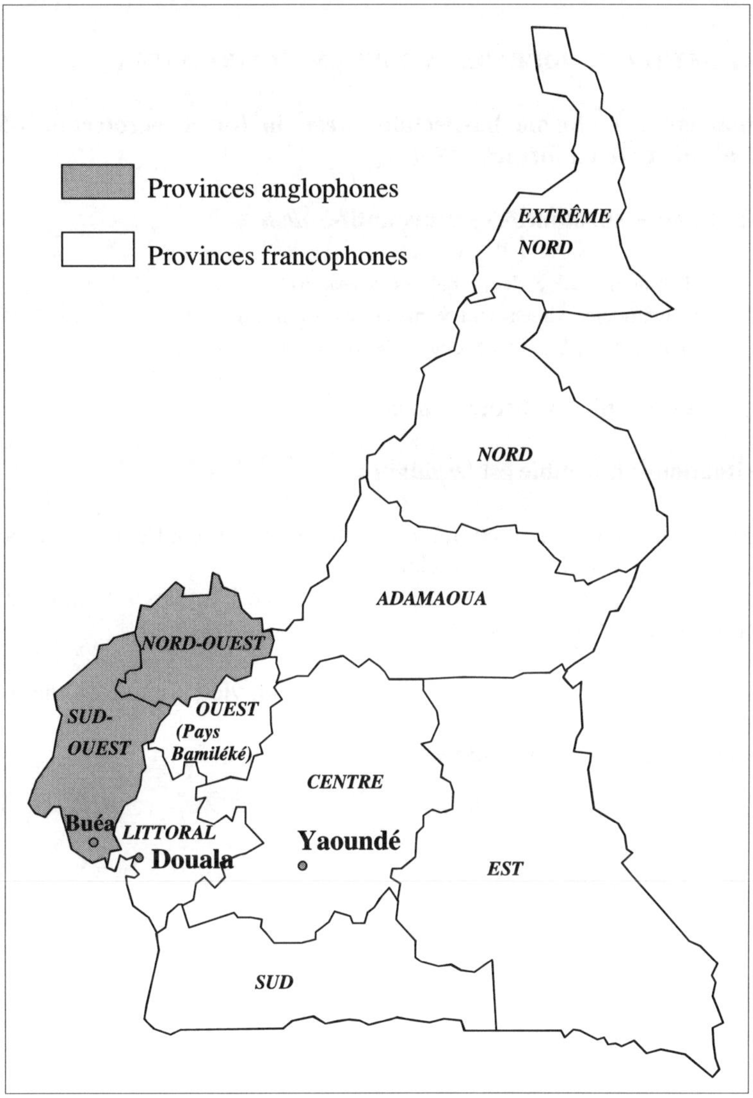

CAMEROUN : provinces anglophones et francophones

ANNEXE II

PLURALISATION EN PIDGIN DE LA ZONE ANGLOPHONE (PEA) :

Variation entre la forme basilectale *–dem,* la forme acrolectale *–S* et la combinaison des deux formes : *-S-dem*

substantif-*dem* ~ substantif-*S* ~ substantif-*S-dem*

Ex.: bak-dem ~ bak-S-dem ~ bak-S («les sacs»)
wuman-dem, wimen-dem, wimen («les femmes»)
moyo, moyo-S, moyo-S-dem (« les beaux-parents »)

(En PEF, seul est utilisé **substantif-*dem*)**

Deux situations où la cible est le pidgin :

- Christie (parle couramment anglais) raconte une histoire à l'enquêtrice (avec qui elle communique d'ordinaire en anglais):
64 formes pluriel : 56 (88%) identiques à celles de l'anglais standard : 2 (3%) : addition ***-S-dem***, 6 (9%) : ***-dem***

- Christie, en position d'enquêtrice, s'adressant à un vieil homme qui ne parle pas anglais :
39 formes pluriel : 39 (100%) ***-dem***

ANNEXE III

FRANCANGLAIS[51]

DO/ARGENT (extrait de conversation spontanée, Yaoundé 2004)[52]

1 L5 : toute la musique que les Papa Wemba[53] ont faite là + ils doivent en principe avoir les **do**
2 L1 : je dis + hein + tu as **nje** (voir) sa **piaule** (maison) au Zaïre ?
3 L5 : est-ce que papa Wemba n'a pas d'argent ?
4 L1 : un château terrible + merde.
5 L4 : XX véritable
6 L5 : Papa Wemba a l'argent
7 L7 : Papa Wemba a l'argent sinon
8 L2 : mais bon + on veut toujours un surplus
9 L1 : Koffi[54] même + tu as déjà vu là où Koffi **piaule** (habite) en Afrique ?
10 L2 : toi tu vas dire à Bill Gates de ne plus chercher l'argent
11 L5 : XX Bill Gates cherche encore les **do** là c'est-à-dire que en fait, c'est que il a créé les conditions pour que les **do** entrent seulement, c'est-à-dire que lui-même, ce n'est pas lui qui voudrait encore XXX
12 L2 : chaque année
13 L3 : non tu sais quand on dit qu'il veut l'argent c'est parce que dès qu'il apprend qu'un ingénieur est performant à tel X il le prend ça veut dire qu'il veut toujours que son argent augmente
14 L2 : Il veut que + Il veut toujours l'argent
15 L3 : puisque tous les meilleurs dans le domaine informatique sont avec lui
16 L2 : si on te donne cent mille par jour + tu vas vouloir cent dix mille
17 L3 : tu vois non + ça veut dire qu'il veut toujours que ses **do** augmentent
18 L6 : l'argent appelle l'argent
19 L5 : Papa Wemba voulait encore quoi ?
20 L1 : tu as déjà vu quelqu'un dire qu'il est insatiable ? Quand tu es habitué à avoir les **do**, tu veux toujours multiplierXX
21 L3 : qui n'aime pas l'argent+ dis donc ?
22 L2 : l'argent même c'est le nerf de la guerre
23 L3 : qui n'aime pas l'argent ?

---

[51] Les mots francanglais (en caractères gras) susceptibles de poser des problèmes de compréhension sont traduits entre parenthèses. Conventions de transcription : *cf.* p. 106.

[52] Une interprétation de la signification de l'alternance *do/argent* et de celle entre *nga* et *fille* (exemple suivant) est proposée dans Féral, 2007.

[53] Chanteur congolais (RDC), très populaire au Cameroun, qui vient d'être condamné en France pour aide au séjour irrégulier de clandestins sous couvert de ses activités musicales.

[54] Chanteur congolais (RDC), très populaire au Cameroun.

NGA/FILLE (extrait de conversation spontanée, Yaoundé 2004)

ma **mater** (mère) me dit qu'elle est dans le train + elle rentre à Bertoua là + elle sort de Douala + un vieux **pater** (homme) bassa + il veut s'asseoir + la femme dit que quitte ici XXXX la **nga** (jeune fille) dit que ici là zéro + il a regardé la fille là comme ça là + il a regardé la fille là comme ça là cinq minutes + ses habits se sont brûlés+ elle-même ne s'est pas brûlée + elle était nue dans le train++ Il a regardé la fille cinq minutes + la **nga** était nue dans le train + sans caleçon + comme elle est née ++ Ses habits se brûlaient mais son corps ne chauffait pas XX

FORUM SUR INTERNET :

Je suis **bèlè** (enceinte) et je **born** (accouche) en octobre. Je cherche un **djo** (mec) qui a les **kaolos** (papiers)(**french**)qui peut **know** (reconnaître) mon **mouna** (enfant), pour que j'obtienne aussi les **kaolos.** Je paye **kolo** (mille) euros pour la prestation (c'est tout ce que j'ai). Mais attention : je suis une belle **ngo** (fille) de 21 ans, alors si je **gui** (donne)les **do** (le fric) pour **know** le **mouna** je ne **kombo** (fais l'amour) pas avec le **djo** (on ne peut pas tcha (prendre)les do et **kombo** encore ensemble). Je suis en **mbeng** (France) et j'attends vos messages.

Le nom des langues III. Le nom des langues en Afrique sub-saharienne : pratiques, dénominations, catégorisations. Naming Languages in Sub-Saharan Africa: Practices, Names, Categorisations (sous la direction de C. de Féral), Louvain-la-Neuve, Peeters, BCILL 124, 2009, p. 153-190.

LA SOCIO-INDEXICALITÉ DES DÉNOMINATIONS LANGAGIÈRES : LA DYNAMIQUE AUTOUR DU *NOUCHI* ABIDJANAIS

Katja PLOOG [1]
Université de Franche-Comté

> **« Moi je parle bien français mais je comprends pas le français des Blancs. »**
> (Vendeuse de cigarettes sur la route de Port-Bouët, Abidjan, 1992).

1. DU *FPA* AU *NOUCHI*

1.1. Problématique

Le *nouchi* est le produit central de la forte dynamique linguistique ivoirienne au 20ème siècle : l'essor économique du pays depuis les années 1950 a provoqué une croissance urbaine intense[2] et conduit à des contacts entre plus de 100 groupes ethniques et nationaux différents dans la métropole Abidjan[3]. En

---

[1] L'aboutissement de ma réflexion sur la socio-indexicalité du *nouchi* doit beaucoup à la contribution de Michelle Auzanneau et d'Anne Moseng Knutsen qui m'ont offert une lecture critique de la première version ainsi qu'à la relecture de la seconde version par Anne-Sophie Calinon; les erreurs et imprécisions qui demeurent sont évidemment de ma seule responsabilité. Je tiens à remercier en outre Jérémie Kouadio Nguessan et Anne Moseng Knutsen d'avoir répondu avec des témoignages personnels et éclairants à mon questionnaire (*cf.* annexe).

[2] Avec des taux de croissance jusqu'à 15% dans les années 1970.

[3] Les langues de ces groupes ethniques relèvent de quatre « familles » linguistiques du groupe Niger-Congo (mandé, gur, kru, kwa). Bien que l'état ivoirien ait promu au rang de *langues nationales* une langue de chaque « famille » – à savoir, respectivement, le *dioula/malinké*, le *sénoufo*, le *bété* et le *baulé* – aucune parmi elles n'est réellement dominante. Le seul véhiculaire endogène est le *dioula*, variété du *bambara* (mandé nord) qui s'est imposé dans

conséquence, un véhiculaire local à base de la langue coloniale s'est formé, le *français populaire d'Abidjan*. Au début des années 1980, les populations au coeur de la compétition urbaine puisent dans ce parler à peine stabilisé pour fonder leur argot, le *nouchi*. Dix ans plus tard, on constate d'une part l'émergence de traditions discursives spécifiques dont le *nouchi* constitue la source structurelle majeure et, d'autre part, la revendication de la dénomination *nouchi* par des groupes plus privilégiés de la communauté pour désigner leur propre parler.

Depuis la fin des années 1990, le *nouchi* semble omniprésent dans la communication informelle à Abidjan ; reste à établir dans quelle mesure les différentes phases de réappropriation de la dénomination ont conduit ou non à un déplacement du référent désigné. Les contours de l'objet *nouchi* sont flous : la seule donnée immédiatement observable reste la variabilité discursive considérable dans la communauté locale. En corollaire, les discours épilinguistiques révèlent, d'un côté, comment la subjectivité de leurs auteurs finit par masquer les réalités linguistiques et fonde, de l'autre, un contrat social autour d'indices langagiers, réels ou imaginaires. Nous tâcherons de cerner cette dynamique par le concept de la *socio-indexicalité*, en étudiant la projection de l'objet *nouchi* dans les métadiscours des linguistes et des locuteurs de la communauté linguistique en formation à Abidjan.

1.2. Objets d'étude et dénominations dans les travaux antérieurs

On ne saurait s'intéresser au *nouchi* sans détailler la dynamique abidjanaise autour du français. C'est Vonrospach (1971) qui forge le terme *FPA* (français populaire d'Abidjan), qui va se généraliser au cours des années 1970 au-delà de la communauté éducative abidjanaise. Il s'agit, selon les auteurs, d'une «variété dialectale » ou d'un pidgin précréole (Hattiger 1983), qui fait l'objet de revendications de la part des élèves et étudiants dès les années 70 (Duponchel 1979). Bien que plus stable que le «petit-nègre » (Duponchel 1979 : 411), ce n'est pas une variété linguistique homogène, mais un continuum français-langues africaines[4] intégrant des particularités structurelles non standard plus ou moins nombreuses, qui vont jusqu'à gêner l'intercompréhension avec la francophonie extérieure (Duponchel 1979, Lafage 1978). Duponchel (1974) évoque cependant les traits locaux du français – différentiels en comparaison au *français central* – plus prudemment sous la dénomination du *français parlé en Côte d'Ivoire*, terme qui postule, en outre, l'extension de la dynamique sur l'intégralité du pays[5]. Lafage

les centres urbains de la sub-région depuis le Moyen-Âge. L'emploi des langues ethniques (le *dioula* y compris) va en diminuant depuis les années 70.

4 Implicitement, il s'agit principalement du *dioula*, véhiculaire mandé issu du *bambara* et caractéristique des commerçants de l'économie populaire spontanée.

5 Hypothèse corroborée par Calvet (1994, 1999) inspirée par la sociologie urbaine et l'écologie des langues.

(1978) crée la synthèse entre les deux positions en nommant l'objet le *FPI* (*français populaire ivoirien*) ; cette position est également assumée dans la suite par Simard (1994) et Boutin (2002, 2003). Bien que l'épithète *populaire* semble aujourd'hui disparue, les dénominations actuelles reconduisent les deux positions anciennes focalisant sur la communauté soit locale (abidjanaise) soit nationale (ivoirienne). Nous avons opté pour le terme *français abidjanais* (FA), utilisé également par Knutsen (2007) et Jabet (2005).

La dénomination *nouchi* fait son apparition dans la littérature au début des années 1990 (Kouadio 1990) ; il renvoie, dans sa phase originelle, à un argot issu des bas quartiers d'Abidjan et renoue ainsi avec l'*abidjanais* et le *populaire*. L'attachement du *nouchi* à ces populations est aujourd'hui remis en cause. Face aux français abidjanais, le *français standard* (FS) désigne une norme, imaginaire, telle qu'elle est diffusée dans l'enseignement (Duponchel 1979 : 411, Lafage 1977), sous l'appellation de *français local*, désormais FL.

Si les premières publications visent à décrire les caractéristiques linguistiques et sociolinguistiques des pratiques locales, les études plus récentes sont davantage orientées sur des problématiques épilinguistiques et s'étendent progressivement de témoignages par les médias des milieux « autorisés » (linguistes, professionnels de l'éducation et autres professionnels de la norme) vers la prise en considération des locuteurs eux-mêmes[6].

1.3. Hypothèses et plan

La configuration sociale qui nourrit, depuis un demi siècle, la dynamique linguistique abidjanaise peut être schématisée en quatre phases :

1) Dans un contexte de forte compétition sociale, une population immigrante très hétérogène « plébiscite » le français comme langue de communication inter-ethnique et fait émerger le *FPA*.
2) Les perdants de la compétition urbaine revendiquent leur identité par la création de modalités discursives spécifiques – le nouchi – à partir des sources structurelles autochtones, dont le *FPA* est désormais la pièce majeure.
3) Les pratiques se diversifient tout en restant focalisées entièrement sur le *français* : le *FPA* est transmis à la génération suivante et évolue structurellement ; le *nouchi* est utilisé dans des courants artistiques émergents et fait l'objet d'une réappropriation par une population plus large ; la diffusion du *français* standard ne progresse pas.
4) Le *nouchi* se généralise.

Il n'existe cependant guère de certitude quant aux réalités linguistiques (*structurelles*, c'est-à-dire le matériau linguistique investi dans l'échange verbal) recouvertes par les discours relatifs à chacune des phases. La carence d'analyses de corpus s'est aggravée au fil du temps : si l'existence de la quatrième phase semble admise par tous les observateurs récents, il convient donc d'établir – au regard de

6 Les dénominations utilisées dans notre développement respecteront la terminologie choisie par les auteurs cités.

la complexité de la dynamique générale – plus précisément quel est l'objet de cette généralisation. Nous ferons deux hypothèses à ce sujet :

A. Les sources structurelles du *nouchi* servent de dénominateur commun à la communication quotidienne.

Cette hypothèse sous-tend le développement du bagage structurel du nouchi initial (argot) pour prendre en charge des fonctions communicatives plus variées.

B. *Nouchi* désigne des réalités langagières plus variées (et plus floues) qu'à l'origine. Dans cette perspective, c'est avant tout le concept nouchi qui aurait connu une extension d'emploi.

En premier lieu, nous chercherons à rendre la description de l'objet linguistique *nouchi* tel qu'il ressort des discours des acteurs sociaux. Nous en retracerons le profil linguistique, à savoir les sources structurelles et les aires de communication recouvertes par le terme. Nous établirons dans quelle mesure les représentations de l'objet nous renseignent davantage sur l'articulation de cette jeune communauté discursive.

En second lieu, nous montrerons comment les dénominations langagières contribuent à la construction du sens et de la *réalité perçue*. Nous nous proposons de modéliser ce processus de catégorisation par le concept de la *socio-indexicalité* ; nous en esquisserons trois vecteurs : la négociation des formes du discours telle qu'elle a lieu entre interlocuteurs au cours de l'interaction, les marques socio-indexicales, ainsi que la mobilité sociale, envisagée comme conséquence ou résultat de ce processus chez l'individu.

2. ÉTAT DES LIEUX : (RE-)PRÉSENTATIONS DU *NOUCHI*

2.1. Données associées au *nouchi*

2.1.1. *Lexique français de Côte d'Ivoire* (Lafage 2002)

« **nouchi, [nuʃi],** n.m., adj. Usuel, (origine controversée. Selon certains, du mandenkan 'nez*-poil ', soit [Kouadio N'guessan J. 1990 : 373], du soussou guinéen, car le quartier où le terme a été d'abord attesté, Adjamé, compte une forte communauté d'origine soussou), oral, écrit, tous milieux, péj.

1- Loubard des quartiers populaires d'Abidjan, jeune délinquant, membre de la pègre urbaine. [...]

2– Argot des populations marginales des quartiers périphériques d'Abidjan, utilisé à des fins cryptiques et identificatrices, peu à peu diffusé, spécialement chez les jeunes, par la chanson et les média dès les années 85. Son lexique est marqué par l'hybridation français /langues africaines diverses. [...] (Lafage 2002 : 606)

français des rues, appellation plus récente (1990) donnée parfois à la variété de français mêlée d'argot nouchi* ou zouglou, usitée particulièrement par les jeunes urbanisés des quartiers populaires d'Abidjan. **V. NOUCHI*.** (Lafage 2002 : 407)

français populaire d'Abidjan, FPA. V. FRANCAIS FAÇON, FRANÇAIS POPULAIRE IVOIRIEN, FRANÇAIS DE MOUSSA, FPI. Appellation donnée par les linguistes à la variété véhiculaire de français utilisée par le groupe social très hétérogène des peu ou non scolarisés vivant en milieu urbain [...].

ENCYCL. : l'immigration africaine est importante en Côte-d'Ivoire, et le français, même très rudimentaire constitue, pour l'instant, le principal moyen d'accès à la communication interethnique, au monde du travail et à la promotion sociale. Il s'agit donc d'une variété présentant, en l'état actuel, des traits de pidginisation et quelques processus de créolisation. Cette variété semble cependant, de plus en plus utilisée par les plus âgés des analphabètes non urbanisés. La variété populaire urbaine contemporaine ou français des rues, en pleine évolution, est, elle, nettement marquée par l'argot nouchi*, même si sa syntaxe reste proche de celle du français populaire d'Abidjan.

SYN. : français de Dago, français de Moussa, français de Treichville, français-façon, français-maquis, FPI, FPA, petit français. » (Lafage 2002 : 407).

2.1.2. Chanson : *1er Gaou* (Magic System 1999)[7]

C'est dans ma galère que la go Antou m'a quitté oh ah (x4)
Quand j'avais un peu / Matin midi soir / On était ensemble / A la rue Princesse / Aux mille maquis / Santos payait les poulets / L'argent est fini / Antou a changé de côté / Wari ban nan / Elle a changé de copain
Nan guin nan wan, nan guin nan wan / Nan guin nan wan, nan guin nan wan
Dieu merci pour moi je savais chanter un peu / J'ai fait ma cassette oh on me voit à la télé / Matin midi soir c'est moi je chante à la radio / Antou a vu çà elle dit le gaou a percé / Attends je vais partir le couper
Et on dit premier gaou n'est pas gaou oh / C'est deuxième gaou qui est niata oh ah (bis)
Dimanche matin koko on frappe à ma porte / A ma grande surprise c'est la go Antou je vois / On s embrasse j'ai dit y'a longtemps qu'on c'est plus revu / Elle veut me mentir elle dit chéri j'avais voyagé / Je suis de retour / Je t'appartiens / Prends moi cadeau, fais ce que tu veux
J'ai dit chéri koko qu'est ce que tu veux manger / Sans même hésiter elle me dit poulet braisé
J'ai dit chéri koko c'est poulet tu veux manger / Poulet est trop petit çà peut pas te rassasier / C'est caïman braisé, je vais te donner / Kedjenou d'éléphant, tu vas manger
Nan guin nan wan, nan guin nan wan
Elle est fâché elle dit elle s'en va à la maison / Si elle va à la maison population va me tuer / Je lui ai demandé pardon, elle a accepté / A un moment donné, elle a tout gâté / Elle est quitté dans poulet, elle s'en va dans aloco / Si c'est aloco c'est pas compliqué / C'est plantation de bananes / Tu vas griller / Au lieu de fourchette / Ca peut pas bien piquer / C'est avec râteau, tu vas manger
Nan guin nan wan, nan guin nan wan / Nan guin nan wan, nan guin nan wan
Kader gaou oh ah / Blé go gaou oh ah / Soro guillaume gaou oh ah / Sabine yo so gaou oh ah / Angelo gaou oh ah / Hotorino gaou oh ah / Blé niata oh ah / Dieu fit niata oh ah / Kader niata oh ah / Kader tu m'a niata oh ah / Blé niata oh ah / Michel est gaou oh ah / Emile est gaou oh ah
Honoré gaou oh ah / J'ai dit tu danses ah oh ah / Regardes ta sciences oh ah / J'ai dit tu danses ah oh ah / Nan guin nan wan, nan guin nan wan / Oh tu danses ah oh ah

2.1.3. Dialogue entre lycéens (Ahua 1996[8])

A Est-ce que tu sais qu'on a fait un bingoulade dense ?
B Anh !

---

7 Chanson tirée de l'album du même nom ; l'un des succès majeurs de la musique zouglou, qui puise largement dans le *nouchi*.

8 Le corpus est traduit et commenté dans Kouadio (2006).

A Ra ! on a brêqué les gos, elles ont accepté. Donc samedi là non, on devait bingouler en boîte. Quand les pei gos sont arrivées, le mogo a commencé à mouiller

B Qui ça, ton voise ?

A Oueh, donc j'ai mis dans son comprendo. J'ai dit à la djague que c'est mon mogo là qui est fan d'elle. Mais… la gnan est mal jolie ! son dindinli fait peur. Elle a un gros boda. Avant d'entrer en boîte, on a pris un tékéche et on est parti se gâter un peu. J'ai dit à mon gars de bloh. On s'est envoyé dans les Guiness, on a fallé, même les gos. Maintenant, on bourrait les gos. Mon mogo a dit il doit monter à Bingue l'année prochaine. Moi, j'ai placé aussi ma go que j'ai passé mes vacances au Froid Il a dit qu'il est le neveu de l'ancien ministre X. Moi j'ai dit que si je gamme mon examen, on va me filer une coché, ou bien ? Quand mon mogo a dédja le pierre pour payer, elles ont pris dose, elles ont encaissé.

B Où il y a eu ça ?

A C'est un gba. Elles étaient un peu mélangées, on a béhou en boîte maintenant. On a lové en boîte hein, tu peux rien. Les gos, elles sont trop enchoquetées, elles sont trop yêrê…

2.2. Sources structurelles : hétérogénéité des discours – de la langue ?

On peut distinguer trois types de sources structurelles : celles de tradition unilingue (ce qu'on transmet d'une langue de génération en génération), celles de tradition plurilingue (directement liées au contact de langues) et les innovations (liées aux mécanismes de gestion du répertoire lors de variables de caractéristiques associées à différentes entités (des « langues » ou des « variétés ») et peut donc, *a minima*, être considéré comme hétérogène. C'est la discrétisation de ces entités même qui pose problème.

Les observations convergent également pour dire que le *nouchi* épouse la dynamique locale du français. Tout d'abord, les descriptions[9] convergent avec la description fondatrice de Lafage pour situer l'originalité du *nouchi* dans la création lexicale : « Tous les enregistrements de *nouchi* écoutés montrent les mêmes caractéristiques : un texte français rendu hermétique par le lexique » (Lafage 1991 : 97).

Le développement de la synonymie – comme par exemple *djague, go, gnan, produit, stéki, daye* pour « fille/copine »[10] – peut être interprété comme indice de sa vitalité. Les domaines thématiques convoquées par le *nouchi* sont, depuis ses débuts, les domaines de prédilection des argots en général : l'argent, la prison, la bagarre, les plaisirs (Lafage 1991 : 99).

De nombreux procédés de création lexicale – affixation, composition, réduplication, apocope, aphérèse – sont mis à profit en *nouchi* pour engendrer les néologies. Il s'y ajoute la re-sémantisation de termes français par métaphore ou

---

[9] Entre autres : Lafage (1991), Kouadio (1990, 2006), Kube (2004) et en partie documentée dans le *Lexique français de Côte d'Ivoire* (Lafage 2002).

[10] Source : Kouadio (2006 : 184).

métonymie, par extension, rétrécissement ou glissement de sens, comme par exemple :

> mouiller : a) coucher avec une fille : *Le prof a mouillé la go*, « Le professeur a couché avec la fille », b) avoir peur : *Tu mouilles de lui* « Tu as peur de lui », c) dénoncer, trahir : *Ton gars m'a mouillé* « Ton ami m'a trahi » (Kouadio 2006 : 187).

Concernant l'origine même des sources structurelles, Lafage (2002) qualifie la présence de nombreux emprunts comme processus d'hybridation des discours :

> « [...] du point de vue linguistique, le *nouchi* a provoqué un phénomène sans précédent en Côte-d'Ivoire et en pleine extension : l'hybridation croissante des énoncés (Lafage, 1998 : 279-291). Nous avons choisi d'utiliser le terme 'hybridation' plutôt que 'métissage' car il ne s'agissait plus là d'interpénétration entre deux langues déterminées. Le corpus *nouchi* ne touche que le lexique (sa morphosyntaxe est celle du français ordinaire ivoirien, largement marqué de FPI) mais ce lexique est très clairement plurilingue, bien qu'on puisse distinguer une certaine prédominance du *dioula* ivoirien véhiculaire dans l'apport allogène du français local. »

Knutsen (communication personnelle, 2006[11]) estime que plus de 50% des emprunts seraient fait au *dioula* ; il s'y ajoute le *susu* (Kouadio 2006 :182), autre langue mandingue ; interviennent dans une moindre mesure le *baule* et le *bete* ainsi que l'*espagnol* et l'*anglais*[12]. Quant à l'hétérogénéité *discursive*, Kouadio note que la proportion de vocabulaire allogène serait en régression en ce qu'elle dépendrait de l'origine sociale et linguistique du locuteur : les étudiants et les élèves auraient moins de mots *dioula*[13] dans leur vocabulaire (2006 :183).

D'après Kouadio (2006:187), « [...] le *nouchi* se différencie du *FPI* et des autres variétés principalement par son vocabulaire », Les apports lexicaux d'origine diverse s'articuleraient avec un fond structurel morphosyntaxique dominé par le français, plus exactement, le français *populaire* ivoirien et le français *local* ivoirien. Knutsen (communication personnelle, 2006), note que le *nouchi* possède actuellement *toutes* les caractéristiques du français abidjanais (hétérogènes) ; cette appréciation doit être lue dans la perspective d'une approche émique : elle observe que « *nouchi* » est le terme dominant chez ses informateurs pour décrire l'ensemble des comportements francophones locaux – elle témoigne ainsi de la généralisation du terme *nouchi*. Kouadio (2006) et Lafage (1991), au contraire, adoptent la perspective de l'observateur soucieux de l'extraction d'un sous-ensemble de la réalité globale composite. La référence aux variétés locales du français ne signifie donc pas que les observateurs donneraient l'exclusivité à la tradition unilingue ; c'est seulement que l'on reconnaît au *nouchi* ses origines urbaines, construit sur la base de la langue urbaine, dénommé à l'époque le *FPA*.

---

11 En réponses à mon questionnaire, *cf.* annexe.

12 Pour une illustration détaillée de la mixité lexicale, *cf.* l'analyse par Kouadio (2006) du dialogue cité en 2.1.3.

13 Qui reste néanmoins de loin la première langue ivoirienne pour les emprunts (Kouadio 2006 : 177).

Le problème de la démarche de délimitation des caractéristiques structurelles reste cependant entier.

Kube (2003 : 140) remarque la tendance à sous-spécifier les verbes d'origine allogène ; notons qu'il est surtout beaucoup plus aisé de prouver l'interpénétration des systèmes linguistiques sur le plan lexical que sur le plan grammatical : dès lors que la morphologie flexionnelle est peu explicite en français parlé en général (Ploog 2002a), il conviendrait d'établir formellement cette tendance à réaliser des oppositions morphologiques plus explicites avec des verbes français. Concernant l'intégration morphosyntaxique des emprunts, Kube (2003 : 139) illustre l'hybrité du syntagme nominal en *nouchi* par l'exemple suivant : *le* ***mogo*** *vient kro en classe* (« le type [ici : le prof] vient dormir en classe) ». Dans cet extrait de corpus l'emprunt « mogo » est accompagné d'un déterminant, alors que les schèmes syntaxiques du *dioula* ni ceux du *FPI* n'utilisent la position de l'article dans ce cas, alors que le *FL* se conforme au *FS* (Kube 2003 : 140).[14] Or, la présence d'une hybridité structurelle repose sur la projection de deux systèmes alternatifs (présence d'article = *FL*, absence d'article = *FPI*). Dès lors que tous les types de sources structurelles peuvent être supposés représentés dans les structures d'une langue, l'on trouvera dans les discours qualifiés de *nouchi* des séquences (morphologiques, syntaxiques ou discursives) issues du français standard, issues des langues en contact avec le français ou résultant d'une appropriation discursive spécifique de ces sources. Le taux de représentation des sources varie d'un discours à l'autre et le rêve d'une interprétation structurelle univoque se révèle souvent cauchemar méthodologique.

Bien que les découpages entre variétés soient commodes pour la description linguistique, il convient de noter qu'ils ne reposent sur aucune base empirique et peuvent empêcher la compréhension globale des paradigmes : et s'il n'y avait pas de limite formelle entre le *FL* et le *FPI* ?

2.3. Aires de communication : aspects de la vernacularisation du français

Vingt ans après son émergence, le *nouchi* ne semble plus le fait d'un groupe social spécifique : le parler des rues, des gares routières, des quartiers populaires, des cours communes, des collèges et des lycées a été adopté progressivement par des locuteurs de plus en plus lettrés jusqu'à être revendiqué par la totalité de la jeunesse urbaine comme moyen de communication et d'expression d'une identité nationale ivoirienne ; le *nouchi* touche ainsi potentiellement tous les Ivoiriens. Son expansion vers le discours public semble désormais reconnue par la communauté entière :

---

[14] Rappel : *français standard* (*FS*), *français populaire ivoirien* (*FPI*) et *français local* (*FP*), (Duponchel 1979 : 411).

> « Mais y a beaucoup qui comprennent [le *nouchi*] actuellement, même à la radio, à la télévision tout ça, ça se (.)[15] on parle là-bas, hein ! Et même les journalistes, on les voit parler français de la rue ici. Même dans les journaux, tout ça, c'est écrit. Voilà. » (Locuteur A14 : M25, dioula ; Knutsen 2007 : 278).[16]

> « Le français abidjanais[17] [...] est perçu par la quasi totalité de nos informateurs comme la variété qui permet la communication à l'échelle de la ville (et du pays), qui permet de communiquer avec n'importe qui dans pratiquement toute situation informelle et qui, en quelque sorte, efface les différences socio-économiques entre les différentes strates de la population.» (Knutsen 2007 : 256).

Véhiculaire, le *nouchi* ?

Le point d'origine de la dynamique autour du *nouchi* est reconnu par tous comme étant la ville d'Abidjan ; l'expansion des phénomènes de restructuration vers d'autres villes s'étend même au-delà du territoire national, du fait du retour au pays d'immigrants venus en grand nombre pendant la période de croissance économique[18]. Mais l'origine du *nouchi* est située dans un quartier populaire central d'Abidjan à forte population d'origine mandingue : Adjamé. Le terme *nouchi* désignait à l'origine les petits délinquants, puis les « grands bandits » (entre guillemets chez Kouadio 2006 : 177)[19], avant d'être associé à leur façon de parler. Sa rapide diffusion semble devoir beaucoup à l'échec des politiques de démocratisation de l'enseignement et d'urbanisation qui ont coupé l'espoir de l'ascension sociale à des pans entiers de la population (Kube 2003) tout en creusant la conscience d'une identité résolument urbaine. Le *zouglou*, reflet du même échec, a constitué un second souffle pour le *nouchi* : véritable mouvement culturel avec pour objet la promotion de contre-normes, il puise ses moyens d'expression langagiers principalement dans le *nouchi* (*cf.* la chanson «1er Gaou » dont les paroles sont reproduites en 2.1.2), conjointement à la réappropriation de musiques ethniques traditionnelles[20].

Les fonctions actuelles du *nouchi* semblent s'étendre sur toutes les aires de communication informelles (Knutsen communication personnelle, 2006) : dialogues entre pairs dans la cour de l'école, blagues, relations filles-garçons (Kouadio communication personnelle, 2006). Les types de discours cités en exemple par les auteurs divergent considérablement, des discours oraux, cryptés

---

15 (.) indique une pause très courte.

16 Codes locuteurs : Knutsen numérote ses informateurs et les catégorise selon leur niveau de scolarisation (ex. A14) : A = sans scolarisation ou inférieur au CEPE ; B = niveau collège inférieur au BEPC ; C = niveau supérieur au BEPC. La codification complémentaire est créée par nos soins (conformément à l'index des locuteurs établi par Knutsen) : M/F = homme/femme ; 25 = âge ; dioula = appartenance ethnique.

17 Rappelons que Knutsen utilise *français abidjanais* et *nouchi* comme synonymes.

18 Sources : Knutsen (communication personnelle, 2006) ; Bissiri (2001) ; Zongo (2001).

19 Le terme de Kube *Strassenkinder* (2003 : 134) fait référence à une population sensiblement plus jeune. Mais peut-être est-ce là le fait de la nécessaire traduction.

20 Tschiggfrey (1993).

(Kouadio communication personnelle, 2006), par les expressions artistiques comme les graffitis et le zouglou (Lafage 2002, Kube 2003, Kouadio 2006) jusqu'à l'écrit public, dans les campagnes contre le SIDA et certains hebdomaires satiriques (Kube 2003). Les champs lexicaux développés thématisent les liens sociaux internes à la communauté : les transgressions sociales (Knutsen communication personnelle, 2006) et les sujets ayant trait à la manière d'être et de paraître (Kouadio 2006).

Les finalités communicatives associées par les auteurs au fait de marquer son discours par des caractéristiques *nouchi* composent un continuum plus ou moins vernaculaire[21] :

+vernaculaire ↑	argot, code secret	(Kouadio)
	revendication identitaire	(Kouadio, Knutsen)
	valeur ludique	(Knutsen)
	souligner le contexte local	(Knutsen)
	constituer une communauté de parole	(Knutsen, Kube)
↓ – vernaculaire	fonction véhiculaire	(Kouadio, Kube)

Le caractère unidimensionnel du schéma laisse certes apparaître le continuum vertical comme caricatural ; un ordre moral précis semble toutefois gouverner les pratiques. La double image attachée au *nouchi* – positive pour les lettrés (le *nouchi* est fédérateur) et négative chez les moins instruits (le *nouchi* est stigmatisant) – illustre l'articulation complexe de la mobilité linguistique dans la communauté.

La présence du *nouchi* dans les interactions à forte charge identitaire semble indiquer la prépondérance des fonctions vernaculaires du *nouchi*, ce qui est, à première vue, contradictoire avec sa généralisation au-delà de la communication endogroupe. A l'opposé, l'expansion du *nouchi* vers des situations de (relative) distance communicative laisse envisager son évolution vers un parler ordinaire, non marqué, sa généralisation réconfortant les locuteurs non lettrés dans leur usage. Mais, comme le note Boutin, « [...] s'il est incontestable qu'il répond à certaines attentes communicationnelles et identitaires, il ne fait pas l'unanimité comme substitut du français et reste quelque peu en marge de la norme endogène » (Boutin 2003 : 81). Tandis que son rayonnement au sein du corps social s'est amplifié depuis les années 1990, la représentation centrale du *nouchi* semble rester attachée aux petits délinquants (*cf.* la définition de Lafage 2002 : 606 citée en 2.1.1.) :

> « D'autres avancent comme explication le fait que le *nouchi* serait désormais utilisé par le monde politique et intellectuel ainsi que dans les médias, ce qui serait un indice pour son expansion au-delà du réseau de locuteurs initial ; il serait en passe d'être exporté par les médias dans d'autres régions du pays. Comme le nombre de chômeurs progresserait et que celui des analphabètes resterait en outre élevé, il serait impossible d'endiguer la progression du *nouchi*. » (Kube 2005 : 215 ; traduction Katja Ploog).

[21] L'accent est mis ici sur les fonctions *actuellement* attribuées au *nouchi*.

En référence à son article de 1990, où il se demandait si le *nouchi* était une mode passagère, Kouadio (2006 : 177) note aujourd'hui que le *nouchi* « non seulement n'a pas disparu, mais au contraire, [...] a renforcé ses positions dans le milieu des jeunes » ; il en déduit qu'au regard de la situation sociale actuelle, un « sociolecte » comme le *nouchi* aurait de l'avenir. Knutsen (communication personnelle, 2006) souligne la forte valeur intégrative du *nouchi* dans un contexte où l'acquisition du francais hors institution est généralisée ; elle en déduit que le *nouchi* deviendra de plus en plus légitime dans les aires de communication jusque là réservés au francais standard et sera par conséquent de plus en plus parlé par les Ivoiriens. En superposant *nouchi* et *français abidjanais*, la position de Knutsen est la plus radicale à ce sujet : elle note que, dans la bouche de ses informateurs, le *nouchi* est déjà la « manière normale de parler le francais à Abidjan dans les situations informelles » (communication personnelle, 2006), et prédit le développement de celui-ci au détriment du français standard et des langues africaines. On en arrive à débattre de l'avenir du *nouchi* avant même d'avoir établi son état présent.

C'est que les caractéristiques mentionnées reflètent largement la perspective respective des auteurs : Kouadio s'intéressant en particulier à l'aspect argotique du *nouchi*, il en souligne la fonction cryptique ; Lafage ayant démontré l'appropriation sociale du français en Côte d'Ivoire, elle met en avant la production culturelle liée à cette appropriation ; Kube observe davantage la production textuelle dans son ensemble, Knutsen, l'articulation générale des pratiques non standard. Comment alors établir si l'entité *nouchi* recouvre les mêmes réalités ?

2.4. Bilan : le *nouchi* comme défi pour la communauté scientifique

2.4.1. Le *nouchi* reflète-t-il une entité langagière repérable ?

L'existence d'un réseau d'interactions privilégié conduit à la constitution de codes de communication communs, qui forgent une communauté discursive. La communauté discursive abidjanaise semble en voie de se constituer autour du *nouchi*, dénomination désormais projetée par la totalité des locuteurs (enquêtés). Mais au-delà de la carence notoire de descriptions structurelles du *nouchi*, la description de ses macrofonctions communicatives semble loin d'être univoque :

- les qualificatifs recensés montrent que l'axe ±vernaculaire est mêlé au moins à trois autres, à savoir les distinctions *emblématique/non-marqué*, *formel/informel*, *urbain/rural*, en plus de la dichotomie *écrit/oral* qui n'est pas explicitement abordée ici ;
- le *nouchi* représente à la fois le langage *ordinaire* des *jeunes*, associé spécifiquement aux populations *économiquement faibles,* mais dans lequel se reconnaissent également les jeunes *lettrés*, et un style emblématique, signifiant, selon les sources, soit l'identité *urbaine*, soit les *jeunes*. La tendance à une généralisation du *nouchi* au-delà de ces populations reste à étayer par des études détaillées.

Au lieu de se résoudre dans la généralisation de la dénomination *nouchi*, la complexité notoire de la situation abidjanaise a donc reçu une dimension supplémentaire dans la mesure où sa nomination (de plus en plus) unifiée par les locuteurs voile désormais l'hétérogénéité discursive persistant dans les comportements tous comme dans attitudes.

2.4.2. Partis pris dans la délimitation de l'objet

La question de l'hybridité tout comme celle du découpage d'une entité linguistique en variétés, « -lectes » ou autres sous-ensembles fonctionnels pose en corollaire celle de la démarche d'analyse ; les propos des linguistes illustrent que les dynamiques linguistiques fortes, comme celle ayant cours en Côte d'Ivoire, posent de réelles difficultés à celui qui entreprend de les nommer.

L'investigation dans les témoignages de locuteurs doit problématiser la tension entre les pôles conscience/identité et compétence/éventail formel. D'une part, le multilinguisme projeté dans les discours ne correspond plus aux comportements sociolinguistiques. La structure socio-démographique de la communauté discursive du moment fournit des indices indispensables pour étayer, premièrement, le fait que les discours de l'époque du *FPA* (1960-1980) étaient basés sur la compétence linguistique composite de locuteurs pour qui le français était une L2 (produits dans une tradition plurilingue dominante) ; deuxièmement le fait que l'emploi du *nouchi*, au contraire, s'appuie sur des compétences linguistiques *effectives* beaucoup moins variées, bien que la conscience d'une identité plurilingue reste dominante chez les locuteurs. Cependant, il n'existe, à notre connaissance, aucune enquête sociolinguistique représentative établissant ce que l'intuition fait dire aux observateurs.

D'autre part, seule l'exploitation de corpus contrôlés permettra de mettre au jour des traits structurels au-delà des plus pittoresques ou emblématiques et d'en assurer la meilleure interprétabilité possible. La lourdeur de la démarche fait que les corpus d'étude disponibles restent peu nombreux, ce qui laisse d'autant plus d'espace à la spéculation. La rigueur éditoriale oblige en outre souvent à faire l'économie de la description de la démarche suivie (par exemple, explicitation de l'énoncé de la question posée à l'enquêté), ce qui rend difficile l'interprétation des témoignages de locuteurs une fois extraits de leur contexte originel, alors que le partage de ces informations constitue une sorte de « garant intertextuel » pour la communauté scientifique.

Notons enfin que la catégorisation des phénomènes non standard observés n'est pas aisée : l'on trouvera dans Ploog (2002b) une illustration des difficultés à attribuer une interprétation structurelle univoque à une même forme associée simultanément à deux « variétés » distinctes ; pour éviter l'opacité de la description, celle-ci utilise un métalangage forgé pour le standard, ce qui génère l'impression d'une déficience structurelle du non standard.

Le résultat est des présentations monolithiques, voire caricaturales, qui ne rendent pas justice à la complexité de l'objet d'étude. La reproduction de ces carences d'un observateur à l'autre, qui constitue une véritable tradition discursive, amplifie le phénomène. Dans le débat autour des dénominations, les linguistes sont eux aussi acteurs, ce pourquoi nous intégrerons leurs discours dans la réflexion autour de la socio-indexicalité des dénominations dans la section 3.

3. LA SOCIO-INDEXICALITÉ DES DÉNOMINATIONS

3.1. Le concept de la *socio-indexicalité*

Nous tenterons de cerner, dans ce qui suit, comment les discours des différents acteurs, observateurs comme locuteurs, projettent l'articulation de cette communauté discursive naissante à travers l'indice formel que constitue la dénomination de ses modes de communication.

La dénomination est l'indice par excellence – *emblématique* – de la sous-catégorisation de la communauté de discours. Nous avons souligné dans la section 2.2 que l'étude des attitudes langagières a largement pris le pas sur celle des pratiques dans le monde sociolinguistique français. La profusion de dénominations autour de la situation linguistique abidjanaise a engendré sa dynamique propre, par la représentation chez les observateurs que la situation abidjanaise était inextricable... Si cet état de fait n'était certainement pas recherché et si la complexité de la constellation abidjanaise est réelle, le discours des linguistes révèle comment la subjectivité de l'observateur peut trahir progressivent la réalité perçue par les locuteurs : il traduit, comme celui des locuteurs, sa position dans (ou *face à*) la configuration linguistique projetée. Nous étudierons ainsi le *négociation* des contours de la communauté discursive par les discours épilinguistiques (témoignages directs) et les discours « méta-épilinguistiques » (interprétant des témoignages) afin de dégager les *marques* de la socio-indexicalité du *nouchi* ; nous conclurons en décrivant comment la *mobilité* des locuteurs est articulée autour de la compétence de ces marques.

Nous avançons l'hypothèse que les unités linguistiques possèdent, au-delà de leur fonction référentielle et « illocutive »[22], une fonction proprement sociale (que l'on pourrait appeler « translocutive ») qui permet aux interlocuteurs de se situer mutuellement par rapport à la communauté. Autrement dit, les représentations sociales reposent sur des systèmes sémiotiques dont le langage fait partie[23]. La notion de l'*indexation sociale* prend appui d'une part sur la nécessité de l'individu de négocier son rôle au sein de la communauté et d'autre part sur la mécanique de l'index, qui permet à l'individu de relier une occurrence (linguistique, comportementale, etc.) à la structure globale de cette communauté.

---

22 Pragmatico-discursive/interactionnelle/communicative.

23 Des indices sont fournis non seulement par le langage, mais par tous les comportements sociaux, comme les accessoires de vie (la voiture, l'habillement) et les choix culturels (rites, modes de vie).

L'établissement de ces sous-catégorisations peut être compris comme stratégie facilitatrice pour la «gestion » de la complexité humaine de la communauté.

Au-delà de sa fonction immédiate, instrumentale au sens large, l'occurrence même dans le discours de l'unité linguistique indexée *symbolise* l'appartenance du locuteur à un réseau social particulier, spécifié par le contexte, qui en comporte d'autres. Toutes les unités linguistiques sont susceptibles de véhiculer ces informations. La socio-indexicalité rend ainsi possible la signature d'identités complexes et les deux mouvements alternatifs d'intégration et de ségrégation sociale, constitutifs des dynamiques sociales liées à la langue.

3.2 Nommer signifie catégoriser

L'énonciateur baptise, nomme, décrit la constellation discursive perçue. Cette section soulève l'une des questions introduites ici-même par Carole de Féral, qui est celle de la représentation comme projection de la réalité depuis une perspective donnée : comment les locuteurs marquent-ils la solidarité ou la distance avec le *nouchi* ? Le terme *nouchi* fait-il appel aux mêmes catégories chez les locuteurs et les observateurs ?

3.2.1 Discours épilinguistiques autocentrés : la solidarité

Les observateurs (Kouadio communication personnelle, 2006 ; Boutin 2003) remarquent que les enquêtés ne font pas toujours la différence entre *FPI* et *nouchi* ; mais en réalité, le besoin de « discrétiser » des variétés semble constituer une préoccupation de linguistes. Boutin (2003 :80) produit les extraits d'entretien suivants pour illustrer la *confusion* des entités chez ses enquêtés, tous professionnels de la langue :

> « Un brassage existe entre le *nouchi* et le parler des étudiants. »
> « Les enfants insèrent beaucoup le *nouchi*, qui est établi en Côte d'Ivoire, c'est ça qu'ils vont te mettre dans la langue. »
> « Il y a orientation de la langue française en Côte d'Ivoire, [...] cette langue devient de plus en plus *nouchi*. »

Les enquêtés semblent percevoir au contraire très nettement les vecteurs de la dynamique : il n'y a pas de limite formelle entre les entités conceptuelles *FPI* et *nouchi* ; le second pénètre le premier dans ce sens qu'il en est une émanation. L'accent est mis, au contraire, sur la fonction fédératrice du *nouchi*, qui est de fait la plus fréquemment citée par tous les jeunes (lycéens : Kube 2003 ; peu ou non lettrés : Knutsen 2007). Sur le plan purement instrumental tout d'abord, il est reconnu comme moyen de communication le plus diffusé et qui assure ainsi l'intercompréhension maximale au sein de la communauté discursive. Cette représentation s'inscrit dans la perspective ouverte par le *FPI* : alors que les attitudes sont encore mitigées à la fin des années 1970, l'enquête de Lafage en milieu estudiantin (Lafage 1980 : 33) fait ressortir le caractère structurellement accessible, socialement utile et divertissant du *FPI*, qui laisse déjà penser que son avenir est assuré :

> « C'est le français du peuple. C'est celui qui réellement nous identifie et brise les barrières tribales et les particularismes. Ce français met le ministre au niveau du manoeuvre et tout. »
>
> « Le *FPI* c'est ça qui est bon même. Ça rend libre. Quand on cause, on n'est pas obligé de chercher gros gros mots façon qu'il y a dans dictionnaire là. On s'en fout des règles de grammaire et autres et on se fait comprendre de tous les milieux qu'on veut. »
>
> « Il est utile car il n'est pas aussi contraignant dans la sélection des mots comme le français-standard. Il est le français de l'humour et du style sans contrainte.»

Dans certaines situations, l'usage du *nouchi* constitue une contrainte sociale pour les lettrés :

> « Le *nouchi* vraiment, c'est c'est une langue spécifique que les jeunes devaient parler. » (locuteur C6 : M22, attié ; Knutsen 2007 : 270).
>
> « Y a des occasions où le *nouchi* est très important. » (locuteur C8 : M21 bete ; Knutsen 2007 : 270)
>
> « Dans certains milieux, on est obligé de parler le *nouchi*. Sinon, ils vont croire que tu joues à la grosse tête ou bien bon, ils vont penser que tu veux te différencier d'eux parce que tu es allé à l'école . »(M16, lycéen ; Kube 2005 : 220).

Le *nouchi* gomme les barrières et différences sociales liées à l'inégalité face à l'éducation en français. La seule opposition explicite entre entités linguistiques reste celle entre l'emploi endogène (*FPI*, puis *nouchi*) et le *français* ; elle dépasse la fonction interethnique initiale en ce que son emploi offre en outre une stratégie palliative face aux carences notoires en français standard :

> « Le *nouchi* c'est tel- c'est tellement, c'est fly[24] ! Et puis c'est relaxe, y a pas affaire de dire tu as parlé 'le' à la place de 'la', non ! » (locuteur A12 : M24, dioula ; Knutsen 2007 : 265).

L'absence d'une norme contraignante en *nouchi* favorise une évaluation positive des compétences et favorise chez les locuteurs peu lettrés un sentiment de sécurité linguistique. Le concept du *Solidaritätssymbol* proposé par Kube (2003) nous semble particulièrement pertinent pour décrire la fonction du *nouchi* car l'effacement des classes sociales à travers le « parler du peuple » possède un caractère davantage symbolique que réellement communicatif car il s'agit davantage d'un geste conciliateur que d'une réelle accommodation structurelle. En symbolisant l'unification dans la diversité, c'est un emblème majeur de l'identité nationale :

C6	[...] le *nouchi* est devenu maintenant une langue officielle, même, non, pas officielle mais bon.
DL	Officieuse mais parlée ?
C6	Voilà ! Bon, officieuse mais pas officielle justement. Parce que partout où tu passeras, tu n'entends que du *nouchi*. Que du *nouchi* ! Dans tous les milieux. Même même même même euh, les personnal (.) les intellos, il arrive parfois où ils

---

24 Mot emprunté à l'argot américain : « cool ».

se disent des petits mots *nouchi* comme par exemple «la go » ou bien «le ga' » quand ils sont vraiment contents et entre eux [...] (locuteur C6 : M22, attie).

Le locuteur place le *nouchi* au centre de la société abidjanaise[25], tout en nuançant la diversité des pratiques selon les catégories sociales. Il s'y ajoute l'inscription du *nouchi* dans un cadre interactionnel précis («quand ils sont vraiment contents et entre eux »). Enfin, le locuteur associe au *nouchi* un vocabulaire spécifique ; les termes cités peuvent s'interpréter comme emblématiques de par le fait qu'il s'agit de termes désignant des personnes, membres potentiels de la communauté, ce qui est encore plus notable avec d'autres termes emblématiques fréquemment cités comme « bras mogo » (ami, pair) ou « vieux père » (aîné, dans la hiérarchie des acteurs de la rue). Cette représentation ressort également du témoignage suivant :

DL Est-ce que tu penses que le *nouchi* c'est mauvais ?
B15 C'est à dire, c'est pas mauvais mais c'est mauvais.
DL Pourquoi c'est pas mauvais ?
B15 Parce que pourquoi je dis ça ? Où je dis mauvais ha ? Où j'ai dit c'est pas mauvais, parce que entre nous ici, on parle entre nous ici. Le *nouchi*, on parle ça entre nous. Mais arrivé dans un milieu, y a certains milieux où tu vas où tu peux avoir des relations, bon, pour t'en sortir, bon, des hommes qui peuvent t'aider, avoir un travail pour que tu essaies d'évoluer, tu vas aller parler *nouchi* là-bas, ils vont te ils vont te ils vont te prendre directement pour un zigehi[26] (locuteur B15 : M21, dioula ; Knutsen 2007 : 286).

La projection d'un lien entre la progression du *nouchi* et celle du chômage ou de l'analphabétisme engendre donc aussi des attitudes négatives :

DL Mais ça [le *nouchi*] peut remplacer le français à Abidjan ?
A13 Abidjan ici ? Ça peut remplacer le français dans les bas quartiers, bon, sinon, pas dans les milieux des des grands, bon, comme (.) si c'était ici, bon, soit on dit y a conférence en chose à Yamoussoukro, dans une grande salle où tu es assis avec des des tontons et puis tu allais parler le *nouchi* là-bas. Ce qui est sûr, c'est que tu ne seras pas trop considéré, quoi (locuteur A13 : M23, bete ; Knutsen 2007 : 282).

«Tonton » est le terme habituel pour désigner avec respect un homme adulte (de la génération plus âgée) et, le plus souvent, de rang social plus élevé ; le *nouchi* reste ainsi un vernaculaire au sens fort, dont l'endogroupe de référence est toujours restreint. Les informateurs de la frange « basilectale » expriment ainsi leur intention de se débarrasser du *nouchi* une fois l'insertion professionnelle aboutie (Knutsen 2007 : 265) : ils témoignent ainsi de la représentation socialement « handicapante » du *nouchi* au-delà des réseaux de jeunes ; les non-lettrés, dont le répertoire est moins étendu, restent en effet cantonnés dans le *nouchi*, alors que les lettrés ont le choix d'y recourir ou non.

L'avantage de la norme non coercitive sous-tend toutefois deux autres caractéristiques qui indiquent que le *nouchi* reste une langue de seconde classe. Premièrement, il crée la représentation de la simplicité de ses structures alors que

---

25 La référence à la ville d'Abidjan est fournie à deux reprises dans la question de l'enquêteur.

26 *Zigehi* : « vagabond ».

typologiquement, l'on note surtout la recrudescence de formes moins transparentes[27]. Deuxièmement, il souligne le prestige limité du *nouchi* ; seule une minorité des lycéens semble en effet prête à envisager sa normativation, attitude qui ressort aussi des réflexions suivantes :

> « Si au moins le *nouchi* était enseigné à l'école on pourrait dire que on allait améliorer mais c'est pas amélioré, c'est un langage qui a été créé dans la rue donc on se dit que c'est une mauvaise langue. » (W21, lycéenne, Kube 2005 : 224).

Mais la conscience d'un aménagement possible émerge :

> « Tu sais, les mots /vɔgu/[28] qui sont là-là, y a des verbes dedans ! Tu sais, moi je suis allé un peu à l'école ô, mais je suis en drap de ça. Je sais qu'il y a des verbes dedans, y a des mots aussi qui ont leur féminin, leur chose (.) leur masculin. Tu vois, non ? Donc, c'est un truc, c'est (.) c'est bien ! C'est-à-dire qu'il faut quelqu'un pour mettre ça au propre seulement et puis c'est une langue ! Je te jure, c'est une langue ! » (locuteur A12 : M24, dioula ; Knutsen 2007 : 278).

> « Bon c'est nous les futurs décideurs. Généralement, au moins un Ivoirien comprend au moins un mot du *nouchi*. Si on arrête un peu de penser, de voir ça comme un langage de la rue, comme le créole, on développe. Ça permet de mieux se comprendre. Là, au moins, tout le monde peut s'exprimer. Or si on parle le français vraiment il y a d'autres qui se sentent lésés. » (M18, lycéen, Kube 2005 : 224).

Ce dernier discours témoigne en outre du rôle du *nouchi* comme langue *nationale* potentielle, qui ne vient qu'en troisième et quatrième positions des arguments en sa faveur (Kube 2003 : 148 *sq*.).

Le *nouchi* constitue ainsi le dénominateur linguistique commun, *minimal* en ce qu'il ne fait pas le poids face au français au niveau macro-écologique. Reste que les discours épilinguistiques des locuteurs du *nouchi* révèlent clairement que l'opposition des fonctions véhiculaire et vernaculaire s'accorde mal avec la réalité discursive. Depuis l'émergence du *FPA/FPI*, les fonctions instrumentales se mêlent, dans la communication de proximité, aux fonctions emblématiques et portent les indices d'une forte charge affective ; la fonction interethnique rejoint celle de l'identité nationale par le symbole de la solidarité.

Nous avons vu par ailleurs que la catégorisation *nouchi* semble associée à des signes spécifiques chez certains locuteurs, notamment les lycéens et les professionnels de la langue. Il s'agit là de la projection, sous forme d'un discours métalinguistique, de la capacité d'isoler des unités (lexicales) dans le flux continu du discours. Chez les locuteurs moins ou non lettrés la projection de termes précis semble plus rare, mais peut-être les enquêtes n'ont-elles pas spécifiquement vérifié ce point. On peut alors faire l'hypothèse que le terme *nouchi* désigne pour les moins lettrés la pratique discursive quotidienne, autrement dit, le flux même. La perception différentielle d'items précis serait ainsi due à la structuration de la

---

27 Absence d'article ou morphologie verbale réduite.

28 Nous ignorons le sens précis de ce terme mais nous pensons qu'il s'agit d'un autre terme pour *nouchi*.

conscience linguistique, qui serait directement fonction du niveau d'instruction de ces locuteurs... si elle ne résulte pas des protocoles d'enquête.

3.2.2 Discours épilinguistiques publics : l'ivoirité

Le droit de cité du *FPA* puis du *nouchi* dans la presse locale s'est établi en plusieurs phases : des premières publications *en FPA* est né un débat public *autour* du *FPA* ; celui-ci s'est alors déplacé vers le *nouchi*, avant de faire entrer le terme même dans le *discours médiatique*.

1) Dès le milieu des années 1970, le *FPA* se trouve divulgué à l'écrit : tout d'abord, dans une rubrique humoristique intitulée « La Chronique de Moussa », publiée dans l'hebdomadaire *Ivoire-Dimanche*; le caractère littéraire et parfois caricatural des structures[29] mises en scène n'enlève rien au fait que la « langue du peuple » y connaît sa première reconnaissance publique. Depuis, de nombreuses productions sous formes de chroniques, bandes dessinées (*Zézé*, *Dago*[30]) ont suivi, jusqu'à la publication d'hebdomadaires entièrement en *nouchi* (*Ya fohi*, *Gbich*).

2) Les résistances du corps enseignant[31] ont pu engendrer un débat social transcrit dans la presse, ce qui valide à nouveau l'importance du phénomène :

> « Le villageois débarquant à Abidjan a besoin du français pour se débrouiller et trouver du travail. Le français d'Abidjan est donc en train de devenir une véritable langue africaine. » (*Jeune Afrique* 24, 1996 : 94).

> « Le français populaire ivoirien, même s'il reste combattu par de nombreux pédagogues, est devenu un élément de l'identité nationale. » (*Jeune Afrique* 24, 1996 : 94).

3) Bien d'autres articles décrivent et commentent la question du *nouchi* dans les médias ; dans l'article « Le nouchi, la langue des oubliés » (Solo 2003), le *nouchi* est attribué aux jeunes Abidjanais (« déchets scolaires »), qui l'auraient inventé en puisant dans le plurilinguisme national. Il y est identifié comme un argot («code ésotérique ») et étroitement associé au zouglou.

4) L'utilisation du terme *nouchi* est courante dans la presse locale. La plupart du temps, il ne s'agit plus d'expliquer ou de définir le phénomène ; au contraire, le terme est utilisé dans une prédication secondaire, qui indique que les auteurs supposent que sa signification est acquise, tantôt synonyme de zouglou, tantôt désignant une entité linguistique et tantôt un réseau social (ou groupe) :

> « Chantées en *malinké, bété, songhaï, bamana, khasonkhé*, ***français, nouchi***, les différentes chansons des *Go* disent avec force et sincérité les espoirs, les inquiétudes et

---

[29] Question discutée par Duponchel (1974).

[30] Maïga / Appolos, 1977, *Les aventures de Dago*, Abidjan, Inter Afrique Presse, et Lacombe, B., 1989, *Monsieur Zézé,* Libreville : Achka.

[31] Depuis, un certain nombre de projets pédagogiques à partir du *nouchi* ont pu voir le jour. Par exemple, l'initiative d'échange épistolaire *Abidjan, ma ville, le nouchi, ma langue* entre le lycée Français Blaise Pascal de la Riviera et Sainte Thérèse de l'Enfant Jésus à Koumassi (source : http ://blaisepascalabidjan.free.fr/NOUCHI.HTM, dernière vérification du lien : 16/12/06).

les préoccupations de ces deux jeunes ivoiriennes à l'écoute de leur continent et du monde. » (« 'West African Feeling' – Les 'Go' du Kotéba sont de retour », *Le Matin d'Abidjan*, 24/11/06).

« C'est tout le peuple ivoirien qui est soulagé. Celui qui voulait imprimer une « nouvelle âme » à Fraternité Matin a été stoppé net dans son allure désopilante de révolutionnaire aux petits pieds. « Il a pris dêbê », **disent les Nouchis**. (« Direction générale du groupe Fraternité Matin : Jean-Baptiste Akrou prend le pouvoir ce matin. », *Notre Voie*, 28/11/06).

« Tous ceux et toutes celles qui étaient au concert de Singuila le samedi dernier ont pu se rendre compte du talent de Rageman. **Le rappeur *nouchi*** a fait sensation et le public ne s'est pas fait prier pour lui démontrer son admiration et l'encourager. » (« Rageman – Il a fait lever le public », *Déclic Magazine*, 25/10/06).

« La compagnie N'Soleh a présenté un extrait de sa dernière création « Côte d'Ivoire ou **la rime des Nouchis**. » (« La compagnie N'Soleh, au secours du centre culturel d'Abobo. », (*Prestige Magazine*, 6/12/06).

Seul ce dernier exemple définit le *nouchi* en le juxtaposant au *FPA* pour ainsi le définir :

« 'Frayaliste', telle est leur nouvelle appellation. Ce terme qui fait son entrée fracassante dans le large dictionnaire du **« Nouchi », français populaire d'Abidjan**, a de quoi retenir toute attention. Pour les enfants de la rue abidjanaise, il est le parfait opposé du terme 'Loyaliste', ce qui reste pour affronter le danger. » (« Éditorial : 'Frayalistes' », *Le Matin d'Abidjan*, 23/9/06).

Si le *nouchi* est le plus fréquemment cité dans le cadre de la production artistique, c'est que l'actualité culturelle, domaine attitré de la presse locale, intéresse davantage les lecteurs que la seule dynamique linguistique. *Nouchi* semble alors en passe de devenir le terme emblématique d'une culture spécifiquement ivoirienne[32] revendiquée au-delà de la seule jeunesse :

« Bref, l'ivoirité avait été comprise comme cette communauté culturelle qui transcende les ethnies, qui transcende toutes les communautés présentes en Côte d'Ivoire et qui aura produit **le zouglou et le *nouchi***. C'est la chose de tous ceux qui habitent en Côte d'Ivoire. » (Pierre Kipré, auteur de «Côte d'Ivoire, formation d'un peuple : L'ivoirité nous a fait trop de mal. ». (*Nord-Sud*, 14/10/06).

3.2.3. Discours « méta-épilinguistiques » : les milieux autorisés

Jusqu'il y a peu, la majorité des études sur le non-standard, c'est-à-dire sur la langue parlée, les créoles ou des « sociolectes » particuliers dénigrait de fait les dynamiques linguistiques en cours :

« L'analyse de la variation du français en Afrique fait apparaître une dichotomie : français littéraire/français véhiculaire. D'une façon générale, le français littéraire reste encore nettement dominant dans les usages quelle que soit la situation de

[32] Le concept de *l'ivoirité* a été forgé à la fin des années 1980 par l'ex-président Houphouët-Boigny.

communication. Ce français littéraire s'oppose à celui, véhiculaire et vivant pratiqué par une large majorité de locuteurs au marché, au stade, dans les bureaux et autobus. Cette langue vivante et dynamique, colorée et adaptée à toutes les situations de communication est partout pourchassée et farouchement combattue parce qu'elle est porteuse d'incorrections et d'impuretés qui menaceraient la norme. » (Tabi-Manga 1992 : 115).

Cette projection d'apparence plutôt bienveillante dresse non seulement un portrait caricatural du français véhiculaire, mais se disqualifie en outre par une utilisation hasardeuse de termes comme *littéraire* et *véhiculaire*, qui ne sont pas opposables de la sorte. De tels discours venant de locuteurs en position d'aménageurs peuvent être politiquement lourds de conséquences.

Comme nous l'avons vu en 2.2, l'un des problèmes centraux est l'articulation du *nouchi* avec la dynamique linguistique abidjanaise en général. Sa délimitation par rapport au *FPA/FPI* était plus nette il y a deux décennies :

« [...] le français populaire et le *nouchi* divergeaient par l'origine sociologique de leurs locuteurs : le *nouchi* était parlé par des jeunes qui avaient une relative maîtrise du français tandis que le fpi était appris sur les chantiers par des gens 'peu ou pas du tout lettrés'. » (Kouadio 2006 : 188).

L'époque de référence pour le *FPA* étant celle de la diffusion du véhiculaire interethnique au-delà des migrants dans les classes populaires (Duponchel 1974, Lafage 1978), il est rare de voir évoquer la dynamique linguistique ivoirienne en termes d'appropriation – et il n'est pas encore question du *nouchi*. Dans les années 2000 au contraire, l'appropriation du français par la communauté discursive locale est patente, et semble centrée sur le *nouchi* :

« [...] pour expliquer l'évolution récente du lexique du français ivoirien ordinaire, il est indispensable maintenant d'évoquer l'influence du *nouchi**. [...] La mode aidant, le *nouchi* aurait pris la place du FPI en l'assimilant et serait devenu emblématique pour les jeunes [...] » (Lafage 2002 : LV).

L'emprise du *nouchi* sur le répertoire global va croissant :

« [...] le *nouchi* procède à la fois du dioula et du fpi, mais également qu'il n'est pas trop éloigné du français local ivoirien qu'il commence d'ailleurs à irriguer comme l'avait fait le fpi avant lui. » (Kouadio 2006 : 188).

« [...] c'est avec la naissance du mouvement zouglou que se sont accélérées l'invasion du français parlé ordinaire par certains mots du *nouchi* et l'hybridation croissante du lexique local, avec malgré tout une tendance prédominante à la fusion des deux parlers véhiculaires. » (Lafage 2002 : LVIII).

Dans le but de situer le métadiscours des linguistes dans le contexte explicite de la délimitation du *nouchi*, nous leur avons adressé un questionnaire[33] avec pour objet les caractéristiques projetés sur cette entité. Knutsen (communication personnelle, 2006) note comme caractéristiques du discours *nouchi* l'augmentation du nombre d'emprunts aux langues ivoiriennes, la récurrence de traits structurels non standard et de termes lexicaux exclus de la

---

33 Voir annexe ; il est fait référence aux réponses à ce questionnaire sous forme de « communication personnelle », 2006).

communication formelle, un débit plus rapide et une prédilection pour certaines thématiques. Kouadio (communication personnelle, 2006) indique que le *nouchi* comporte plus ou moins d'emprunts selon l'identité sociale du locuteur. Peut-on alors conclure que « plus c'est mixte/non standard, plus c'est du *nouchi* » ? Dans la perspective d'un continuum vertical, faut-il distinguer entre le *nouchi* du haut (mixité faible, débit lent) et le *nouchi* du bas (mixité forte, débit rapide) ?

Kube (2003 :146), en suivant la classification de Smith (1995), range le *nouchi* dans le groupe des *symbiotic mixed languages*, caractéristiques des groupes avec une forte proportion de locuteurs plurilingues, ce qui se répercute dans une base syntaxique unique et un vocabulaire typologiquement très hétérogène. En raison de l'importance de la tradition plurilingue dans la constitution du *nouchi*, celui-ci préserverait alors son caractère cryptique. Or, il n'est pas établi qu'il reste aujourd'hui dans les compétences individuelles du plurilinguisme davantage que la conscience d'une identité collective hétérogène. Il est d'autant moins évident qu'il existe une séparation nette entre le français et les langues africaines, ce que le qualificatif *cryptique* dans ce contexte supposerait. Si la signature quotidienne de l'identité multiethnique est constituée par l'expression linguistique hétérogène, la majorité des items empruntés semblent stabilisés. Le caractère cryptique se limiterait alors à une « condensation » discursive (momentanée) du *répertoire* individuel car l'accès restreint du locuteur individuel à l'éventail discursif de la communauté n'est pas spécifique au fait de la mixité.

Les discours méta-épilinguistiques se confondent par endroits avec les discours épilinguistiques. Dans l'exemple suivant, le *nouchi* ressort comme langue de l'unification nationale par excellence, ce notamment en raison de sa fonction véhiculaire :

> « Dans la pratique, il s'est avéré que le *nouchi* a trouvé une place stable comme moyen de communication interethnique, susceptible également de créer des liens entre les différentes couches sociales. » (Kube 2005 : 224, traduction KP).

Cette « pratique » (allemand : *Praxis*) n'est pas établie empiriquement et repose principalement sur les dires des locuteurs dont Kube s'approprie ici de fait la perspective : la référence à la fonction *interethnique* indique davantage sa raison d'être historique que la réalité linguistique actuelle de la ville et projette ainsi la filiation directe entre *FPA* et *nouchi*.

> « Dans la pratique, il s'est avéré que le *nouchi* a trouvé une place stable comme moyen de communication interthnique, susceptible également de créer des liens entre les différentes couches sociales. » (Kube 2005 : 224, traduction KP).

Tout comme pour les locuteurs, le positionnement du linguiste dans la communauté décrite apparaît déterminant pour les représentations. Lafage notait en 1980 le caractère décomplexé des Ivoiriens vis-à-vis du français standard :

> « Un peu malgré eux, ils s'y sentent [en FPI] plus à l'aise pour une expression spontanée. S'ils ne parlent pas toujours le français véhiculaire, ils aiment le lire, l'écouter, le savourer... et même le retrouver dans des oeuvres littéraires peignant de façon vraie les réalités ivoiriennes. Et en cela, ils sont bien indépendants, libérés à la

> fois de la norme académique, des mauvais souvenirs du colonialisme et des complexes. » (Lafage 1980 : 35).

Lafage est par ailleurs bien placée pour savoir que l'illettrisme est tout aussi généralisé que le *FPI* lui-même : comment croire alors que l'Ivoirien moyen se retrouve – techniquement – dans les publications écrites en *FPI* ? On connaît l'amour que Suzanne Lafage avait pour l'Afrique et ses peuples ; son regard d'observatrice a pu céder le pas ici à son souhait de voir les Ivoiriens s'émanciper du surpoids de la norme académique – mais dont ils ne se sont toujours pas libérés, ce que montre l'importante insécurité linguistique face au *nouchi*.

Les indices sociaux sont encore plus marqués dans le cas du linguiste décrivant sa propre communauté : dans quelle mesure l'acteur peut-il s'extraire de sa position sociale de locuteur pour intégrer celle de l'observateur ? Kouadio (2006) introduit son article sur le *nouchi* et ses rapports avec le dioula de la manière suivante :

> « Dans un article consacré au *nouchi* en 1990[34], je m'interrogeais sur la nature de ce phénomène linguistique : s'agissait-il d'un argot naissant appelé à s'incruster durablement dans le paysage linguistique ivoirien déjà passablement embrouillé, ou bien, comme la plupart des « parlures » de jeunes, était-il condamné à disparaître aussitôt que la mode qui le portait aurait elle-même disparu ? Quelques années plus tard, il semble bien que ce soit le premier terme de l'alternative qui s'est avéré juste. En effet, le *nouchi*, non seulement n'a pas disparu, mais au contraire, il a renforcé ses positions dans le milieu des jeunes à tel point qu'il est devenu la première langue, ou à tout le moins la langue la plus parlée des jeunes âgés de 10 à 30 ans. » (Kouadio 2006 : 177).

Sa bienveillance vis-à-vis de l'objet représenté engendre des gestes conciliateurs : le *nouchi* a droit à la désignation *langue*, et l'auteur lui reconnaît une base sociale solide. Dans une communication personnelle, Kouadio (communication personnelle, 2006) persiste et signe en ajoutant que pour lui, « les choses sont claires ». Le corollaire en est l'effacement des contours de l'objet scientifique lui-même : Kouadio passe sous silence que l'établissement de la diffusion du *nouchi* en communication présuppose sa délimitation structurelle. À ce titre, comment faut-il interpréter les propos de Boutin (2003), qui note que :

> « [...] plusieurs variétés de langue ont en fait les mêmes caractéristiques et se distinguent surtout par leur contexte d'utilisation (chantiers, écoles, collèges et lycées, transports en commun). La tendance est d'appeler tous ces parlers *nouchi* ou *français nouchi* et de les assimiler au *français ivoirien*. Cependant, le terme même de *nouchi* ne désigne pas pour toutes les personnes enquêtées la même réalité linguistique. Pour la plupart d'entre elles, il s'agit d'une langue ayant un rôle dynamique en Côte d'Ivoire, mais pour d'autres, il s'agit d'une langue à part. » (Boutin 2003 : 80).

Si le terme de « variétés de langue » semble se superposer (ici) à celui de « dénomination », celui de « caractéristiques » doit-il s'entendre comme « caractéristiques *structurelles* » ? Dans ce cas, qu'est-ce que le français ivoirien : une partie seulement ou la totalité des pratiques du français en Côte d'Ivoire ? La

---

34 *Cf.* Kouadio (1990).

description du continuum et la délimitation des -lectes qui le composent, comme le propose Knutsen (2007) se détache même des catégories avancées par les locuteurs :

> « Du point de vue de la dénomination, il n'existe aucune épithète communément utilisée par les locuteurs abidjanais pour nommer le mésolectal. Il y a par contre toute une série d'entités multiformes qui ont toutefois en commun de répondre à un critère fonctionnel, à savoir le fait d'être considérées comme légitimes dans la plupart des situations communicationnelles, à la différence d'une certaine pratique relevant du basilectal (le *nouchi*) qui est trop socialement marquée pour être acceptée dans les situations formelles. » (Knutsen 2007 : 250).

En effet, *aucun* des témoignages relevés auprès des *locuteurs* ne fait allusion à la conceptualisation d'une entité médiane...

Les réflexions sous-tendent le processus socio-indexical suivant : l'on crée un concept en associant un terme (*nouchi*) à un comportement discursif (informel, etc.) ou à des caractéristiques sociales (populaire, etc.)[35] *présumés*. L'on peut ensuite recueillir les discours en fonction de ces paramètres pour enfin en identifier les caractéristiques linguistiques ; il est possible, enfin, d'affirmer que le discours *nouchi* se caractérise de telle ou telle manière. Mais la représentativité de ces caractéristiques pour la reconnaissance de l'objet n'est plus vérifiable : le résultat n'est pas erroné par essence mais la circularité est évidente.

On gagnerait en transparence à accorder la priorité soit à la délimitation de(s) type(s) de discours en discrétisant des unités discursives (attestées) pour *ensuite* les comparer selon des paramètres linguistiques internes, soit au choix des caractéristiques structurelles pertinentes (ex. *détermination Ø, fonction narrative*, etc) *avant* d'en vérifier la récurrence dans un discours donné[36]. C'est seulement ensuite qu'il convient de regrouper certains discours en leur appliquant une dénomination commune :

ETAPE	CONSTRUCTION DE LA REFERENCE	ETAPE DE LA DENOMINATION	OBSERVABLE
1	il existe X[37]	il existe des discours	le discours comme processus social
2	ceci est un X	ceci est un discours	le discours comme entité discrète (le produit langagier)
3	ce X est Y	ce discours possède le trait T	les caractéristiques d'un discours
4	tous les X (Y) sont Z	les discours dotés du trait T (T1, T2, T3) constituent une classe C	les discours comme occurrences d'un type
5	il existe X	Il existe une entité *nouchi*.	le métadiscours : les dénominations
6	ceci est un X	ce discours (appartenant à la classe C) relève de l « entité *nouchi*	la relation entre une dénomination et une occurrence langagière (objet réel)
7	tous les X (Y) sont Z	les discours de la classe C appartiennent à l'entité linguistique *nouchi*.	le métadiscours : la relation de la dénomination avec un type de discours
8	ce X est Y	l'entité linguistique *nouchi* est définie par les traits T1, T2, T3....	la projection des caractéristiques sur la dénomination

35 Souvent par la négative : nouchi = **non**-standard ; mixité = **non**-pureté.

36 S'il n'y a pas de priorité à accorder à l'un ou l'autre type de paramètre, le recueil des données ne sera pas soumis aux mêmes contraintes.

37 Légende : X = entité naturelle, discrète ; Y, Z = propriétés ; T = trait linguistique ; C = catégorie.

La schématisation qui place l'étape 5 dans la continuité chronologique de l'étape 1 est bien entendue abusive puisque le terme *nouchi* préexiste à la démarche ; il est fréquent cependant que la description occulte la partie grisée du schéma. Les étapes préalables à l'étape se justifient néanmoins par le fait que le terme *nouchi* désigne non pas des données naturelles sous forme d'entités discrètes (comme c'est le cas du *discours*) mais, plus abstraitement, la projection sociale d'une classe d'objets. La démarche préserve la transparence sur l'arbitraire gouvernant la présélection des données dans l'ensemble discursif infini. Car la validation de la catégorisation (étape 8) comme regroupement pertinent de réalités existantes, le rapprochement entre un dénominateur et des traits structurels ne peut être scientifiquement valable (puisque falsifiable) que si la pertinence de ces traits est avérée pour la constitution d'une classe de discours en tant que telle.

Le problème de l'épistémologie est aussi celui de la continuité des recherches. La socio-indexicalité du changement linguistique à Abidjan (et en Côte d'Ivoire) doit être envisagée sur trois différents plans :

1. les observateurs du terrain changent d'une décennie à l'autre, tandis que la transmission de leurs discours/publications est pleinement garantie ;
2. les dénominations changent d'un chercheur à l'autre, alors que les descriptions basées sur un corpus contrôlé se font de plus en plus rares ;
3. l'objet recouvert par ses dénominations change, bien que les vecteurs de ce changements restent très peu connus.

De fait, le terme *nouchi* est le premier issu de la communauté même et largement diffusé. La communauté des linguistes s'en trouve un peu désemparée...

Notons qu'il ne s'agit pas ici de pointer les incohérences de tel ou tel raisonnement, seulement de montrer comment nous, linguistes, sommes aussi sous l'emprise de représentations[38]. Nos discours révèlent et renouvellent à la fois les indices sociaux contenus du langage, ce qui influe sur la délimitation de l'objet même. Le spectre de l'unicité linguistique est à la fois celui du structuralisme et celui de l'État-nation ; ce qui est engagé ici c'est notre responsabilité d'énonciateurs d'un discours public – bien que souvent confidentiel – susceptible d'influer sur les représentations d'autres acteurs sociaux, de se répercuter dans les discours futurs des collègues et dans les choix politiques relatifs à l'aménagement linguistique.

3.2.4. Problèmes d'interprétation de la socio-indexicalité

Que les pratiques linguistiques soient dotées de plusieurs noms n'est pas en soi un phénomène surprenant. De là à noter que les locuteurs ne font pas la distinction entre les différentes variétés du français est à nos yeux un faux procès à leur faire dès lors que les catégories élicitées sont forgées par les linguistes.

La dynamique socio-indexicale du *nouchi* reflète la dynamique linguistique abidjanaise en prenant appui sur les étapes suivantes :

---

[38] Je laisserai le soin aux collègues d'analyser les miennes !

1) Les représentations sociales produisent des dénominations : dans la communauté urbaine naissante, les jeunes descolarisés sont catégorisés par le terme *nouchi*.
2) Les dénominations influent sur les représentations : un comportement discursif spécifique est associé aux nouchis.
3) Les représentations influent sur les pratiques : le comportement discursif nouchi est adopté d'abord par ceux qui se dénomment ainsi eux-mêmes puis par d'autres groupes de la communauté qui revendiquent l'identité urbaine.
4) Les pratiques influent sur les représentations : le nouchi est associé au français des rues (de la ville).

3.3 Le terme *nouchi* comme indice d'une identité sociale

3.3.1. Historicité : le *nouchi* est le FPA

En tant que élément fondateur de la communauté, le *nouchi* est en voie de se doter d'une historicité :

> « Le *nouchi* est né pour résoudre le problème de communication entre les différentes couches. » (F19, lycéenne ; Kube 2005 : 216).

Si ces locuteurs semblent ignorer que le *nouchi* est né seulement *après* que ces problèmes de communications ont été résolus – au moyen du *FPA* –, il importe de constater que la conscience collective associe le terme *nouchi* aujourd'hui à cette phase d'appropriation du français et lui construit ainsi son « histoire glorieuse », l'un des critères de la typologie de Stewart pour qu'une *langue* soit reconnue comme telle (Stewart 1968).

3.3.2. Normalisation : le *nouchi* n'est pas le français

En tant que moyen de communication à la portée de tous, le *nouchi* est la langue la plus diffusée dans la communauté :

> « Parce que la plupart des gens ne s'expriment pas bien en français et donc parlent le *nouchi*. » (F17, lycéenne ; Kube 2005 : 216).

Bien que l'omniprésence du *nouchi* apparaisse comme une évidence, ce témoignage est ambigu en ce qu'il laisse entendre d'un côté que le *nouchi* est un français par défaut alors que de l'autre, le fait de parler *nouchi* relève d'un choix de la part du locuteur indique qu'il y a dissociation entre français et *nouchi*. Quoi qu'il en soit, l'intercompréhension entre français et *nouchi* n'est pas garantie, ce qui ressort de manière insolite de l'extrait suivant :

DL Tu le parles [le *nouchi*] ?

A19 Oui je parle aussi. Puisque moi-même, bon je (.) je n'ai jamais été à l'école.

DL Et tu penses que c'est **ce français** que tu parles en ce moment ?

A19 Bon, je peux dire que bon, avec (.) mon vieux, mes fréquentations au Centre Culturel Français et puisque chaque fois que j'écoute le (.) RFI, bon, souvent ils ont des émissions spéciales sur « Savoir parler », bon, donc, j'écoute ça beaucoup, avec la télévision, tout ça-là, bon, donc. (locuteur A19 : M30, malinke ; Knutsen 2007 : 282).

Comme la grande majorité des informateurs[39], A19 associe le *nouchi* à l'acquisition non guidée d'un mode de communication et le français à l'apprentissage scolaire. En expliquant qu'il n'a pas été scolarisé, il dit implicitement qu'il parle *nouchi*. Sa seconde intervention montre cependant qu'il se reconnaît des compétences en français, ce qui est corroboré par la forme de son discours, qui comporte très peu d'éléments non standard. Si la réponse d'A19 paraît quelque peu décalée par rapport à la question, c'est qu'à nos yeux, il se produit ici une mésentente entre enquêteur et informateur dont l'origine semble être d'ordre morphologique : DL dit « ce français » en faisant référence au *nouchi*, qui appartient pour l'enquêteur à l'ensemble *français*. Or, d'après nos propres corpus[40], le démonstratif prénominal *ce* apparaît d'autant moins dans les discours locaux que ceux-ci sont marqués (socialement, interactionnellement ou structurellement) par le non standard. Il est fort probable alors que l'enquêté ne l'interprète pas et qu'il comprend la deuxième question comme « comment tu expliques que tu parles français en ce moment, et non *nouchi* ? »[41].

La réponse révèle que ce locuteur – contrairement à l'enquêteur – projette ici deux entités distinctes dans le discours social. Ses compétences limitées en français – dont il a conscience par ailleurs – ne lui permettent toutefois pas de s'accommoder à son interlocuteur et de comprendre précisément la question telle qu'elle a été posée[42].

L'opposition du français au *nouchi* constitue ce dernier comme entité originale, spécifique aux Ivoiriens. Leur répertoire se structure à partir de cette entité, tandis que le français réaffirme son statut étranger, mal ou méconnu.

3.3.3. Emblématicité : le *nouchi* est un argot

En tant que code emblématique, le *nouchi* possède une fonction cryptique et constitue une ressource qui se surajoute au code commun, d'après ces deux témoignages « indicés » de l'intérieur et de l'extérieur :

> « On parle le *nouchi*, la langue de ceux qui sont dans la rue ; c'est un peu des mots créés par nous-mêmes, mélangés un peu avec le français quoi, ceux qui ne connaissent pas le code ne peuvent savoir ce qu'on dit. » (djoser de naman[43], Kouadio 2006 : 189).

---

39 *Cf.* Lafage (1980, 1991), Kouadio (1990), Ngalasso et Ploog (1998), Kube (2003), Knutsen (2007).

40 Ploog (1999), corpus exploités, entre autres, dans Ploog (2002a).

41 Knutsen (communication personnelle 2007) suggère une autre interprétation : le locuteur A19 ne répondrait pas à la question de l'enquêteur, en reprenant au contraire la première idée de son intervention (*je le parle **aussi***) pour expliquer qu'il n'est pas contraint à parler le nouchi pour les raisons avancées.

42 Tout comme les nôtres d'ailleurs, limitées en *nouchi*, qui peuvent conduire à des malentendus dans l'interprétation des témoignages de locuteurs...

43 « Gardien de voiture ».

> « Il y a un français hermétique, qui est propre à un milieu, et qui est l'argot de ce français ivoirien là. Les *nouchi*s, ils sont dans une logique, mais du point de vue des mots, c'est l'argot. » (éditeur, Boutin 2003 : 80).

L'appropriation d'un argot par d'autres groupes de la communauté entraîne la restructuration de la socio-indexicalité. Du côté des termes emblématiques, le fait que le *nouchi* signifie le mode de vie urbain tout entier est symbolisé par l'opposition *yèrè vs. gaou* (« enfant du quartier » *vs.* « plouc ») : *être yèrè* réfère à une mobilité sociale dans la communauté, qui doit être gagnée par le discours – en *nouchi* :

> « Les virtuoses du *nouchi* enjaillent[44] (émerveillent, amusent) les jeunes autour d'eux, qui, à leur tour, réemploient les nouvelles expressions et imitent la manière de parler des Nouchis (débit, intonation, éléments phatiques et balises du discours) pour 'frimer' dans leur propre milieu. » (Knutsen 2007 : 264).

Néanmoins, l'indiciation du discours s'opère parfois à l'insu du locuteur, qui s'en trouve stigmatisé :

> « Un dimanche on était à la maison. Mon grand frère n'est pas allé au travail, ses amis sont venus, et puis il y a un mon grand frère, lui il fume pas. Est-ce que tu vois ? Lui fume pas. Y a y a son ami [...] un qui fume. Lui il a boîte à allumettes à main. Je suis allé vers lui, je vais allumer ma fall, je suis allé vers lui pour lui dire 'ouais, vieux père, donne-moi ta boîte', Il dit pourquoi moi je l'a appelé 'vieux père', ce que vraiment, je suis un voleur, pourquoi je peux l'appeler 'vieux père', vieux père, ça, ça ça veut dire quoi. Il se fâche comme ça. Mon grand frère lui aussi il s'est fâché. [...] Or, bon, dans nos cités-là, à la gare ici, quand tu dis un vieux père, c'est c'est le grand respect. C'est un signe de respect comme ça. Par exemple, je vois un comme ça, au milieu de la gare, je vais dire 'vieux père' tous les môgô qui sont derrière moi ils vont le respecter. » (locuteur A4 : M21, wobe ; Knutsen 2007 : 257).

La négociation explicite des termes d'adresse en montre l'emblématicité ; d'autres indices présents dans ce témoignage, tout aussi caractéristiques de l'usage local[45], ne sont pas susceptibles de provoquer d'aussi vives réactions parmi ses proches. Cela ne signifie pas qu'ils ne soient pas perçus et interprétés, mais ces indices de la *norme endogène* et/ou du *mauvais français*, réservés à certaines configurations discursives, échappent à la *conscience* du locuteur et définissent son identité sociale. En cela, l'épithète *non marqué* pour désigner la « norme endogène » ou les « emplois vernaculaires ordinaires » porte à confusion car il laisse supposer que l'item est neutre alors qu'il ne l'est pas, ni de l'intérieur ni de l'extérieur.

---

44 De l'anglais *enjoy*.

45 Pour les plus immédiatement perçus : «fall » pour *cigarette* ; généralisation de *dire* comme verbe de parole, ici avec le sens de « demander » ; COD indéterminé à pronom Ø fréquemment qualifié comme « omission » de *en* ; flexion réduite de l'auxiliaire : *ai* > *a* ; déterminants Ø.

3.3.4. Statut : le *nouchi* est une langue nationale

Par son droit de cité dans les discours de professionnels de la langue, le *nouchi* est désormais reconnu comme vecteur central de la dynamique linguistique ivoirienne (multilingue) :

> « Lors que l'on examine de près les questions d'aménagement linguistique dans les pays qui connaissant une situation sociolinguistique multilingue comme la Côte d'Ivoire, on s'aperçoit très vite qu'à vouloir imposer une langue, l'on obtient toujours l'effet contraire. A vrai dire, on n'impose jamais une langue aux ressortissants d'un pays. C'est la langue qui s'impose à eux [...] En fait, quand on affirme que c'est la langue qui *s'impose aux ressortissants*[46] d'un pays, cela revient à dire que la *dynamique interne* d'une langue est propre à créer un contexte qui donnera le moment venu une suprématie à telle langue sur l'ensemble des autres langues parlées sur le territoire considéré. Mais pour que cette dynamique interne soit opérante, il faut promouvoir sans discrimination aucune les diverses langues en présence et surtout les respecter toutes quelle que soit leur importance démographique ou leur statut (minoritaire ou majoritaire) les unes par rapport aux autres. » (Kokora 1983a : 100).

Kokora, acteur de l'aménagement linguistique à la même époque, ne fait aucunement référence au *FPI*, élément central dans la constellation sociolinguistique, mais à la promotion des langues ethniques. Celles-ci n'ont jamais bénéficié du développement nécessaire, ce qui en a accéléré la régression[47]. A l'opposé, le caractère inaccessible *et* coercitif de la Norme possède un caractère toujours culpabilisant pour le locuteur – c'est en cela qu'il met (presque) tous les Ivoiriens sur un même niveau.

> « Ce sentiment d'insécurité linguistique transparaît de plus en plus dans l'attitude empreinte d'ambiguïté que manifestent les Ivoiriens à propos des variétés de français parlées dans le pays. On rencontre chez certains d'entre eux une certaine fierté d'avoir réussi à « inventer » une façon de parler français bien à nous, mais lorsque cette question est évoquée par d'autres que nous, des non-Ivoiriens par exemple, ces mêmes Ivoiriens la ressentent comme stigmatisante [...]. Mais le sentiment d'insécurité linguistique visé ici [doit être compris] comme un parti pris délibéré de refuser de se plier aux dictats d'une norme devenue évanescente que l'école n'arrive plus ni à reproduire ni à défendre. Dans ces conditions, un sociolecte comme le *nouchi* a son avenir assuré [...]. » (Kouadio 2006 : 189 sq.).

La propagation – diffusion et revendication – du *nouchi* peut ainsi être considérée comme conséquence directe de la rigidité d'une francophonie monocentrée.

La « dynamique interne » (*cf. supra*, la citation de Kokora) du français s'étant imposée, promouvons-la alors sans « discrimination ». Et si l'on écoutait les locuteurs – un peu mieux, un peu plus tôt ?

---

46 En italiques dans le texte.

47 *Cf.* Lafage 1980 ; Ngalasso et Ploog 1998.

3.3.5. Bilan : contours de la communauté discursive

L'étude des dénominations des entités linguistiques perçues révèle les enjeux de la catégorisation sociale des communautés de discours. Le *nouchi* en ressort comme élément fédérateur d'une communauté nationale résolument urbaine et socialement hétérogène, semi-lettrée. Adopter le *nouchi* signifie être au fait de la dynamique sociale.

Le problème de savoir qui est locuteur de quoi dans cette communauté reste entier. Si les pratiques exprimées par les locuteurs s'articulent inévitablement autour de fonctions communicatives précises, aucune description dépassant les inventaires intuitifs n'a encore tenté d'établir les exigences pragmatiques assumées par le *nouchi*, du moins celles allant au-delà de sa fonction crypto-ludique investie dans des traditions discursives comme la chanson *zouglou* ; l'étude des champs lexicaux couverts s'est bornée à la seule dimension emblématique.

3.4. La socio-indexicalité dans le processus discursif

3.4.1. La *négociation*

Né comme comportement linguistique emblématique là où la mobilité des locuteurs était réduite – en quelque sorte dans l'oeil du cyclone de la dynamique abidjanaise – le terme *nouchi* désigne désormais la dynamique elle-même et il a donc toutes les chances de s'imposer comme dénominateur commun d'un contrat social naissant. La multiplicité des vecteurs de cette dynamique nous enseigne que les pratiques langagières hétérogènes ne peuvent pas être décrites comme *continuum linguistique* (Duponchel 1979, Lafage 1978) découpé en « tranches ».

L'une des fonctions majeures du *nouchi* est la négociation des identités en interaction, processus central de la socio-indexicalité. Thomason (2001) décrit la négociation comme un processus de calage des interlocuteurs à leurs habitus[48] linguistiques respectifs :

> «The 'negotiation' mecanism is at work when speakers change their language (A) to approximate what they believe to be the patterns of another language or dialect (B). Crucially, this definition includes situations in which speakers of A are not fluent in B, as well as situations in which they are. » (Thomason 2001 : 142).

Thomason (2001) envisage la négociation comme étant destinée à compenser ou réduire les tensions potentielles avec l'interlocuteur. Knutsen (2007 : 295) cite le cas d'un locuteur[49] gêné de parler le *nouchi* face à quelqu'un de plus instruit, parce que son interlocuteur jugera son « intelligence » à son « langage », Le locuteur poursuit en expliquant qu'il tentera, dans ce cas, de s'adapter, même lorsqu'il sait qu'il n'atteindra pas le niveau de son interlocuteur,

---

[48] Ce terme, emprunté à Bourdieu, n'est pas utilisé par Thomason ; il relève de mon interprétation.

[49] Locuteur lettré : C6 (M22, attie).

pour « pouvoir se comprendre » : *se comprendre* doit ici s'interpréter comme accommodation, dans le sens de Beebe and Giles (1984 : 8), pour qui l'augmentation de l'efficacité communicative résulte autant de gestes symboliques que de convergences structurelles.

Plus le locuteur possède une perception fine – détaillée et structurée – des indices sociaux fournis par l'éventail des formes qu'il connaît, plus il aura d'arguments dans la négociation ; plus son éventail de formes est large, plus il sera à même de s'accommoder, le cas échéant.

3.4.2. La négociation dans l'espace social

La socio-indexicalité structure la compétence qui permettra au locuteur de mener à bien la négociation. Elle valide l'appartenance du locuteur à la communauté discursive comme membre actif en ce qu'elle consiste à savoir repérer, interpréter (commenter) et produire les signes sociaux dans le discours.

La première dimension de négociation est l'accommodation verticale, autant vers le « bas » que vers le « haut » :

> « Quand il vient avec son son gros français et que bon, y a des gars qui comprend pas, on dit « ah, le gars, bon faut essayer de parler terre-à-terre, quoi, parce que ici c'est pas tout le monde qui a un niveau élevé. Or, si tu parles le gros français, tu vas avoir beaucoup des problèmes ici parce que à lui tu vas t'exprimer il va te répondre oui, mais lui sait pas ce que tu dis. Or, s'il a honte de demander quel mot tu viens de dire pour que tu lui expliques terre-à-terre (.) ce que cela signifie, ça sera pas facile. » (locuteur B7 : M32, dioula ; Knutsen 2007 : 255).

> « Adjamé, Abobo-là, parce que c'est un ghetto-là, tu es dans le ghetto, tu es obligé de parler le *nouchi.* » (locuteur A10 : M23, dioula ; Knutsen 2007 : 261).

Un second vecteur de négociation est le territoire : A10 projette la contrainte d'avoir à conformer son discours lorsqu'il se rend à un « ghetto », tout comme le locuteur B7 légitime son souhait de voir son interlocuteur s'accommoder à lui par la réalité sociale perçue sur son propre territoire (« ici »).

Au-delà de l'espace matériel immédiat, il est frappant de constater à quel point les discours épilinguistiques des locuteurs prennent appui sur la métaphore spatiale pour décrire leur « navigation » dans le discours (l'*espace*) social. Dans cette perspective, le concept de *mobilité* nous semble le plus à même pour exprimer la dynamique observée : « mener à bien la négociation » signifie être performant dans l'instant, et étendre sa mobilité sociale dans le moyen terme. La compétence socio-indexicale fournit au locuteur les repères qui lui permettront l'orientation dans l'interaction sociale. Elle constitue ainsi la condition nécessaire à la mobilité du locuteur, tandis que l'étendue de son répertoire en constitue la condition suffisante. La socio-indexicalité est à la compétence ce que la mobilité est à la performance.

L'accommodation convergente a ainsi pour but global de réduire la distance communicationnelle, en gagnant l'adhésion de l'interlocuteur et/ou augmentant l'efficacité du discours ; elle sera d'autant plus forte que le répertoire du locuteur est étendu et que son identité personnelle le motive à vouloir gagner l'adhésion de son interlocuteur ; elle sera évaluée positivement par l'interlocuteur si la fonction est perçue comme intégrative, comme résultat d'une intention bienveillante ou si elle signifie une « distance sociolinguistique optionnelle ».

Parallèlement, l'argumentation de B7 (*cf.* ci-dessus) par la « honte » indique que l'incompétence en *nouchi* de l'interlocuteur est associée à un manque de mobilité, que le locuteur (B7) devra alors entreprendre de compenser par une médiation, peut-être pour rendre la pareille à l'interlocuteur qui se trouve sur son territoire. La conclusion de B7 montre la « fragilité » sociale des mécanismes d'accommodation, dépendant du bon vouloir – et de la capacité – du locuteur dont la position se situe à la limite entre la convergence (« tu lui expliques ») et la maintenance (« ce sera difficile »). Le refus de l'accommodation ou le marquage du discours par des emblèmes argotiques constituent une négociation ségrégative (non accommodante) en ce qu'ils catégorisent le locuteur comme appartenant à une entité sociale spécifique, distincte de celle de l'interlocuteur. Le cas de négociation déjà cité en 3.3.3, relaté par un locuteur analphabète (Knutsen 2007 : 257), montre que l'absence d'accommodation crée un conflit interne à l'interaction. L'offense ne réside pas dans le contenu référentiel du terme *vieux père* mais dans son indexation sociale. Le locuteur qui relate l'événement dit plus loin qu'il « ne comprend pas », ce qui est une façon de dire qu'il n'a pas de remords : ou bien sa conscience linguistique ne lui permet pas de percevoir cette indexation, ou bien il accepte sa sous-catégorisation comme membre de la culture des « cités » et, en corollaire, la ségrégation. Knutsen (2007 : 281) indique que les trois quarts de ses informateurs du groupe le moins instruit n'éprouvent pas d'insécurité en situation d'interaction avec « quelqu'un qui a un niveau supérieur en français »[50]. Bien que ce soit le plus souvent un éventail formel réduit qui conduit les locuteurs à ne pas s'adapter, l'absence de honte voire même la légitimité du non-standard défendue par ce locuteur montre que le résultat structurel d'une négociation doit être interprété dans le contexte de cette dynamique et non par rapport à la norme, ce qui signe en outre les limites de la représentation verticale du « répertoire ».

3.4.3. Repères formels de la socio-indexicalité

Notre développement a envisagé la socio-indexicalité par les seuls discours épilinguistiques (les productions d'ordre métadiscursif) alors qu'elle fait également appel à de nombreuses stratégies d'ordre discursif. Bien que l'avancement des recherches ne permette pas encore de dresser un inventaire véritable des mécanismes, nous allons évoquer pour terminer – à titre indicatif – quelques éléments d'une deuxième sorte de marques socio-indexicales. Il s'agit, en somme, de tous types d'indice fournis par les unités linguistiques qui composent le discours : des unités lexicales (« go », « krika ») ; des termes d'adresse, des expressions interlocutives (« tu vois non ») ou d'allocution (« vieux père ») ; des

---

[50] Formulation de la question posée dans l'enquête de Knutsen (2007).

paradigmes morphologiques (par exemple, le subjonctif est emblématique de la norme de référence ; Knutsen 2007 : 287)[51].

Les exemples cités jusqu'ici – discursifs comme métadiscursifs – sont tous des signes emblématiques, repérés et investis comme signes *marqués* – au sens fort : comme *symboles* – d'une identité. A l'opposé, le caractère non marqué d'un item ne peut être validé qu'en référence à une aire de communication et/ou un type de discours ; son apparition dans une configuration interactionnelle distincte constitue une transgression qualitative de la norme qui marquera la position marginale du locuteur dans la configuration mais qui peut très bien être repérée parallèlement comme centrale d'une autre aire de communication. De même, la récurrence excessive dans une configuration interactionnelle d'un item non emblématique en soi constitue un dépassement quantitatif des normes discursives et fournit l'indice du positionnement social du locuteur. Par exemple, la forme *lui* comme objet clitique apparaît actuellement dans les discours formels des écoliers comme accommodation maximale à la norme scolaire et s'oppose au *le/la* non standard (Ploog 2005)[52] ; l'emploi, même excessif, de *lui* constitue ainsi un indice du niveau de scolarisation du locuteur, qui possède une *certaine* compétence du français standard. L'on peut imaginer que cette forme soit en passe de devenir emblématique de la norme de référence, si son emploi s'étend au-delà des seuls contextes scolaires ; elle cesserait alors d'indiquer le niveau de scolarisation du locuteur.

De cette manière, la réalisation routinière de ces indices (voire même leur ritualisation) conduisent à l'établissement de *traditions discursives* (Koch und Oesterreicher 1990), fondatrices de la communauté.

4. CONCLUSIONS

4.1. La socio-indexicalité du *nouchi*

Il ressort des écrits de Knutsen et de Kube la nécessité de l'extrême prudence avec laquelle il convient d'appréhender les discours *en* et *sur* le *nouchi*. Cette méfiance vis-à-vis des catégories établies laisse penser que les choses ne sont probablement pas aussi évidentes que certains témoignages veulent le faire croire. Mais la difficulté n'est pas seulement sur le terrain ; une partie de la complexité peut provenir de ce que nous, linguistes, cherchons à faire correspondre à tout prix le *nouchi* avec *nos* catégories d'analyse – *français*, *FPA*, *FPI*, *français local*, *français scolaire*, etc.

---

51 Le caractère prédicationnel des exemples donnés ne doit pas faire oublier que les unités minimales véhiculent elles aussi des indices sociaux, ce qui est patent dans le cas des « accents ».

52 Il s'agit d'un emploi unique, qui ignore l'opposition direct/indirect, analogue au *me/te*.

En tant que catégorie sociale, le *nouchi* est la *langue des Abidjanais*[53]. En projetant dans le *nouchi* leur identité collective, les Abidjanais n'ont peut-être pas encore construit l'unité nationale, mais ils ont franchi un pas décisif dans leur émancipation linguistique.

En tant que catégorie linguistique, le *nouchi* incarne l'hétérogénéité discursive à Abidjan. Le *nouchi* n'est pas une *variété* linguistique mais un faisceau de ressources pragmatiques qui permettent de prendre en charge un ensemble – en expansion – d'aires de communication, où il contribue à forger les traditions discursives de la communauté. Au moyen du concept de la *socio-indexicalité*, nous avons montré qu'il convenait envisager le *nouchi* comme élément majeur du processus discursif vécu et refondé quotidiennement par la communauté.

Rendre justice au caractère polymorphe du discours social signifie de renoncer au découpage *in vitro* de cette réalité et, en dernière instance, de renoncer au concept de *langue* au sens structuraliste. Les locuteurs, acteurs principaux de la dynamique linguistique, n'ont guère besoin de ce concept pour qualifier la réalité sociale de leur discours...

Le parcours s'achevant, il est temps de préciser les hypothèses formulées dans la section 1.3 :

A. Les sources structurelles du *nouchi* servent la construction de la socio-indexicalité de la communauté.

B. « Nouchi » désigne le vecteur principal de la dynamique linguistique ivoirienne.

Le *nouchi* mérite tout notre intérêt parce qu'il constitue pour l'heure l'unique entité linguistique abidjanaise reconnue par la communauté et pouvant ainsi former un objet d'investigation central de cette dynamique linguistique complexe.

4.2 Chantiers pour la « nouchicologie »[54]

La description du *nouchi* est, pour le moment, non moins emblématique que le terme lui-même. Connaître le réel degré de généralisation du *nouchi* passera par l'extension des enquêtes sur la totalité de la population ivoirienne. Les données d'étude (discours *en* et *sur* le *nouchi*) récentes ont été recueillies presque exclusivement parmi la jeune génération abidjanaise. Dans quelle mesure les attitudes vis-à-vis du *nouchi* sont fonction des caractéristiques sociales du locuteur ? S'il devait s'avérer que le *nouchi* désigne le seul fait discursif des jeunes, ceux-ci ne renieront-ils pas demain leur identité d'hier en se ralliant à la norme standard ?

La fonction emblématique du *nouchi* s'accompagne d'une forte créativité au niveau *lexical* : même si l'on acceptait le concept structuraliste de la *langue*, l'on ne pourrait guère faire valoir ce qualificatif pour le *nouchi*, car l'on ne peut à

---

[53] Ou : *une langue des Abidjanais ; La langue abidjanaise* ?

[54] Néologisme personnel mais qui aurait pu exister en *abidjanais* : *cf.* « moussocologie ».

la fois le qualifier de *manière habituelle de parler des jeunes abidjanais* et sous-tendre que le phénomène reste limité au niveau lexical. Néanmoins, les genres textuels emblématiques constituent une source de données précieuse, car ces textes possèdent des formes fortement marquées par des *traditions discursives* (Koch und Oesterreicher 1990). En corollaire, le « produit » textuel est marqué à la fois par l'homogénéité et par une forte densité de marques socio-indexicales.

Les corpus existants ne sont en outre pas ou mal diffusés[55]. La description structurelle de corpus d'étude suffisamment grands et représentatifs pourra certes rendre justice à l'héterogénéité de l'ensemble des discours sociaux ; mais l'édition des données brutes et l'analyse morphosyntaxique sont inévitablement manuels et donc très coûteux. En réponse au questionnaire, Anne Knutsen nous a fait part de son intuition qu'il existe des phénomènes d'hybridation aux niveaux syntaxique et discursif. L'un des défis de la linguistique de contact consistera à vérifier cette intuition, en commençant par la mise au point des outils permettant l'étude de l'interpénétration des systèmes grammaticaux qui reste en effet encore un terrain peu stabilisé.

REFERENCES BIBLIOGRAPHIQUES

Ahua, M.B., 1996, *L'argot des lycéens d'Abidjan*, Mémoire de Maîtrise, Université de Cocody-Abidjan.

Beebe, L.M. and Giles, H. 1984, « Speech-accomodation Theories: a Discussion in Terms of Second Language Acquisition », *International Journal of the Sociology of Language* n° 46, 5-32.

Bissiri, A., 2001, « Le français populaire dans le champ artistique populaire. Les paradoxes d'une existence », In Canut, C. (éd.), *Entre les langues, Cahiers d'études africaines* n° 163-164, XLI 3-4, Paris, EHESS, 771-782.

Boutin, B. A., 2002, *Description de la variation : études transformationnelles des phrases du français de Côte d'Ivoire*, thèse de doctorat, Université Toulouse-le-Mirail 2.

Boutin, B. A., 2003, « Des attitudes envers le français en Côte d'Ivoire », *Éducation et Sociétés plurilingues* n° 14, 69-84.

Calvet, L.-J., 1994, *Les voix de la ville. Introduction à la sociolinguistique urbaine*, Paris, Payot / Rivages.

Calvet, L.-J., 1999, *Pour une écologie des langues du monde*, Paris, Plon.

---

55 Sans prétention d'exhaustivité : corpus Hattiger (entretiens recueillis à Abidjan en 1977 ; bribes publiées dans Hattiger 1983) ; corpus Knutsen (entretiens recueillis à Abidjan en 1999 auprès de jeunes classés en trois groupes selon leur instruction ; partiellement publié dans Knutsen 2007) ; corpus Ploog (entretiens, interviews et interactions quotidiennes recueillis en 1997 à Abidjan auprès d'enfants de la rue, d'écoliers et de travailleurs ; transcription phonétique intégralement publiée dans Ploog 1999).

Duponchel, L., 1974, « Le français d'Afrique noire : mythe ou réalité : problèmes de délimitation et de description », *Annales de l'Université Abidjan série H*, VII/1, 133-158.

Duponchel, L., 1979, «Le français en Côte d'Ivoire, au Dahomey et au Togo », in Valdman A. (éd.), *Le français hors de France*, Paris, Champion, 385-418.

Hattiger J.-L., 1983, *Le français populaire d'Abidjan : un cas de pidginisation*, Abidjan, ILA.

Jabet, M., 2005, *Omission de l'article et du pronom sujet dans le français abidjanais*, Lund, Romanska Institutionen Lunds Universitet.

Kutsen, A. M., 2007, *Variation du francais à Abidjan (Côte d'Ivoire). Étude d'un continuum linguistique et social*, Oslo, Universitetet i Oslo, Acta Humaniora.

Koch, P. und Oesterreicher, W., 1990, *Gesprochene Sprache in der Romania : Französisch, Italienisch, Spanisch,* Tübingen, Niemeyer.

Kokora, P., 1983a, « Pourquoi parle-t-on tant de la promotion des langues nationales dans le système éducatif ? », Abidjan, *Cahiers ivoiriens de recherche linguistique* n° 13, 95-129.

Kokora, P., 1983b, « Situation sociolinguistique en Côte d'Ivoire et emprise du frnaçais : les variétés de celui-ci et les attitudes langagières qu'elles suscitent chez les locuteurs », Abidjan, *Cahiers ivoiriens de recherche linguistique* n° 13, 130-146.

Kouadio, J., 1990, « Le *nouchi* abidjanais, naissance d'un argot ou mode linguistique passagère ? », in *Des langues et des villes*, Paris, ACCT/Didier Erudition, 373-383.

Kouadio, J., 2006, « Le *nouchi* et les rapports dioula-français », *Le français en Afrique* n° 21, 177-192.

Kube, S.,2003, « Das Nouchi in Abidjan : Vom Argot der Straßenkinder zur zukünftigen Nationalsprache der Côte d'Ivoire? », *OBST* 65 *Multisprech : Hybridität, Variation, Identität* (Osnabrück, Allemagne), 131-154.

Kube, S., 2004, « Des élèves abidjanais en tant qu'acteur de la politique linguistique de leur pays », in Actes du Colloque international *Développement durable : leçons et perspectives*, juin 2004, Ouagadougou. Paris, AUF, 81-88.

Kube, S., 2005, « Funktionen und Bewertungen des Nouchi aus der Sicht Abidjaner Schüler : Zukunftschancen einer hybriden Sprachform », in Erfurt, J. (ed.), *Transkulturalität und Hybridität. L'espace francophone als Grenzerfahrung des Sprechens und Schreibens*. Frankfurt, Peter Lang, 213-228.

Lafage, S., 1998, « Hybridation et français des rues à Abidjan », in Queffélec A. (éd.) *Alternances codiques et français parlé en Afrique*, Aix-en-Provence, Publications de l'Université de Provence, 279-291.

Lafage, S., 1977, « Stage destiné aux producteurs de la cellule de français du PETV (document d'accompagnement) : facteurs de différenciation entre le français central et le français d'Afrique », Abidjan, ILA, 133-179.

Lafage, S., 1978, « Rôle et place du français dans le continuum langues africaines-français en Côte d'Ivoire », Abidjan, *Cahiers ivoiriens de recherche linguistique* n° 4, 54-66.

Lafage, S., 1980, « Petite enquête sur la perception du français populaire ivoirien en milieu estudiantin », Nice, *Bulletin du Centre d'Études des Plurilinguismes* n° 6, 1-37.

Lafage, S., 1991, « L'argot des jeunes ivoiriens, marque d'appropriation du français ? », *Langue française 90,* 95-106.

Lafage, S., 2002, *Le lexique français de Côte d'Ivoire. Appropriation et créativité, Le français en Afrique* n° 16-17.

Ngalasso, M. M. et Ploog, K., 1998, « Le français des écoliers abidjanais : la revanche de la rue sur l'école? », in Batiana et Prignitz (éds.), *Francophonies africaines*, Rouen, CNRS / Publications de l'Université de Rouen, 49-65.

Ploog, K., 1999, *Le premier actant en abidjanais. Contribution à la syntaxe du non-standard.* Université Bordeaux 3, thèse de doctorat.

Ploog, K., 2001, « Le non-standard entre norme endogène et fantasme d'unicité : l'épopée abidjanaise et sa polémique intrinsèque », *Cahiers d'études africaines,* 163-164, XLI 3-4, Paris, EHESS, 423-442.

Ploog, K., 2002a, *Le français à Abidjan. Pour l'approche syntaxique du non-standard.* Paris : CNRS-éditions (coll. sciences du langage).

Ploog, K., 2002b, « L'approche syntaxique des dynamiques langagières : non-standard et variation », Toulouse : *Cahiers de grammaire* 27, 77-96.

Ploog, K., 2005, « Entre micro– et macrosyntaxes : éléments de l'élaboration discursive dans les productions d'élèves guinéens », in Ploog, K. et Rui, B. (éds.), *Appropriations du français en contexte multilingue. Eléments sociolinguistiques pour une réflexion didactique à propos de situations africaines*, Besançon, PUFC, 173-196.

Smith, N., 1995, « An annoted list of creoles, pidgins, and mixed languages », in Arends, J. et al., *Pidgins and Creoles, an introduction*, Amsterdam, John Benjamins, 331-374.

Stewart,W.A., 1968, « A sociolinguistic typology for describing national multilinguism ». In Fishman (ed.), *Readings in the Sociology of Language*, La Haye, Mouton, 631-545.

Solo, S., « Zouglou et *nouchi*, les deux fleurons pervertis de la culture urbaine », *Africultures*, 23/10/03.

Thomason, S., 2001, *Language Contact : an Introduction*, Edinburgh, Edinburgh University Press.

Tshigfrey, T., 1993, *« Zouglou » Étude morphologique et syntaxique du français dans un corpus de chansons ivoiriennes,* mémoire de DEA, Université de Paris-X-Nanterre.

Vonrospach, J.-P., 1971, « Le français populaire d'Abidjan », Actes du VIIIème congrès de la société de linguistique de l'Afrique de l'Ouest, Abidjan, ILA, 663-666.

Zongo, B., 2001, « Individuation linguistique et parlures argotiques : un exemple de ségrégation spatio-linguistique à Ouagadougou », in Bulot, T., Bauvois, C. et Blanchet, P. (dir.), *Sociolinguistique urbaine. Variations linguistiques : images urbaines et sociales*, Rennes, Presses universitaires de Rennes, 14-23.

ANNEXE

Questionnaire adressé aux linguistes investis sur le terrain abidjanais

1. délimitation sociale du *nouchi*

1.1 dans quelle aire géographique s'étend le *nouchi* ?

1.2 qui sont les locuteurs du *nouchi* ?

1.3 quels sont les sites ou lieux socio-interactionnels où l'on pratique le *nouchi* ?

1.4 quelle est l'origine socio-historique du *nouchi* ?

1.5 quelle est l'origine typologique du terme « *nouchi* »

1.6 quels groupes revendiquent/rejettent le *nouchi* ?

2. fonctions du *nouchi* : quelles sont...

2.1 les aires communicatives

2.2 les types de discours

2.3 les genres textuels

2.4 les champs thématiques

2.5 les finalités communicatives... privilégiées du *nouchi* ?

3. formes du *nouchi* : quels sont...

3.1 les caractéristiques structurales du *nouchi* ?

3.2 le niveaux de structuration plus/moins marqués par le *nouchi* ?

3.3 des termes/stratégies perçus comme étant du *nouchi* par tous les abidjanais ?

3.4 des termes/stratégies identifiés comme étant du *nouchi* uniquement par les observateurs/ linguistes ?

3.5 les liens entre le *nouchi* et les langues locales (lesquelles ?) ?

4. délimitation discursive

4.1 comment/à quoi reconnaît-on le *nouchi* dans un discours ?

4.2 où se situe le *nouchi* dans la dynamique linguistique abidjanaise ?

5. quel sera l'avenir du *nouchi* ?

6. documentation : pour m'aider à contextualiser vos réponses, merci de joindre (si possible) :

6.1 votre liste de publications

6.2 des éléments de corpus au sujet du *nouchi* : références, extraits, citations, etc.

Le nom des langues III. Le nom des langues en Afrique sub-saharienne : pratiques, dénominations, catégorisations. Naming Languages in Sub-Saharan Africa: Practices, Names, Categorisations (sous la direction de C. de Féral), Louvain-la-Neuve, Peeters, BCILL 124, 2009, p. 191-210.

NOMMER LES LANGUES AU SÉNÉGAL.
PERSPECTIVES HISTORIQUES ET SOCIOLINGUISTIQUES

Caroline JUILLARD
Dynalang, Université Paris Descartes

Mamadou NDIAYE
Université Cheikh Anta Diop, Dakar

La nomination des langues au Sénégal est un champ complexe, où les enjeux des linguistes, des locuteurs et des institutions ne sont pas les mêmes, se manifestent avec des temporalités propres et interagissent cependant dans le cadre de la vie publique, culturelle et politique du pays. Étudier la façon de nommer les langues du Sénégal permet de rendre compte non seulement des différentes langues en présence dans ce pays – nombre des langues et/ou des dialectes – mais également des liens constants qui existent entre les pratiques langagières et les réalités ethniques. La dénomination d'une langue ou d'un dialecte par le groupe dont elle/il est emblématique témoigne de la façon dont les membres du groupe considéré se sont appropriés leur outil linguistique, que la désignation soit issue du parler lui-même ou qu'elle provienne d'une intervention extérieure au groupe (par effets du contact des groupes entre eux ou de la colonisation). Les dénominations « populaires », se référant à des entités linguistiques localisées, ne coïncident cependant pas toujours avec les dénominations institutionnelles – qui désignent des langues ayant un statut juridique, et non des dialectes – ni avec celles des linguistes – qui nomment des systèmes – ou des sociolinguistes – qui décrivent et nomment des ensembles d'usages. On constate, de ce fait, le phénomène récurrent des appellations multiples et parfois concurrentielles qui présente des inconvénients pour l'état civil, et de façon plus générale, pour la culture nationale elle-même. Sur un plan historique, il faut noter que la nomination des langues par les gens du « dedans », ceux du pays, se distingue de celle des gens du « dehors », ceux qui sont venus, dans le sillage des différents colonisateurs (Arabes, Portugais, Hollandais, Anglais, Français)[1]. Les appellations empruntées au français concurrencent donc, au Sénégal, les appellations en langues africaines. Considérer

---

[1] Les problématiques sont les mêmes en ce qui concerne les noms de lieux au Sénégal.

les problématiques posées par l'acte de nommer les langues au Sénégal peut donc être riche d'enseignements au plan aussi bien politique, idéologique que culturel, enseignements qui intéressent, au plus haut point, la société sénégalaise. D'une manière générale, actuellement, l'habitude prise, en français, la langue officielle du pays, de nommer les langues par leur nom institutionnel est fort répandue, au point qu'on peut en oublier, en ville, la diversité dialectale, vivante et significative pour ceux, nombreux, qui vivent encore dans l'espace rural. Dans le contexte cependant d'une réappropriation de son capital culturel et linguistique par les élites locales, et de l'enseignement de certaines de ces langues dans l'espace scolaire et universitaire, les appellations et orthographes en langues africaines sont de plus en plus utilisées au Sénégal et ailleurs. On doit constater également que les changements sociolinguistiques en cours, dans l'espace citadin ou dans le cadre de la migration internationale, conduisent les usagers sollicités dans le cadre d'enquêtes, à utiliser des dénominations existantes accompagnées de qualificatifs pour distinguer des usages variables ou à en créer de nouvelles pour des usages mélangés, mixtes.

1. COMBIEN DE LANGUES ? LES LANGUES DU SENEGAL OU LES LANGUES PARLEES AU SENEGAL ?

Au Sénégal, le nombre de langues recensées est différent selon les sources. Ainsi, dans l'*Atlas du Sénégal* (2000), il existerait 16 langues différentes. Le chapitre « Peuplement et ethnies », p. 22-23, présente une carte des différents groupes ethniques et, en fin de partie, dit que chaque ethnie a sa langue (ethnies citées : groupe sahélo-soudanien – Wolof, Sereer, Lébou –, groupe mande – Soninké, Diakhanké, Bambara, Dialonké, Manding –, groupe sub-guinéen – Diola, Balant, Bassari, Bédik, Baïnouk, Mandjak-Mankagn –, groupe Hal poular – Toucouleur, Peul – soit 16 ethnies et langues), que le wolof est parlé par plus des trois quarts des Sénégalais et qu'il y a six langues nationales au Sénégal (*wolof*, *pulaar*, *sereer*, *soninké*, *diola*, *manding*[2]). Une différence de statut (langues nationales/autres langues) et une différence d'usage sont également mises en relief.

En fait, si le Sénégal a, selon la Constitution, une seule langue officielle, le français, il compte actuellement un plus grand nombre de langues nationales (n=17)[3], depuis l'accès à la présidence d'A. Wade, en 2000.

Selon le catalogue par pays du Summer Institute of Linguistics (SIL), il y aurait, par contre, 36 langues vivantes au Sénégal (liste indiquée ci-dessous). En

[2] La dénomination *manding* est un terme linguistique consacré depuis Delafosse (1924), avec la graphie *mandingue*), et qui n'est pas utilisé par les locuteurs eux-mêmes, sauf lorsqu'ils s'expriment en français. *Cf.* ci-dessous.

[3] Il s'agit ici de 17 langues ayant le statut de langue nationale, selon la Constitution sénégalaise. Certaines de ces langues figurent, avec d'autres graphies, parmi les 16 langues recensées par l'Atlas.

préambule, le catalogue indique comme « national or official languages » : *Balanta-Ganja*[4], *Hassaniyya*, *Jola-Fonyi*, *Mandinka*, *Mandjak*, *Mankanya*, *Noon*, *Pulaar*[5], *Serer Sine*, *Soninke*, *Wolof*, *French*. A ces langues sont ajoutées des langues parlées dans des pays voisins (*Bambara*, *Hassaniyya*, *Krio*[6], *Kabuverdianu*) et une langue asiatique (*Vietnamese*[7]).

D'autre part, un recoupement établi à partir de divers documents provenant de l'université Cheikh Anta Diop de Dakar (Doneux1975), O. Sarr Sarry (2001), Faye (2001), Documents issus de la Direction de la Planification des langues nationales) indique que 24 langues peuvent être recensées. Elles appartiennent à la famille Niger-Congo et se subdivisent en deux grands groupes:

(1) Le groupe ouest-atlantique qui comprend lui même cinq sous-groupes :
- le sous-groupe dit des « langues sénégalaises » (*wolof, pulaar, sereer*)
- le sous-groupe des langues *bak* (*joola, mañjaaku, balant, mankaañ, bayot, pepel, baynunk*)
- le sous-groupe des langues *tenda* (*bedik, basari, konaagi*)
- le sous-groupe constitué de la langue *ñuñ* (*bajaranke*)
- le sous-groupe des langues *cangin* (*saafi, saafi-ndut, saafi-noon, saafi-saafi, saafi-lehar, saafi- paloor*).

(2) Le groupe *mandé* qui, lui, comprend deux sous- groupes :
- le sous-groupe des langues *manden* (*mandinka, bamana, jalonke*)
- le sous-groupe constitué de la langue *soninke*

Ces répertoires variables sont soutenus par des points de vue différents sur les objets-langues considérés. Si le point de vue de l'université de Dakar est, classiquement, celui de la typologie linguistique (*cf.* ci-dessous, section 7 et suivantes), celui de la liste SIL est plus proche de la dialectologie géographique : certaines langues sont considérées globalement – par exemple le wolof –, tandis que d'autres sont éclatées en dialectes, ce qui augmente le nombre total. En outre, cette liste s'étend au delà du Sénégal et intègre des idiomes parlés en Guinée Bissau, en Gambie et dans les îles du Cap-Vert. Par contre, l'*Atlas* part des

---

4 Les noms de langues indiqués dans le catalogue du SIL présentent une majuscule initiale, conformément au système graphique anglais. Dans le système français, on ne met pas de majuscules aux noms des langues. Les distinctions graphiques francophone et anglophone ajoutent une difficulté à l'identification du nom de ces langues.

5 D'autres inventaires anglophones utilisent *Fulani* ou *Ful* au lieu de *Pulaar, Manding* voire *Mandingo*, au lieu de *Mandinka*, et *Dyola* au lieu de *Jola* (Vic Webb et Kembo-Sure 2000 : 119 ; Heine 1970 : 147-150). Les appellations et les graphies sont également concurrentielles dans le monde anglophone.

6 Cette langue est différente du *Crioulo Upper-Guinea*, mentionné dans la liste des 36 langues du SIL (*cf.* ci-dessous) qui correspond au créole portugais parlé à Ziguinchor. Dans la liste du SIL, nous voyons que le *krio* est parlé au Sénégal et en Gambie. Il pourrait s'agir alors du créole à base anglaise parlé en Gambie et par certains Casamançais et portant le nom d'*akou*, ou *acou*.

7 S'agit-il de la langue des migrants asiatiques, de plus en plus nombreux à Dakar ?

divisions ethniques et de la relation langue/ethnie. Et la liste gouvernementale repose, quant à elle, sur les décrets votés, donc sur le statut politique des langues.

2. HISTOIRE DE LA LINGUISTIQUE SÉNÉGALAISE

Le point de vue descriptiviste est ancien au Sénégal et a conduit à considérer très tôt les langues comme des objets d'étude, le plus souvent dans une perspective d'enseignement/apprentissage de ces langues[8]. Il est contemporain des premières avancées françaises dans le pays. L'histoire de la linguistique au Sénégal nous donne donc accès à différentes mentions de langues et à différentes graphies pour ces langues.

Doneux (2003 : 25) cite un ouvrage anonyme écrit entre 1690 et1700, peut-être par un certain Barbot qui « accomplit durant ces années un vaste périple pour la Compagnie royale du Sénégal », ouvrage qui porte le titre très détaillé de *Vocabulaire guiolof, mandingue, foule, saracole, séraire, bagnon et floupe recueillis à la Côte d'Afrique pour le service de l'ancienne Compagnie royale du Sénégal* (réédité par d'Avezac en 1845). Dès cette époque sont utilisés les termes *saracolé* et *séraire* ; les termes *guiolof* et *foule* seront, eux, remplacés plus tard par *wolof* et *peul* (Galtier 1980 : 20). On voit ici apparaître un premier inventaire des principales langues du Sénégal, déjà identifiées comme telles par les voyageurs.

En 1738, le voyageur F. Moore publie un vocabulaire *English-Mandingo* (d'après Galtier 1980 : 20).

Doneux (2003 : 29-30) cite également les ouvrages de G.T. Mollien, un explorateur français (*Voyage à l'intérieur de l'Afrique*, vol. 2 : vocabulaire des langues « iolof, poule et sérère »), et de H. Kilham, une quaker de Sheffield qui écrivit vers 1820 un manuel d'apprentissage du wolof à l'intention de jeunes indigènes *Ta-re Wa-loof, Ta-re boo Juk-a, first lessons in Jaloff*[9]. Il mentionne ensuite Dard (1826) *Grammaire wolofe*, (1825) *Dictionnaire de wolof*, et le baron Roger qui publie en 1829 des *Recherches philosophiques sur la langue ouolofe*.

En 1858, l'abbé Boilat, un métis de Saint-Louis, dont la langue première fut le wolof, publie en France un dictionnaire de *wolof*. Il accorde graphiquement l'adjectif au nom, écrivant : « la langue woloffe ». En introduction, il donne un conseil à ceux qui désirent s'aventurer dans le pays : « la connaissance des langues peule, toukoulaure, særækhoulée, bambara et sérère ne serait jamais inutile ». Les

---

[8] Seuls, au début du 19ème siècle, H. Kilham, une Anglaise et J. Dard, un Français, ont réellement souhaité élaborer un enseignement du wolof à l'intention des locuteurs de cette langue. Les grammaires, vocabulaires et dictionnaires étaient publiés à l'intention des voyageurs et traitants européens.

[9] Nous n'avons pu insérer les références exactes de ces deux auteurs, Mollien et Kilham, dans notre bibliographie, parce qu'elles manquent également à la bibliographie du livre de Doneux et que nous n'avons pu les trouver sur les bases bibliographiques accessibles par le net. La seule référence de Mollien que nous avons pu trouver figure en bibliographie.

graphies du 18ème et du 19ème siècles, comme on peut le voir, varient d'un auteur à l'autre.

Mgr Kobès a publié à la mission Saint Joseph de Ngasobil (Sénégal), en 1869, une *Grammaire de la langue volofe*. Doneux (2003 : 38) dit qu'intéressé par la phonétique, « il reprendra le v du français pour le son w du wolof, ce qui fera écrire volof, graphie plusieurs fois reprises par des intellectuels sénégalais, même dans des œuvres récentes ».

Le général Faidherbe, gouverneur de la colonie du Sénégal à partir de 1855, a écrit et publié en 1864 à Saint-Louis du Sénégal un *Vocabulaire d'environ 1500 mots français avec leurs correspondants en ouolof de Saint-Louis, en poular (toucouleur) du Fouta, en soninké (sarakhollé) de Bakel*. Dans les préliminaires de cet ouvrage, Faidherbe présente chacune des langues inventoriées. Il présente le *ouolof*, ou *la langue ouolof*, en utilisant ici la même orthographe pour l'adjectif au féminin que pour le nom au masculin. Il présente ensuite « le Poular (poul corrompu par quelques mots étrangers) » ; c'est « la langue du Toro, du Fouta, du Damga, du Boudou, et du Fouta-Dialon. Les peuples qui la parlent se nomment eux-mêmes Poular ; ce sont des Pouls mêlés de noirs et quelquefois de Maures. A Saint-Louis, on appelle ces peuples et leur langue Toucoulor, ce qui est probablement une corruption des mots tokrour, tokrouri, par lesquels ces peuples sont désignés dans certains vieux auteurs arabes et que nos anciennes géographies avaient adoptés pour désigner le Soudan. C'est le poular du Fouta central que nous donnons ici ». Notons ici la filiation arabe de la désignation *toucouleur*, reprise par la population urbaine la plus ancienne du Sénégal, celle de Saint-Louis. A propos du *soninké*, de la langue et du peuple *soninké*, Faidherbe se réfère encore une fois aux « gens de Saint-Louis », qui désignent « généralement ce peuple et sa langue par le mot sarakhollé ».

Puis, en 1887, dans un livre intitulé *Langues sénégalaises : wolof, arabe-hassania, soninké, sérère. Notions grammaticales, vocabulaires et phrases*, on constate que l'auteur a changé de graphie pour la dénomination du *wolof*. Par quelle influence ? Il dit que « la langue wolof est parlée dans le pays wolof : Saint-Louis, Gorée, le Walo, le Cayor, le Djolof, le Baol » et qu' « elle est de plus, très usitée sur les bords du Sénégal jusqu'au Khasso, dans les pays sérères du Sin et de Saloum et sur tous les points commerciaux de la côte occidentale d'Afrique fréquentés par les traitants français » (1887 : 5). La diffusion de cette langue, hors de son milieu d'origine, utilisée déjà sans doute avec des fonctions instrumentales et véhiculaires, va de pair avec une indifférenciation des dialectes, qui ne sont même pas cités (*cf.* ci.dessous, le point de vue de L. S. Senghor sur le wolof). Faidherbe indique également une alternative au nom de ce qu'il appelle (1887 : 25) « l'arabe vulgaire du Sénégal » : *arabe-hassaniya* ou (*cf.* note 1 : 75) « arabe sénégalais ». Plus loin (*ibid.* : 55), il présente également le *sarakholé* ou *soninké*, la langue des Dioula (trafiquants) qui commercent dans le haut Sénégal, la langue des Sarakholé (*cf.* ci-dessus). Enfin, il distingue entre deux langues, le *kéguem* et le *none*, parlées par les « populations que les Wolofs désignent par le nom de Sérères ». Le « kéguem, appelé par les Wolofs le sérère-sine parlé dans le Sine, le

Saloum, une partie du Baol », le « none, parlé par les gens appelés par les Wolofs sérères-nones » (*ibid.* : 71). On voit que Faidherbe se place toujours du point de vue de la population dominante à Saint-Louis, capitale de la colonie à cette époque, ou du point de vue de la traite commerciale ; c'est dans la perspective de cette traite et à l'intention des Français désireux de participer à l'entreprise coloniale que ces ouvrages ont été écrits et publiés.

Houis (1971 : 21) cite, le centre de Saint-Joseph de Ngasobil au Sénégal « d'où sortirent des travaux de missionnaires catholiques sur le wolof, le sérer, le dyola, le malinké, le bambara, le susu », au milieu du 19ème siècle). Mgr Kobès, cité ci-dessus, fut l'un d'entre eux. Plus loin dans son ouvrage, Houis dit qu'« on relève cinquante-cinq travaux sur le wolof entre 1732 et 1898 » ; en note 1 de la même page, il indique qu'une recension complète des travaux sur le wolof et le sérer est parue dans Manessy et Sauvageot (1963).

Senghor (1943) indique que « mis à part le Lébou et l'habitant du Saloum, qui ont chacun un dialecte nettement caractérisé, il existe une « koinè wolof » ; pour autant, il n'indique pas de noms pour ces dialectes. Dans la bibliographie de l'article, il cite les auteurs les plus anciens : Dard, auteur d'une *Grammaire wolofe* en 1826, l'abbé Boilat, auteur d'une *Grammaire de la langue wolofe* en 1858 et Mgr Kobès, auteur également d'une *Grammaire de la langue wolofe* en 1869. L'accord de l'adjectif au féminin est systématique. On peut constater d'ailleurs que Senghor ne respecte pas les graphies utilisées par les auteurs eux-mêmes, sauf pour Dard ; en effet, Boilat a écrit une *Grammaire de la langue woloffe* avec deux ff, et Kobès a écrit une *Grammaire de la langue volofe*, avec un v à l'initiale du mot (*cf.* ci-dessus). Senghor propose donc ici une orthographe coloniale harmonisée, qui se distingue par cet accord au féminin de l'orthographe moderne qu'il utilise lui-même.

3. La typologie linguistique

Dans une optique de linguistique comparée et de typologie linguistique, les linguistes européens ont cherché à identifier et à classer les langues africaines. Les dénominations que les linguistes ont donné aux langues du Sénégal « pour leur assigner une place dans une classe de langues » (Tabouret-Keller 1997, 9-10), sont nombreuses et répondent au programme indiqué par Houis en ces termes: « Réduire l'irritante diversité des langues » (1971 : 36). Cette entreprise démarre avec Koelle (1854), qui cite pour le Sénégal, le *mandé*, et esquisse le domaine atlantique (selon Doneux 2003). Les travaux de synthèse plus récents de Delafosse (1914, cité par Meillet et Cohen 1981 [1924]), de Greenberg (1963), de Westermann et Bryan (1952, 1970), réduisent la multiplicité dialectale à un certain nombre de langues.

Les limites des aires dialectales sont privilégiées par rapport aux limites nationales ou régionales. C'est ainsi que les langues des groupes sénégalo-guinéen et mande de la publication coordonnée par Meillet et Cohen (1981 [1924]) se retrouvent au Sénégal, ainsi que dans les pays et régions limitrophes, voire même plus éloignés.

On trouve dans Meillet et Cohen (1981 [1924] : 837-839), l'inventaire suivant qui concerne 24 langues du groupe sénégalo-guinéen et 36 langues du groupe nigéro-sénégalais, classées selon le point de vue de Delafosse. Certaines de ces langues étaient, selon les auteurs, déjà mentionnées par des vocabulaires du 17ème ou bien par des études datant du milieu du 19ème siècle. Le classement numéroté ci-dessous reproduit exactement la présentation adoptée pour les 24 langues citées pour le groupe sénégalo-guinéen dans le livre de Meillet et Cohen :

1°: le peul, ou pular, ou fulfulde, ou ful ou pul ou fula ou fulani ou felata ou fellaniya[10], parlé dans le Fouta Toro ou Foûta sénégalais, le Boundou et le Ferlo au Sénégal, ainsi que dans le Foûta-Diallon (Guinée française), le Massina (Soudan, etc.).
2°: le ouolof (wolof) ou volof ou g'olog ou d'olof ou valaf parlé sur le bas Sénégal à partir et en aval de Dagana et au Sud jusqu'à Dakar inclus.
3°: le none (non) ou d'oba dit « sérère-none », dans la région de Thiès.
4°: le sérère (serer) ou kegem ou nd'egem, dit « sérère-sine », dans le Baol, le Saloum et le Sine, à l'Est et au Sud de Dakar.
5°: le diola (d'ola) ou yola (dialectes flup ou felup et filham ou fon'i) sur la basse Gambie et la basse Casamance et entre les deux.
6° à 12°: sept langues parlées entre la Casamance et l'estuaire de Boulam : le bagnoun (ban'un), entre Casamance et Cacheo ; le balante (balat) ou bulanda, à l'Est du précédent, entre Casamance et Geba ; plus des langues qui sont parlées sur le territoire de la Guinée-Bissau : le mandjak (majak) mand'ago kan'op, sur les deux rives du bas Cacheo ; et le bôla, le papel, le biafaré et le bidjougo.
13° à 16°: quatre langues parlées de la Haute Gambie au haut Rio Nunez et englobées sous le nom commun de tenda : le bassari (basari) ou biyam ou ayan ou wo ; le koniagui (kon'agi) ou awohe ou azen ; le badiar (bad'ar) ou pajad ou pajade ou bigola ou agola ou axus ; sous réserves le tiapi (t'api) ou t'apesi.
17° à 23°: sept langues parlées le long ou près de la côte depuis l'estuaire de Boulam (G-B) jusqu'aux frontières du Sierra-Leone et du Libéria. (nalou, baga, landouman, limba, timné, boulom, krim).
24°: une langue parlée au Nord du Gola (kissi).

Certaines langues localisées sur le territoire de Guinée-Bissau sont parlées par des migrants établis en Casamance : *mandjak, papel*, entre autres ; le *mankagne,* qui est dans le même cas, n'est pas ici mentionné. D'autres langues localisées plus au sud ne sont pas parlées sur le territoire sénégalais.

Les langues du groupe mande sont mentionnées au sein du groupe nigéro-sénégalais, sous-groupe du Nord. Ainsi, le *sarakollé* (*saraxolle*) ou *serekule*, ou *serauruli*, ou *soninke* ou *aswanik* ou *marka* ou *gad'aga* ou *wakore*, parlé sur les

---

10 Les auteurs apportent la précision suivante : « les noms en romaines sont écrits autant que possible de telle manière qu'en les lisant comme des mots français on reproduise approximativement la prononciation indigène » page XI, tome 1. Et « les noms en italiques sont des notations phonétiques des noms indigènes », disent-ils également. Il n'y a pas d'indication exacte des zones où ces appellations indigènes sont utilisées.

deux rives du Sénégal dans la région du Galam et de Bakel, au nord, dans le Guidimaka et au nord-est dans la région de Nioro. Les noms utilisés au Sénégal sont : *sarakollé* ou *saraxolle* ou *soninke*.

Le *mandingue* ou *mandingo* est cité par Meillet et Cohen (1981[1924] : 828). D'autres appellations, qui ne sont pas en usage au Sénégal, sont indiquées également. Parmi les dialectes du mandingue, nom générique et également particulier, sont cités, comme en usage au Sénégal proprement dit : le *xasonke*, « malinké du Nord », utilisé dans la région de Kayes, le « malinké de l'Ouest », sur la Gambie, et le « malinké du Sud », vers la forêt dense (on peut supposer qu'il s'agit de la Casamance, entre autres).

D'autres classements ont été proposés. Ainsi, Greenberg (1963) situe l'ensemble des langues sénégalaises dans la famille Niger-Congo, groupe ouest-atlantique nord : *Wolof*, *Serer-Sin*, *Fulani*, *Serer-Non*, *Konyagi*, *Basari*, *Biafada*, *Badyara* (*Pajade*), *Dyola*, *Mandyak*, *Balante*, *Banyun*, et dans le groupe Mande Ouest : *Soninke*, *Malinke*, *Khasonke*, *Dyalonke*[11].

G. Ndiaye-Correard, professeur de linguistique à l'Université Cheikh Anta Diop de Dakar, et J. Schmidt, chercheur au Centre de Linguistique Appliquée de Dakar, présentent en 1978, à partir de la classification de Greenberg, une liste de familles et groupes linguistiques du Sénégal :

Niger-Congo : ouest-atlantique (nord)

a) langues sénégalaises : wolof, serer (sine, fadiouth, nyominka), poular, peul
b) langues cangin : lehar, safen, non, ndut, falor
c) langues bak :
  -groupe diola : diola, gusilay, karon, kwatay, bayotte
  -groupe manjaku : mandjak, pepel, mankagne
  -groupe balante : balante (=fca)
d) langues du Sénégal oriental :
  -groupes tenda : basari, bedik, konyagi,
  -badiaranké : badiaranké (=pajade)
  -bainouk : bainouk

Mandé (nord) :
  Soninké (= sarakolé)
  Malinké

Créole portugais [12].

Ce classement est ensuite explicité en termes de zones d'extension géographique, comme par les auteurs précédents.

La liste proposée par le SIL est particulièrement chargée en noms de langues et de dialectes, et à l'instar de la liste de Meillet et Cohen, donne un recensement des noms indigènes. Pour chacune des 36 langues présentées

---

11 On a retiré de l'inventaire des langues ouest-atlantiques et des langues mande, tel que proposé par Greenberg, celles qui ne figurent pas dans l'espace sénégalais (Greenberg 1963 : 8).

12 Le créole portugais est appelé *kriôl* par Chataigner (1963).

(*Badyara, Bainouk-Gunyaamolo, Bainouk-Samik, Balanta-Ganja, Bandial, Bassari, Bayot, Budit, Crioulo Upper Guinea, Ejamat, French*[13], *Gusilay, Jalunga, Jola-Fonyi, Jola-Kasa, Karon, Kerak, Kobiana, Kuwaataay, Lehar, Mandinka, Mandjak, Maninkakan, Mankanya, Mlomp, Ndut, Noon, Palor, Pulaar, Pular, Saafi-Saafi, Serer-Sine, Soninke, Wamey, Wolof, Xasonga),* le catalogue indique également les autres noms recensés.

Ainsi, pour le *Bainouk-Gunyaamolo*, langue du Nord de la Casamance, le catalogue donne aussi : *Banyum, Banyun, Bagnoun, Banhum, Bainuk, Banyuk, Banyung, Elomay, Elunay, Ñuñ*, et deux noms de dialectes : *Gujaaxe't Gunyamoolo*. On n'a pas d'indications concernant ces noms : s'agit-il de noms donnés par les locuteurs ou/et de graphies différentes pour le même nom ?

Qu'il s'agisse donc de classements basés sur des considérations proprement dialectologiques, socio-géographiques ou typologiques, on voit qu'existent quelques dénominations constantes, et qu'il s'agit essentiellement de celles des langues les plus parlées, et qui ont fait l'objet d'une reconnaissance étatique (*cf.* ci-dessous). Certaines d'entre elles étaient déjà utilisées par les populations autochtones, puis par les premiers descripteurs de ces langues, ou ont fait l'objet d'une reconstruction.

4. LE TERME *MANDINGUE*

D'après Galtier (1980 : 19), le terme *mandingue* (*mandingo* en anglais et *mandinga* en portugais) a été utilisé assez tôt par les navigateurs et trafiquants européens pour désigner tant les populations mandingues de Casamance, Gambie et Guinée-Bissau, que leur langue. Nous avons cité ci-dessus un Vocabulaire du 17ème siècle mentionnant cette langue (celui de Barbot, édité par d'Avezac). À l'époque, les populations situées plus à l'est, en particulier les Bambara, étaient peu connues des Européens.

La langue mandingue est, selon Galtier (*ibid.* : 13), « un vaste continuum linguistique dont les différentes variétés (ou dialectes) sont utilisées à titre de langues premières ou langues véhiculaires dans de nombreux états de l'Afrique de l'ouest ». Au Sénégal, deux variétés assez différentes sont utilisées à titre de langue première : « le bambara dans la région orientale le long du chemin de fer (Tambacounda et Goudiry) et différents parlers mandingue ouest (notamment *jaxanka* dans la région orientale et *mandinka* en Casamance) ».

Galtier (*ibid.* : 18) cite également un certain nombre d'appellations « d'ordre ethnique » :

- *bamanan-kan* (*bambara* en français) pour le Sénégal oriental, comme au Mali.
- *maninka-xanwo* (*malinké* en français, ou, pour Galtier : *maninka* du Sénégal oriental) utilisé dans certaines zones du Sénégal oriental sud.

---

[13] C'est la seule liste qui mentionne le français, langue officielle du pays.

- *mandinka-kango* (*mandingue* ou *mandingo* en français du Sénégal, ou pour Galtier : *mandinka*) désignant les parlers *mandingue-ouest* de Gambie, Casamance (Sénégal sud) et Guinée Bissau.
- *jaxanka-kango* (*dyakhanké* en français) utilisé à Kédougou et aux confins du Sénégal et de la Guinée.

Il n'y a pas de nom générique en mandingue pour désigner l'ensemble de la langue, bien que d'après Galtier (*ibid.* : 16) les locuteurs mandingues « possèdent le sentiment de l'unité de leur langue ».

En linguistique africaine d'expression française, depuis les travaux de Delafosse, le terme *mandingue* est utilisé pour désigner le continuum linguistique *mandinka-manenka-bambara-dyoula*. Le terme *mandé* est utilisé pour désigner un groupe de langues dont le *mandingue* est un des membres et qui comprend aussi d'autres langues parlées au Sénégal (le *soussou* de Basse Guinée et le *soninké* des confins Mali-Mauritanie-Sénégal)[14]. Ces termes sont repris par les linguistes sénégalais, comme nous l'avons mentionné précédemment.

Les linguistes de langue allemande ou anglaise utilisent une terminologie un peu différente pour désigner tant la langue que le groupe linguistique (d'après Galtier 1980 : 24-26). Westermann (1927) utilise les termes *mande* ou *mandingo* pour désigner le groupe linguistique et évite de donner un nom précis à la langue mandingue, qu'il nomme en 1952 *malinke-bambara-dyula dialect cluster*. Le linguiste américain Welmers (1958) parle du *maninka-bambara-dyula complex* mais un autre Américain, Bird (1966), l'appelle *Mande-kan* et propose une classification en 9 dialectes principaux qui inclut : *Mandingo* (= *mandinka*), *Khasonké* (y compris le *maninka* du Sénégal oriental) et *Bamana* (= bambara), parlés au Sénégal. D'autres linguistes américains ont repris ce terme (*cf.* Long 1971), mais Galtier pense en 1980 que cette expression ne tiendra pas longtemps. Nous n'avons pas vérifié.

La terminologie du champ est donc complexe et n'est toujours pas consensuelle.

5. ANALYSES LINGUISTIQUES ET ANALYSES SOCIOLOGIQUES : ETHNIE/LANGUE ? CAS DU *DIOLA*

La division linguistique correspond en général à la répartition ethnique. Mais, si la langue est, au Sénégal, encore emblématique du groupe d'appartenance, ou ethnie, il faut signaler qu'il n'y a aucune coïncidence exacte entre le nombre de personnes se réclamant d'un groupe ethnique donné et le nombre de personnes déclarant parler la langue emblématique du groupe en

---

14 Le groupe *mandé* correspond au groupe nigéro-sénégalais de Delafosse (*cf.* ci-dessus).

question. Les résultats du dernier recensement national de 1988 le montrent très nettement. Ils utilisent les mêmes dénominations pour les langues et pour les ethnies : *diola*/Diola, *mandingue*/Mandingue, *poular*/Poular, *wolof*/Wolof, *manjaak*/Manjaak, *mancagne*/Mancagne, *balant*/Balant, *serer*/Serer, etc. (*cf.* les résultats du recensement pour la région de Ziguinchor).

La revendication d'ethnicité peut, dans certains cas, se situer à l'échelle du village. Dans sa thèse à propos des Diola de Basse Casamance, Thomas (1959 : 507-508) consacre quelques pages aux données de la linguistique. Il se réfère à Lavergne de Tressan (1953) qui distingue les dialectes suivants : le *her*, le *dyiwat*, le *huluf*, le *bayot*, le *fogny*, et il critique cette présentation. Disant que la réalité est plus complexe, il se demande jusqu'où va la fragmentation dialectale : « elle est certainement très poussée et dans certaines régions, doit se situer à l'échelle du village ». Cette différenciation linguistique, qui va jusqu'à l'impossibilité de se comprendre, est l'un des facteurs qui l'ont aidé à classer les groupes humains de part et d'autre du fleuve Casamance, en combinant des considérations anthropologiques, historiques, folkloriques et linguistiques. Il propose deux classements dont l'un est plus simple que l'autre, et propose des noms de groupes, dont certains sont aussi des noms de langues ou dialectes.

Compte tenu des données linguistiques, Thomas simplifie son premier classement :

Rive droite : les Bliss-Karone, les Diola-Fogny (à l'est de Bignona, mandinguisés).

Rive gauche : les Floup, Diamat, Dyiwat, Her, Diola pointe Saint-Georges, Diola Brin-Séléky, groupes auxquels il ajoute les Baïnunk et les Bayot, deux groupes parents.

D'autres linguistes, travaillant dans la zone considérée, utilisent des appellations plus englobantes, correspondant à des aires dialectales ou à des ensembles démolinguistiques, qui mettent moins l'accent sur les particularismes locaux. Ainsi, Sapir (1971), qui a travaillé comme linguiste dans la zone, distingue des « home dialects » (dialectes locaux) et des « area dialects » (dialectes de zone), qu'il sépare des dialectes régionaux *diola-Fogny* et *diola-Kasa*. La séparation est principalement d'ordre géographique, au sud et au nord du fleuve. Il postule également l'émergence d'une koinè à Ziguinchor, la capitale régionale, et mentionne « a kind of Kasa-Fogny pidgin » qui semble apparaître lors des transactions commerciales.

De même, Moreau (1998) considère que le *fogny* (région de Bignona) et le *kasa* (région d'Oussouye) sont les deux catégories principales sur le plan numérique.

Le terme *joola* ou *diola* recouvre désormais aussi bien l'ensemble des différenciations anthropologiques que celui des différenciations linguistiques, qui, comme on l'a lu ci-dessus, peuvent également être dénommées. Cette appellation englobante a été entérinée dans la Constitution, à l'instar d'autres noms de langues.

6. Nomination institutionnelle et statut des langues

En 1959, l'article premier de la Constitution stipule que la République du Sénégal adopte la langue française comme langue officielle. Cette disposition est reprise dans la loi constitutionnelle du 25 août 1960. Elle dit : « la langue officielle de la République du Sénégal est le français ».

Cette disposition est améliorée par la loi constitutionnelle numéro 63-22 de 1963 qui stipule dans son article premier que : « la langue officielle de la République du Sénégal est le français. Les langues nationales sont le joola, le mandinka, le pulaar, le seereer, le soninke et le wolof ».

Les six langues décrétées nationales ont fait l'objet d'un décret en 1971, relatif au découpage des mots et aux règles orthographiques basées sur un système de transcription officielle en caractères latins.

Depuis l'accès à la présidence de Abdoulaye Wade, en 2000, d'autres langues ont été ajoutées sur la liste des langues nationales. En 2001, la nouvelle Constitution introduit la disposition suivante : « toute langue codifiée par l'État devient automatiquement une langue nationale ».

Les langues nationales sont à ce jour au nombre de 17. Il s'agit des 6 premières (*wolof, pulaar, seereer, mandinka, joola* et *soninke*) auxquelles sont venues s'ajouter onze autres langues : le *balant*, le *mankaañ*, le *noon*, le *saafi*, le *ndut*, le *manjak*, le *bedik*, le *basari*, le *laala*, le *bajaranke* et le *baynunk*. Parmi ces onze nouvelles langues, seules les langues *laala, bajaranke* et *baynunk* n'ont pas fait, à ce jour, l'objet d'un décret.

7. Les institutions sénégalaises s'occupant de langues

Les institutions sénégalaises qui s'occupent des langues nationales sont le ministère de l'Education, le ministère délégué chargé de l'alphabétisation,de promotion des langues nationales et de la francophonie, ainsi que l 'INEADE (Institut national d'étude et d'action pour le développement de l'éducation).

A l'université Cheikh Anta Diop de Dakar, l'IFAN (Institut fondamental d'Afrique noire), le CLAD (Centre de linguistique appliquée de Dakar), et le *Département de linguistique générale et négro africaine* s'occupent également de décrire les langues et les usages en langues du Sénégal. Ces institutions n'ont pas d'habitudes particulières en matière de dénomination des langues.

On peut citer également le CRELANS (collectif de recherches sur l'enseignement des/en langues nationales au Sénégal) et le Ministère de la Culture.

8. NOMS DONNES PAR LES LOCUTEURS EUX-MEMES :

Les Wolof appellent leur langue le *wolof*
Les Haalpulaar --------------------- le *pulaar*
Les Mandinka ---------------------- le *mandinka*
Les Soninke ------------------------ le *soninke*
Les Joola -------------------------- le *joola*
Les Seereer ------------------------ le *sereer*
Les Balant ------------------------- le *fkanja*[15]
Les Bedik -------------------------- le *mi-nik*
Les Manjak ------------------------- le *unjaaku*
Les Bajaranke ---------------------- le *kanjaad*
Les Baynunk ----------------------- le *guñuun*[16]

Les langues de ces groupes ethnico-linguistiques ont été nommées différemment par d'autres groupes. C'est ainsi que le terme français *peul* est emprunté à une dénomination des Haalpulaar par les Wolof (« pël bi » au singulier ; « pël yi » au pluriel). Les Wolof ont dénommé la langue des Mandinka *soose* (de « Sooso », un groupe ethnique de Guinée) et ils ont utilisé le terme de *sarakollé* pour désigner tant les Soninke que leur langue. Par contre les Mandinka donnent aux Wolof le nom de « suruwa » (le petit singe).

Quant aux Baynunk, ce sont les Mandinka qui les auraient appelés « baynunk » du mandinka « abai » (« celui que l'on a chassé ») et « nunko » (« celui qui est allé se réfugier »). Les Français ont ensuite pris aux Mandinka le terme *baynunk*, parfois écrit *baïnouk*, pour désigner le peuple et sa langue. De même, ce sont les Mandinka qui ont créé le terme *balant* à partir d'une expression mandinka *a balanta* qui signifie « celui qui refuse » (c'est-à-dire celui qui résiste à la domination). La dénomination *balant* a été également reprise par les Français pour désigner le peuple et sa langue.

Par ailleurs, le terme *mi-nik* utilisé par les Bedik pour désigner leur langue, provient du nom d'une expression utilisée par les Haalpulaar et les Mandinka pour désigner un type de pierre dolérite (« i – dik »), que l'on trouve dans la zone habitée par les Bedik.

Quant aux Joola, qui nomment leur langue *joola*, il semble qu'ils aient adopté un terme propre aux Baynunk. Le terme signifierait : « celui qui vient et qui s'installe là ». Les Baynunk désignaient ainsi les peuples qui vinrent autrefois s'installer à leurs côtés et à qui ils cédèrent ensuite la place.

---

15 Cette dénomination vaut pour les Balant du Sénégal ; ceux de Guinée-Bissau appellent leur langue le *naaga* ou encore, le *aganja*. La dénomination linguistique varie donc selon les dialectes qui sont différents de part et d'autre de la frontière entre les deux pays.

16 Cet inventaire des appellations actuelles a été fait à Dakar par Mamadou Ndiaye.

9. L'IMPACT DE LA VILLE

Les études sociolinguistiques récentes ont montré que le brassage urbain a une incidence sur les formes et les fonctions des langues en contact. De nouveaux termes sont apparus au Sénégal afin de désigner les nouvelles variétés urbaines, tant dans la communauté scientifique que parmi les usagers citadins.

Ainsi le wolof et le français sont devenus des langues d'intégration citadine, et le « code mixte wolof-français » est une variété partagée par un nombre de plus en plus grand de locuteurs, selon les observateurs. Cette variété mixte est attestée en milieu urbain depuis le temps de la fondation de Saint-Louis et de Gorée ; utilisée d'abord par un petit groupe d'élites urbaines bilingues, elle s'est ensuite diffusée, par le haut, au fur et à mesure de l'expansion continue des villes (Mac Laughlin 2008). On lui donne généralement le nom de *wolof urbain*, ou en anglais *urban wolof*. Ainsi le wolof et le français sont des langues d'intégration citadine, et le « code mixte wolof-français » est une variété partagée par un nombre de plus en plus grand de locuteurs, selon les observateurs. « Le wolof urbain, très mêlé d'éléments empruntés au français et aux autres langues africaines, est, d'après les descriptions amorcées [...] en cours de stabilisation » (Dreyfus 1999 : 30).

Les désignations opérées par les linguistes qui s'intéressent à ce code mixte sont nombreuses. Dreyfus (*ibid.* : 35) évoque la diversité des appellations de ce parler en ces termes: « Le parler mixte et/ou alterné wolof français est également appelé *wolof urbain* par L. Swigart (1990, 1992), *francolof* par J.L. Diouf (1991), « code mixte wolof français » par N. Thiam (1994) ou encore « Colonial dialogue : Language Mixing in Dakar » par M. Reinsch (1994). M. Cissé (2005) évoque quant à lui le *francsénégalais*, une interlangue des intellectuels et des instruits, dominée par le mélange français et wolof. Ces différentes appellations témoignent sans doute de la difficulté à décrire cette variété à partir de pratiques discursives extrêmement labiles et variées, fortement marquées par les stratégies individuelles et les différents enjeux communicationnels ».

Des distinctions plus subtiles résultent d'un intérêt pour la variation de ce code mixte. Thiam (1990) fait ainsi la distinction, à propos du wolof parlé à Dakar, entre du *wolof version Baol* jugé archaïque par certains Dakarois, ou *wolof Kawkaw*, c'est-à-dire « campagnard », et du *wolof des tubaab njalaxaan* ou *tubaab Jaxate* (c'est-à-dire des pseudo Européens) de Dakar, ainsi que l'ont désigné des commerçants du marché Sandaga de Dakar, originaires du Baol, à sa demande. Il s'agit là d'une variété plus francisée du wolof urbain. Les désignations de la variation sont le reflet des clivages sociaux en ville. Un autre article de Thiam (1998) s'intéresse également aux désignations de ceux qui sont identifiés selon les différences dans leur pratique du mélange (accent français, termes d'argot d'origines diverses) ou par leur absence d'usage du mélange. Thiam (1998 : 34) y établit une distinction entre *wolof urbain* et *wolof traditionnel*. Le wolof traditionnel est généralement qualifié de *wolof pur*, *wolof authentique*, *vrai wolof*. Il s'oppose à *wolof urbain* (« c'est pas du vrai wolof, c'est du wolof corrompu », « ngeen baal ma, sama wolof taxukoo leer » ; excusez-moi, mon wolof est peu clair).

Swigart parle également d'un *Urban Wolof* (1990 : 38). Dans une perspective similaire à celle de Thiam, elle cite les désignations suivantes, utilisées par les usagers qu'elle a rencontrés, désignations qui distinguent un wolof « relatively free of foreign terms », *wolof bu set* « clean Wolof », ou *wolof piir* (emprunt au français « pur ») ou encore un *wolof xoot*, profond ,« deep » (*ibid.* : 54).

Les usagers, quant à eux, utilisent surtout la métaphore pour désigner les variétés linguistiques qu'ils reconnaissent dans leur environnement social. Si, à Dakar, le « français du métissage », le « français du melting pot », pratiqué et revendiqué comme tel par certains jeunes enseignants dakarois, se distingue, dans la forme et les fonctions interactionnelles, du français hyper-normé de certains enseignants plus âgés, et du français des Français, moins présents qu'avant, une fluidité aussi remarquable des usages et des connotations associées s'observe dans le cas du wolof : qu'il s'agisse du *wolof baol-baol*, associé aux commerçants de rue, originaires de la région du Baol, du wolof *kaw-kaw*, campagnard, ou du wolof *boy-disco*, à la mode chez les jeunes branchés (Juillard, 2005).

La distinction entre formes urbaines et formes rurales ou traditionnelles des langues est à observer également parmi les usagers habitant des villes secondaires. Les locuteurs y sont sensibles et le signalent lors des enquêtes, en utilisant des qualificatifs divers, et des formes périphrastiques pour désigner ces variétés. Moreau (1998 : 112-113) cite les représentations de témoins d'Oussouye (en Casamance) qui à propos du diola ont recours à la catégorie de « vrai diola », de « diola pur », ou encore de diola « légers » et de diola « lourds ».

Auzanneau (Rapport de recherche, 1996-1997 : 140), lors d'une enquête de 1995 centrée sur les représentations et attitudes des adolescents et jeunes adultes de Saint-Louis du Sénégal (15-30 ans), s'est intéressée aux dénominations et définitions des variétés linguistiques par les sujets enquêtés. Elle dit ainsi que les informateurs distinguent, sur la base de critères normatifs, le *français correct* du *français débrouillé*, une variété approximative du français, le *vrai wolof* du *wolof* ou du *wolof mélangé*, également désigné comme mélange wolof-français ou comme *français wolofolisé* ou encore *franco-wolof*. Par contre, les jeunes saint-louisiens désignent les autres langues endogènes et exogènes sans user de qualificatifs. Ils désignent enfin du nom de *kal* (*lak* en wolof signifie « langue ») une variété d'argot à clef du wolof.

10. L'IMPACT DE LA DIMENSION INTERNATIONALE DE LA LANGUE ET CELUI DE LA MIGRATION DE SES LOCUTEURS. CAS DE LA LANGUE PEULE

D'après Gottschligg (1997 : 18), « La langue peule est nommée par ses locuteurs *'pular* (Fuuta Jaloo etc., Guinée), *pu'laar* (Fuuta Tooro etc., Sénégal) et *'ful'fulde* entre le Mali et les limites de l'aire peule dans les îlots peuls de la République du Sudan ». Ces dénominations coïncident avec des isoglosses importantes[17].

Lors du séminaire du 4 octobre 1970 au Centre de Bopp, près de Dakar, réunissant les Haal-pulaar et sympathisants, sur l'initiative de l'Association pour la renaissance du poular (ARP), ceux-ci « considérant le caractère factice de la division des Haal-pulaar en Toucouleurs, Peuls, Laobés, etc. recommandent l'utilisation exclusive des termes *pulaar* et *Haal-pulaar* pour désigner respectivement la langue et ses locuteurs ». (Cité dans *Langues et politiques des langues en Afrique noire, L'expérience de l'Unesco* 1977 : 333).

Ka (1983) a distingué 19 parlers répartis en deux ensembles inter-dialectaux, dans tout le territoire sénégalais et le Fouladu gambien, l'un au nord, l'autre au sud. En *pulaar*, on distingue ainsi le *fuutankoore* (parler du Fuuta-Tooro) du *toorankoore* (parler de la région de Tooro).

En situation de migration, les variétés divergent et font l'objet de nouvelles désignations. Sow (2007), dans sa thèse de doctorat portant sur la langue *pulaar* en France, indique quelques catégorisations/désignations opérées par les immigrés poularophones. Ainsi, les nouveaux immigrés ciblent un *pulaar* du village, parlé par les anciens immigrants établis en France depuis 30 ans, un *pulaar yagudo*, c'est-à-dire, selon Sow « un pulaar trop rigide et pur avec des formes archaïques, donc des formes qui ont disparu des usages des locuteurs dans les régions d'origine » (*ibid.* : 74), variété qualifiée également de *pulaareeje* ou « pulaar recherché ». Par contre, les anciens immigrés pensent que les nouveaux immigrés poularophones parlent un pulaar « malade », *pulaar nyawɗo*, c'est-à-dire une variété qui simplifie le système nominal et syntaxique de la langue (*ibid.* :79). Cette variété de *pulaar* est parlée par des locuteurs sénégalais appelés par les locuteurs du Fouta *njuddu jeeri*, c'est-à-dire « des locuteurs nés à Dakar, Saint-Louis ou Kaolack, qui parlent wolof et un pulaar corrompu par l'influence du wolof ». La même désignation est utilisée par les anciens immigrés en France pour nommer les locuteurs de la nouvelle génération d'immigrés (*ibid.* : 80). En France, par contre, ils mélangent le pulaar et le français. Quant au pulaar parlé par les enfants de la migration, il est décrit comme *moddudo*, compact, et *demɗe maɓɓe laabaani* c'est-à-dire que leur langage n'est pas clair (*ibid.* : 81). La langue dominante de ces enfants est en effet le français.

On constate donc que les désignations sollicitées en entretien ou émergeant spontanément en situation d'interaction caractérisent des variations sociolin-guistiques identifiées par les usagers eux-mêmes, et utilisées dans des

[17] *Cf.* également l'article de Gottschligg ici-même.

situations différentes ou par des locuteurs différents. Comme dans le cas de la variation urbaine dans le pays d'origine, les désignations des locuteurs se basent sur la comparaison des productions et donc sur la prise en compte de normes sociolinguistiques.

CONCLUSION

Si les appellations de langues et dialectes, au Sénégal, sont, dans leur diversité parfois concurrentielle, à considérer selon les différents paramètres, historiques, institutionnels, linguistiques, sociologiques et sociolinguistiques envisagés dans le cours de cette présentation, et si cette diversité subsiste et peut – éventuellement – gêner le néophyte ou l'étranger, on doit souligner que les noms des langues nationales semblent satisfaire la majorité des usagers sénégalais, d'autant plus que toute la diversité de la population sénégalaise se retrouve à Dakar et que des formes plus convergentes de ces diverses langues y sont parlées et ainsi désignées sans problème.

RÉFÉRENCES BIBLIOGRAPHIQUES

Atlas du Sénégal, 2000, Éditions Jeune Afrique, Paris (5ème éd.).

Auzanneau, M., 1996-1997, Rapport de recherche, *Des langues et des jeunes : Aspects de la dynamique sociolinguistique de Saint-Louis*, Aupelf-Uref.

d'Avezac (éd.), 1845, *Vocabulaire guiolof, mandingue, foule, saracole, séraire, bagnon et floupe recueillis à la Côte d'Afrique pour le service de l'ancienne Compagnie royale du Sénégal*, Mémoires de la société ethnologique, vol. 2, 2ème partie, 207-267.

Bird, C., 1966, *Aspects of the Bambara Syntax*, University microfilms, Ann Arbor, Michigan.

Boilat, abbé D., 1858, *Grammaire de la langue woloffe*, Imprimerie impériale, Paris.

Chataigner, A., 1963, « Le créole portugais du Sénégal : observations et textes », *Journal of African Languages*, vol. 2, 53-57.

Cissé, M., 2005, « Langues, État et société au Sénégal », *Sudlangues* 5, 99-133. http://www.sudlangues.sn.

Dard, J., 1825, *Dictionnaire français-wolof et français-bambara, suivi du dictionnaire wolof-français*, Paris, Imprimerie nationale.

Dard, J., 1826, *Grammaire wolofe ou Méthode pour étudier la langue des Noirs qui habitent… en Sénégambie*, Paris, Imprimerie nationale.

Delafosse, M., 1914, *Esquisse générale des langues de l'Afrique et particulièrement de l'Afrique française*, Paris, Masson et Cie.

Delafosse, M., 1929, *La langue mandingue et ses dialectes*, Paris, Geuthner.

Diouf, J.L., 1990, « Quelle langue parlent-ils à Dakar ? », *Actes du colloque international Des langues et des villes*, Paris, ACCT, Didier érudition, 227-236.

Doneux, J.L., 1975, *État des études sur les langues du Sénégal : une bibliographie commentée*, Clad, Coll. Les « langues nationales au Sénégal », Ucad, Dakar.

Doneux, J. L., 2003, *Histoire de la linguistique africaine*, Aix-en-Provence, Publications de l'université de Provence.

Dreyfus, M., 1999, « Parlers urbains à Dakar », *Lidil* 19, 29-41.

Dreyfus, M. et Juillard, C., 2004, *Le plurilinguisme au Sénégal. Langues et identités en devenir*, Paris, Karthala.

Faidherbe, L.L., 1864, *Vocabulaire d'environ 1500 mots français avec leurs correspondants en ouolof de Saint-Louis, en poular (toucouleur) du Fouta, en soninké (sarakhollé) de Bakel*, Saint-Louis, Imprimerie du gouvernement.

Faidherbe, L.L., 1887, *Langues sénégalaises : wolof, arabe-hassania, soninké, sérère. Notions grammaticales, vocabulaires et phrases*, Paris, E. Leroux.

Faye, W.C., 2001, Séminaire de DEA, Département de linguistique, Faculté des lettres et sciences humaines, Université Cheikh Anta Diop, Dakar.

Galtier, G., 1980, *Problèmes dialectologiques et phonographématiques des parlers mandingues*, Thèse pour le doctorat de troisième cycle de linguistique, Université Paris VII.

Gordon, R. G., Jr. (ed.), 2005, *Ethnologue: Languages of the World*, 15th ed. Dallas, SIL International, http://www.ethnologue.com/.

Gottschligg, P., 1997, « La langue peule dans le cadre du nord-(ouest)-atlantique et régional », *Travaux du cercle de linguistique de Nice* 19, 13-56.

Greenberg, J. H, 1963, *The Languages of Africa*, La Haye, Mouton.

Heine, B., 1970, *Status and Use of African Lingua Francas*, Munich, Weltforum Verlag.

Hopkinson, E., 1912, *A Vocabulary of the Mandingo Language as Spoken in the Gambia*, London, Newman and Co.

Houis, M., 1971, *Anthropologie linguistique de l'Afrique noire*, Paris, PUF.

Juillard, C., 2005, « Hétérogénéité des plurilinguismes en Afrique à partir du terrain sénégalais », *La linguistique* 41, fasc. 2, 23-36.

Ka, F.S., 1983, *La langue pulaar au Sénégal*, IFAN, ACCT.

Kobès, Mgr, 1869, *Grammaire de la langue wolofe*, Saint Joseph de Ngasobil, Imprimerie de la mission.

Koelle, S.W., 1854, *Polyglotta Africana, or a comparative vocabulary of nearly three hundred words and phrases in more than one hundred distinct African languages*, London, Church Missionary House.

Langues et politiques des langues en Afrique noire, L'expérience de l'Unesco, Nubia, 1977.

Lavergne de Tressan, M. de, 1953, *Inventaire linguistique de l'AOF et du Togo*, Dakar, IFAN (2ème éd. : 1972, Swets et Zeitlinger).

Long, R.W., 1972, *A Comparative Study of the Northern Mande languages*, University microfilms, Ann Arbor, Michigan.

Mac Laughlin, F., 2008, « Language and National Identity in Senegal » Andrew Simpson (ed.) *Language and National Identity in Africa*, Oxford University Press.

Manessy, G., et Sauvageot S., 1963, *Wolof et Sérer, études de phonétique et de grammaire descriptive*, Dakar, Faculté des Lettres.

Meillet, A. et Cohen, M. (dir.), 1981, *Les langues du monde*, t.2, Slatkine, Genève/Paris, [1924, Champion].

Mollien, G.T., 1820, *L'Afrique occidentale en 1818 vue par un explorateur français, G.T. Mollien,* Paris, Courcier (rééd. 1967 : Calmann-Lévy).

Moore, F., 1738, *Travels into the inland part of Africa*, London, E. Cave.

Moreau, M. L., 1998, « De l'imaginaire linguistique à la politique linguistique. A la recherche d'un standard pour le diola (Casamance, Sénégal) », *Imaginaires linguistiques en Afrique*, in Canut, C. (éd.), 109-118.

Ndiaye-Correard, G., et Schmidt, J., 1978, « Le Sénégal », in Barreteau D. (éd.) *Inventaire des études linguistiques sur les pays d'Afrique noire d'expression française et sur Madagascar*, Conseil international de la langue française, Paris, Selaf, 363-373.

Recensement général de la population et de l'habitat de 1988, Rapport régional (résultats définitifs), Ziguinchor, publié en septembre 1992, Dakar, Ministère de l'Economie, des Finances et du Plan.

Reinsch, M., 1994, *Colonial Dialogue, Language Mixing in Dakar*, Senegal, Senior Thesis, Independent Dept. « Cultural Linguistics ».

Roger, baron J.-F., 1829, *Recherches philosophiques sur la langue ouolofe, suivies d'un vocabulaire abrégé français-ouolof*, Dondey-Dupré père et fils, Paris.

Sapir, J.D., 1971, « West Atlantic: an inventory of the languages, their noun class systems and consonant alternation », *Current trends in linguistics* 7, 45-112.

Sarr Sarry, O., 2001, *Planification linguistique : quelle stratégie pour le Sénégal* ?, Mémoire de DEA, Département de linguistique, Université Cheikh Anta Diop, Dakar.

Senghor, L.-S., 1943 « Les classes nominales en wolof et les substantives à initiale nasale », *Journal de la Société des Africanistes*, t. XIII, 109-122.

Sow, O., 2007, *La langue pulaar en France : variation des pratiques et des formes dans les interactions familiales*, thèse de doctorat, Université René Descartes-Paris V.

Swigart, L., 1990, « Gender based patterns of language use: the case of Dakar », *Plurilinguismes* 2, 38-66.

Swigart, L., 1992, *Practice and Perception. Language use and attitudes in Dakar*, Doctoral degree, University of Washington.

Tabouret-Keller, A., (dir.), 1997, *Les enjeux de la nomination des langues*, Louvain-La-Neuve, Peeters.

The West African languages, (Handbook), London, 1970.

Thiam, N., 1990, « L'évolution du wolof véhiculaire en milieu urbain sénégalais : le contexte dakarois », *Plurilinguismes* n° 2, 10-37.

Thiam, N., 1994, « La variation sociolinguistique du code mixte wolof-français à Dakar : une première approche », *Langage et société* n° 68, 11-34.

Thiam, N., 1998, « Catégorisations de locuteurs et représentations sur le mélange wolof-français à Dakar », *Imaginaires linguistiques en Afrique*, in Canut, C. (éd.), 91-105.

Thomas, L.-V., 1959, *Les Diola, Essai d'analyse fonctionnelle sur une population de Basse Casamance*, Thèse pour le doctorat ès lettres, Université de Paris, Ed. IFAN, tome II.

Vic Webb and Kembo-Sure, eds, 2000, *African Voices, An Introduction to the Languages and Linguistics of Africa*, Oxford, Oxford University Press.

Welmers, W., 1958, *The Mande Languages*, Georgetown University Monographs n° 11, 9-24.

Westermann, D., 1927, *Die westlichen Sudansprachen und ihre Beziehungen zum Bantu*, Walter de Gruyter, Berlin.

Westermann, D. and Bryan, M. A., 1952, *The Languages of West Africa*, London, New York, Oxford University Press, (2ème éd. : 1970).

Le nom des langues III. Le nom des langues en Afrique sub-saharienne : pratiques dénominations, catégorisations. Naming Languages in Sub-Saharan Africa: Practices, Names, Categorisations (sous la direction de C. de Féral), Louvain-la-Neuve, Peeters, BCILL 124, 2009, p. 211-222.

KITUBA, *KILETA*, OR *KIKONGO*? WHAT'S IN A NAME?

Salikoko S. MUFWENE
University of Chicago

1. INTRODUCTION

Kituba, short for *Kikongo-Kituba,* is a « contact-based » language variety of central Africa, spoken especially in the southern part of the Republic of Congo, in the southwestern part of the Democratic Republic of Congo (DRC), and in the northern part of Angola. As explained in Mufwene (1997a), it is Bantu-based, lexified primarily by *Kimanyanga*, a member of the *Kikongo* cluster (H16, according to Guthrie's 1953 classification) which was already functioning as a major trade language by the time of the colonization of the Congo (the present DRC) by King Leopold II in the late 19th century. Like *Lingala*, it evolved mostly out of labor migrations occasioned in this case by the construction of the railway connecting Kinshasa to the Atlantic Ocean in the early 20th century. The Bakongo's resistance to participate in the colonial forced labor led the colonizers to bring laborers from as far as the eastern part of the present DRC to build the railroad. The local language, *Kikongo-Kimanyanga*, emerged as their lingua franca and later as the vernacular of early colonial administration posts west, south, and east of Kinshasa, having been taken outside the Bakongo area (in the west) by both the colonizers and their auxiliaries, by merchants, and by Christian missionaries and their auxiliaries.

However, unlike *Lingala* (C40), *Kituba* has never been classified as a *Bantu* language since Guthrie (1953). The reasons for the omission are not clear, since *Lingala*, which is also contact-based and is not associated with a particular ethnic group (Hulstaert 1974, 1989), is classified as *Bantu*. It may also be that Guthrie assumed that the riverine populations that had developed the latter and had been using it as their primary lingua franca formed an ethnic group, identified as Bangala (literally, 'littoral people') – a myth that was held by many until Hulstaert (1974, 1989) proved it mistaken. It may also be that *Kituba* has usually been lumped in the *Kikongo* cluster of languages, including, in addition to

Kimanyanga, *Kiyombe*, *Kintandu*, *Kiladi*, and *Kivili*, among others. However, the literature shows no evidence that traditional Bantuists have ever taken any particular interest in the structures of this particular variety. The only studies mentioning it since Fehderau (1966) are those focusing on contact languages of Africa, such as Heine (1970) and Samarin (1989, 1990), among others. Noteworthy in this particular case are studies such as Ngalasso (1989, 1992), which identify it as *Kikongo*, the prevailing name among its native speakers outside the Bakongo region, particularly in the Bandundu region, east and south of Kinshasa. This leads me to the central concern of this essay.

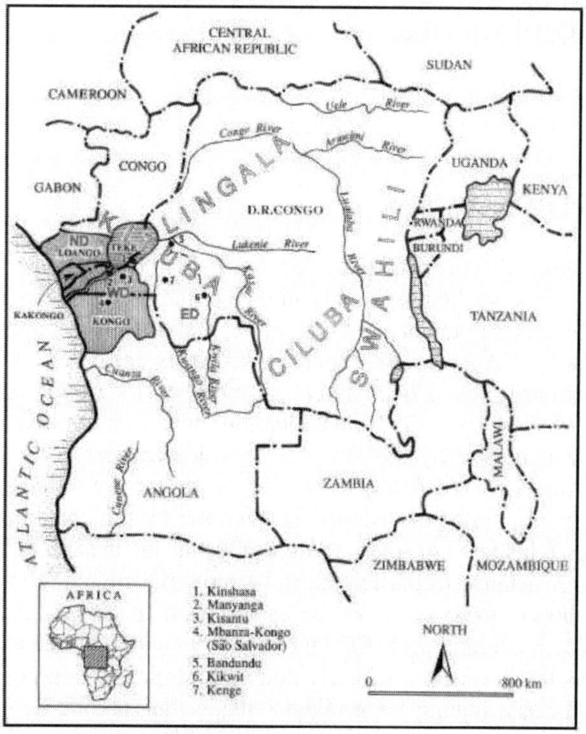

The Location of Kituba in the Democratic Republic of Congo

2. NAMES AND IDENTITY

Kituba has also been identified by several other names, including: *Kikongo ya leta* (shortened to *Kileta*) 'the public administration's Kikongo'; *Kikongo ya bula-matadi* or *bula-matari* (shortened to *Kibula-matadi* or *Kibula-matari*) ' the colonial agent's Kikongo' (literally, 'the stone-breaker's Kikongo';

see below); *Mono kutuba* 'I speak/say' (whence *Kituba* 'way of speaking');[1] or *Ikele ve* 'be not; it isn't true'; and *Kikongo commercial* 'trade Kikongo'. All these names are quite descriptive of the language's identity and/or origins in relation to *ethnic Kikongo*.[2] *Kikongo ya leta* is due to the fact that the language was adopted by the Belgian colonial administration (see below) in the then Leopoldville Province (now known as the Bas Congo Region) for communication with the Natives and other Black Africans in the region. The fact that the colonial administration adopted it as a lingua franca as they expanded their rule eastward with auxiliaries recruited from the Bakongo area must have made it necessary to distinguish between the different *Kikongo* varieties in circulation. In the school system, the distinction was important, especially because the Catholic missionaries believed in teaching the Catechism and literacy in an unadulterated and presumably morphologically richer language, although they learned and used *Kituba* to interact with the locals. As a matter of fact, they even fabricated a special variety known as *Kikongo-Kisantu* (lit., 'Kikongo of Saints') from elements of the *ethnic Kikongo* cluster, in which the Catechism and other school materials were written. It mattered little to them that this variety was as strange to *Kituba* speakers as Classical Latin certainly is to speakers of modern Romance languages.This contributed to the high rate of elementary school dropouts.

Kikongo ya bula-matadi alludes to the time when the now defunct railroad connecting Matadi (DRC's primary ocean harbor) to Kinshasa was built (1891-1898). The tracks run across mountains, which required blasting rocks (*matadi*) during the construction. The target language of the labor force, part of which was brought from as far as West Africa (Senegal, Sierra Leone, and the Gold Coast) and from east of the Kwango River (outside the Bakongo territory), was Kikongo-*Kimanyanga*, the language of a precolonial major trade center, which has now evolved into Kituba (Fehderau 1966). It was found convenient as a lingua franca by the Belgian colonial administration, locally identified as *leta* (from French *l'état* 'the state') and *bula-matadi* 'stone-breaker'. They recruited the local and

1 I explain the origins of the names *Mono kutuba* and *Ikele ve* below. *Ki-* in *Kituba* and the other names is the normal Bantu nominal prefix for instruments (Class 7), which applies also to languages, as in *Kiteke* and *Kiswahili*.

2 Reference to *Kikongo* (also spelled *Kikoongo* by some linguists, e.g., Daeleman 1972, 1982) as one language is somewhat simplistic. First, there is not always guaranteed mutual intelligibility among the putative « dialects » of *Kikongo*, viz., *Kiyombe*, *Kimanyanga*, *Kintandu*, *Kifioti*, *Kiladi*, etc., all spoken in the area of the former Kongo Kingdom. Second, speakers of these language varieties do not consider themselves to be speaking the same language, *Kikongo*, nor to be Bakongo (the corresponding name of the ethnic group in the plural), although they consider themselves to be ethnically related throughout the area between Kinshasa and the Atlantic Ocean. Like many colonized populations around the world (see, e.g., d'Ans 1997), they have been assigned these labels by scholars and use them to advantage when it is necessary to distinguish themselves as a group from other ethnic groups, especially when they are outside their collective homeland. The distinction between ethnic *Kikongo* and *Kikongo-Kituba* is thus convenient insofar as the latter is also referred to as *Kikongo* by its users, a point to which I return in the main text.

other national and foreign laborers for the railroad and other public development projects. *Kikongo ya leta* and *Kikongo ya bula-matadi* then became alternative names for the then emergent language variety, pointing to some of the non-local structural features by which it diverges from *Kimanyanga* and other traditional varieties of the *Kikongo* cluster. *Leta* and *bula-matadi* became synonymous terms of reference to 'colonial administrators'. The fact that they facilitated the spread of *Kituba* eastward, where it would evolve into a more divergent variety (identified on the map as eastern dialect, ED ; Mufwene 1997a) justified the association of the new language variety with them.[3] The names thus point to the association of the language with colonial power, with the nontraditional living conditions of its speakers, especially in the emergent administrative posts, trade centers, and Christian missions, the forerunners of today's urban or non-rural environments in which the residents have typically been of mixed ethnic backgrounds.

Both *Mono kutuba* and *Ikele ve* have to do with the less agglutinating nature of *Kituba*'s verbal morphosyntax in comparison with the canonical Bantu system (Mufwene 1988a).[4] *Mono kutuba* is a foreignism for what native speakers say as *mono tuba* 'I say'. In the « narrative tense » (Dahl 1985), verbs are normally used without any prefixes in *Kituba*. The oddity of the construction *mono kutuba*, which makes the name somewhat derisive, stems from the prefixation of the infinitive marker *ku-* to the verb stem *tuba* 'say/speak'. Native speakers would not use it in this case. The name reflects a mistaken stereotype according to which verbs are used only in the infinitive in this non-ethnic language variety. While it is true that *Kituba* lacks Subject-Verb agreement prefixes that are expected of canonical Bantu, its verbs are inflected with some non-narrative tense-aspect suffixes or combine with some preverbal aspect or mood markers, which are not attested with the infinitive. The lack of object pronominal prefixes, and the absolute reliance on independent, tonic, and morphologically invariant pronouns as well as on their syntactic positions to determine the subject and objects in a sentence, as shown in (1), should not be confused with infinitival uses of verbs:

---

3 The geographical location of the Kongo Kingdom (see lower shaded area on the map) as the gateway of colonial expeditions into the hinterlands must have been an important factor in the adoption of *Kikongo-Kimanyanga* as a colonial lingua franca. The need for the imported labor force to communicate with the local population and buy goods from them for their daily maintenance is another relevant factor. Perhaps the most important critical factor was the fact that *Kimanyanga* had already established itself as the trade language of the region even east of the Kongo Kingdom (in the Teke area) along the trade route for slaves and ivory, among other precious commodities of the time.

4 I speak of « canonical system » or Bantu « canon » only to suggest that some features, especially morphosyntactic, which *Kituba* lacks have generally been associated with membership in the Bantu languages. However, not all traditional members of this family have them. I have shown this in the case on *Kiyansi*, which lacks Subject-Verb agreement and whose verbal prefixes have little to do with marking PERSON and NUMBER, in Mufwene (2006).

(1) *Móno* ∅*+mon+áka yándi ye yándi* ∅*+mon+áka móno.*
me AGR+see+ANTER him/her and him/her AGR+see+ANTER me
I saw him/her and he/she saw me.

Other names of interest are *Kikwango* and *Kikongo*. The first has been used especially in association with the Christian missions in the then « Kwango-Kwilu District, » thus identifying missionaries as important agents in the spread of *Kituba* outside the Bakongo area. The *Kwango* area is halfway between *Kimanyanga* and the Kwilu area, where several Jesuit missions and schools flourished and books in the *Kisantu* variety were published. *Kikwango* thus became synonymous with the vernacular variety spoken by city dwellers and learned by whoever learned it as a lingua franca. Eventually, the Kwilu area would develop a dialect of its own (ED on the map), influenced by the *Kisantu* dialect and other languages of the area (such as *Kipende*, K10,[5] and *Gimbala*, K60, whose morphosyntaxes are closer to the Bantu canon).

The name *Kikongo* for *Kituba* has commonly been used in the same area (where none of the languages of the *ethnic Kikongo* cluster is spoken) as the neutral term without any particular connotations. The term *Kituba*, adopted in my work and other Anglophone publications since Fehderau (1966), is mostly academic. My only justification for this practice is that it avoids any kind of confusion with the putative *ethnic Kikongo*, which is also designated by the same name, primarily among *Kituba* speakers, and is associated with the Bakongo, who are presumed by non-Bakongo to be a unified ethnic group. Thus, the other names are ways of avoiding ambiguity with the name *Kikongo*, despite the negative connotations that some of them are associated with.

Ngalasso (1989) may be justified in suggesting that linguists follow *Kituba*'s native speakers' practice, most of whom live outside the ethnic Bakongo area, and refer to Kituba as *Kikongo*. As a matter of fact, many native speakers of this new variety do not even know the name *Kituba* ; they may think it is a different language variety.[6] We are in a « colonial » situation similar to those discussed by d'Ans (1997), in relation to Maya, in which a language is designated by a name foreign to its own speakers. On the other hand, it is hard to undo a professional tradition in which the name has been preempted for *ethnic Kikongo*, even if there are indeed more specific analyses that peruse the particularistic terms *Kiyombe*, *Kimanyanga*, *Kintandu*, *Kiladi*, etc. The hyphenated *Kikongo-Kituba* may appear to be the solution, but it still is not one of the names commonly used among *Kituba*'s native speakers.

There is no question that Kituba's (native) speakers outside the Bakongo area do not think they speak the same language as the Bakongo, regardless of

---

5 As above, these classifications are according to Guthrie (1953).

6 I am reminded here of the name *Gullah* used in reference to the English creole of South Carolina and Georgia in the USA and of the term *Creole* itself, which are unknown to many of its speakers. The labels have been imposed on them and their language variety, which they identify as *English*, by outsiders (Mufwene 1988b, 1993).

whether or not they are aware that there is no single unified *Kikongo* language spoken by the latter. They also know that their language is not an ethnic one, a peculiarity which distinguishes it from traditional *Bantu* languages which also serve to distinguish one ethnic group from another. They are caught in a perversion created by the colonial administrators and Christian missionaries who invented a « Bakongo » ethnic group, perhaps by association with the precolonial Kongo Kingdom, and took (a derivative of) *Kimanyanga*, under the same *Kikongo* label into the Kwango-Kwilu area, where it was more meaningfully adopted as the natural name for the new « language » brought to the region by the Europeans and their auxiliaries. Later on, the speakers of the imported language would discover that the Bakongo people actually do not speak like them but kept the name anyway.

One might assume that the hyphenated names make more sense in the Bakongo area. They would, if there were an identified traditional *Kikongo* language spoken in the region. They actually make more sense in the Kwango-Kwilu area, where speakers are reminded that their urban vernacular and regional lingua franca is different both from the mythical vernacular they think the Bakongo people speak and from the artificial *Kikongo-Kisantu* taught in school.

Overall, the names tell us the history of the emergence of a new language (variety). They also make evident the extent to which it has diverged and autonomized from its lexifier. Some of them refer to the kinds of contact situations either in which Kituba originated or which contributed to spreading it, while some others identify a geographical area where it serves as a major urban vernacular, although it serves as a regional lingua franca throughout a wider geographical area in central Africa, as specified at the outset of this paper. However, unlike what Canut (1997) reports about languages of Mali, none of the names expresses a particular social attitude of speakers of other languages towards Kikongo-Kituba's speakers, nor of the latter towards speakers of other language varieties.

As shown in Mufwene (1988a, 1989a, 1997a), after Fehderau (1966), *Kituba*'s structures are often different from those of the varieties globally referred to as *ethnic Kikongo*. One notable example is that *ethnic Kikongo* varieties have lexical and grammatical tone, whereas *Kituba* has a predominantly fixed accent system, with the accent borne by the penultimate syllable, quite typically in any of its names. To be sure, as observed by Mufwene (1989a) and Ngalasso (1989), *Kituba* has an important proportion of polysyllabic words either with only low tones (e.g., *mùntù* LL 'person', *mùnòkò* LLL 'mouth, opening', *dìkùlù* LLL 'leg, foot', *mbàlà* LL 'time' as in 'five times') ; or with a high tone on the last syllable or on both the penultimate and last syllables (e.g., *nzìlá* LH 'way, road', *mbàlá* LH 'yam', *dìlálá* LHH 'citrus fruit', *màbélé* LHH 'breasts, milk'). However, the majority of the words have only one accent (high tone) borne by the penultimate syllable (e.g., *dísù* HL 'eye', *kwísà* HL 'come'-IMPERATIVE, *kàpítà* LHL 'foreman', *bábà* 'mute'). Derivative words and conjugated verbs are especially subject to this tone placement rule, e.g., *kù+sál+à* LHL 'to work' ~ *sàl+á(k)à* LHL 'work'-ANTERIOR' ~ *kù+sàd +ís+à* LLHL 'help' (lit. 'cause to work') ~

n+sád+ì LHL 'helper'; *kù+pés+à* LHL 'give' ~ *kù+pès+íl+à* LLHL 'give on the behalf, or for the benefit, of'.[7] Moreover, unlike in *ethnic Kikongo* varieties, tone/accent alone may not be used for tense-mood-aspect distinctions. Regarding segmental phonemes, some phonetically complex segments that appear in Lumwamu's (1973) « diasystem » of the *ethnic Kikongo* cluster are not attested in Kituba, e.g., /pf, ts, dz/.

More examples of how its morphosyntax differs from that of Kimanyanga are provided in Mufwene (1994, 1997a).

3. Ethnographic Status

Since its beginning, *Kikongo-Kituba* has functioned as a lingua franca, especially in the *centres extra-coutumiers* 'non-traditional [urban] centers' formed by the colonial administration, in the Christian missions, and in the factory towns created by large concession and exploitation companies such as the « Compagnie du Kasaï » and the « Frères Levers ». Africans from different ethnolinguistic groups were brought to live next to, or with, each other in these new localities. The new ethnographic conditions created by these new settings usually led to an ethnographic division of labor between the ethnic languages and *Kituba*, with the ethnic languages restricted to home or intimate situations and most of the public life conducted in the then urban lingua franca. Thus, *Kituba* evolved into a vernacular for many, i.e., as their primary means of communication in their day-to-day interactions. With the vernacularization (i.e., its usage as a vernacular) also started its expansion, normalization, auto-nomization (Chaudenson 1992, 2001), along with its speciation into sub-regional dialects (Mufwene 1997a). Contrary to Mufwene (1988a, 1989, 1994) I do not find it justified, nor necessary, to treat it as a creole, for reasons discussed in Mufwene (1997b, 2005 ; but *cf.* Ngalasso 1984).

To date, *Kituba* still serves in both capacities: 1) as a major vernacular for most of the urban population in the Bandundu and Lower-Congo regions of DRC (the former Leopoldville Province in the Belgian Congo, extending from west of the Kasaï River to the Atlantic Ocean) and in the southern part of the Popular Republic of the Congo; and 2) as a lingua franca for the rural population in the same geographical area. While the younger urban population generally speaks it natively, a good proportion of the urban adult population still uses *Kituba* as a second or third language although the overwhelming majority of them are fluent speakers.

One reason for this differential evolution is the continuous rural exodus,

---

7 One exception to this generalization is some deverbal derivatives that also involve partial reduplication, such as *bì+lómbà-lòmbà* L-HL-LL 'habit of asking for things/anything' and *bì+túbà-tùbà* L-HL-LL 'habit of talking too much (and being indiscrete)'. These are in contrast with reduplications such as *pòló-pòló* LH-LH 'characteristic of a person that talks too much, indiscrete', *màlémbè-màlémbè* LHL-LHL 'very slowly', and *mbángù-mbángù* 'very fast'. For more on reduplication in *Kikongo-Kituba*, see Ngalasso (1993).

which brings to the city a population of non-native speakers in search of jobs. This new population has certainly contributed to variation in city speech, although at any time the less fluent speakers have been in the minority compared to fluent or native speakers. Their influence on the overall system may thus be considered rather marginal and even minimal, having undoubtedly trickled in little by little and selectively. This ethnographic state of affairs certainly accounts for words or phrases that might be associated with some of the local *Bantu* languages but are not attested across the board in the *Kituba* territory.[8] In any case, the variation says nothing special about the state of development of *Kituba*, which expanded and normalized soon after the urban centers, the Christian missions, and the factory towns started and as it vernacularized. Vernacularization certainly does not entail elimination of variation.

Rural, non-native varieties of *Kituba* call for more discussion. Villagers do not normally use them for communication among themselves, unless there is among the participants in a speech event a stranger who cannot speak the local vernacular, usually the local ethnic language.[9] They thus use it only occasionally as a courtesy to strangers who are not expected to speak their local vernaculars. Among the most common occasions are market days, visits to the city to see relatives or buy goods, visits to the regional health centers, and visits by regional administrators and politicians. Rural speakers generally refer to the language as *Kikongo*, without any qualifications.

Despite the higher proportion of L2 features in the rural varieties of *Kituba*, one should resist the temptation of characterizing these deviations from the city vernacular norm as repidginization. The normal conditions for pidginization are not met, especially those of sporadic contacts with minimal, rudimentary communication affecting contact populations speaking diverse languages. On the market day, for instance, speakers of the same ethnic language, who are typically in the overwhelming majority, do not use *Kituba* with each other. In most cases, there are other fluent speakers of it around who solve communication problems either by acting as interpreters or just repairing the ill-formed utterances, while urban speakers resort to no "foreigner talk." Thus, the less fluent speakers have plenty of opportunities to improve their communicative competence at the L2 level.

On the other hand, it seems legitimate to characterize the spectrum of varieties of *Kituba* in both the city and rural areas as a continuum spanning from the city native norm to the most deviating rural speech. To this spectrum can be added the variety of *Kituba* spoken by the educated, who often use *French* not

---

8 Generally, the longer the newcomers live in the city, the closer their L2 variety gets to the local city norm, in the same way that, for instance, today's non-native English in the USA adjusts progressively to the local norm but is not normally expected to change the shape of *American English.*

9 In villages with more than one ethnic group, the groups live in separate parts of the village using their respective ethnic languages as their vernaculars. Inter-ethnic communication is usually in the language of the dominant group, though sometimes *Kituba* becomes useful too.

only as a more prestigious lingua franca but also as a second or third language. As observed in Mufwene (1979), it is not unusual for these speakers to transfer *French* structural features into *Kituba*, as in reported speech. The normal Bantu reported speech style is quotative, as in (2). However, due to *French* influence, sentences such as (3) are also common with the same meaning:[10]

(2) *Petelo tub+aka nde: « mono ata kwisa.»*
Peter say+ANTER COMP me FUTURE come
A. Peter said [COMP], « I will come. »
B. Peter said that he will/would come.

(3) *Petelo tub+aka nde yandi ata kwisa.*
Peter said that he will/would come.

Although a lot of *French* words have been borrowed into *Kituba*, the educated variety often transfers others which are not really part of the system. For instance, *bilo* 'office, desk' (< French *bureau*, idem), *vwatil(i)/vwatir)i)* 'car' (< French *voiture*, idem), *ku+luwe* 'to rent' (< French *louer*, idem) are established borrowings; but the status of *le dernier* 'the last', often heard instead of *ya nsuka* (lit., 'OF end'), is not so clear. Less clear is that of *le premier* 'the first' and *le deuxième* 'the second'; they are in normal alternation with the indigenous phrases *ya ntete* (literally, ' OF beginning') and *ya zole* (lit., 'OF two'), respectively.[11] In non-educated speech *le premier* and *le deuxième* but not *le dernier* are commonly used, as frozen phrases, to rank-order students in a class by their grades, although none of them is normally used to rank people by, e.g., order of arrival. However, in educated speech these terms may be used both ways. Despite the prestigious ethnographic position of *French* in DRC, it must be noted that this colonial language does not participate in the spectrum of *Kituba* varieties, which I would not object to characterizing as a continuum. However, this would be a continuum without the Anglophone Caribbean kind of basilect-to-acrolect gradation. For sure, the variety of *Kituba* spoken by the educated is not a mesolect. Like the rural varieties, the latter is just one of the centrifugal evolutions from the urban vernacular developed by populations that largely did not speak *French*. We must remember that French-influenced *Kituba* is just tolerated, not emulated. The only difference is that, unlike rural varieties, it is not derided. If the continuum is conceived of linearly, than it spans bidirectionally, with the urban vernacular

---

10 Due to a colonial tradition which underrated indigenous languages and cultures, the educated way is more tolerated than corrected or ridiculed (Mufwene 1988b), although the coexistence of the two rules for reported speech creates confusion. Evidence for this may be noticed in the fact that the subordinate clause tense in (3) is not reoriented, unlike the pronoun. Spoken, either sentence may be misinterpreted, depending on whether the French-derived rule or the *Bantu* rule is applied.

11 The plural is formed doubly by changing the article, as in *French*, and by attaching the class-2 prefix *ba-* to the phrase, as to *Bantu* nouns of class 1a (with a zero singular prefix). This yields *ba+les premiers*; my intuitions are, however, less clear on whether or not *ba+les deuxièmes* is equally acceptable.

occupying the middle ground between the rural and the educated speakers' varieties.

The way *Kituba* is used makes it difficult to estimate accurately the total number of its speakers, except in assuming that everybody in the *Kituba* territory speaks it as a first, second, or third language, regardless of the degree of fluency. In DRC alone, it may be estimated, conservatively, that about 5-6 million people speak it. Ethnographically, its prestige ranks between French, the official language, and the ethnic languages, e.g., *Kiyombe*, *Kiladi*, *Kintandu*, *Kifioti*, *Kimanyanga*, *Kiteke*, *Kiyansi*, *Kipende*, *Gimbala*, *Kingongo*, *Kihungan*, *Kiyaka*, *Kisuku*, and *Kiboma*. They belong to groups B and H of *Bantu*, according to Guthrie (1953), and they differ in a number of their structural features, such as the number of their segmental phonemes, their tonal patterns, and whether or not they have Subject-Verb agreement. It is not obvious to what extent the structural differences among these ethnic languages are responsible for the three major dialects that Fehderau (1966) has identified for *Kituba*, viz., the « western dialect » (WD on the map), spoken between the Kwango River and the Atlantic Ocean, south of the Congo River ; the « eastern dialect » (ED), spoken between the Kwango and Kwilu Rivers, south of the Kasaï River ; and the « northern dialect » (ND), spoken in the Republic of the Congo.[12] Correlation between dialectal variation in *Kituba* and the ethnic languages of the corresponding geographical areas is quite likely but remains to be proven. The perspective presented in this essay is, like in my earlier publications on the subject matter, primarily that of a native speaker of the eastern variety. To my knowledge, the structural differences between the eastern and the western varieties are not so strong as to raise serious questions of mutual intelligibility or whether the different dialects may in fact be considered as different languages.

4. Conclusion

No extensive conclusions need be drawn from this paper that are not evident from Section 2. The answer to the question « What's in a name? » is that names can tell a great deal about the contact history of a language and the ecology of its emergence. There is often a disjuncture between, on the one hand, the name in currency among native speakers and, on the other, those imposed on the language by outsiders, including the experts and the groups controlling the socio-economic system. The reasons for the assignment of names are not the same from one institution or polity to another. One should therefore beware of extrapolating

[12] Fehderau observes that the division is made particularly for convenience. It is, however, noteworthy that the Kwango River is near the eastern border of the former Kongo Kingdom. East of the river are spoken languages most of which belong to Group B of the Bantu family and differ more significantly from the *Kikongo* cluster of languages (Group H) than the latter do among themselves. Usage of the term *Kikwango* for a particular variety of *Kituba* coinciding roughly with Fehderau's « eastern dialect » suggests that at least part of the division is real to speakers of *Kituba* and is not simply academic.

beyond the similarities warranted by the colonial, ethnographic, and genetic histories of the relevant languages.

REFERENCES

d'Ans, A., 1997, « Les anciens Maya ne parlaient pas le maya ! Considérations sur la nomination des langues indiennes en Hispano-Amérique » in Tabouret-Keller, A. (éd.), *Les enjeux de la nomination des langues*, Louvain-la-Neuve, Peeters, 191-223.

Canut, C., 1997, « Le nom des langues au Mali » in Tabouret-Keller, A., (éd.), *Les enjeux de la nomination des langues*, 225-239. Louvain-la-Neuve, Peeters.

Chaudenson, R., 1992, *Des îles, des hommes, des langues : essais sur la créolisation linguistique et culturelle*. Paris, L'Harmattan.

Chaudenson, R., 2001, *Creolization of Language and Culture*. London, Routledge.

Daeleman, J., 1972, « Kongo elements in Saramacca Tongo », *Journal of African Languages* n° 11, 11-44.

Daeleman, J., 1982, « African origins of Brazilian black slaves: Linguistic criteria ». *The Mankind Quarterly* n° 23, 89-117.

Dahl, Ö., 1985, *Tense and Aspect Systems*. Oxford, Basil Blackwell.

Fehderau, H., 1966, *The Origin and Development of Kituba*, PhD dissertation, Cornell University.

Guthrie, M., 1953, *The Bantu Languages of Western Equatorial Africa*, Oxford, University Press.

Heine, B., 1970, *Status and Use of African Lingua Francas*, München, Weltforum Verlag.

Hulstaert, G., 1974, A propos des Bangala, *Zaïre-Afrique* n° 83, 173-185.

Hulstaert, G,. 1989, « L'origine du lingala », *Afrikanistische Arbeitspapiere* n° 17, 81-114.

Lumwamu, F., 1973, *Essai de syntaxe systématique des parlers kongo*, Paris, Klincksieck.

Matuka, Y. M., 1990, *Three Kongo Palavers: Wedding, Bereavement and Reconciliation*, Ms.

Mufwene, S. S., 1979, « Some grammatical changes and variations » in Kikongo-Kituba and their implications for language planning. Paper presented at Tenth Annual Conference on African Linguistics, University of Illinois, Urbana.

Mufwene, S. S., 1988a, « Formal evidence of pidginization/creolization in Kituba », *Journal of African Languages and Linguistics* n° 10, 33-51.

Mufwene, S. S., 1988b, « Why study pidgins and creoles ? Column », *Journal of Pidgin and Creole Languages* n° 3, 265-76.

Mufwene, S. S. 1989a, « La créolisation en bantou : les cas du kituba, du lingala, et du swahili du Shaba », *Études Créoles* n° 12,74-106.

Mufwene, S. S., 1989b, « Some explanations that strike me as incomplete », *Journal of Pidgin and Creole Languages* n° 4, 117-28.

Mufwene, S. S., 1993, « Investigating Gullah: Difficulties in assuring 'authenticity' » in Glowka W. and Lance D. (eds), *Language Variation in North American English: Research and Teaching*, 178-190 (not including references), New York, Modern Language Association of America.

Mufwene, S. S., 1994, « Restructuring, feature selection, and markedness: From Kimanyanga to Kituba » in Moore, K., E. *et al.*, (eds), *Historical Issues in African Linguistics*, Berkeley Linguitics Society, 67-90.

Mufwene, S. S., 1997a, « Kituba » in Thomason, S. G. (ed.) *Contact Languages: A Wider Perspective*, Amsterdam, John Benjamins, 173-208.

Mufwene, S. S., 1997b, « Jargons, pidgins, creoles, and koinès: What are they ? » in Spears, A., K. and Winford, D. (eds), *The structure and status of pidgins and creoles*, Amsterdam, John Benjamins, 35-70.

Mufwene, S. S., 2005, *Créoles, écologie sociale, évolution linguistique*, Paris, L'Harmattan.

Mufwene, S. S., 2006, « How Bantu is Kiyansi? , A re-examination of its verbal inflections », in Erhard Voeltz, F. K. (ed), *Studies in African Linguistic Typology*, John Benjamins, 329-337.

Ngalasso, M. M., 1984, « Pidgins, créoles ou koinès ? À propos de quelques langues véhiculaires africaines », *Cahiers de l'Institut de Linguistique de Louvain* 9, 135-61.

Ngalasso, M. M., 1989, « Tons ou accents ? », Analyse des schèmes intonatifs du kikongo véhiculaire parlé dans la région de Bandundu (Zaire). Paper presented at Sixième Colloque International des Etudes Créoles, Cayenne, French Guyane.

Ngalasso, M. M., 1993, « Les procédés répétitifs in kikongo : le redoublement et la réduplication » in Mufwene S.-S. and Moshi L. (eds), *Topics in African Linguistics*, 45-66. Amsterdam, John Benjamins.

Samarin, W. J., 1989, « Language in the colonization of Central Africa », *Canadian Journal of African Studies* n° 23, 232-49.

Samarin, W. J., 1990, « The origins of Kituba and Lingala », *Journal of African Languages and Linguistics* n° 12, 47-77.

Le nom des langues III. Le nom des langues en Afrique sub-saharienne : pratiques, dénominations, catégorisations. Naming Languages in Sub-Saharan Africa: Practices, Names, Categorisations (sous la direction de C. de Féral), Louvain-la-Neuve, Peeters, BCILL 124, 2009, p. 223-231.

LA DÉNOMINATION DES LANGUES AU CAMEROUN : LE CAS DE L'*EWONDO*, DU *TUKI* ET DU *KENYANG*

Edmond BILOA et George ECHU
Université de Yaoundé I

Le nombre exact de langues locales parlées au Cameroun aujourd'hui suscite encore la controverse. Cette situation est due essentiellement à trois facteurs. Premièrement, le dernier recensement de la population en 1986, qui aurait apporté certains éclaircissements à ce sujet, n'a pas accordé beaucoup d'importance aux questions linguistiques. Deuxièmement, les enquêtes linguistiques permettant de fournir la configuration linguistique nationale sont rarement organisées, la dernière en date étant Breton et Fohtung (1991). Enfin, une grande source de confusion provient du fait de la variation dans l'appellation des langues locales (*cf.* Breton, Feussi, et Renaud ici même).

La réflexion proposée ici concerne les différentes appellations de l'*ewondo*, du *tuki* et du *kenyang*. Pour effectuer cette recherche, nous avons procédé par des enquêtes et interviews. En effet, au-delà du fait que nous soyons locuteurs de ces langues, nous avons interrogé quatre patriarches ewondo, cinq patriarches kenyang et trois patriarches tuki ainsi qu'une quinzaine de locuteurs non natifs, tous Camerounais aussi bien proches qu'éloignés des régions où sont parlées ces langues. Nous leur avons demandé la signification des noms utilisés, ainsi que les motivations qui sous-tendent ces appellations.

La carte ci-contre permet de localiser les trois langues qui font l'objet de cet article.

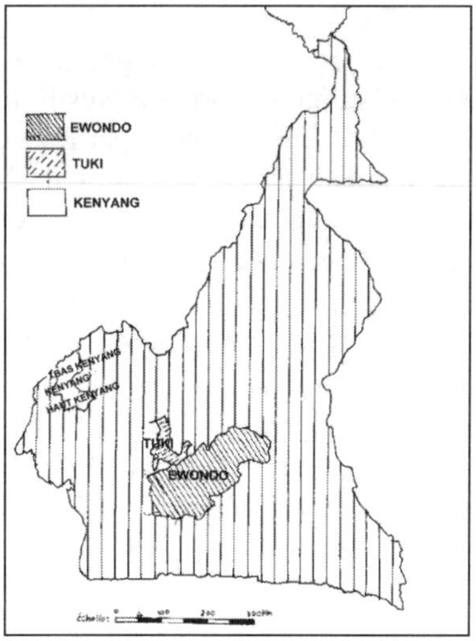

Cameroun : aires linguistiques de l'ewondo, du tuki et du kenyang

1. L'*EWONDO*

Pour mieux comprendre les différentes appellations relatives à l'*ewondo*, il convient de situer en premier lieu son peuple ainsi que la langue elle-même. L'*ewondo* est une langue bantoue codée A72a comme l'établit Guthrie (1971 : 92-93). Cette langue appartient à l'ensemble linguistique *bəti faŋ*. Géographiquement, l'*ewondo* est bordé au nord par l'*eton* (A71), à l'ouest par le *ɓassaa* (A43), à l'est par le *mvələ* (A72b), au sud par le *bulu* (A74a) et le *faŋ* (A75). L'ewondo est parlé dans la zone de forêt équatoriale au sud du Cameroun et principalement dans la région dont la ville de Yaoundé constitue le centre (Essono 2000 : 9). Son aire linguistique englobe les départements du Mfoundi (Arrondissements de Yaoundé I, Yaoundé II, Yaoundé III, Yaoundé IV, V, VI, VII), de la Mefou (Arrondissements de Mbankomo, Ngoumou, Akono, Bikok, Mfou, Awae, Esse et Soa), du Nyong et So (Arrondissement de Mbalmayo) et de l'Océan (Arrondissements de Mvengue et de Lolodorf).

Ewondo renvoie à plusieurs connotations sémantiques et montre que cet item est sujet aussi bien à de nombreuses interprétations étymologiques qu'à des variations morphologiques et lexicales. Ainsi, selon Onambele (1978: 17)

> « Le mot ewondo a une acception plus ou moins large selon la personne qui le définit. Pour un étranger, le groupe ewondo englobe tous ceux qui parlent ewondo comme langue maternelle, à savoir : les Etenga, les Etudi, les Yanda, les Enoah, Elega, Edzoa, voire...les Mvéle, les Eton, les Manguissa... faisant ainsi d'ewondo un synonyme de « beti ». Mais pour tout Ewondo authentique participant réellement du groupe, les Ewondo comprennent un nombre restreint de groupes claniques, issus d'un ancêtre unique, Ewunu-ondza ou Ewundza, qui a donné son nom, bien que déformé, à ses descendants et plus tard aux dialectes qu'ils parlent. »

En dehors des variations morphologiques du terme *ewondo* qui sont notamment *ewondo, jéwondo, jawonde, jaunde* et *yaoundé* qu'évoque Essono (2000 : 11) dont la forme travestie *jaunde* puis *yaoundé* est la plus usitée de nos jours et aurait été transcrite par les explorateurs allemands Kund et Tappenbeck, à partir des réalisations des porteurs batanga de Kribi qu'ils avaient engagés. On peut citer également *nkɔbɔ ewondo* (« parole ewondo »).Quant au terme *bəti* communément utilisé, il est le pluriel de « *nti* » (« seigneur »). En effet, selon Mviena (1970 : 84), les Ewondo, qui considèrent qu'ils sont des seigneurs appellent leur langue du même nom. Le *bəti* est donc « la langue des seigneurs » ; c'est dans le même sillage que se situe Owona (1997 : 10) lorsqu'il dit que les Ewondo sont appelés « la tribu des seigneurs ». On dénomme également l'*ewondo nkɔbɔ esingaŋ* (« parole solide »), en relation avec l'*esingaŋ*, arbre de la forêt équatoriale connu pour sa solidité. On note aussi *nkɔbɔ nnam* (« la langue du terroir »), *m-adzo naa* (« je parle »), *m-akad naa* (« je dis que »), *adzo* (« la parole »), *nnam* (« notre langue »), *nkɔbɔ bətada* (« la parole des ancêtres »), *nkɔbɔ ayɔn israel* (« la langue de la race d'Israël »), en rapport avec l'histoire culturelle qui voudrait que les Ewondo soient un peuple béni comme l'était Israël (*cf.* Mviena 1970 : 77-87), *nkɔbɔ mfaŋ ayɔŋ* (« la langue de la race valeureuse »). Voilà autant d'expressions qui désignent la langue ewondo.

Il faut toutefois rappeler que, comme nous l'avons mentionné plus haut concernant les situations que revêt la dénomination des langues au Cameroun, toutes les dénominations ci-dessus évoquées sont davantage consacrées par les locuteurs eux-mêmes dans l'optique d'exprimer non seulement la suprématie de leur langue mais également celle de leur culture, notamment vis-à-vis d'autres langues du grand groupe *bəti faŋ*. Ce n'est d'ailleurs pas sans raison que l'ewondo serait considéré comme la langue de référence de ce groupe. Ainsi, comme le note si bien Essono (2000 : 12) « l'intercompréhension avec les parlers environnants avec qui il partage la même unité linguistique, et surtout l'appartenance de l'ewondo au continuum *bəti faŋ* placent cette langue dans une position bien privilégiée ». C'est pourquoi bon nombre d'auteurs ont suggéré que l'ewondo soit une des langues locales officielles[1].

Au-delà des appellations qui sont propres aux locuteurs natifs ewondo ou qu'ils emploient eux-mêmes pour désigner leur langue et dont ils s'enorgueillissent, on note d'autres appellations qui sont attribuées par des locuteurs non natifs aux locuteurs de la langue ewondo. Ainsi, par exemple, les pidginophones emploient l'expression « chop-broke-pot » (manger et casser la marmite, qui désigne une personne excessivement dépensière, au point de dépenser tout son revenu sans penser au lendemain). D'une manière générale, cette appellation permet de comprendre un trait culturel propre aux Ewondo dont la vie semble davantage basée sur la mondanité, c'est-à-dire tout ce qui a trait à la distraction. Cet état des choses fait qu'ils sont aujourd'hui, comme le pense Owona (1997 : 9), des individus qui ne se respectent pas ; ils sont esclaves sur leur propre terre où les allogènes les méprisent. Ce qui n'est pas étonnant, car ils ont perdu l'*ati* (« la dignité ») de leurs ancêtres.

Chez les Bassaa, le terme « man libii » est employé pour désigner les Ewondo (l'imagerie populaire chez les Bassaa voudrait que l'homme ewondo soit perçu comme celui qui a un petit sexe, d'où l'expression « man libii » qui veut dire en bassaa « petit sexe ») [2] ; c'est donc dire que la langue ewondo serait la langue des hommes détenteurs de petits sexes.

2. LE *TUKI*

Le *tuki*, tout comme l'*ewondo*, est une langue bantoue parlée dans la province du Centre au Cameroun, précisément dans le département du Mbam et

[1] Le terme « langue locale officielle » s'emploie ici pour désigner une langue locale à laquelle on attribuerait le statut de langue officielle. Pour le moment, il n'existe pas de langue locale officielle au Cameroun bien que certains Camerounais soient favorables à la désignation de quelques langues locales de grande diffusion comme des langues officielles au même titre que le *français* et l'*anglais*.

[2] Cette information nous a été donnée par Paul Fonkoua, un de nos étudiants de DEA.

Kim. Ses locuteurs résident dans les villages se trouvant dans la zone de Ntui, Mbangassina et Ngoro. Le *tuki* appartient au phylum niger-kordofanien, à la famille Benoué-Congo de la branche bantoue. Il compte d'après Biloa (1992) environ 26000 locuteurs et est constitué de sept dialectes ayant quelques différences sur les plans lexical et phonologique. Ces dialectes sont le *tungoro*, le *tukombe*, le *tutsingo*, le *tuwondzo*, le *tumbele*, le *totsenga* et le *bongidzo* (*mangissa leti*). Il a été classé par Guthrie (1948) parmi les langues bantoues du groupe A60 encore appelé « groupe Sanaga ». Il est la langue des Baki (« nobles, seigneurs ») et est diversement dénommé.

Parmi les appellations qui lui sont consacrées, on peut citer entre autres : *langue Sanaga*, due certainement à sa proximité avec le fleuve Sanaga mais aussi à la légende qui voudrait qu'il y ait un parallèle avec Osaananga qui représente la rivière de Nanga, l'ancêtre des Beti. Les Baki sont généralement appelés « Sanaga » ou « Osaananga » par les locuteurs ayant une bonne connaissance de la langue ; on leur reconnaît aussi des vocables tels que « Betsinga », « Betzinga », « Tocenga », « Bacenga », et « Batchenga ». Il en est de même pour l'appellation « oki » qui, dans son acception, signifie « langue dont le locuteur appartient à une ethnie Sanaga », qu'il soit de la localité de Ntui dont les habitants parlent batsenga, de Ngoro, de Mbangassina, Yebekolo, Bilomo etc. Toutes ces ethnies lors de leurs rencontres s'entre interpellent *oki* dont l'expression introduite dans une phrase a le sens de « comment » comme dans *oki omo ongondo é* (oki comment te portes-tu ? autrement es-tu en santé ?). C'est donc dire que le terme *oki* renvoie davantage à l'expression de la culture de ceux dont la langue est le tuki. Au-delà de l'item *oki*, on peut noter également *uki*, *eti*, *ati*, *ki*, *osa* ou *leti*. Ces appellations ont aussi des significations relatives à la tribu.

Ainsi, *langue saananga, oki uki*, *eti*, *ossaananga*, *ati osa* ou *leti* sont les diverses dénominations du *tuki*, langue parlée par les Baki communément appelés « ossaananga » que l'on retrouve dans le Mbam et Kim.

Comme nous l'avons déjà signalé, les appellations qui proviennent des locuteurs natifs sont souvent, pour ne pas dire toujours, mélioratives alors que celles qui sont consacrées par les étrangers, c'est-à-dire les locuteurs non natifs, sont péjoratives. On se rend compte pour le cas du *tuki* qu'on ne dénombre pas de vocables péjoratifs. Ce qui nous amène à établir un parallèle entre l'*ewondo* et le *tuki* pour dire, comme le montrent certains historiens, notamment Mveng (1963), que les langues du *bəti faŋ* auraient une origine commune dont la langue *tuki* serait la langue originelle. D'ailleurs comme le montre Mveng (1963 : 243) que reprend Essono (2000 : 11) : « Les Bulu, les Ewondo, les Eton étaient au début une peuplade parlant un langage dont on retrouve des débris sur la rive droite de la Sanaga ». Même si ce dernier insiste tout de même sur le fait qu'il faudrait une étude génétique profonde pour justifier ces allégations. Dans tous les cas, le *tuki* est cette langue que l'on parle sur cette rive droite de la Sanaga. Essono (1974 : 1-6) mentionnait déjà que l'*ewondo* et l'ensemble des parlers *beti* tirent leur origine de l'*ati* (dignité) ou *tuki*, langue parlée sur toute la rive droite de la Sanaga dans le département du Mbam et Kim. Nekes (1912) affirme à cet effet : « Les vieux

Ewondo parlaient une langue *ati* et s'appelaient eux-mêmes Beti ». Cette affirmation est corroborée par Laburthe (1981 : 67) lorsqu'il dit :

> « Les traditions des Ewondo [...] affirment avec force que les ancêtres ne parlaient pas ewondo, mais ati : le R.P Nekes témoigne qu'à l'époque de ses séjours à Yaoundé (1900-1912) de vieux Ewondo parlaient encore ati. »

Il faut reconnaître qu'au Cameroun les Tuki, parce qu'ils sont minoritaires (Bitja'a 2003), sont souvent assimilés à tort aux Ewondo et aux Eton ; d'ailleurs les locuteurs de ces langues portent pratiquement les même noms de familles et ont par conséquent peut-être un ancêtre commun. C'est pourquoi pour ceux qui ne sont pas locuteurs natifs de la langue, il est très facile, en dehors des voisins très proches, de confondre ces peuples qui se distinguent aussi bien du point de vue linguistique que culturel. Compte tenu de tout ce qui précède, on peut se rendre compte que les appellations que les locuteurs non natifs de l'*ewondo* attribuent à cette langue sont les mêmes qu'ils attribuent au *tuki*[3]. En somme, si l'*ewondo* et le *tuki* sont dotées d'appellations différentes par leurs locuteurs natifs, il faut reconnaître que, parce que le *tuki* n'est pas géographiquement visible, le fait qu'il soit présent dans le Centre fait de lui une langue phagocytée par le géant qu'il a auprès de lui, l'*ewondo*.

3. LE *KENYANG*

Langue bantoue appartenant à la famille linguistique *nyang*[4], le *kenyang* (langue numéro 881 selon la classification de l'*ALCAM*) est parlé dans les départements de la Manyu et du Kupe-Muanenguba dans la province du Sud-Ouest par une population d'environ 65 000 personnes. Dans le département de la Manyu, il est parlé dans les arrondissements de Mamfe Central, de Upper Banyang et d'Eyumojock par 53 villages. Dans le département de Kupe-Muanenguba, il est parlé à l'ouest de l'arrondissement de Nguti.

D'après Tyhurst (1983 : 7) et *Ethnologue*[5], les trois dialectes principaux du *kenyang* sont le *bas-kenyang* (*Lower Kenyang*), le *haut-kenyang* (*Upper Kenyang*) et le *kitwii* (*Upper Balong, Northern Balong, Manyemen, Kicwe, Bakoni, Twii, Manyeman*). Si les locuteurs du *bas-kenyang* se trouvent principalement dans l'arrondissement de Mamfe Central et d'Eyumojock, les locuteurs du *haut-kenyang* résident essentiellement dans l'arrondissement de Upper Banyang. Pour ce qui est des locuteurs de *kitwii*, ils se trouvent entre les Mbo et les Bakossi dans l'arrondissement de Nguti. Selon Tyhurst (1983 : 53), le *bas-kenyang* est parlé dans 20 villages dont Bachuo Akagbe, Bachuo Ntai, Besongabang, Egbekaw, Eshobi, Etemetek, Etuku, Eyanchang, Eyang Ntui,

---

[3] Il a été observé que la majorité des Camerounais ne connaissent pas le nom *tuki*. Certains étudiants approchés au sein du campus de l'Université de Yaoundé I pensent que ses locuteurs parlent *ewondo*, parce qu'ils ont les mêmes noms de famille.

[4] Les autres langues de cette famille sont le *denya* et le *kendem*.

[5] *Cf.* http://www.ethnologue.com/show_language.asp?code=ken

Nfainchang, Mamfe, Mbinjong, Nchang, Ndekwai, Nfaitok II, Ntenako, Obang, Okoyong, Ossing et Talangaye. Le *haut-kenyang* est parlé dans 26 villages dont Akiriba, Ashum, Atebong Wire, Bakebe, Defang (Nchemba), Ebeagwa, Ebensuk, Edjuingang, Ekpor, Eyang Atem Ako, Fotabe (Afim), Kepelle, Mbanga Pongo, Mbatop, Mbio, Nchemba II, Nfaitok I, Ntenmbang, Sabes, Sumbe, Taiyor, Takwai, Tali I, Tali II, Tinto et Tinto Mbu. Quant au kitwii, il compte 7 villages : Ayong, Baro, Betock, Ebanga, Manyemen, Sikam et Talangaye. À l'heure actuelle, le *bas-kenyang* compte le plus grand nombre de locuteurs ; c'est la raison pour laquelle il est considéré comme la variété standard de la langue par la *Society for Kenyang Literature* (SKL)[6].

Le *kenyang* a plusieurs autres dénominations signalées dans *Ethnologue* : *nyang, bayangi, banyang, banyangi, banjangi* et *manyang*. À cela s'ajoute l'appellation *bayang* signalée par Mbuagbaw (2000 : 7). Certaines de ces dénominations sont bien connues à travers la littérature portant sur cette langue. Précisons que dans *Pollyglotta Africana*, Koelle (1854) emploie la dénomination *kóŋgũaŋ* (langue numéro XII.E.17) de son système. En 1908, pendant la période coloniale allemande, l'administrateur colonial Mansfeld a entrepris une étude anthropologique sur l'actuel département de la Manyu. Parmi les sept langues examinées, figurait le *banjang*. Puis dans une autre étude réalisée en 1910-1911, Bufe parlera de *banyangi*. Dans son étude, Johnson (1919 et 1922) employait déjà les appellations *nyang*, *banyangi* et *manyang*. Quelques années plus tard, Talbot (1926) a également employé le nom *banyangi*. Cette situation de pluralité de noms est résumée ainsi qu'il suit :

> « The term 'Nyang' refers to a group of closely related languages spoken in the Manyu Division, South-West province of Cameroon. These languages are spoken by the Banyang people. The Banyang people call their language Kenyang. Previous linguistic studies have sometimes referred to it as 'Nyang' (Breton and Fohtung 1991: 125, Grimes 1992), while other ethnic groups call it 'Bayangi'. Other authors refer to it as 'Manyang' (Nkongho Ojong 2005 : 6). »

Mais comme le souligne l'auteur plus haut, bien que le terme *nyang* soit employé souvent par certains chercheurs pour désigner le *kenyang*, il est, en réalité, une famille linguistique à laquelle appartiennent le *kenyang*, le *denya* et le *kendem*.

Les locuteurs du *kenyang* se nomment eux-mêmes « Manyang » et nomment leur langue le *kenyang* (« le vrai parler »). Ils sont appelés par les autres locuteurs « Bayangi » ou encore « Nyangi ». Il s'agit d'une vieille pratique. Pendant longtemps, les Banyang se constituaient en groupes dans certains centres urbains où une tranche importante de la population de leurs femmes se prostituait. Cette situation avait donné naissance au quartier Bayangi de Douala, un quartier peuplé essentiellement par les prostituées originaires du Département de la

6 La *Society for Kenyang Literature* (SKL) est un organisme privé qui œuvre pour la promotion du kenyang, que ce soit à travers la mise en place des outils pédagogiques, la publication des œuvres littéraires ou la traduction des textes bibliques en *kenyang*.

Manyu. D'où l'association dans l'imagerie populaire camerounaise de « Bayangi » ou « Nyangi » avec les prostituées par les locuteurs des autres langues. Les phrases telles que « J'ai rendez-vous avec la *nyangi* de l'autre jour »[7] sont de plus en plus entendues, le terme *nyangi* signifiant en l'occurrence « prostituée », indépendamment de l'origine ethnique de la personne ainsi désignée. Ainsi, les locuteurs des autres langues locales, qu'ils soient des pidginophones, des ewondophones ou encore des limbumophones, ont tendance à associer les locuteurs du *kenyang* à la prostitution. Il nous a été donné de constater que les Banyang eux-mêmes considèrent les Ewondo comme des « *ma nyé nya* » (« amoureux de la viande »), puisque les Beti, d'après eux, se distinguent par un appétit remarquable pour la consommation de la viande[8]. Ce jeu de dénomination, surtout provenant des locuteurs des autres langues, revêt un caractère essentiellement péjoratif, l'autre étant toujours associé au mauvais, à ce qui est négatif. Une telle situation révèle les attitudes des autres locuteurs vis-à-vis d'une langue donnée, ou encore les représentations qu'ils se font par rapport aux locuteurs de cette langue.

La dénomination *kenyang* est consacrée au plan administratif, d'autant plus qu'elle est la seule qui figure dans l'*Atlas linguistique du Cameroun* de Breton (1987) et l'*Atlas administratif des langues nationales du Cameroun* de Breton et Fohtung (1991). Elle a été adoptée dans les cercles linguistiques et administratifs au détriment des autres dénominations.

CONCLUSION

Il ressort de cette étude que les langues que sont l'*ewondo*, le *kenyang* et le *tuki* revêtent plusieurs appellations comme c'est d'ailleurs le cas pour d'autres langues comme le montrent les différentes contributions du présent ouvrage. Nous nous sommes interrogés sur le sens de ces vocables afin d'en dégager aussi bien leur valeur du point de vue linguistique que culturel. On a pu observer que ceux-ci traduisaient non seulement les façons d'être des peuples qui parlent ces langues, mais l'image qu'ils voudraient que l'on ait d'eux. Malheureusement, si les vocables que les locuteurs natifs consacrent à leur langue sont tous mélioratifs, ce n'est pas le cas lorsque ce sont les locuteurs non natifs qui les leur attribuent. Bien plus, on observe que les appellations que les étrangers donnent à ces langues ont aussi toutes une coloration négative au point où il est à se demander s'il n'existe pas de conflit tacite entre les peuples de langues différentes. On comprend dès lors que chaque peuple voudrait affirmer son identité en se plaçant au-dessus des

---

7 Cet exemple nous a été communiqué par Zambo, 28 ans, officier de police judiciaire et étudiante en 3ème année des Lettres Bilingues. Elle est d'origine ewondo.

8 Signalons aussi que les Banyang désignent les Ibo comme les « nchuk nyuen » (ceux qui parlent avec le nez). De même, les Ewondo désignent les Bamiléké « mvog mbom ngwe » (les gens qui parlent avec le nez), tandis que les Bamiléké à leur tour désignent les Ewondo « nkwa » (étrangers).

autres. Telle a d'ailleurs toujours été la logique des civilisations comme nous le montre l'histoire. Pour être beaucoup plus précis, disons que les différentes dénominations des langues qui ont font l'objet de ce travail sont relatives non seulement au contexte, mais aussi aux attitudes des locuteurs et des non-locuteurs vis-à-vis de ces langues.

Il faudrait cependant reconnaître qu'il n'a pas toujours été facile d'obtenir les significations de tous les noms attestés à travers la littérature existante. Certains kenyangophones interrogés n'étaient pas en mesure de nous informer sur la signification des noms liés à cette langue. Toutefois, ils reconnaissaient l'emploi de ceux-ci. Malgré cette situation qui constitue un handicap majeur à l'étude, nous sommes persuadés que les connotations associées aux différents noms ont été suffisamment mis en exergue. Cette étude révèle par ailleurs que si les appellations *ewondo*, *kenyang* et *tuki* sont consacrées par l'Administration, elles sont loin d'être les seules employées pour se référer aux langues en question, d'autant plus que locuteurs et non-locuteurs continuent d'employer d'autres noms de baptême.

RÉFÉRENCES BIBLIOGRAPHIQUES

Biloa, E..,1992, *The Syntax of Operator Constructions in Tuki*, Ph.D Dissertation, University of Southern California.

Bitja'a Kody, Z. D., 2003, *Annuaire des langues du Cameroun*, Yaoundé, CERDOTOLA.

Breton, R., 1987, *Atlas linguistique du Cameroun*, Yaoundé, ISH/CREA.

Breton, R. et Fohtung B., 1991, *Atlas administratif des langues nationales du Cameroun*, Yaoundé/Paris, CERDOTOLA/CREA – ACCT.

Essono, J.-J.-M., 1974, *Description phonologique du tuki, ati, langue sanaga,* Mémoire de DES, Université de Yaoundé.

Essono, J.-J.-M., 2000, *L'ewondo, langue bantoue du Cameroun, Phonologie-Morphologie-Syntaxe*, Yaoundé, Presse de l'UCAC.

Grimes, B. F., 1996, *Ethnologue, The Languages of the World*, Dallas, Summer Institute of Linguistics.

Guthrie, M., 1948, *The Classification of Bantu Languages*, London, International African Institute.

Guthrie, M., 1971, *Comparative Bantu, An Introduction to Comparative Linguistics and a Prehistory of Bantu Languages*, Vol. 2, London, Gregg Press Ltd.

Johnson, Sir H. H., 1919, *A Comparative Study of the Bantu and Semi-Bantu Languages*, Oxford, Clarendon Press.

Laburthe-Tolra, P., 1981, *Les seigneurs de la forêt. Essai sur le passé historique, l'organisation sociale et les normes ethniques des anciens Beti du Cameroun,* Paris, Éditions de la Sorbonne.

Mbuagbaw, T. E., 2000, *Kenyang Segmental Phonology*, Yaoundé, Cameroon Association for Bible Translation and Literacy, CABTAL.

Messi, L., 1970, *Proverbe beti*, Yaoundé, ronéo.

Mveng, E., 1963, *Histoire du Cameroun,* Paris, Présence africaine.

Mviena, P., 1970, *Univers culturel et religieux du peuple beti*, Yaoundé, Imprimerie Saint-Paul.

Nekes H., 1912, « Jaunde und seine Bewohner », in Kolonial Runshau 8.

Nkongho Ojong and Magdaline Bakume, 2005, *The Proto-Constructions of the Nyang Languages*, Mémoire de DEA, Université de Yaoundé I.

Onambele, M.-J., 1978, *La structure clanique des Ewondo*, Mémoire de DES, Département de Sociologie, Université de Yaoundé.

Owona, A., 1997, *L'enseignement des langues camerounaises à l'école, le cas de l'ewondo*, Mémoire de Maîtrise, Université de Yaoundé I.

Talbot, P. A., 1926, *The Peoples of Southern Nigeria, Vol. 4, Linguistics and Statistics*, London, Oxford University Press.

Tyhurst, J. J., 1983, *Linguistic Survey of the Nyang Languages*, Yaoundé, SIL.

Le nom des langues III. Le nom des langues en Afrique sub-saharienne : pratiques, dénominations, catégorisations. Naming Languages in Sub-Saharan Africa: Practices, Names, Categorisations (sous la direction de C. de Féral), Louvain-la-Neuve, Peeters, BCILL 124, 2009, p. 233-254.

ENJEUX DES DÉNOMINATIONS DE L'ARABE EN AFRIQUE SUB-SAHARIENNE

Catherine MILLER
Iremam, CNRS[1], Aix-en-Provence

INTRODUCTION

La langue arabe (*al-lugha al-'arabiyya*) est présente en Afrique saharienne et sub-saharienne depuis plusieurs siècles, s'étendant sur un large espace allant de la Mauritanie à la Corne de l'Afrique et occupant des statuts et des fonctions variés : langue religieuse de l'islam et de l'enseignement coranique, langue officielle ou nationale de certains états (Erythrée, Mauritanie, Soudan, Tchad), grande langue de communication inter-ethnique dans des régions plurilingues comme le Soudan ou le Tchad, langue maternelle de groupes se réclamant ou non d'origine arabe. A cette diversité, à cette pluralité, correspondent parfois, mais pas toujours, des dénominations particulières qui renvoient soit à une représentation de type diglossique (variété haute, variété basse), soit à des catégorisations régionales ou ethniques, soit à des variétés spécialisées (de type langue secrète ou jargon).

Appréhender les dénominations des parlers arabes ou à base arabe de l'Afrique sub-saharienne soulève plusieurs difficultés. Les informations restent extrêmement lacunaires et ne peuvent, au mieux, que suggérer quelques pistes de réflexion. La présence ou l'absence de dénominations plus circonscrites soulèvent de nombreuses questions : peut-on établir les conditions et les modalités de leur apparition ? Comment se propagent-elles, sur quels critères s'élaborent-elles ? En quoi sont-elles des dénominations endogènes ou exogènes ? Dans quelle mesure s'inscrivent-elles ou non dans des représentations différentes de la langue ?

La langue arabe a largement progressé en Afrique sub-saharienne tout au long du 20ème siècle, malgré les tentatives des pouvoirs coloniaux pour accentuer la séparation entre le monde arabo-musulman et l'Afrique « noire ». Cette expansion

[1] Iremam : Institut de Recherche du Monde Arabe et Méditerranéen ; CNRS : Centre national de la Recherche Scientifique ; MSH : Maison des Sciences de l'Homme..

n'a pas été sans créer des tensions et des conflits, car la progression de la langue arabe est souvent associée à la progression de l'islam et à la domination politique de certains groupes se réclamant d'une origine arabe. Bien qu'arabisation linguistique et islamisation soient loin d'être des phénomènes concomitants, le lien fort entre la langue arabe et la religion musulmane fait de l'arabe une langue ayant un statut symbolique très particulier. Et il semble difficile de parler de l'arabe en Afrique sub-saharienne sans tenir compte du poids de « l'héritage arabo-musulman ».

Il convient de souligner que dans l'aire sub-saharienne, comme dans le monde arabophone, la langue arabe est perçue, par les arabophones et les non arabophones, comme un ensemble se distinguant de toutes les autres langues, que celles-ci soient locales ou étrangères, relevant d'une tradition orale ou d'une tradition écrite. Cette perception correspond à une conception qui privilégie l'unicité de la langue arabe et s'inscrit dans la tradition grammaticale arabe médiévale, tradition reprise et réaménagée par les tenants du pan-arabisme à l'aube du 20ème siècle. C'est pourquoi il m'apparaît important de faire un petit détour historique sur cette tradition arabe afin d'en mieux comprendre les représentations et les postulats idéologiques et philosophiques. Ce détour historique permet de constater que les termes employés en arabe pour « nommer » les parlers arabes ont peu évolué à travers les siècles et l'espace. Aujourd'hui ce sont surtout les variétés les plus « périphériques », les plus « mélangées » ou les plus spécialisées (cf. les argots et parlers secrets par exemple) qui sont nommées, désignées et indexées par des termes spécifiques, termes qui semblent le plus souvent (mais pas dans le cas des langues secrètes) avoir été créés par des « observateurs » étrangers. D'autre part, si on constate que, dans le monde arabophone, la conception globalisante de l'arabe valorise la variété écrite (classique ou moderne) au détriment des variétés arabes vernaculaires[2], elle renforce cependant (indirectement) le statut des vernaculaires arabes vis-à-vis des vernaculaires non arabes dans les pays plurilingues de l'Afrique sub-saharienne qui ont opté pour l'arabe comme langue officielle.

1. Langue, variétés et variantes : petit détour historique sur les normes et les dénominations dans le monde arabophone

À la question « qu'est ce que tu parles ? », le locuteur arabophone répondra le plus souvent « je parle arabe » (*batkallam ʿarabî*)[3], ou de façon un peu plus emphatique « je parle la langue arabe » (*batkallam al-lugha al-ʿarabiyya*).

---

2 On trouvera dans l'ouvrage collectif dirigé par F. Cheriguen (2007) une bonne illustration de ce déni des langues/variétés vernaculaires dans l'Algérie contemporaine.

3 La glose est prise ici à l'arabe soudanais. Le verbe « parler » se dira autrement dans d'autres variétés vernaculaires arabes.

Les termes *'arabî* et *al-'arabiyya* sont formés à partir du nom collectif *'arab* qui désigne les Arabes en tant que groupe (et qui souvent sous-entend les vrais Arabes, les Arabes du désert)[4].

'arabî (forme adjectivale masculine) désigne soit le fait d'être arabe, soit la langue arabe (i.e. *Arab* et *Arabic* en anglais) ;

'arabiyya est la forme féminine de cet adjectif. Précédée de l'article /al-/, *al-'arabiyya* est une forme nominale qui désigne la langue arabe et englobe en principe tous les niveaux, styles et variétés d'arabe mais qui, dans les faits, renvoie implicitement à une norme unique, celle de l'arabe coranique/classique et donc à un niveau littéraire et un usage écrit (Suleiman 2006). Cette conception restrictive et normative de *al-'arabiyya* (ou *al-lugha al-'arabiyya)* semble s'être imposée progressivement. L'histoire de la grammaire arabe indique qu'un glissement s'est opéré entre le 8ème et le 10ème siècle avec le passage d'une représentation de la langue comme entité hétérogène (une *lugha* composée de *lughât* 'variantes')[5] chez des grammairiens comme Sibaywahi à une conception plus monolithique et normative - une seule norme, celle du Coran, est reconnue comme juste - (Larcher 2005).

Parmi les termes employés par les grammairiens arabes anciens pour nommer la langue arabe, on note outre *al-'arabiyya* et *al-lugha al-'arabiyya* précédemment cités, ceux de *lisân* et de *kalâm* : *lisân al-'arab* « la langue/parler des Arabes », *kalâm al-'arab* « la langue/parole/discours des Arabes ». Les termes *kalâm, lisân* et *lugha* sont également utilisés pour désigner des variantes orales associées à des régions ou des tribus arabes. On relève ainsi *lughat ahli l-hijâz* « la langue/variante du peuple du Hijâz » et également *lughat al-hijâziya,* « la langue hijaziyya » et *al-hijâziya* « le hijazien » chez Sibawayhi au 8ème siècle (Levin 1994), *lughat al-Shâm* « la langue de la Syrie » et *alsina (*pl. *de lisân) ahl-al aqâlim* « les parlers des habitants des province » chez Muqadissi au 10ème siècle (Larcher 2006a) et *lisân Mudar, lughat Mudar* « la langue de Mudar » (tribu du nord de la péninsule arabique), *lughat Himyar* « la langue de Himyar », *lughat ahl al-hadar wa-l-amsâr* « la langue des sédentaires et des citadins » par opposition à *lughat al-asl* « la langue des origines » (pour définir l'arabe des origines, l'arabe coranique) chez Ibn Khaldoun au 14ème siècle (Larcher 2006b) et plus tardivement *kalâm ahl Misr* « la parole du peuple d'Egypte » dans l'un des premiers lexiques d'*arabe dialectal*, celui de Y. El-Maghrabî au 17ème siècle (Zack 2003).

On constate donc que dans la tradition arabe médiévale les termes *lisân, lugha, kalâm* sont utilisés à la fois pour l'arabe coranique/classique écrit mais également pour des variétés régionales ou « tribales », considérées comme moins parfaites mais faisant partie de l'ensemble arabe. Et il semble bien que pendant

---

4 Les définitions données ici reprennent le dictionnaire de Hans Wehr (1980 : 601) et reflètent l'usage moderne de ces termes. Pour une approche historique sur le développement sémantique de ces termes voir les articles de J. Retsö (2006) et Y Suleiman (2006).

5 Il faut souligner que le terme *lugha* est surtout employé à cette époque pour décrire « la façon de parler, les différentes façons d'exprimer un même sens » et qu'il avait donc le sens que l'on donne aujourd'hui au mot *lahja* (Iványi 2007).

des siècles, les locuteurs arabophones n'aient pas éprouvé le besoin d'instaurer des distinctions nettes et tranchées entre les différents registres ou usages, ni d'utiliser des dénominations spécifiques pour désigner les différentes variétés, même s'ils partageaient une représentation plus ou moins confuse d'une norme idéalisée et de parlers ordinaires corrompus[6].

C'est dans la deuxième moitié du 19ème siècle que l'on voit se fixer une représentation diglossique de l'arabe à partir de la renaissance arabe (la *nâhda*). Selon P. Larcher (2003), cette conception diglossique résulterait du croisement et de l'interaction entre, d'une part, les nationalistes et réformistes arabes et, d'autre part, la tradition orientaliste arabisante qui s'est formée à partir du 17ème siècle avec les premiers missionnaires. Ces derniers ont transposé la division héritée de la linguistique italienne entre parlers vulgaires/langue classique au domaine arabophone. Cette division sera reprise par les traducteurs et linguistes arabophones[7] car elle correspond à l'idée d'une seule norme unique légitime (la norme coranique/classique) et s'imposera peu à peu comme la *doxa* officielle des pays arabophones mais également des pays de l'Afrique sub-saharienne.

Deux types de dénominations reflètent cette conception diglossique de la langue : *al-'arabiyya al-fushâ (al-fushâ* ou *al-lugha al-fushâ)* d'une part et *al-lahjât, al-'âmmiyya, 'âmmiyyât* (au Moyen orient) ou *ed-dârija* (au Maghreb) d'autre part.

La première dénomination (*al-fushâ*) désigne la variété haute du pôle diglossique, c'est à dire la variété qui se rattache à l'arabe coranique et à l'arabe classique puis à ce que les linguistes ont appelé l'arabe moderne standard, ou l'arabe littéraire, i.e. la forme 'rénovée' de l'*arabe classique* qui s'est développée depuis le 19ème siècle. L'étymologie du terme *fushâ* renvoie aux notions de pureté, de bon usage et d'éloquence (Larcher 2005, Ayoub 2007). Le *fushâ* représente la norme idéale, celle du Coran et de la codification des grammairiens arabes.

Le deuxième type de dénomination désigne la/les variétés basse(s) du pôle diglossique, c'est à dire l'usage oral/vernaculaire/courant et connote un usage plus ou moins 'déviant' par rapport à la norme idéale. Le terme *lahja* indique à la fois une manière de parler, un dialecte, mais également un « défaut de parole ». L'étymologie du terme *'âmmiyya* renvoie au sème de *al-'âmma*, « le peuple » par opposition à *al-khâssa* « l'élite ». On peut faire remonter le terme *'âmmiyya* à l'usage des grammairiens arabes médiévaux qui traquaient les *lahn al-'âmm* ou « les erreurs de la masse » (cette masse étant constituée au départ des groupes non arabes ou récemment arabisés). L'étymologie de *dârij* renvoie au sème de « usuel, populaire, en circulation ». L'ensemble de ces dénominations indexe le parler

6 L'absence d'ouvrage s'intéressant aux « langues du peuple » rend difficile de retracer l'histoire des termes utilisés pour désigner les variétés vernaculaires jusqu'au 19ème siècle. Mais les écrits de Muqaddasi (X) et Ibn Khaldoun (XIV) montrent bien que la plupart des variétés vernaculaires sont considérées comme défectueuses (*rakîka*), corrompues (*fâsida*) et grossières (*qabîha*) (Larcher 2006a, 2006b).

7 Un bon exemple en est l'ouvrage de Tantâwî au 19siècle (Woidich 1995).

ordinaire (ou variétés vernaculaires) comme commun mais aussi vulgaire et déviant face à la langue pure représentée par le *fushâ*.

De cette conception diglossique et normative découle le fait qu'au 20ème siècle le mot *lugha* n'est plus appliqué aux variétés vernaculaires qui sont désignées comme des *lahja* (dialectes). De même que les linguistes occidentaux utilisent le terme de *Colloquial Arabic* ou de « dialectes arabes » pour parler des vernaculaires, les linguistes arabes qui s'intéressent à ces variétés utilisent principalement le terme *lahja* depuis les années 1960[8].

Les termes de *'âmmiya, dârija* et *lahja* (pl. *lahjât*) sont passés dans l'usage ordinaire et sont connus de tous, de même que le terme *fushâ*. Et la représentation diglossique de la langue arabe semble s'être imposée en particulier par le biais des politiques linguistiques étatiques imposant l'arabe *fushâ* comme langue officielle (voir infra pour le Soudan et le Tchad). Cependant dans l'usage courant, et en particulier en milieu bédouin des pays sub-sahariens, le terme *kalâm* « parole » continue de désigner les variétés vernaculaires des groupes arabes pastoraux ou chameliers.

Ce bref détour historique nous apprend trois choses importantes pour notre propos :

a) à l'inverse de ce qui s'est produit dans le monde latin/roman, et malgré l'extension géographique de l'arabe, il n'y a pas eu autonomisation des variétés vernaculaires par rapport à une ancienne langue classique (et sacralisée) et le terme *al-'arabiyya* continue d'englober cet ensemble, véhiculant un certain nombre de stéréotypes et de représentations.

b) On relève de façon occasionnelle la mention de telle ou telle « variété », le plus souvent sur une base géographique ou tribale/clanique. Il sera donc fait mention par tel ou tel auteur du parler des X ou Y ou du parler de la région Z ou du parler des habitants de telle ville, sans que l'on sache exactement si les membres de la tribu ou les habitants de la région ou de la ville se reconnaissent comme partageant un usage commun, différent de ceux de leurs voisins. Aucun de ces parlers n'a, par la suite, été érigé en langue nationale ou n'a fait l'objet de standardisation/codification ; d'où la fluidité des dénominations et des catégorisations.

c) Le 19ème siècle mais plus encore le 20ème siècle auront amené une certaine rigidification des représentations dans un cadre diglossique. Seule la variété « haute » (*fusha*) a été promue langue officielle des pays arabes et considérée comme digne d'intérêt alors que les parlers vernaculaires demeuraient relégués au stade de parlers vulgaires et faisaient l'objet d'un déni officiel. Dans les pratiques cependant, cette représentation diglossique rigide n'existe pas et les locuteurs alternent quotidiennement entre les deux pôles du continuum. Les termes d'arabe médian, arabe moyen, *al-'arabiyya al-wusta,* ont été utilisés par les linguistes pour nommer cette réalité, mais cette terminologie reste relativement spécialisée et ne s'est pas imposée dans l'usage courant.

---

8 Ainsi le titre des ouvrages suivants : Abdin 1966, Anis 1967, Ayoub 1968, Qasim 1985.

2. LES PARLERS ARABES VERNACULAIRES AUJOURD'HUI : AMBIGUÏTÉ DES DÉNOMINATIONS, ENJEUX D'UNE FILIATION

L'absence de catégorisation rigide et de dénominations bien délimitées pour distinguer les parlers arabes vernaculaires perdure jusqu'à nos jours dans l'ensemble du monde arabophone et de ses « marches ». Ainsi on peut trouver de nombreuses dénominations qui, à partir d'un nom de région, de clan, de ville, de pays, sont forgées sur un adjectif qui désignera à la fois l'appartenance à ce lieu et la langue/variété parlée dans ce lieu comme *khalîjî* (< *khalîj* « le Golfe ») « habitant du Golfe, parler du Golfe », *lubnânî* (< *Lubnân* « Liban ») « du Liban, parler libanais », *san'ani* (< *San'a*, capitale du Yémen), « de San'a, parler de San'a », etc. Mais il est extrêmement difficile d'évaluer la diffusion réelle de ces termes et surtout d'évaluer dans quelle mesure ces dénominations renvoient à la conception de variétés distinctes les unes des autres.

Le flou de ces catégorisations endogènes fait écho au flou des catégorisations exogènes développées par les linguistes arabisants. A partir de catégorisations socio-dialectales (parlers bédouins, parlers sédentaires, parlers urbains, parlers maghrébins, parlers orientaux, etc.) élaborées sur la base d'un certain nombre de discriminants linguistiques par les dialectologues européens du début du 20ème siècle (ayant eux même repris les grands catégories du géographe arabe Ibn Khaldoun), on voit se développer une multitude de dénominations au fur et à mesure que les descriptions progressent, toutes ayant cependant la particularité d'accoler le terme *arabe* (*Arabic*) à un nom de lieu (ville, province, pays, région) telles que le « parler arabe de Khartoum » ou « l'arabe soudanais », etc. La filiation avec la langue arabe reste donc privilégiée et il est rare de rencontrer les expressions comme le soudanais, l'égyptien, le syrien etc. Une exception notable, le *maltais* (*Maltese*) reconnu comme langue à part entière, et qui n'est plus considéré comme faisant partie du groupe des parlers/dialectes arabes même si les linguistes ont montré la filiation structurale entre le maltais et les parlers arabes maghrébins.

Une visite sur le site *Ethnologue*, rubrique *Arabic*[9], souligne combien la dénomination des parlers arabes relève de l'approximation. En cliquant sur *List of languages/A/Arabic* on voit apparaître la liste suivante de 39 langues, (chaque « langue » étant précédée de *Arabic*, i.e. *Arabic, Algerian Spoken* ; *Arabic, Babalia Creole*, etc.) :

> *Algerian Saharan Spoken/ Algerian Spoken/ Babalia Creole/ Baharna Spoken/ Chadian Spoken/ Cypriot Spoken/ Dhofari Spoken/ Eastern Egyptian Bedawi Spoken/ Egyptian Spoken/ Gulf Spoken/ Hadrami Spoken/ Hassaniyya/ Hijazi Spoken/ Judeo-Iraqi/ Judeo-Moroccan/ Judeo-Tripolitanian/ Judeo-Tunisian/ Judeo-Yemeni/ Levantine Bedawi Spoken/ Libyan Spoken/ Mesopotamian Spoken/ Moroccan Spoken/ Najdi Spoken/ North Levantine Spoken/ North Mesopotamian Spoken/ Omani Spoken/*

9 http://www.ethnologue.com/language_index.asp ?letter=A.

Sa`idi Spoken/ Sanaani Spoken/ Shihhi Spoken/Shuwa/ South Levantine Spoken/ Arabic, Standard/ Sudanese Creole/ Sudanese Spoken/ Ta'izzi-Adeni Spoken/ Tajiki Spoken/ Tunisian Spoken/ Uzbeki Spoken/ Western Egyptian Bedawi Spoken.

Pour toute personne ayant quelques connaissances du domaine arabe/arabophone, cette liste apparaît relativement surréaliste présentant en vrac et sans aucune hiérarchisation un certain nombre de « parlers » (pour rester neutre dans l'échelle des catégorisations), plus ou moins mentionnés ou décrits par tel ou tel auteur (rarement cité sur le site). Ainsi, pour la zone subsaharienne on relève six termes : deux parlers à base nationale (*Chadian Spoken* et *Sudanese Spoken*), un parler à base ethno-nationale (*Hassaniyya*), un parler à base ethno-régionale (*Shuwa*) et deux parlers définis comme des créoles, dont l'un à base ethnique (*Babalia Creole*) et l'autre à base nationale/aréale (*Sudanese Creole*). A l'exception du terme *Hassaniyya*, employé par tous et d'usage courant, les autres dénominations sont relativement arbitraires. Ainsi le terme *Babalia Creole* a certainement été forgé à la lecture d'un ouvrage de C. Decobert (1985) qui décrit le système phonologique de trois variétés d'arabe parlées par trois groupes tchadiens (les Babalia, les Ouled Abou Khider, les Ouled Rachid). Alors que les Ouled Abou Khider et les Ouled Rachid se réclament d'une généalogie arabe, les Babalias représentent l'un de ces groupes arabisés au début du 20ème siècle[10]. Notons que Decobert n'emploie jamais le terme « créole » pour qualifier ce parler (bien qu'il en signale un certain nombre de traits distinctifs) et l'on peut se demander pourquoi le *Babalia Arabic* se voit réserver une place dans l'inventaire d'*Ethnologue,* et non le *Ouled Rachid Arabic* ou des dizaines d'autres parlers « ethniques ». L'arbitraire de la liste d'*Ethnologue,* est caricatural. Cette liste n'en pose pas moins la question de savoir sur quels critères on considérera que telle ou telle dénomination s'est imposée ou fait sens dans la société, et mérite de ce fait d'être relevée, reprise et diffusée.

3. L'ARABE EN AFRIQUE SUB-SAHARIENNE

Pour ne pas sombrer dans un inventaire tout aussi arbitraire, j'ai décidé de ne discuter que quelques dénominations qui me paraissent représentatives des enjeux de la dénomination, en particulier sur les points suivants :

- quel est le degré d'interaction entre les traditions endogènes et les traditions exogènes que ce soit pour les catégorisations/dénominations linguistiques ou les catégorisations ethniques qui souvent les recoupent, posant le problème de l'isomorphisme entre ces deux types de catégorisations

- dans quelle mesure y a-t-il consensus (que ce soit chez les locuteurs ou chez les descripteurs) autour de cette question unité/diversité des parlers arabes de la zone sub-saharienne. La question se pose plus particulièrement en ce qui concerne l'émergence ou non d'une *koiné* nationale dans des pays comme le

10 Ils parlaient auparavant une langue du groupe sara-bongo-baguirmien, le *bérakou* (Decobert 1985 : 12).

Tchad ou le Soudan. Il faut souligner que sur ce point, on a plus d'informations sur les débats entre linguistes (ou idéologues) que sur les représentations des locuteurs concernés.

3.1 Le *hassâniyya* en Mauritanie

Dans l'ensemble saharien et sub-saharien, la Mauritanie apparaît comme une exception pour plusieurs raisons. L'une est l'homogénéité de la variété arabe vernaculaire locale qui, malgré une extension géographique importante, semble ne pas faire l'objet d'une forte différentiation dialectale (Taine-Cheikh 1994). L'autre est que cette variété vernaculaire est parfaitement identifiée et reconnue par deux termes qui renvoient au groupe majoritaire du pays : les Maures. Le premier terme, *hassâniyya*, provient de l'expression *klâm al-Hassân* « le parler des Hassân » et de l'ethnonyme Banû Hassân, groupe tribal dont se réclament les Maures, qui seraient arrivés dans la région vers le 11-12ème siècles et qui dominent politiquement et démographiquement le pays depuis au moins le 16ème siècle. Le terme *hassâniyya* est employé autant par les locuteurs locaux que par les linguistes qui ont décrit ce parler[11]. Le deuxième terme, *klâm al-Bidhân*, « le parler des Blancs », désigne également le parler arabe des Maures par opposition aux groupes « noirs » de la région qui eux parlent des *klâm likwâr* « des paroles de noirs », des langues africaines. Le terme *Bidhân* qui souligne au départ une couleur ou une race (les Maures blancs) désigne « toute personne parlant le dialecte arabe comme langue maternelle ». Les termes *hassâniyya* et *klâm al-bidhân* seraient parfaitement synonymes (Taine-Cheikh 1990 :93).

Le terme *hassâniyya* s'applique également à des usages non vernaculaires. Ainsi, bien que les Mauritaniens non maures (les fameux *kwâr*) parlent des variantes véhiculaires du *hassâniyya* et refusent la domination de l'arabe comme langue officielle (Dia 2007), il ne semble pas que ces variantes véhiculaires soient désignées par des termes spécifiques. Cet usage véhiculaire ne se traduit pas par l'émergence d'une variété qui tendrait à être appropriée comme représentative d'un groupe ou d'une région spécifiques, à l'inverse de ce qui s'est produit au sud Soudan avec le *Juba-Arabic*. C'est plutôt une pratique plurilingue favorisant le « code-switching » *hassâniyya*-langues africaines qui caractérise les membres des communautés non arabes.

Le terme *hassâniyya* renvoie donc à un ensemble géographique, linguistique, culturel et politique : celui des groupes maures se réclamant d'une origine bédouine arabe, se distinguant, ainsi, tant de leurs voisins/compatriotes non arabophones (Berbères, Wolofs, Peuls, etc.) que de leurs voisins arabophones du 'nord' (Algérie, Maroc) avec qui les relations politiques restent difficiles. La reconnaissance du terme *hassâniyya* par les locuteurs et les observateurs atteste d'une conscience certaine de cette spécificité culturelle et linguistique, spécificité

---

11 Voir en particulier Cohen 1963, et les nombreux articles et ouvrages de C. Taine-Cheikh.

qui semble être assumée et revendiquée avec une certaine fierté. Si, comme dans les autres pays arabophones, c'est bien l'arabe « classique/littéraire » qui est la langue officielle et si se développe un niveau de langue intermédiaire, le fameux arabe médian parlé par les locuteurs éduqués (Taine-Cheikh 1997), il semble bien que le *hassâniyya* en Mauritanie jouit d'un prestige bien supérieur à celui reconnu aux variétés vernaculaires arabes dans la plupart des autres pays arabophones. Le fait qu'il s'agisse d'un parler bédouin, avec une très riche tradition poétique, a sans doute permis cette relative valorisation du *hassâniyya*[12]. Selon Taine-Cheikh (1990 :93) : « l'entité maure se définit par une référence générale à un territoire mais surtout culturellement, par référence à sa langue et sa musique ».

3.2 L'*arabe shuwa* au Nigeria et Cameroun

À l'inverse de la Mauritanie et du Soudan, les groupes arabophones ou se réclamant d'une origine arabe sont politiquement et démographiquement minoritaires au Nigeria. Les groupes arabes qui sont arrivés dans la région du Kanem Borno vers le 15ème siècle sont traditionnellement appelés *Shuwa.* Il en est de même au Cameroun où l'installation des Arabes shuwa remonte aux 18ème et 19ème siècles. L'étymologie de ce terme (que l'on trouve sous les orthographes *shuwa, chowa, choa*) est inconnue et plusieurs interprétations ont été avancées, certaines donnant une origine kanouri à ce terme et d'autres, une origine arabe (Owens 1993 et 1998 ; Braukamper 1993). Le terme *Shuwa* est utilisé par les non-Arabes pour désigner les Arabes et n'a pas été adopté par les groupes arabes qui le considèrent comme un terme dépréciatif. Eux-mêmes se désignent soit sous le terme générique d'Arabe sois sous leur ethnonyme tribale et considèrent qu'ils parlent arabe (Echu et Aminou 2006).

L'expression arabe *shuwa* (ou *Shuwa Arabic*) a été reprise et diffusée par les premiers linguistes comme Lethem (1920) ou Howard (1923). Les linguistes qui ont par la suite décrit ces variétés d'arabe au Nigeria ont opté pour le terme *Nigerian Arabic* (Kaye 1982, Owens 1993). Owens a ensuite distingué entre deux groupes dialectaux qu'il a nommés *Balge* et *Qawalme* en reprenant la terminologie des locuteurs locaux. Les termes *Balge* et *Qawalme* renvoient à deux groupes « stéreotypiques » identifiés plus spécialement par certains traits dialectaux (Owens 1993 : 14). Mais le terme *Balge* renvoie à une région alors que le terme *Qawalme* renvoie à un clan, un lignage. Owens, constatant, qu'il n'y avait pas isomorphisme entre tribu et dialecte, a par la suite opté pour une dénomination géographique (*Eastern* et *Western Dialects*), sans que l'on sache exactement si ces termes sont utilisés par les locuteurs. De même nous n'avons aucune donnée nous permettant d'évaluer si l'ensemble des Arabes shuwa du Nigeria, du Cameroun et du Tchad considèrent ou non qu'ils parlent une variété commune et forment un

---

12 Les parlers bédouins jouissent d'une aura plus élevée et sont considérés comme plus « purs » et plus proches de l'arabe classique dans la tradition arabe du fait, entre autre de l'importance de la tradition poétique.

groupe plus ou moins « homogène », sachant que les groupes arabes pastoraux de la zone Tchad-Cameroun-Nigeria et ouest soudanaise se revendiquent de deux grands groupes (Juhayna et Qawalme) et parlent des dialectes proches (Owens 1993).

Au Nigeria, l'*arabe shuwa* reste la langue vernaculaire et communautaire des groupes pastoraux et n'est pas une langue de communication inter-ethnique. Cependant, assez bizarrement, le terme *Shuwa Arabic* se retrouve dans plusieurs listes de langues créoles et pidgins à partir des années 1960 (Hancock 1971 : 640) mais cette catégorisation semble traduire une confusion entre l'*arabe shuwa*, variété communautaire et le *tourkou*, nom donné à la variété pidgin du Tchad (voir infra). Un pidgin nommé *Galgaliya* est également mentionné par Hanckok 1971. Ce pidgin serait parlé par la tribu des Kalamafi au nord-est du Nigéria mais ce pidgin *Galgaliya* n'est mentionné par aucun des auteurs ayant travaillé dans la région (Lethem, Kaye, Owens). Kaye (1982) estime que beaucoup de Nigérians utilisent l'arabe nigérian comme langue de commerce et que la variété véhiculaire nigérianne serait proche ou issue du *tourkou*. A l'inverse, Owens ne pense pas que l'*arabe shuwa* soit utilisé comme langue de commerce ou langue seconde. L'arabe serait en régression depuis la période coloniale et remplacé, comme langue de commerce, par le hausa et le kanouri.

Au Cameroun, l'*arabe shuwa* est à la fois la langue vernaculaire des groupes arabes pastoraux mais également une grande langue de communication dans la région du nord-ouest du Cameroun où les groupes *shuwa* représentent 42% de la population au Chari (Echu et Aminou 2007). Aucune indication n'est disponible sur des terminologies plus locales qui caractériseraient ces variétés véhiculaires.

L'*arabe classique/standard* reste peu diffusé au Nigeria et au Cameroun parmi les populations musulmanes non arabes car le hausa et le peul jouent un rôle important comme langues de communication et de transmission religieuse (mais ces deux langues possèdent un important vocabulaire d'origine arabe). L'enseignement coranique a cependant donné lieu à l'émergence de « langues secrètes » utilisées par les étudiants des écoles coraniques et spécifiquement dénommées. Owens (2000) donne l'exemple du *waris*, le nom de la langue secrète des étudiants des écoles coraniques du Borno (de langue kanouri), dont la base est de l'*arabe classique*. Le mot *waris* est basé sur une racine d'arabe nigérian *waras* qui veut dire « écrire sur une tablette coranique » (*buurwas looha* « il écrit sur une tablette coranique »). Owens considère le *waris* comme un « group marker » (Owens 2000 : 225).

Depuis les années 1970, au Nigeria, comme au Cameroun, au Burkina Faso, au Sénégal, au Mali ou en Côte d'Ivoire, une nouvelle génération d'arabisants (les étudiants envoyés dans les pays arabes pour faire des études religieuses) a vu le jour et de nombreuses institutions religieuses (*medersa-s*) ont été fondées dans le but d'enseigner la langue *arabe classique* et l'islam ainsi que des matières scientifiques et littéraires (Othayek 1993). Ces « nouveaux intellectuels arabisants » se sont élevés contre les anciennes puissances coloniales et ont œuvré pour une diffusion de la langue arabe mais sont souvent confrontés aux réalités financières et sociales du terrain, qui limitent l'impact de leur action linguistique. Si l'arabe progresse, comme langue de l'éducation religieuse ou étatique, il ne semble pas que ce phénomène donne lieu à des dénominations particulières qui révéleraient une « autochtonisation » de la langue.

3.3 Des dénominations de l'arabe au Tchad : *kalâm 'arab*, *tourkou* et *arabe de Bongor*

Au Tchad, l'arabe est la langue vernaculaire des groupes pastoraux représentant environ 10% de la population. Depuis la fin du 19ème siècle, l'arabe est attesté comme grande langue de commerce et est devenu, dès les années 1960, la première langue de communication inter-ethnique devançant dans cette fonction les autres langues autochtones, le bagirmi (Jouannet 1978). L'arabe a été reconnu comme langue officielle de l'état tchadien à côté du français à partir de 1978[13]. L'arabe au Tchad a donc connu une expansion considérable alors qu'au départ les groupes arabophones étaient, comme au Nigéria, des groupes plutôt minoritaires.

Les débats sont nombreux, chez les linguistes comme chez les locuteurs, pour désigner et qualifier l'arabe du Tchad, l'une des questions étant celle de l'unité/diversité des variantes en présence et de l'existence ou non d'une variété nationale commune.

Si l'on regarde du côté des linguistes/descripteurs on constate que, au début du 20ème siècle, ceux-ci ont décrit un état « indéterminé » d'arabe dénommé tantôt *arabe parlé* (Carbou 1913 pour la région orientale du Oudday), *patois arabe tchadien* ou *tourkou* » (Muraz 1926) ou « dialecte arabe » (Derendinger 1912). Il s'agit principalement de l'arabe véhiculaire, mais sous des formes relativement différentes, plus dialectales au Ouddaay et plus pidgin au Sud. La variété pidginisée (le *tourkou*) est apparue dans le contexte esclavagiste et militaire des confins tchado-soudanais du 19ème siècle et aurait été amenée du Soudan au Tchad par les bataillons soudanais de Rabeh au Wadaï à la fin du 19ème siècle (Tosco and Owens 1993)[14]. Ce pidgin se serait ensuite diffusé dans l'ensemble de la région comme lingua franca commerciale et militaire. Le terme

---

13 Jullien de Pommerol (1997 : 71-73) donne le texte officiel de la Charte fondamentale de La République du Tchad de 1978, Article 24, a), alinéa 11 : « Le français et l'arabe seront les langues officielles du pays. Toutefois, la recherche et l'étude des autres langues nationales sont poursuivies et encouragées afin de les rendre fonctionnelles ». La place de l'arabe a été confirmée dans l'Acte Fondamental de la République de 1982, chapitre premier (« Les langues officielles sont le français et l'arabe »), texte repris mot pour mot dans l'article 6 de la constitution de 1989 et dans l'article premier de la Charte nationale du Conseil National du Salut en décembre 1990.

14 Rabeh fut l'un des commandants d'un des plus grands commerçants d'esclaves du Soudan, Al-Zubayr Rahma. Établi dans l'ouest du Soudan, Rabeh se réfugia en 1879 avec ses troupes, dans l'est du Tchad, dans le bassin du Chari-Logone (Dar Kouti) et fut battu par les Français en 1900.

tourkou, qui s'est imposé pour désigner ce pidgin, signifiait « Turc », nom donné aux combattants originaires du Soudan de l'armée de Rabeh (Zeltner et Tourneux 1986), puis par extension aux bataillons de tirailleurs africains de l'armée française (Prokosh 1986 : 96).

Aujourd'hui, le terme *tourkou* semble avoir disparu dans l'usage courant et c'est le terme *arabe de Bongor* qui lui a succédé. Jullien de Pommerol (1997 : 45) définit l'*arabe de Bongor* comme un pidgin parlé par les populations du sud du Tchad, dans les marchés de la région du Mayyo-Kebbi, dont Bongor est la préfecture, et selon lui : « il semble que ce niveau d'arabe véhiculaire corresponde à l'arabe tourkou décrit par G. Muraz » (Pommerol 1997 : 65).

Remarquons ici que le passage d'une dénomination se référant à groupe socio-ethnique (les Turcs, c'est-à-dire les bataillons d'origine soudanaise puis africaine de l'armée) à une ville/région (Bongor et le Mayyo-Kebbi) n'est pas sans parallèle avec la situation sud-soudanaise (voir infra pour le *Juba-Arabic*) mais je ne sais pas dans quelle mesure cette variété de Bongor est revendiquée par ses locuteurs et si, à l'instar du *Juba-Arabic*, l'emploi de l'*arabe de Bongor* est un marqueur d'appartenance régionale.

Jullien de Pommerol souligne qu'à côté de ce pidgin arabe de Bongor, il existe d'autres niveaux d'arabe véhiculaire parlés par les populations non arabes mais islamisées (Ouedday, Chari Bagirmi, Guéra). Cet arabe véhiculaire non pidginisé qui reproduit en grande partie la syntaxe et la morphologie de l'arabe vernaculaire tchadien n'a pas de nom spécifique. Si pour les linguistes cet arabe véhiculaire n'est pas un pidgin, il semble pourtant être souvent désigné comme tel par les Tchadiens. Ainsi Hagège (1973 : 68) mentionne que : « les Arabes ainsi que les propres usagers de l'arabe véhiculaire, le désignent comme 'pidgin' » et il rajoute « Le nom pidgin doublement impropre. témoigne en réalité de la conscience d'une 'altération', non seulement des usages proprement arabes, mais d'une langue de très grand prestige, l'arabe coranique ». Jullien de Pommerol souligne également l'ambivalence des Tchadiens envers cet arabe véhiculaire qu'il considère comme la base de la koiné nationale (voir infra).

A partir des années 1970-1980, les linguistes français (Decobert 1985, Hagège 1973, Roth 1979, Zeltner et Tourneux 1986) vont s'opposer à une vision simplificatrice de l'arabe tchadien et à l'emploi du terme générique *arabe tchadien.* Ils vont insister sur la diversité des parlers arabes du Tchad en soulignant la différence entre, d'une part, les parlers vernaculaires des tribus arabes tchadiennes nomades et des tribus arabes sédentarisées (les deux types de vernaculaires n'ayant que des différences relativement minimes[15]) et, d'autre part, l'arabe véhiculaire parlé par les non-Arabes[16] comme langue de communication

15 « Les Arabes du bassin tchadien présentent une grande diversité. Mais par delà ces divergences, ce qui frappe l'observateur c'est l'homogénéité de la langue. Certes, il existe des variantes. Superficielles, elles intéressent surtout le domaine de la phonétique… les locuteurs eux mêmes les perçoivent à peine… » (Zeltner et Tourneux 1986 : 8).

16 Ainsi Hagège (1973 : 1) : « Ce que nous avons souvent entendu désigner, par les Tchadiens arabophones eux mêmes, aussi bien que par d'autres et par des Européens établis de longue

inter-ethnique et les parlers urbains de certaines villes comme Abéché. La variété véhiculaire étant décrite comme un état de langue particulièrement fluctuant, plus ou moins pidginisé ou dialectalisé, tandis que le parler urbain d'Abbéché est plutôt présenté comme une « koinè en formation » (Roth 1979).

Abandonnant le terme générique d'*arabe tchadien* (que l'on retrouve encore chez Abu Absi et Sinaud 1968), on trouve, sous la plume de ces auteurs, mention de différent parlers à base géographique ou ethnique comme le *parler arabe d'Abéché* (Roth 1979), *le parler arabe de Nala* (Hagège 1973), *le parler des Ulâd Eli* (Tourneux et Zeltner 1986) et enfin l'*arabe Babalia*, l'*arabe Ouled Abou Khider*, l'*arabe Ouled Rachid* considérés comme trois parlers distincts (Decobert 1985 :16). Mais tous ces auteurs qui fondent leur argumentation sur des critères linguistiques (absence ou présence de tel ou tel discriminant), des critères 'ethniques' (Arabes/non-Arabes) et des critères socio-économiques (nomades, sédentaires, urbains) ne nous disent pas dans quelle mesure ces distinctions/dénominations sont reconnues comme pertinentes par les locuteurs concernés. Tous s'interrogent en filigrane sur la formation d'un éventuel arabe tchadien, issue de la koinéisation des parlers arabes vernaculaires et des variétés véhiculaires[17].

Deux décennies plus tard, Jullien de Pommerol (1997), qui a consacré une large étude à l'arabe véhiculaire du Tchad, a choisit de nommer *arabe tchadien* la variété véhiculaire ou koiné nationale que les Tchadiens appellent *arabe local* ou *arabe tchadien* en français et *kalâm 'arab hanâ Tcad* en arabe (le *Chadian Spoken* de la liste *Ethnologue*). Jullien de Pommerol estime que l'arabe tchadien est parlé comme langue véhiculaire par 60% de la population. A l'inverse de ses prédécesseurs, même s'il reconnaît la nature inéluctablement fluide et variable de ce véhiculaire, il considère qu'il est suffisamment stabilisé pour être décrit. L'expansion et la valorisation de l'arabe (sous toutes ces variétés) ont accompagné la prise du pouvoir par le Frolinat à la fin des années 1970. Le Frolinat a en effet promu l'arabe comme deuxième langue officielle du Tchad. Si les textes constitutionnels ne précisent pas quel type d'arabe est supposé être la langue officielle, il est presque certain qu'il s'agit, comme dans tous les autres pays, de l'*arabe classique/littéraire*. Mais le gouvernement tchadien a également favorisé l'utilisation de l'*arabe tchadien* à la radio nationale à partir de 1988 et a ainsi

date au Tchad 'comme l'arabe tchadien' n'est pas un objet aux contours précis. Il s'agit en réalité d'un certain nombre de parlers d'une grande diversité, qui néanmoins, sont tous à considérer comme des variantes d'une seul et même dialecte, si l'on adopte non le critère de filiation historique sur laquelle notre information est insuffisante, mais celui de l'intercompréhension… les Arabes se comprennent à peu près tous.. « (et en note : « il s'agit des seuls Arabes voir infra p. 9 pour les autres ») et v. p. 68 : « le parler véhiculaire, seul ou en partielle confusion avec de nombreux autres usages tchadiens est celui que l'on trouve généralement décrit et donné pour 'l'arabe tchadien' ».

17 « Nous posions plus haut deux questions : le statut de l'arabe d'arabisés récents, et l'existence ou non d'un arabe tchadien…l'arabe tchadien, qui par de nombreux traits communs à nos trois parlers se laisse un peu deviner, en sera vraisemblablement le résultat » (Decobert 1985 : 163).

participé à la formation d'une variété « locale » ou « nationale », reconnue comme telle par les locuteurs[18].

Ainsi, si l'expression courante *ya'arif kalâm 'arab* « il sait l'arabe » ne fait pas de distinction entre *arabe coranique*, *arabe littéraire*, *arabe vernaculaire* ou *arabe tchadien* (JDP : 45), l'expression *arabe tchadien/kalâm 'arab hanâ Tcâd* est maintenant bien établie. L'arabe tchadien a clairement été distingué de l'*arabe littéraire/classique* pendant la Conférence nationale de 1993 (JDP 1997: 73-83) où la grande majorité des participants ont demandé que tous les discours et les débats soient traduits en *arabe tchadien* et non pas en *arabe classique*, provoquant ainsi un très vif débat entre partisans de l'*arabe classique* et partisans de l'*arabe local*. Si les arguments des partisans de l'*arabe classique* insistent sur l'unicité de la langue arabe (à la fois langue maternelle des arabophones tchadiens et langue de culture des musulmans) et refusent la coupure entre la langue écrite et les dialectes, les partisans de l'*arabe tchadien* ou *local* insistent sur la fonction communicative de l'*arabe tchadien* qui permet à tous les Tchadiens, quelles que soient leur origine, leur langue et leur religion, de communiquer entre eux. Des enquêtes exécutées par la Direction de l'Alphabétisation et de la Promotion des Langues Nationales et des rapports remis au Ministère de l'Education Nationale (toujours en 1993) appellent également à utiliser l'arabe tchadien dans les programmes d'alphabétisation de la plupart des régions du Tchad (JDP 1997 :100), en particulier au Sud, en transcrivant cet arabe tchadien en caractères le plus proches possibles de l'alphabet phonétique international.

Ce débat parlementaire autour du rôle de l'*arabe littéraire* et de l'*arabe local*, qui pose implicitement la question de la définition de la langue arabe *nationale*, apparaît comme un cas unique par rapport à tous les autres pays qui ont opté pour l'arabe comme langue officielle ou nationale. Si dans d'autres pays, ces questions sont parfois abordées, elles le sont dans quelques colonnes de journaux, quelques livres, mais jamais dans des débats parlementaires[19]. A la lecture des interventions reproduites dans l'ouvrage de Jullien de Pommerol, on perçoit que derrière cette volonté de promouvoir l'arabe tchadien perçu comme la langue de tout le monde (et d'aucun groupe en particulier) perce le désir de distendre le lien entre langue arabe, religion musulmane et arabité.

Jullien de Pommerol souligne cependant l'ambivalence qui demeure dans les représentations de l'arabe tchadien vis à vis de l'*arabe classique*. Le premier continue souvent d'être qualifié de pidgin ou d'argot par les Tchadiens, comme s'il s'agissait d'une langue « rudimentaire » alors même que cet arabe tchadien véhiculaire, tel qu'utilisé à la radio par exemple et décrit par Jullien de Pommerol

---

18 Sur l'utilisation de l'arabe dans la radio nationale tchadienne voir Amadou 1986.

19 La question de la place de l'arabe, *national* ou *dialectal*, par rapport à l'*arabe classique/littéraire* a été soulevée dans d'autres pays comme au Maroc récemment par un journal comme TELQUEL (Editorial n° 230 de Juin 2006) ou au Liban (Kallas 1999, Plonka 2004) mais ces positions qui ne sont pas forcément nouvelles (le débat existait à la fin du 19ème et au début du 20ème siècles) ne sont en général pas relayées dans l'arène politique officielle.

présente une morphologie et une syntaxe qui n'ont rien de « rudimentaires » et intègre tout un vocabulaire d'*arabe littéraire*, adapté à la morpho-phonologie de l'arabe tchadien.

Les enjeux de la dénomination de l'*arabe* au Tchad et la relative « audace » de certains protagonistes dans la valorisation de l'arabe tchadien ne peuvent s'expliquer, comme dans le cas du Sud Soudan, que par le fait que l'arabe est devenue une réalité incontournable au Tchad et un enjeu des conflits entre groupes musulmans et non musulmans, revendiquant ou non une origine arabe. Derrière ce débat entre *arabe tchadien* et *arabe classique*, c'est également le débat entre partisans du français et partisans de l'*arabe littéraire* qui se poursuit. Et pour les premiers, force est de constater que ni le français, ni aucune autre langue tchadienne, n'arrivent à s'implanter comme langue de communication populaire à l'échelle nationale et à concurrencer l'arabe dans cette fonction. Obligés de s'adapter à cette réalité, mais ne voulant pas adopter l'*arabe littéraire* considéré comme non autochtone et symbole d'une culture arabo-musulmane plus ou moins importée (beaucoup d'interventions citées par Jullien de Pommerol accusent les partisans de l'*arabe littéraire* d'être des agents de Khartoum ou du Moyen Orient), les opposants à l'*arabe littéraire* se rabattent sur l'arabe tchadien en espérant pouvoir en faire une langue autonome et porteuse d'une identité nationale tchadienne (réconciliée avec elle-même ?) qui ne serait pas restreinte à une confession religieuse ou à un groupe ethnique particulier.

3.4 De l'arabe au Soudan : *lahja*, *'âmmiyya*, *Juba-Arabic* et *rendok*

Selon les derniers recensements[20], l'arabe est la langue maternelle/vernaculaire de 75% de la population du nord Soudan (51% de la population se réclamant d'origine arabe) et la principale langue véhiculaire de l'ensemble du pays (sud Soudan inclus). L'arabe (*fushâ*) est également la langue officielle de l'état soudanais depuis l'indépendance de 1956[21] et a été la langue écrite des royaumes musulmans soudanais depuis le 16ème siècle. L'arabe occupe donc une place considérable dans l'échiquier linguistique soudanais contemporain. Son expansion (qui s'est déroulée sur plusieurs siècles mais s'est accélérée pendant le 20ème siècle) est liée à de nombreux facteurs (économiques, sociaux et politiques) mais a globalement accompagné la montée en puissance des groupes arabisés/arabophones de la vallée du Nil (et du centre-nord) et leur domination politique et économique sur l'ensemble du pays, ce qui n'a pas été sans provoquer de multiples conflits.

---

[20] Source : Sudanese Population Census 1993.

[21] À côté de l'arabe, l'anglais a été reconnu comme principale langue du Sud Soudan en 1972 et est actuellement la deuxième langue officielle de tout le Soudan depuis les accords de Naivasha signés en décembre 2004.

Comme dans les autres pays arabophones, il n'existe pas de terme spécifique pour dénommer les vernaculaires arabes qui sont le plus souvent appelés *'âmmiyya* ou *lahjat* (pl. *lahjât)*, dialecte. Là encore, en arabe comme en anglais, les dénominations reprennent des ethnonymes ou des noms de lieux (villes, régions, pays) de façon *ad hoc*. Il n'y a pas d'atlas dialectal du Soudan et les dénominations fluctuent en fonction des auteurs, de leurs intérêts, de leur méthode. Il ne semble pas qu'il y ait une divergence significative entre la taxinomie occidentale (principalement de langue anglaise) et la taxinomie soudanaise anglophone ou arabophone. Ainsi les termes *Sudanese Colloquial Arabic* ou *Sudanese Arabic* sont utilisés aussi bien par Trimingham (1946), Kaye (1976), que par Qâsim (1965) qui en arabe emploie également *al-'âmiyya as-sudaniya* ou *al-lahja al 'âmiyya* « le dialectal soudanais ». Parmi les termes plus localisés on note *lahjat al-Baggara* « le dialecte des Baggara », *lahjat al-jezîra* « le parler de la Jezira », *lahjat omdurman* « le dialecte d'Omdurman », etc. De fait, à tout ethnonyme peut correspondre l'idée d'un dialecte particulier (*lahjat al-Shukriyya, lahjat al-Kabâbish,...*). Les Soudanais sont conscients de la diversité des parlers arabes soudanais qui transparaît notamment à travers la culture populaire (chants et poésies), de même qu'ils ont conscience de la diversité ethnique et culturelle du Soudan en général. Ainsi le terme *lahja* est parfois employé pour définir les langues soudanaises non-arabes comme le *four*, le *beja* ou le *dinka* qui sont considérées comme des *lahjât mahaliyya* (des parlers locaux) et, pratiquement jamais comme des *lugha mahaliyya* (des langues locales) même si quelques linguistes courageux (Abu Manga et Abu Bakr 2007) essaient de faire comprendre à leurs compatriotes arabophones que les langues africaines sont des langues et non pas des dialectes. Le terme *lahja* est cependant moins péjoratif que l'expression encore très courante de *rutân*, pl. *rutanât* qui désigne les langues non-arabes (et qui donne le verbe *ratan-yartan* « parler une langue non arabe, baragouiner »).

Si la pratique populaire et savante peut ainsi concevoir de nommer le vernaculaire de tel ou tel groupe à partir de son ethnonyme (*cf.* le parler des X ou des Y), les usages véhiculaires de l'arabe ne sont pas ressentis comme formant des variétés spécifiques. Une seule variété est réellement considérée comme un parler (une langue ?) à part : le *Juba-Arabic* ou *arabi Juba/arabi ta Juba* « l'arabe de Juba » (la plus grande ville du Sud Soudan) parfois généralisé en *arabi ta janûb* « l'arabe du sud ». Comme dans le cas du *tourkou*, l'émergence du *Juba-Arabic* est liée au contexte militaro-esclavagiste qui a prévalu tout au long du 19ème siècle au Sud Soudan (incluant ici les monts nouba au sud du Kordofan). La variété véhiculaire d'arabe parlée par les bataillons « noirs » des armées turco-égyptiennes du 19ème siècle, puis par les bataillons noirs de l'armée coloniale britannique a d'abord été appelée *Bimbashi Arabic* « l'arabe des soldats » (*bimbashi* vient du mot ottoman *bakbashi* 'major', cf. Amery 1905). Cette variété a également été connue pendant la colonisation britannique sous le nom de *Mangalese Arabic*, du nom de l'un des premiers centres urbains de la province d'Equatoria, Mangala (50km au nord de Juba), une garnison sur le Nil Blanc créée en 1850. La ville de Juba a été créée en 1927 par l'administration coloniale britannique afin de servir de capitale régionale pour le Sud Soudan et de port sur le Nil blanc, mais je ne sais pas à quelle époque le terme *Juba-Arabic* s'est généralisé. Je l'ai trouvé dans un opuscule du ministère de l'information soudanais datant de 1964[22] (Miller 1987).

D'autres noms génériques ont désigné/qualifié l'arabe véhiculaire pratiqué au Sud Soudan comme *arabi basit/simple Arabic* « l'arabe simple », *arabi mukassir* « l'arabe cassé », *arabi al-hajîn* « l'arabe mélangé ». Ce dernier terme utilisé par U. Mahmûd fait écho à la terminologie pidgin-créole que les linguistes occidentaux ont appliquée au *Juba-Arabic* et au *Kinubi*. Le terme *simple Arabic/arabi basît* est celui qui a eu la faveur des missionnaires occidentaux, installés au Sud-Soudan dans la première partie du 20ème siècle, qui ont imprimé un certain nombre d'ouvrages scolaires ou religieux dans cet « arabe simple » écrit en caractères latins ou arabes (Crook 1955). Avec le développement des études créoles, c'est la terminologie pidgin et créole qui va s'imposer pour désigner le *Juba-Arabic* et le *Kinubi* chez la plupart des linguistes occidentaux et soudanais[23]. Le *Kinubi* est le parler arabe apporté du Sud Soudan en Ouganda-Kenya en 1888 par les soldats de l'armée turco-égyptienne fuyant l'avancée des troupes mahdistes. Il est devenu la langue maternelle des Nubi, les soldats sud-soudanais de ces bataillons, restés en Ouganda et Kenya, enrôlés dans les armées britanniques et qui sont devenus un groupe « ethnique » musulman. Le terme *Kinubi* est formé du préfixe bantou *ki-* et de l'ethnomyne *nubi* « nubien ». Il est également appelé *rutan nubi*, le terme *rutan* ayant ici perdu tout aspect péjoratif « de patois » et désignant une langue (Luffin 2005). Il s'agit donc de la langue vernaculaire d'un groupe bien identifié, et l'emploi du terme créole a été justifié pour deux raisons : a) le contexte d'apparition de ce parler (i.e. les campements militaro-esclavagistes du Sud Soudan) et b) sa structuration linguistique qui présente une transformation assez radicale de la morpho-phonologie de l'*arabe dialectal* (Owens 1997). Les mêmes arguments ont également été avancés pour désigner le *Juba-Arabic* comme un pidgin/créole puisqu'il est à la fois langue véhiculaire d'une partie de la population et langue maternelle des jeunes urbains. Mais si le terme *Kinubi* est accepté par l'ensemble des locuteurs et ne pose pas problème du fait que l'arabe en Ouganda et au Kenya a un statut très minoritaire, la légitimité du terme *Juba-Arabic* est un peu plus compliquée.

Ce terme s'est peu à peu imposé tout au long du 20ème siècle, repris autant par les sudistes que par les nordistes, par les arabophones (*arabi Juba*) que par les non-arabophones. Si le terme *Juba-Arabic* semble dans les années 1950 s'appliquer principalement à la variété d'arabe parlée dans la ville de Juba et plus largement dans la province d'Equatoria, il est très vite appliqué à l'ensemble du

---

22 Sayyed Gamal Mohamed Ahmed « Basic facts about he Southern Provinces of the Sudan », Central Office Information, Khartoum 1964.

23 Parmi les premiers chercheurs qui ont introduit cette terminologie, on citera Mahmud (1979), Heine (1982), les très nombreux écrits de Owens (*cf.*1985, 1997), Miller (1993), Luffin (2005), Wellens (2005).

sud Soudan et devient de ce fait associé à une identité sudiste par opposition au nord Soudan. Dès 1972, le *Juba-Arabic* est popularisé par les radios et les églises du sud Soudan, il sera ensuite partiellement revendiqué par la radio d'opposition du SPLM (mouvement armé qui mènera la lutte au sud Soudan de 1982 à 2004) mais sera également utilisé dans des programmes à visée de propagande par la radio nationale (Radio Omdurman) à partir de 1992. En 2006, la radio des Nations Unies, Radio Miraya qui émet à partir de Juba a également décidé de diffuser une partie de ses programmes en *Juba-Arabic*. Le *Juba-Arabic* est également employé par les artistes sudistes (chanteurs, acteurs) résidant au sud comme au nord du pays. Cependant, les locuteurs ne s'accordent pas sur les caractéristiques linguistiques du *Juba-Arabic*. La radio des Nations Unies a ainsi reçu des plaintes de certains locuteurs sudistes qui pensent que les Equatorians parlent un *Juba-Arabic* trop spécifique et incompréhensible pour les autres et ont demandé des émissions en *simple Arabic*[24]. Si ce point peut sembler une querelle de chapelle, il témoigne des tensions internes entre les membres de la population sudiste et de la question de savoir si une variété d'arabe commune peut réunir ou non l'ensemble des sud soudannais.

Je signalerai pour finir l'apparition récente d'un terme, le *rendok*, qui définit un type de « parler jeune ». Le *rendok* a très certainement émergé dans les années 1990 dans les grands centres urbains du nord Soudan, suite aux grands mouvements de déplacement et de migration des populations originaires du sud et de l'ouest du Soudan. Il a été parlé au départ par les membres de bandes d'enfants des rues (connus sous le nom de *shammâsha,* « enfants du soleil »), de Khartoum, enfants issus des groupes ethniques déplacés du sud et de l'ouest. Actuellement il est utilisé dans différentes villes et est de plus en plus connu des jeunes, quel que soit leur milieu social[25]. En ce sens le phénomène du *rendok* se rapproche plus des phénomènes décrits pour des villes comme Nairobi ou Abidjan (avec l'apparition du *sheng* ou du *nouchi*) que des phénomènes des parlers jeunes des autres grandes villes arabophones.

4. Conclusion

Pour conclure brièvement sur cet inventaire relativement laborieux, l'arabe en Afrique sub-saharienne représente des situations et des états de langues très divers, dont les dénominations sont loin d'être fixées et reconnues par tous. Dans la grande majorité des cas, c'est la filiation avec l'ensemble arabe qui semble être privilégiée dans les taxinomies, ce qui n'est pas étonnant vu le prestige dont jouissent à la fois l'arabe coranique et la culture arabo-musulmane dans les populations musulmanes ou se réclamant d'un ancêtre éponyme arabe. C'est dans les pays en proie à des tensions ethniques et régionales importantes,

---

[24] Entretien personnel avec des membres de radio Miraya à Khartoum, 12 Novembre 2007.

[25] Les informations sur le *rendok* m'ont été communiquées par S. Manfredi, de l'Université de Naples, qui fait actuellement des recherches sur cette variété à Khartoum et à Kadugli.

comme au Soudan et au Tchad, que l'on perçoit le mieux les enjeux des dénominations de l'arabe et la volonté pour certains groupes de se démarquer de la sphère arabo-musulmane en optant pour des termes plus endogènes. Cependant, c'est en Mauritanie, un pays dont la majorité de la population se réclame d'origine arabe bédouine, qu'une dénomination locale, le *hassâniyya* est employée par tous pour définir l'usage vernaculaire national (sans trancher sur la nature du lien entre le *hassâniyya* et l'*arabe littéraire*).

RÉFÉRENCES BIBLIOGRAPHIQUES

Abdin, A.E.M., 1966, *Min 'usûl al-lahjât al-'arabiyya fi-s-Sûdân*, Le Caire, Maktabat Gharîb.

Abu Absi, S. and Sinaud, A, 1968, *Basic Chad Arabic*, Bloomington.

Amadou, A., 1986, « Aperçu descriptif du parler arabe de la radio nationale tchadienne à travers les idiolectes de trois présentateurs », Thèse de 3ème cycle, Paris III.

Abu-Manga, A. A and Abu Bakr, Y. K., 2006, *'awdâ' al-lugha fi-s-Sûdân*, Khartoum, Khartoum University, I.A.A.S.

Amery, Captain H.F.S., 1905, *English-Arabic Vocabulary for the Use of Officials in the Anglo-Egyptian Sudan*, Cairo, Al-Mukattam Printing Office.

Anis, Ibrahim, 1967, *al-lahjât al 'arabiyya*, Cairo, Dâr al-Fikr al-Arabî.

Ayoub, A.E.R, 1968, *al-arabiyya wa lahjâtuha*, Cairo.

Ayoub, G., 2006, « Fasîh », in Versteegh, K., et als. (eds.) *Encyclopedia of Arabic Languages and Linguistics,* Vol. 2, Leiden, Brill, 84-90.

Braukämper, U., 1993, « Notes on the origin of Baggara Arab culture with special reference to the Shuwa », *Sprache und Geschichte in Afrika* 14, 13-46.

Carbou, H., 1913, *Méthode pratique pour l'arabe parlé au Ouaday et à l'Est du Tchad*, Paris.

Cohen, D., 1963, *Le dialecte arabe hassaaniiya de Mauritanie*, Paris, Klincksieck.

Cook, C.L., 1955, « Languages of the Southern Provinces of the Sudan (Gvt. printing office) », *The Bible Translation* 6, 122-127.

Decobert, C., 1985, *Phonologies arabes du Tchad*, Paris, Geuthner.

Derendiger, R., 1912, « Notes sur le dialecte arabe du Tchad », *Extrait de la Revue Africaine* 286, Alger.

Dia, A., 2008, « The Hassaniyya language among Nouakchott's Negro-Mauritanian population » in C. Miller et als (eds) *Arabic in the City, Issues in Dialect Contact and Language Variation*, London-New York, Routledge-Taylor, 325-344.

Echu, G. and Aminou, M., 2006, « Cameroon Arabic » in Versteegh et als. (eds.) *Encyclopedia of Arabic Languages and Linguistics,* Vol. 1, Leiden, Brill, 333-339.

Cheriguen, F. (éd.) 2007, *Les enjeux de la nomination des langues dans l'Algérie contemporaine*, Paris, l'Harmattan.

Hagège, C., 1973, *Profil d'un parler arabe du Tchad*, Paris, Geuthner.

Hancock, J.F., 1971, « A survey of the pidgins and creoles of the world », in Hymes, D. (ed.) *Pidginisation and Creolisation of Languages*, Cambridge, Cambridge University Press, 509-523.

Heine, B., I982, *The Nubi Language of Kiberia, an Arabic Creole*, Berlin, Dietrich Reimer.

Howard, C.G, 1923, *Shuwa Arabic Stories with a Lexique and a Vocabulary*, Oxford.

Iványi, T., 2007, « Lugha » in Versteegh, K. et als (eds.) *Encyclopedia of Arabic Language and Linguistics* Vol 3, Leiden, Brill, 88-95.

Jouannet, F., 1978, « La situation socio-linguistique du Tchad », in *Contact de langues et contact de cultures, Lacito Doc.*, Paris, SELAF.

Jullien de Pommerol, P., 1997, *L'arabe tchadien. L'émergence d'une langue véhiculaire*, Paris, Karthala.

Kallas, E., 1999, *Qui est arabophone?*, Gorizia, instituto di Sociologia Internazionale di Gorizia.

Kaye, A. S., 1976, *Chadian and Sudanese Arabic in the Light of Comparative Arabic Dialectology,* The Hague-Paris, Mouton.

Kaye, A., 1982, *A Dictionnary of Nigerian Arabic*, Malibu.

Kaye, A. and Tosco, M., 1993, « Early East African Pidgin Arabic », *SUGIA* 14, 269-305.

Larcher, P., 2003, « Diglossie arabisante et Fusha vs 'ammiyya arabes. Essai d'histoire parallèle », in Auroux, S. (éd.) *History of Linguistics 1999*, Amsterdam/Philadelphia, John Benjamins, 47-61.

Larcher, P., 2005, « D'Ibn Faris à Al-Farra' ou un retour aux sources sur la lugha al-fusha », *Études Asiatiques (AS/EA)* LIX, 3, 797-814.

Larcher, P., 2006a, « Que nous apprend vraiment Muqaddasi de la situation de l'arabe au IV/Xe siècle », *Annales Islamologiques* 40, 53 - 67.

Larcher, P., 2006b, « Sociolinguistique et histoire de l'arabe selon la muqaddima d'ibn Khaldûn (VIII/XIV siècle) », in Borbone et al. (eds.) *Loquentes Linguis. Studi linguistici e orientali in onore di F. A. Pennacchietti*, Wiesbaden, Harrassowitz, 431-441.

Lethem, G. J, 1920, *Colloquial Arabic: Shuwa Dialect of Bornu, Nigeria and of the Region of the Lake Chad*, London.

Levin, A., 1994, « Sibawayhi's attitude to the spoken language », *Jerusalem Studies in Arabic and Islam* 17, 204 - 243.

Luffin, X., 2005, *Un créole arabe : le Kinubi de Mombasa, Kenya*, Munich, Lincolm.

Mahmud, U., 1979, « Variation and Change in the Aspectual System of Juba-Arabic », Ph.D thesis, Georgetown University.

Miller, C., 1987, « Pour une étude du plurilinguisme en contexte urbain : l'exemple de Juba, Sud Soudan », *Matériaux Arabes et Sud-Arabiques* 1, 95-122.

Miller, C., 1993, « Restructuration morpho-syntaxique en Juba-Arabic et Ki-Nubi : à propos du débat universaux/superstrat/substrat dans les études créoles », *MAS- Nouvelle Série* 5, 137-174.

Muraz, G., 1926, *Vocabulaire du patois arabe tchadien ou 'tourkou' et des dialectes sara-madjinngaye et sara-mbaye*, Paris, Charles Lavauzelle et Cie.

Otayek, R. (éd.) 1993, *Le radicalisme islamique au sud du Sahara. Da'wa, arabisation et critique de l'Occident*, Paris, Karthala-MSHA.

Owens, J., 1985, « The origin of East African Nubi », *Anthropological Linguistics* 27, 3, 229-271.

Owens, J., 1993, « Nigerian Arabic in comparative perspective », *Sprache und Geschichte in Afrika* 14, 85-176.

Owens, J., 1997, « Arabic-based Pidgins and Creoles » in Thomason, S.G. (ed.) *Contact Languages, A Wider Perspective*, Amsterdam-Philadelphia, John Benjamins Publishing, 125-172.

Owens, J., 1998, *Neighborhood and Ancestry. Variation in the Spoken Arabic of Maiduguri, Nigeria*, Amsterdam/Philadelphia, John Benjamins.

Owens, J. and Hassan, J., 2000, « Waris: the secret language of Koranic school students » in Owens, J. (ed.) *Arabic as a Minority Language*, Berlin, Mouton de Gruyter, 221-258.

Plonka, A., 2004, *L'idée de la langue libanaise d'après Sa'îd 'Aql*, Paris, Gueuthner.

Qasim, A. A. S., 1965, « The place of Sudanese Colloquial Arabic », *Sudan Notes and Records* 46, 40-49.

Qasim, A.A.S., 1985, *Qamûs al-lahja al-'amiyya fi al-sûdân*, Cairo, Al-maktab al-masri al-hadith.

Reichmuth, S, 1983, *Der arabische Dialekt der Sukriyya im Ostsudan*, Zurich-New York, Georg Olms Verlag.

Retsö, J., 2006, "Arab" in Versteegh, K. et als (eds.) *Encyclopedia of Arabic Language and Linguistics*, Vol. 1, Leiden, Brill, 126-133.

Roth, A, 1979, *Esquisse grammaticale du parler arabe d'Abbéché*, Paris, Geuthner.

Suleiman, Y., 2006, "Arabiyya" in Versteegh, K. et als (éds.) *Encyclopedia of Arabic Language and Linguistics* Vol. 1, Leiden, Brill, 173-178.

Taine-Cheikh, C., 1994, « Le Hassâniyya de Mauritanie. Un dialecte non marginal de la périphérie » in Aguade, J. et als (eds.) *Actas del Congreso International sobre Interferencias Linguisticas Arabo-Romances y paralelos Extra-Iberos*, Zaragoza, 174-199.

Taine-Cheikh, C., 1997, « Pratiques de l'arabe et processus identitaires en Mauritanie » in Laroussi, F. (éd.) *Plurilinguisme et identité(s) au Maghreb*, Rennes, Presses de l'Université de Rennes, 66-79.

Tosco, M. and Owens, J., 1993, « Turku: A descriptive and comparative study », *SUGIA* 14, 177-268.

Tourneux, H. and Zeltner, J.C., 1986, *L'arabe dans le bassin du Tchad. Le parler des Ulâd Eli*, Paris, Karthala.

Trimingham, J.S., 1946, *Sudan Colloquial Arabic*, Oxford, Oxford University Press.

Wellens, I., 2005, *The Nubi language of Uganda. An Arabic Creole in Africa*, Leiden, Brill.

Woidich, M., 1995, « Das Kairenische im 19.Jh.: Gedanken zu Tantawi's Traité de la langue arabe vulgaire » in *Dialectologia Arabica*, Helsinki, Finnish Oriental Society, 271-287.

Zack, E., 2003, « Colloquial Arabic in the 17th century: Yûsuf al-Maghribî Egyptian-Arabic wordlist » in Haak, M., De Jong, R. and Versteegh, K. (éds.) *Approaches to Arabic Dialects*, Leiden, Brill, 373-390.

Le nom des langues III. Le nom des langues en Afrique sub-saharienne : pratiques dénominations, catégorisations. Naming Languages in Sub-Saharan Africa. Practices, Names, Categorisations (sous la direction de C. de Féral), Louvain-la-Neuve, Peeters, BCILL 124, 2009, p. 255-269.

FULA AND THE NAMING OF CHANGING ETHNOLINGUISTIC IDENTITIES

Peter GOTTSCHLIGG
Universität Bayreuth

1. INTRODUCTION

Fula, *Fulani*, *Ful* or *peul* is a Northwest Atlantic language and the only member of its family, which has spread eastwards from an area located between Mauritania and Senegal. Today, the Fula dialect continuum extends over 5000 km from Senegal to the Republic of Sudan encompassing the territories of about 16 different countries[1], where the language is considered to be autochtonous or a 'national language'. In addition, Fula speaking people migrated in tens or even hundreds of thousands to other countries of the region in the last century. They moved to countries where alternative dialects of the language were spoken. This might have been from Guinea to Senegal or Sierra Leone[2], or to countries with no prior Fula speaking population such as Ivory Coast[3], Liberia or Ethiopia[4], or even further beyond the continent to France, Germany and other European countries, where they formed growing immigrant communities. Consequently, *Fula* has dozens of important contact languages. These include *French*, *English*, *Arabic* and *Portuguese*, which are not only the languages of administration and education in these countries, but also the major languages used for linguistic descriptions. *Fula* and its speakers have attracted the interest of European, Japanese and American linguists, of ethnographers and others, writing in further languages including *Russian*, *German*, and *Dutch*. So, *Fula* has received many

---

1 Mauritania, Senegal, Gambia, Guinea, Guinea Bissau, Sierra Leone, Mali, Burkina Faso, Togo, Benin, Niger, Nigeria, Cameroon, Chad, Central African Republic, Sudan. For a map covering the area between Senegal and Cameroon/Chad/Central African Republic, *cf.* Perrot (1981). Other maps can be found in the recent ethnographic overviews by Eguchi and Azarya, eds. (1993) and in EHESS (1994).

2 *Cf.* Bah (1998).

3 *Cf.* Bassett (1994).

4 *Cf.* Smidt (2005).

names in different languages, from its speakers themselves, from their neighbours and from administrators and researchers. I have chosen to use the designation *Fula* for the purposes of this article. The expression "Fulani" is used as an adjective and as an ethnonym for the speakers of the language.

2. AUTONYMS: *PULAAR*, *PULAR*, *FULFULDE*

Fula has several dialectal synonyms for "language": *ɗemngal* (Senegal), *haala* (Guinea and most other countries), *wol-de*, etc. In most dialects, glossonyms carry an *nde*-class marker, which can have the forms *-re, -de* or *-nde*. In the Guinean dialect – a dialect, in which the distinction between generic and specific forms is still present in many nominal subclasses – language names tend to be used in their generic forms, unmarked for class and often in combination with the term *haala*, e.g. *haala jolfo* "Wolof", *haala maninka* "Maninka" or *haala faransi* "French". The corresponding class-marked glossonyms, mostly co-occurring with determiners, are *(n)jolfoo-re*, *maninkaa-re* and *faransii-re*[5].

Fula uses two major dialectal autonyms, *pula(a)r* and *fulfulde*, neither of which are accepted beyond their respective dialect areas. However, these expressions refer to the language in all of its dialectal variants. They are derived from the common root **ful-*, from which other expressions for ethnicity, culture and language-related concepts are derived. The root-initial consonant is underspecified for the autosegmentalised feature [continuant], which is part of the noun-class marker[6]. It is absent e.g. in the name of ethnically Fula people *ful-ɓe* (*ɓe*-class) but present in its corresponding singular form *pul-lo* (*o*-class).

The autonyms are preferred by the speakers of languages and are used officially in most of the countries, e.g. when listing "national languages". Speakers commonly use their dialectal glossonym to refer to the language wherever it is spoken. For example, a speaker from Guinea will refer to the *Fula* spoken in Senegal or Cameroon by using his or her own dialectal glossonyms *pular*, though speakers from these countries would use the terms *pulaar* or *fulfulde* respectively. A Guinean speaker will say: *pular no wowlee e Kamerun* "Fula is spoken in Cameroon", perfectly aware of there being dialectal differences between his and the other dialect.

---

5 The corresponding classmarked and specific ethnonyms are *jolfoo-jo*, *maninkaa-jo* and *faransii-jo* in the singular, denoting e.g. a "Wolof/Maninka/French person" and *(n)jolfoo-bhe*, *maninkaa-bhe* and *faransii-bhe* in the plural. The expression *haala (n)jolfo* is to be interpreted as "Wolof language", rather than "language of the Wolof people". The latter would be *haala (n)jolfoobhe*. The generic expression *njolfo* is a generic ethnonym that can also be used e.g. in *nyiiri njolfo* "Jollof rice" or when referring to characteristics of Wolof people or culture in general, e.g. in *njolfo fenataa* "a Wolof does not tell lies". Compare the specific, class-marked form *ko o njolfoo-jo* "s/he is a Wolof person". *Cf.* Gottschligg (1995) for an analysis of generic Fula forms.

6 *Cf.* Gottschligg (1997).

pul-lo < pul-'o	a Fulani person, whether female or male
ful-ɓe	Fulani persons
pul-aaku, pul-aagu	Fulani moral code of conduct
pular-eeje	proverbs (Senegal)
pul-ar	autonym of the Guinean Fula dialect
pul-aar	autonym of the Senegalese and Mauritanian Fula dialects
ful-ful-de	autonym of the Fula dialects spoken from Mali eastwards to Sudan[7]

Autonyms

2.1. *Pular, Pulaar*

The long-vowelled expression *pul-aar* is used in Mauritanian, Senegalese and Gambian dialects, whereas the short-vowelled expression *pul-ar* is used in Guinean and Sierra Leonean dialects. The dialectal difference in vowel length within the suffix is due to systematic phonological variance, which gives rise to long vowels in closed syllables in Senegalese dialects of *pulaar*. The derivative morpheme *-a(a)r* is unproductive in these and in the other dialects. Unlike the suffixes carried by most other Fula nouns, *-a(a)r* is not a class marker, nor can a class marker like *-re* be added to the glossonyms without deriving another noun. Most other language names - also in the dialects using the glossonyms ending in *(a)ar* - are formed by an *nde*-class suffix (*-re*, *-de* or *-nde*). Only in Senegalese *pulaar*, is the pejorative term for the language of the *seɓ-ɓe* "Wolof" derived by the same suffix: *ce'-aar*[8]. It has, however, been replaced in most contexts by the more neutral term *jolf-e*. The latter carries the suffix *-e*, a form of the *ɗe*-class, in which *nde*-class nouns regularly form their plurals. A corresponding Fula autonym, *pul-e*, also exists in the Fuladu-dialect spoken in Guinea Bissau, Gambia and the Senegalese Casamance, where it co-occurs with the form *pular*.

In the Senegalese context, the expression *pulaar* is also used in French, as in *Association pour la renaissance du pulaar* or when listing the national languages of the country. A variant spelling according to French orthography is *poulâr*.

The term *pulaar* is also considered to be non-discriminatory between the two major ethnic groups using this language, the "haal-pulaar"en and the "fulɓe" (Fulani). It is used by some to de-emphasise ethnic affiliation and to emphasise community in language, e.g. by Soo (1992) when he writes *Wallifii nde dental*

---

7 These are: Mali, Burkina Faso, Benin, Togo, Niger, Nigeria, Cameroon, Chad, Central African Republic, Sudan, Ethiopia.

8 Similar suffixes or perhaps morphs are also found in some other Atlantic languages or, at least, in the names of these languages. A Senegalese ethnic group, often included into the Seereer and speaking a Cangin-language called *Palor*, call their territory *Palor Siili* "the land of the Siili, i.e. of the Seereer" (D'Alton 1987:9). Another Cangin-language is called *Lehar*.

haalpulaar'en "it (the book) has been prepared by a group of Fulophones" which, as can be seen from the names in the list of contributors, comprises "fulɓe" and "haal-pulaar'en" in the narrow sense of the word.

The expression "haal-pulaar'en" in its proper or narrow sense refers to the group known as "Toucouleurs", a term rejected by the people concerned. The term "toucouleur" in French is borrowed from Wolof *tukulóor,* which itself obviously has its etymon in Hassaniyya Arabic *tekrûri.* The expression "toucouleur" is also used in other languages, particularly when referring to Senegalese. The "haal-pulaar'en" form an ethnic group, which has spread far beyond its original area in the Senegal river valley. They are considered by many to be ethnically different from the "fulɓe" (Fulani), though they share a common language. In *Nigerian English*, they are referred to as the *toronkawa,* which is the *Hausa* form of their name and derived from *tooroɓɓe* (sg. *tooroodo*) i.e. from a particular subgroup among the "haal-pulaar'en", known for Muslim proselytisation and learning.

The relationship between the "haal-pulaar" and the "fulɓe" (Fulani), in Senegal and Mauritania, is quite complicated but characterised by conscious efforts towards nation building (*cf.* Gottschligg 1992: 33ff, McLaughlin 1995, Humery 1997: 98). Significant numbers within the two groups aspire to a political union and, thus, minimize ethnic and cultural differences in official discourse and emphasise their unity in one language, *pulaar*. This unity of the two groups in their common language is also expressed in the metaphorical use of the discourse-marker *mbii-mi*, literally "(what) I said". For example, as one contributor to the Senegalese journal *Binndi Pulaar* put it: *Alaa pullo, alaa haal-pulaar, kala muynuɗo "mbii-mi" ko pullo, koo haalpulaar* (Jaañ 1998: 7), "there is no *pullo*, there is no *haal-pulaar*, whoever has been breast-fed [the phrase] "(what) I said", is a *pullo*, [just as] he is a haal-pulaar". The metaphorical power of this expression lies in the fact that it is not based on any root denoting ethnic affiliation, but on the mere use of the language in which it is commonly said. Furthermore, the question *ko ngonɗaa?* "what are you?" to ascertain a person's caste affiliation is nowadays considered to be politically incorrect.

A powerful but ideologically very biased Egyptocentric approach to African history claims to have archaeological and linguistic proof of the common origin of all black Africans in ancient Egypt. This is used by Moussa Lam and others to promote the myth of a common ethnogenesis of *fulɓe* and *haalpulaar'en* in Ancient Egypt. *Cf.* Lam (s.d.) and Gottschligg (1994).

In the same vein, the expression *haal-pulaar* is interpreted as "Pularophone" or "Fulophone". This is a quite plausible interpretation but not necessarily the only one.

In Guinea, where the expressions "halpular" and "haalipular" have long been used to mean "Toucouleur", it is becoming increasingly popular to use them instead to mean 'Fulophone' In the Guinean context, with its history of political persecution of fulani under the Sekou Touré regime, these terms "halpular" and "haalipular" are considered to be more inclusive, denoting not only "fulani" but also the “toucouleur”, as well as the group of the former serfs of the “Fulani” (known in Guinea as *runndeeɗe)* and the *griots*. Thus, the naming of a website ‘www.haal-pular.com’ can be seen as an invitation to Fulophones in general, irrespective of their affiliation to any particular group.

Outside Senegal and Mauritania, relations between Fulani and Haal-pulaar’en seem to be less complicated. The latter are renowned for their Islamic learning and their political leadership, particularly amongst the Fulani in Northern Nigeria, where the haal-pulaar’en are known as “tooroɓɓe” or “toronkawa” (Hausa) and speak the local *fulfulde* dialects. The ruling family in the Caliphate of Sokoto, descendants of its founder Usman dan Fodio, belong to the “toronkawa”. The terms “haalpulaar” etc. are not generally known beyond the region of Mauritania, Senegal and Guinea.

A move towards adopting glossonymss instead of ethnonyms for group identities can be noted in *Nigerian English*, where instead of being asked to which tribe or ethnic group one belongs the question now takes the form literally: ‘what language are you?’ Valid answers might be ‘I am Fulani’ or ‘I am Yoruba’. It has to be noted, nonetheless, that in the greater dialect areas from Mali to Sudan, no generally accepted common denominator for all the speakers of *fulfulde* has emerged to cover Fulani and non-Fulani alike.

2.2. *Fulfulde*

The autonym *fulfulde*, with the reduplicated root *ful* as a base and an *nde-* class marker as a suffix, is used in the dialects spoken from Mali onwards to the easternmost dialect areas in Sudan.

The Guinean Linguist Alpha Ibrahima Sow tried to make the autonym *fulfulde* acceptable as a pandialectal glossonym in and for Fula in Guinea and Senegal, i.e. beyond its dialect area from Mali eastward. The language in its dialectal variation is consistently referred to as *fulfulde*. This autonym features, for example, in the title of the first multidialectal glossary using the orthography recommended by the 1966 Conference held in Bamako and edited by Sow (1971): *Dictionnaire élementaire fulfulde-français-english-elementary dictionary*. It is to be found again in Sow (1977: 103) and in the early pluridialectal primer *janngen fulfulde* (Sow 1970). In the expression *janngen* or “let us read/study”, the title of the latter adopts a form that is typical of Guinean *pular* but atypical of *fulfulde,* where the corresponding form would be prenasalised, i.e. *njanngen*.

Another elegant way of finding a dialectally neutral term was the use of *fulfulde* in the plural form, or rather the underlying root as an adjective *pulpule*, as Sow did in his *Fula* encyclopaedia *maanditorde annde e pine pulpule hiirnaange afrik* (Sow 1992).

Others tried to combine the two autonyms *fulfulde-pulaar* to create a compound like Serbo-Croatian. This is the case e.g. with the translation of the first volume of the UNESCO *History of Africa into Fula*, referred to there as *fulfulde-pulaar* (Yuneskoo 1991: 2). In the second volume the language is called *fulfulde,* where the text states that UNESCO sponsored the translation (Yuneskoo 1992: 2), and the list of translators is simply headed: *walluɓe e pirgol deftere ndee e fulfulde,* "those who have helped to translate / participated in translating this book into Fulfulde" (p. 517*)*, though the various dialect names *pular, pulaar* and *fulfulde* appear in the list itself.

3. WIDESPREAD EXONYMS: *FULA, PEUL, FUL*

3.1. *Fula*

The exonym *fula* is borrowed by various European languages from Mande languages. The expression is used in Gambian and Senegalese *Mandinka* (Luck 1995, Baldé 1981) and in Malian *Bambara* (Bailleul 1996). In Guinean Susu, the root *Fula* is used in various derivations, e.g. *fulawaa* "Fulani agglomeration", *fulɛɛ*, "a Fulani person", *fulɛxwi,* "Fula language" (Touré 2004).

The expression is obviously based on the same root as the autonyms. It has been widely used in Gambian, Sierra Leonean and Liberian English, as well as in Sierra Leonian Krio and in Lusophone Guinea Bissau. Amongst others, linguists and ethnologists writing in English and Portuguese within this area usually use the expression to refer both to the people and to their language, e.g. Gamble and Baldeh (1981) and Moreira (1946). Writers in many other languages of description do likewise, e.g. in Russian, as in the dialectological works of Koval and Zubko (1986) and Zubko (1980). The orthographic form *foula(h)* is occasionally used in French, especially when referring to Guinean Fula, e.g. Thilmans (1968).

Fullah and *Fulla* are alternative, rather outdated spellings of *Fula.* Nonetheless, these versions prompt the unfamiliar reader to pronounce the expression more correctly than when presented with the orthographic form *Fula.* The latter adheres to typical West African orthographic standards. When applied, these yield the regular and correct interpretation of [fula]. The same orthographic form used in English suggests a pronunciation like [fu:lə] and in German [fu:la]. In both languages, the double *-ll-* ensures at least a short interpretation of the preceding grapheme *-u-*. In English, the final *-h* ensures an interpretation of the preceding grapheme *-a-* as [a] rather than [ə].

Writing on a Nigerian *Fula* dialect (Gombe), Arnott (1970: 1ff) - a standard reference amongst Anglophone linguists - popularised this exonym in linguistic writing as a cover term for all the dialectal varieties of *Fula*, including those beyond Gambia and Sierra Leone. Following Arnott (1970), De Wolf was also one to adopt the term Fula in his publications, particularly in his three-volume multidialectal English-Fula dictionary (De Wolf 1995). Arnott argues that the expression *Fula* is more euphonious than the plain stem *Ful* but, nevertheless, retains the expression "Fulani" for the people in his book. In *Nigerian English*, used in a country with about 10-million Fula speakers (Gordon 2005), the expression *Fula* has not gained acceptance, neither from the general public – to which it is virtually unknown – nor from academic circles. The term *fulfulde* is used in *Nigerian English* for the language, the expression “Fulani”[9] for both, language and people.

The expression *Fula* is currently replacing the term *Ful* in German usage, where it has gained currency beyond academic circles i.e. amongst German, Austrian and Swiss immigration officials, police and interpreters, who deal with a sizeable migrant community, mainly from Guinea. It remains unclear whether this is due to inputs from linguistic documentation or rather to administrative practice and the role of Gambian African interpreters. Although there is no officially recognised term, the expression *Fula* is chosen as a listed option for selection in the relevant computer menus used in Austrian and German administration.

3.2. *Peul*

The expression *peul* in French is borrowed from Wolof. In Wolof, the term *pël* denotes both the language and its ethnically Fula speakers. The “Haal-Pulaar’en” are referred to in Wolof as “tukulóor”, a term whose meaning is extended to the *Fula* dialect spoken in Northern Senegal.

Seignobos and Tourneux (2002) argued that the full integration of the lexical stem *peul* justifies its inflection for number and gender, i.e. *peul, peule, peules*. In fact, this seems to be the dominant usage. The orthographic form *peul* suggests a reading as [pøl], though the Wolof ethnonym has a central *schwa* vowel, cf. Njie (1982)

In all Francophone countries where *Fula* is spoken, *peul* is commonly used, when referring both to the language and to its ethnically-Fula speakers. Officially, however, the autonymic expressions *pula(a)r* and *fulfulde* tend to be favoured in the national context of the various countries, where the language is in most cases recognised as a “national language”. Publications by nationals, commissioned by the national authorities and / or sponsored by locally operating NGOs tend to use the autonym. Influential writers, nonetheless, mostly use the term *peul* in their publications, particularly H. Tourneux, who is a leading *foulanisant*[10] and editor of various series by the publishing house Karthala.

In linguistics, the term *peul* is used to refer to the language in all its dialectal variants, e.g. in the titles of the pluridialectal dictionaries by Zoubko (1996) and Seydou (1998), whereas the dialectal autonyms are used to refer to the specific dialects or dialect groups, e.g. Gaden (1913): *Le poular, dialecte peul du fouta sénégalais*.

---

9 *Cf. Fulani* below.

10 *Cf. Fulani* below.

3.3. *Fulani*

The term *Fulani* in English has probably been borrowed from Hausa. However, it is also used in Mauritanian *Hassaaniyya Arabic* with the expression *vulâni* (Taine-Cheikh 2004), in Senegalese and Mauritanian *Soninke* with *fulle* and *fulaani* (Bathily and Meillassoux 1976) and in Songhay with *fulaŋ* (Ducroz and Charles 1978). In *Nigerian Hausa*, the expressions *fulani* and *filani* are used to refer to the *Fula* people, the singular form of this word being *bafilace* "a Fula person". The language is called *fillanci* or *fulatanci* (Bargery 1951).

Though mainly used in English, the form *Fulani* also appears in the French expression *foulanisant(e)* "a person who studies the Fula language"[11].

In some *Mande* languages, e.g *Bambara*, the expression *fula-nin* seems to be deliberately derived from *fulani* to jokingly or pejoratively give it the meaning "little Fula".

3.4. *Ful*

The linguistic exonym *ful* is a learned coinage, due to its being the lexical root common to the autonyms. It was already used by Faidherbe (1875) in his reconstructed root *poul*, which is historically as likely as *ful* and differs only in what is considered to be a basic initial consonant grade. Faidherbe also calls the ethnic Fula *pouls*. Guiraudon (1887) calls them *puls,* which seems to be an orthographic variant of the former.

Gaden (1908) uses the term *Foul* but not in his later publications. The corresponding form *Ful* is used by Westermann (1909), Meinhof (1911), Klingenheben (in all his important publications from the 1920s to 1963) and Wils (1935). According to spelling rules in German, the form *Ful* is pronounced as [fu:l], even by linguists who are fully aware that the root-vowel is short and not long. The expression is commonly used in German and Austrian universities.

The linguistic exonym *Ful* was never popular either with the actual speakers of the language or with the linguistic layman and it seems to be superseded, even in German usage, by the term *Fula*.

It survives, however, as a derivational base, e.g. for expressions like *Fulophone* or in the French coinage for an interdisciplinary research group named GREFUL (*cf.* Boutrais 1992, EHESS 1994: 7).

---

[11] Grammatically this would be a participle of *foulaniser* "to conduct studies on *Fula*", a verb which does not seem to be actually used. Compare with French expressions like *arabisant, patoisant* or *francisant*.

4. NAMES OF DIALECTS

4.1. Dialect names derived from ethnonyms and using -*nko*- as a a basis

A great number of Fula glossonyms are derived from ethnonyms containing the derivative *-(a)nke-/-(a)nko-*. Klingenheben (1963: 154ff) correctly identifies it as a derivative borrowed from a Mande language. More precisely, Mukarovsky (1989: 166) states that *-(a)nke-* and its Fula allomorph *-anko-* (only found in plural nouns) are reflexes of the Soninke derivative *anke,* whether with or without the plural marker *-o* (*cf.* Diagana 1995: 60, 276). In Soninke and Fula as well, the suffix *-nke* derives denominal nouns denoting a person of a geographic, national, ethnic (or other) origin or affiliation as expressed in the base, e.g. *moosi-nke-ø* "a Mossi person" or *moosi-nkoo-ɓe* "Mossi persons", *ferl-anke-ø* "an inhabitant of the Senegalese *ferlo"* or *ferl-ankoo-ɓe* "inhabitants of the Senegalese *ferlo* or *adar-anko-'en* "the inhabitants of Adar". In Fula, the derived form takes class markers of the second suffix grade. It regularly takes -*VV-re* after a stem-final vowel in the case of *nde* class, to which most glossonymss belong. In most of the dialects, the glossonyms is based on the plural form *-anko-*, e.g. *moosi-nkoo-re* "Mossi language or More". In Adamawa, the opposition between *-anke-* and *-anko-* has largely been neutralised, therefore both forms are used, *aadama-nkoo-re* and *aadama-nkee-re* "the Fula dialect of Nigerian-Cameroonian Adamawa." Though the class marker of the singular person class *-jo* (2nd grade suffix) is or can be absent in most dialects, e.g. *hawsanke-ø* or *hawsankee-jo* "(a) Hausa person", the class-marker *-re* in glossonymss is obligatory: *hawsankoo-re* "Hausa language".

Dialect names derived in this way are found across the dialect continuum, as in: *fuutankoore* "the dialect of the Fuuta (a region South and North of the Senegal river divided between Mauritania and Senegal)", *jeerinkoore* "the dialect spoken in the Senegalese *jeeri*", *maasinankoore* "the dialect of Masina (Mali)", *katsinankoore* " the dialect of Nigerian Katsina", etc.

4.2. Dialect names with unextended toponymic bases

These ethnonyms and glossonymss are based on expressions mostly denoting the territories of pre-colonial states, to which a 2nd grade class-marker is added (mostly of the *nde*-class, i.e. *-re).* An example of this is *moosii-re* "the Fula dialect spoken by the *fulɓe moosi* or *moosiiɓe* living in Moosi (the Burkinabe Mossi plateau, a territory controlled by the Mossi people)". As mentioned above, the Fula expression for Moore, the language of the Mossi people, is *moosinkoore*. Other dialect names of this type are: *liptaakuure* "the Fula dialect spoken in the Emirate of Liptako in Northern Burkina Faso", *barguure* "the Fula dialect spoken in Bargu, North-eastern Benin", *hiirnaangeere* "dialect of the West", a name given to the Fula dialects of Nigerian Yola and Cameroonian Garoua by speakers of the dialects used e.g. in Maroua in Cameroon, who call their own dialect *fuunaangeere* lit. "the dialect of the East", etc.

4.3 Dialect names with underived ethnonymic bases

Dialect names are also formed on the basis of clan names, e.g. *jelgoore* "the dialect spoken by the *jelgooɓe* clan", whose territory in Burkina Faso is called *jelgooji*. This is the same way that, for example, the Nigerian dialect names *kiiriiri* "dialect of the Kiiri Clan" and *uudaare* "dialect of the Uda Clan" are formed. As Girei (2007) points out, the speakers of *Nigerian Fulfulde* conceive dialectal variation mainly as a function of clan. Different clans are popularly assumed to speak different dialects or to have different accents.

5. NAMES OF SOCIAL DIALECTS: *MACCANKOORE*, *GANNUNKEERE* AND OTHERS

As it has been pointed out above, *Fula* is not only the language of "ethnic" *Fulani*, but also of other groups within Fulophone societies, who are considered to be neither "real" Fulani nor to belong or to claim to belong to another ethnic group. This is the case of the so-called "riimayɓe" (sg. "diimaajo"), to give the most widely accepted term, or "runndeeɓe" (sg. "runndeejo") as they are called in Guinea, or "gannunkeeɓe" (sg. "gannunkeejo") as they are called in Benin. The term "riimayɓe" was used to refer to the Fulani's serfs, who were the descendants of "maccuɓe" (sg. "maccuɗo") or slaves acquired by the Fulani. They are still perceived to form a distinct social unit from ethnical Fulani, although the legal status of serf no longer exists in modern West African states and the descendants of former riimayɓe have in many places superseded their former masters in social rank, income or education.

Nowadays, the various terms for 'serfs' are widely rejected by those to whom they might have applied historically and they are avoided by most of the Fulani themselves. Amongst more egalitarian oriented Fulani, the ethnonym "fulɓe" is used to refer to both historically free or noble Fulani "rimɓe" (s.g. "dimo") and "riimayɓe" alike, notwithstanding the frequent persistence of solid social barriers between the two groups.

In a less egalitarian oriented discourse, the *fulfulde* spoken by riimayɓe is sometimes referred to as *maccankoore* or *gannunkeere* "dialect spoken by slaves/serfs". From a linguistic perspective, it remains unclear whether there actually are features that would set *maccankoore* dialects apart from the dialects spoken by ethnical Fulani in the same area. In most cases, such divisive dialectal or even accentual features do not seem to exist. There may, however, be some paralinguistic features, such as pitch level: a high pitched voice is generally associated with ethnical Fulani, a comparatively lower pitch level or louder voice with non-Fulani speakers of *Fula*. These aspects of *Fula* have as yet received little attention from linguists, or, if they have, have been left alone for very obvious reasons.

Apart from riimayɓe and the emotionally charged history of slavery, there are also many other cases of larger or smaller groups that have changed their ethnolinguistic identity to Fulani and Fula. This is the case for Fula speakers of Kanuri ancestry in Adamawa (Nigeria/Cameroon), who can in many instances successfully claim a Fulani identity as well as Kanuri ancestry. In such cases, the relations to ethnic Fulani seem to be uncomplicated, in the absence of any social stigma associated with belonging to a group formerly subjected to servility. Whatever the specific constellation may be in one of many Fulophone societies across the dialect continuum, the number of non-Fulani Fula-speakers tends to be significant; in some places they outnumber the ethnic Fulani. In many communities efforts are being made to unite Fulani and non-Fulani Fula-speakers, at least politically, with the language and its name playing a key role in this unification. Furthermore, there are numerous cases of Fula speakers (or groups thereof) moving to a new dialect area and ultimately adopting the local dialect. Little research has been yet devoted to this matter.

6. PIDGIN: *BILKIIRE, KAMMBARIIRE*

Fula, despite its wide geographical distribution, is quite homogenous in its phonological and grammatical structures. Almost all the dialects have maintained such features as: a system of three *genera verbi*, the inversion of subject pronouns in some types of clauses and a noun-class concord. However, in a dialect area of Adamawa divided between Nigeria and Cameroon, two dialects have emerged in which some or all of these above mentioned features and others besides have disappeared. *Cf.* Lacroix (1959) and Gottschligg (1998), who labels the three major variants of Adamawa as A1 (conservative L1 variant) A2 (simplified L1 variant) and A3 (heavily simplified L1 or L2 variant). In these areas, a pejorative term for a pidginised, partly creolised form of Adamawa *fulfulde* has emerged: *bilkiire*. It is derived from Kanuri *bəlgə* "someone who cannot speak the local language or cannot pronounce some words correctly" cf. Cyffer and Hutchison (1990). The term *bilkii-re* is typically used for the A3 variant of Adamawa Fulfulde, which can be a L1 or L2 of both Fulani and non-Fulani speakers. The term *kammbarii-re* is typically used by speakers of conservative variants of Fulfulde to refer to the A2 variant, whose speakers are considered to be urbanised and characterised by the effects of intermarriage with other ethnic groups (*cf.* Gottschligg 1998: 110 ff). The speakers of A2 and A3 variants have in general a positive language attitude. As one of my consultants has put it, their variants are seen as "more straightforward" than the "twisted" conservative A1 variant. So, the pejorative terms *bilkiire* and *kammbariire* are mainly used by speakers of the conservative A1 variant. Speakers of A2 and A3 would simply refer to their variants and to A1, as *fulfulde,* even though the morphosyntactic differences between the three are more significant than the differences between any other two dialects from the extreme ends of the dialect continuum.

It should be noted that, in spite of these considerable structural differences, the three Adamawa variants are perfectly mutually understandable. Speakers of conservative variants tend to code switch e.g. between A1 and A2 and the social status or the standing of a Fulani person from Adamawa is largely independent of the variant he or she speaks. A typically Fulani-looking person is easily pardoned for speaking A3. On the other hand, a person's claim to being Fulani without looking typically Fulani, is readily questioned when he or she speaks the same A3 variant. Outside Adamawa, however, the A2 and A3 variants are usually considered to be forms of interlanguage.

7. SECRET LANGUAGE: *GANOOJE*, *GANIIRE*

Some secret languages or rather language games from various Fula dialect areas are known. They are called *ganoo-je, gaini-re* or *ganoo-re*. The language games consist of syllable metathesis and / or the insertion of consonants at various positions. They are considered to be only appropriate for children. *Cf.* Noye (1971).

8. CONCLUSION

As social barriers between the predominantly endogamous group ofethnic Fulani and other Fulophone groups are gradually weakening, the use of *Fula* as a common language within these socially heterogenous groups (scattered between the Senegalese Green Cape and the Red Sea) seems to be becoming increasingly important as a marker of Fulani ethnicity. The redefinition of the term *haal-pulaar* – commonly re-interpreted as "Pulaarophone" or "Fulophone" – may be the most striking example of how a common language and its name are consciously used to create and also to name a more inclusive concept of ethnolinguistic identity. The extension of the meaning of *fulɓe*, basically referring to ethnic Fulani, to all other members of a Fulophone community is showing the same trend. Socio-cultural divisions continue to exist, but the conscious use of these terms (either with their intended new meanings or without) can be considered to be a political statement on the changing social realities in and around Fulophone societies.

References

Arnott, D.W., 1970, *The Nominal and Verbal Systems of Fula.* Oxford, Clarendon Press.

Bah, M. A., 1998, *Fulbe Presence in Sierra Leone. A Case History of Twentieth-Century Migration and Settlement among the Kissi of Koind,* New York, Washington, Baltimore, Peter Lang.

Bailleul, C., 1996, *Dictionnaire bambara-francais,* Bamako, Donniya.

Baldé, A., 1981, *Lexique Mandenkakan, dit Mandinka du Senegal,* Dakar, CLAD.

Bargery, G.P., 1951, *A Hausa-English Dictionary,* London, Oxford University Press.

Basset, T. J., 1994, "Hired Herders and Herd Management in Fulani Pastoralism, Northern Côte d'Ivoire", *Cahiers d'Études africaines* n°133-135, XXXIV-1-3, 147-173.

Bathily, A. et Meillassoux, C., 1976, *Lexique Soninké, Sarakolé-Français,* Dakar, CLAD.

Baumgardt, U. (ed.), 2005, *Littérature peule, Études Littéraires Africaines*, Paris, Karthala.

Boutrais, J., 1992, « Circulaire du 23 octobre 1992 adressée aux spécialistes du monde peul », Groupe d'anthropologie comparative des sociétés peules, GRÉFUL.

Breedveld, J.O., 1995, *Form and Meaning in Fulfulde. A Morphological Study of Maasinankoore,* Leiden, Research School CNWS, Leiden University.

De Wolf, P.,1995, *English-Fula Dictionary, Fulfulde, Pulaar, Fulani. A multidialectal approach,* Berlin, Dietrich Reimer.

Diagana, O. M.,1995, *La langue Soninkée. Morphosyntaxe et sens,* Paris, L'Harmattan.

Ducroz, J.-M. et Charles, M.-C., 1978, *Lexique songay-français. Parler kaado du gorouol,* Paris, L'Harmattan.

Eguchi, P. K. and AzaryaV.,1993, Unity and Diversity of a People, *Senri Ethnological Studies*, 35, Osaka, National Museum of Ethnology.

EHESS, 1994, « L'archipel peul », *Cahier d'études africaines* XXXI, 1-3, Paris, Editions de l'École des Hautes Études en Sciences Sociales.

Faidherbe, 1875, *Essai sur la langue poul, grammaire et vocabulaire*, Paris, Maisonneuve.

Fal, A., Santos R. et Doneux J. -L, 1990, *Dictionnaire wolof-français, suivi d'un index français-wolof*, Paris, Karthala

Gaden, H., 1908, « Note sur le dialecte foul parlé par les foulbé du baguirmi », in *Journal Asiatique*, janvier-février 1908, Paris, Ernest Leroux, 5-70.

Gaden, H., 1913, *Le poular, dialecte peul du fouta sénégalais. Étude morphologique, textes,* t.1. Paris, Ernest Leroux.

Gamble, D. P. and Baldeh M. A., 1981, *Gambian Fula-English Dictionar, Firdu Dialect,* San Francisco.

Girei, A., 2007, *A survey of selected Nigerian Fulfulde dialects*. Unpublished Ph.D. Thesis, University of Maiduguri.

Gottschligg, P., 1992, *Verbale Valenz und Kasus im Ful,* Dissertationen der Universität Wien 232, Wien.

Gottschligg, P., 1994, « Fulbe and Fulfulde, Aspects of Historical and Linguistic Studies », *Borno Museum Society Newsletter* n° 17/18, Maiduguri, 5-20.

Gottschligg, P., 1995, Determination und Referenz in der Entwicklung der Nominalklassensysteme des Ful und anderer atlantischer Sprachen, in Fleisch, A. und Otten D. (Hrsg), *Sprachkulturelle und historische Forschungen in Afrika,* Köln, Rüdiger Koeppe, 157-175

Gottschligg, P., 1997, "Nominale Morphophonologie des Ful von Klingenheben bis Paradis, Keine Rezeptionsgeschichte", *Afrika und Übersee* n° 80, 161-187.

Gottschligg, P.,1998, "Nominale Formen im Adamawa-Ful", in Fiedler, I., Griefenow-Mewis, C. and Reinecke, B. (eds), *Afrikanische Sprachen im Brennpunkt der Forschung,* Köln, Rüdiger Köppe, 109-133.

Guiraudon, G. de, 1887, *Notes linguistiques africaines ; les Peuls,* Londres et Vienne, imprimerie de Rodolphe Brezezowsky et fils.

Humery, M.-E., 1997, *Facteurs et enjeux du développement écrit d'une langue africaine, le cas du mouvement pulaar au Sénégal,1960-1996,* Mémoire de D.E.A., Université Panthéon-Sorbonne-Paris I.

Jaañ, S.S.,1988, "Keewuuji e Aadaaji", *Binndi Pulaar* n° 4, 6-10.

Koval, A.I. et Zubko G.V., 1986, *Yazik Fula.* Moscou, Nauka.

Lacroix, P.-F., 1959, « Observations sur la "Koiné" peule de Ngaoundere », *Travaux de l'Institut de Linguistique* n° 4, 57-71.

Lam, M., *De l'origine égyptienne des peuls*, Paris, Présence Africaine et Kephera.

Luck, M., 1995, *Mandinka-English Dictionary*, Banjul, W.E.C.

McLaughlin, F., 1995, "Haalpulaar Identity as a Response to Wolofization", *African Languages and Cultures* n° 8, 153-168.

Meinhof, C., 1911, "Das Ful in seiner Bedeutung für die Sprachen der Hamiten, Semiten und Bantu. Eine Studie", *Zeitschrift der Deutschen Morgenländischen Gesellschaft n°* 65, 177-220.

Moreira, J.-M., 1946, *Fulas do Gabú. Respost ao Inquerito Etnográfico organizado pelo Governo da Colónia em 1946*, Lisboa.

Mukarovsky, H. G., 1989, "Ful und Soninke im historischem Sprachkontakt" *Afrika und Übersee*, Band 72, 161-190.

Njie, C. M., 1982, *Description syntaxique du wolof de Gambie*, Dakar, Les Nouvelles Editions Africaines.

Noye, D., 1989, *Dictionnaire foulfouldé-français. Dialecte peul du Diamaré, Nord-Cameroun,* Paris, Geuthner

Noye, D., 1971, *Un cas d'apprentissage linguistique, l'acquisition de la langue par les jeunes peuls du Diamaré,Nord-Cameroun,*. Paris, Geuthner.

Perrot, J., 1981, *Les langues dans le monde ancien et moderne*, Paris, CNRS éditions.

Seignobos, C. et Tourneux H., 2002, *Le Nord-Cameroun à travers ses mots, Dictionnaire de termes anciens et modernes,* Paris, IRD-Karthala.

Seydou, C., 1998, *Dictionnaire pluridialectal des racines verbales du peul. Peul-français-anglais*, Paris, Karthala.

Smidt, W., 2005, "Fellata" in Uhlig (ed.), *Encyclopaedia Aethiopica*, vol.2, D-Ha,. Wiesbaden, Harrassowitz, 518.

Soo, A.-I., (éd.),1992, *Maanditorde annde e pine pulpule hiirnaange afrik. Wallifii nde dental Haalpulaar'en. Mooftindiri, winndi, saati nde Alfaa Ibraahiima Soo*, Paris, Nubia.

Sow, A. -I. (éd.),1970, *Janngen fulfulde II.* Niamey, Centre régional de documentation pour la tradition orale.

Sow, A-I. (éd.), 1977, *Langues et politiques de langues en Afrique noire. L'expérience de l'Unesco*. Paris, Nubia.

Sainte Croix and Center for the Study of Nigerian Languages,1998, *Fulfulde-English Dictionary,* Kano, Bayero University.

Taine-Cheikh, 2004, *Lexique français-hassaniyya. Dialecte arabe de Mauritanie,* Paris, Geuthner.

Taylor, F.W., 1932, *A Fulani-English Dictionary,*Oxford, At the Clarendon Press.

Taylor, F.W., 1953, *A Grammar of the Adamawa Dialect of the Fulani Languages, Fulfulde,* Oxford, Clarendon Press (2nd edition).

Touré, A., 2004, *Parlons soso. Langue et culture du peuple de la Guinée maritime,* Paris, L'Harmattan.

Tourneux, H. et Daïrou Y., 1998, *Dictionnaire peul de l'agriculture et de la nature. Cameroun,* Paris, Karthala.

Westermann, D., 1909, *Handbuch der Ful-Sprach,* Berlin, Dietrich Reimer.

Wils, J., 1935, *De nominale klassificatie in de afrikaansche negertalen,* Nijmegen, N.V. Uitgevers-Maattschappij.

Yuneskoo, 1991, *Daartol Afrik kuumnungol,*Vol.I., Leuven.

Yuneskoo, 1992, *Daartol Afrik kuumnungol*, Vol.II., Leuven.

Zoubko, G. V., 1980, *Fula-Rusko-Francuzski Slovar. Kamuusu Pular, Fulfulde,-Riisinkoore-Faransinkoore. Dictionnaire peul-russe-français.* Moskva, Russkij jazyk.

Zoubko, G.V., 1996, *Dictionnaire peul-français,* Osaka, National Museum of Ethnology.

Le nom des langues III. Le nom des langues en Afrique sub-saharienne : pratiques, dénominations, catégorisations. Naming Languages in Sub-Saharan Africa: Practices, Names, Categorisations (sous la direction de C. de Féral), Louvain-la-Neuve, Peeters, BCILL 124, 2009, p. 271-295.

MOTIFS ÉTYMOLOGIQUES DE LA DÉNOMINATION DES LANGUES EN AFRIQUE DE L'EST

Xavier Barillot
Laboratoire BCL, Université Nice Sophia-Antipolis, CNRS ; MSH de Nice[1]

La question de l'étymologie des noms de langues sera abordée selon deux points de vue assez différents. Le premier est purement linguistique : il s'agira de déterminer les principes généraux de la dénomination des langues ; bien que la plupart des cas étudiés par la suite concernent la Corne de l'Afrique, ces principes ont toutes les chances d'être universels. Le deuxième point de vue prend en compte la composante sociolinguistique, c'est-à-dire que nous verrons en quoi la représentation que les peuples ont d'eux-mêmes et de leurs voisins peut avoir une influence sur le processus de dénomination, et réciproquement une influence de la dénomination sur les représentations : les paramètres que j'évoquerai pour cela, sont principalement historique, politique et ethnologique au sens large.

La zone géographique dont il est question est la Corne de l'Afrique : j'examinerai les langues d'Érythrée, d'Éthiopie, de Djibouti, de Somalie et du nord du Kenya, et plus précisément les langues afro-asiatiques de cette région (*cf.* carte ci-dessous).

Il s'agit d'une étude globale et non de l'étude de la situation d'une langue particulière : le but est de donner une idée des problèmes et principes liés à la dénomination des langues en Afrique de l'Est. La conséquence immédiate est que ce qui suit est un premier survol, relativement superficiel, mais qui se veut général à cette zone. J'essaierai de dégager à la fois ce qui est universel dans la dénomination des langues, mais aussi ce qui est particulier à cette région.

Notons qu'il sera essentiellement question des désignations utilisées par les locuteurs ou par leurs voisins et non de celles créées par le linguiste, sauf dans le cas où les premiers les ont adoptées.

---

[1] BCL : *Bases, Corpus et Langage*; CNRS : *Centre national de la Recherche Scientifique* ; MSH : *Maison des Sciences de l'Homme*.

Après une introduction consacrée au contexte linguistique de la zone étudiée, au rapport entre nom de langue et nom de peuple et d'une rapide mise au point terminologique, je me consacre dans un premier temps à l'étymologie des noms de langue et dans un second temps au rapport existant entre l'étymologie de ces noms et la représentation qu'en ont les habitants de cette région.

1. INTRODUCTION

La situation linguistique de l'Afrique de l'Est mérite qu'on s'y attarde un peu : on y trouve une très grande diversité de langues, en particulier due au fait que la naissance de l'humanité et probablement celle du langage ont eu lieu au cœur de cette région.

On constate dans la carte ci-contre que quatre phylums y sont représentés : l'afro-asiatique apparaît de façon majoritaire (Somalie, Ethiopie, Erythrée et Djibouti) ; ensuite interviennent les phylums niger-congo et nilo-saharien, respectivement au Sud et à l'ouest de la zone ; enfin, de façon très minoritaire, le phyllum khoisan.

Ce qu'il y a de remarquable est la complexité du découpage des trois zones majoritaires qui laisse penser que cette région a connu de nombreuses migrations humaines, que ces peuples ont été en contact les uns avec les autres depuis longtemps.

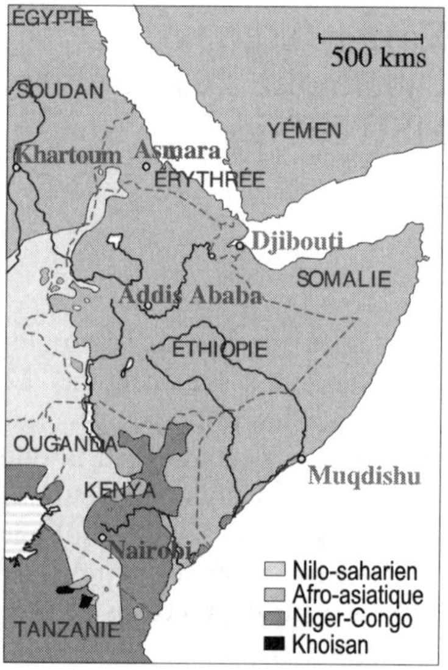

Carte 1. *4 phylums sont représentés dans la Corne de l'Afrique*

L'apparente homogénéité de la partie Est et Nord-Est de la carte ci-dessus, qui correspond à la zone afro-asiatique, cache une réalité bien différente, comme nous le montrent les deux cartes suivantes.

Dans la carte n° 2, on remarque la grande imbrication des trois familles afro-asiatiques représentées dans la région, le sémitique, le couchitique et l'omotique[2], ceci surtout dans l'ouest de la zone : la famille couchitique s'étend du nord de la Tanzanie jusqu'à l'extrême sud de l'Égypte sur plus de 3000 kms ; le fait qu'on rencontre aussi bien des langues sémitiques enclavées dans le couchitique que le contraire montre la complexité de l'histoire des peuples de cette région que tour à tour les Sémites et les Couchites ont dû envahir.

---

2 Contrairement aux travaux de Fleming (1976) et de Bender (1986), certains auteurs considèrent que la famille omotique fait partie du couchitique (Lamberti 1991).

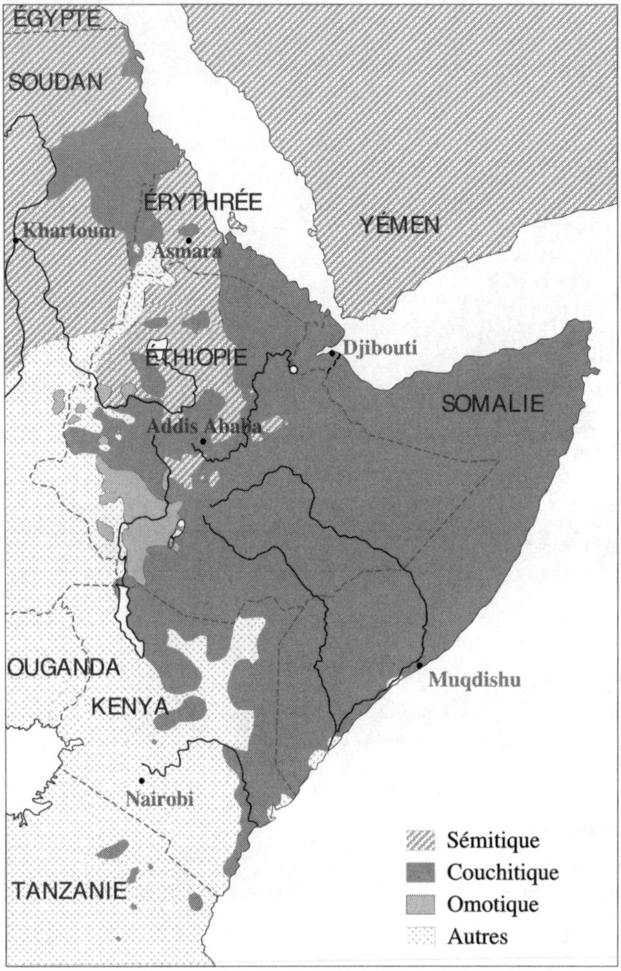

Carte 2. *Les 3 familles afro-asiatiques de la corne de l'Afrique*

Dans la carte n° 3 ci-dessous, inspirée de Moseley and Asher (1994), apparaissent la plupart des langues de l'Afrique de l'Est : on observe un extraordinaire morcellement dans toute la moitié ouest de l'Éthiopie, l'Érythrée et le nord du Kenya. Par contraste, on trouve dans la moitié est une étonnante unité linguistique : en Somalie, dans l'est de l'Éthiopie et le sud de Djibouti, on parle *somali*.

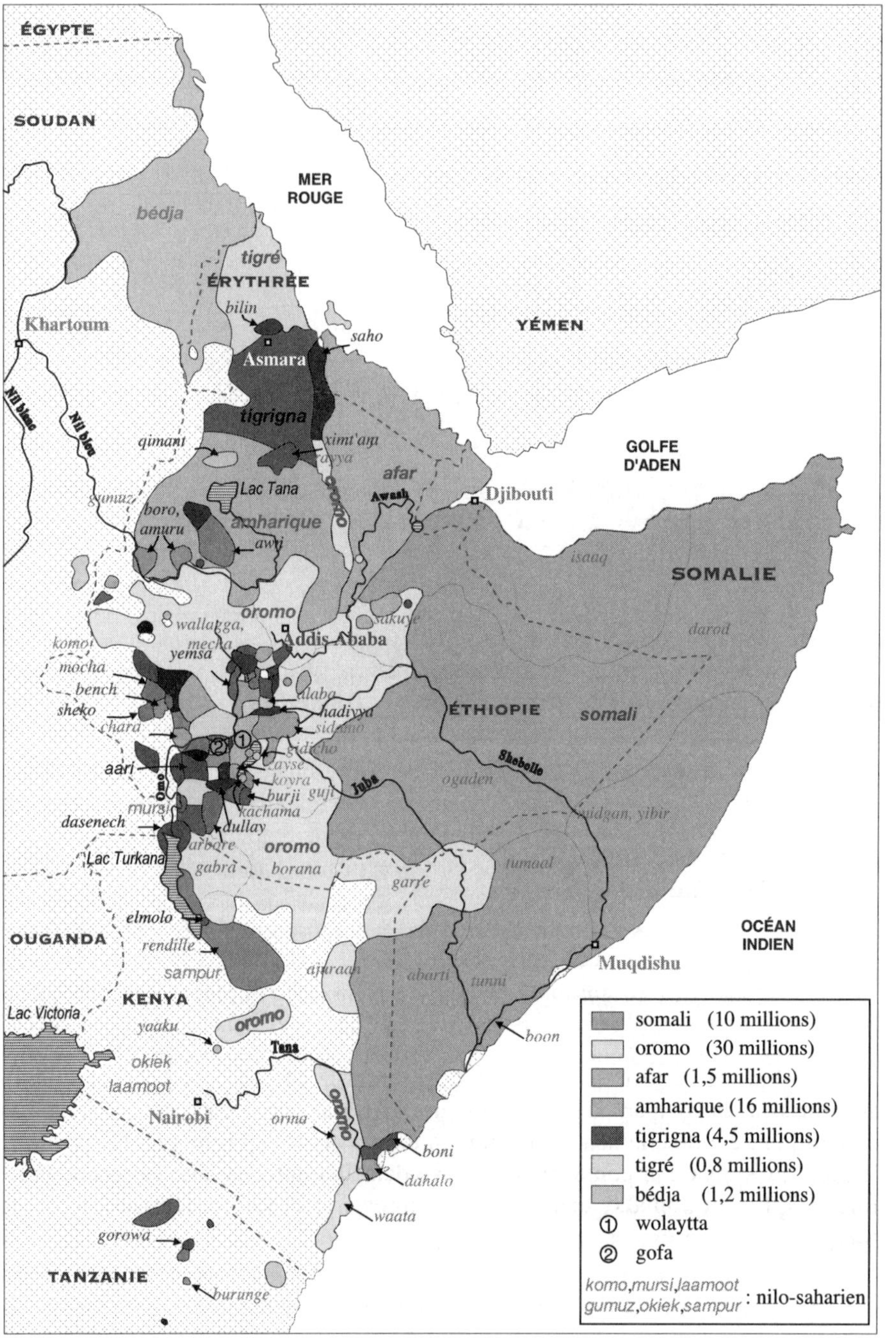

Carte 3. *Le morcellement linguistique en Afrique de l'Est (langues afro-asiatiques)*

Les sept langues les plus importantes par le nombre de locuteurs et par la superficie de leur zone d'influence sont le *somali*, l'*afar*, l'*oromo*, l'*amharique*, le *tigré*, le *tigrigna* et le *bédja*. Par ailleurs, on dénombre plus d'une centaine de langues sur un territoire à peine plus grand que la France (l'est de l'Éthiopie) dont le nombre de locuteurs dépasse rarement quelques centaines de milliers d'individus. Naturellement, la plupart des locuteurs de ces langues minoritaires pratiquent une, deux voire trois autres langues dont une langue politiquement dominante, très souvent l'*amharique* ou l'*oromo*. La carte n° 3 permet la localisation des langues dont il sera question par la suite : il y sera fait constamment référence.

Avant de considérer l'étymologie des noms de langues, je voudrais faire deux remarques concernant le nom du peuple qu'on peut appeler l'ethnonyme.

La première concerne le rapport qu'entretiennent le nom de langue et le nom du peuple correspondant. Comme le soulignent Tabouret-Keller (1997 : 15) et d'Ans (1997 : 191), le nom de langue provient généralement du nom de peuple, lui-même souvent issu du nom du territoire : le nom de peuple est utilisé comme base morphologique pour créer celui de la langue. En français et dans la plupart des langues européennes, on a une simple conversion : les deux noms sont homonymes (les Français parlent le *français*, les Allemands parlent l'*allemand*, etc.). C'est le cas aussi pour la plupart des langues de l'Afrique de l'Est. Cependant, ces deux noms ont parfois une forme différente : le nom de langue se déduit du nom de peuple par affixation d'un morphème. Par exemple, les Amaras parlent *amariɲɲa* (*amharique*), la langue des Zayse est le *zaysete*, celle des Komo le *kwama*, celle des Yemma, le *yemsa*, celle des ʔawija, le *ʔawŋi*,[3] etc. Les rares exceptions (cas où le nom de langue n'est pas dérivé du nom de peuple) semblent toujours résulter d'une évolution linguistique, à savoir la quasi-disparition d'une langue au profit d'une autre : par exemple, le peuple garreh au nord-est du Kenya parle à présent le *borana*, un dialecte *oromo*. Je n'ai relevé aucun cas dans l'Afrique de l'Est où, sans que cela résulte d'une assimilation linguistique, les locuteurs utilisent des noms non morphologiquement reliés pour désigner leur langue et leur peuple.

L'ethnonyme et le nom de langue dérivent donc la plupart du temps d'un même item (exemple : Yemma et *yemsa* dérivent de yem-). Etant donné que je m'intéresse essentiellement dans cet article à la motivation, à l'origine étymologique des noms de langue, considérer l'un ou l'autre revient au même : parler de la motivation du nom *zaysete* ou de celle des Zayse est équivalent, puisque ces deux mots ont la même origine. Dans ce qui suit, c'est en fait plus souvent l'ethnonyme qui sera cité, car ce dernier a d'une part généralement une forme plus simple et, d'autre part, je n'ai pas toujours pu déterminer le nom de langue correspondant (homonyme ou dérivé).

La deuxième remarque est d'ordre terminologique : dans ce qui suit, on verra que seront utilisés les termes de nom de peuple, ethnonyme, nom de clan et

---

3 Données tirées de Siebert *et al.* (2001 ; 2002), Yilma *et al.* (2002) et Wedekind *et al.* (2002). On remarque que le nom de peuple est parfois aussi suffixé.

de nom de tribu. Bien que mon objectif ici ne soit que de discuter des motivations étymologiques des appellations utilisées par les groupes linguistiquement homogènes de l'Afrique de l'Est pour se dénommer ou dénommer leurs voisins, je me dois de préciser ce que j'entends par peuple, ethnie, clan et tribu, afin de rendre mon exposé plus clair. Les termes « peuple » et « ethnie » ont ici une valeur équivalente et s'opposent à celui de « clan » ou « tribu » : un « peuple » ou une « ethnie » correspond à l'acception commune ; je désigne par là un groupe présentant une certaine homogénéité linguistique et qui se voit et est considéré ainsi : il est donc tout naturellement identifié par une appellation. Le découpage en clans (ou tribus) est beaucoup plus codifié en Afrique de l'Est : nous verrons plus bas en quoi. Très schématiquement, on peut considérer que chaque peuple est une immense tribu, constituée d'une multitude de tribus hiérarchiquement organisées. Historiquement, certaines tribus ont connu un sort privilégié, en englobant d'autres et sont ainsi considérées aujourd'hui comme un « peuple ». Cette question sera étudiée plus en détail en section 3.1.

2. ÉTYMOLOGIE DES NOMS DE LANGUE (OU DE PEUPLE)

Il n'y a pas de nécessité *a priori* de donner un nom à sa langue ou à son peuple. Ces deux notions vont de soi et s'il y a dénomination, la plus fréquente est générique : notre langue est *la langue*, notre peuple est *le peuple* ou *l'homme*[4]. Ceci est vrai tant que la confrontation avec d'autres langues ou d'autres peuples n'a pas vraiment eu lieu. Dans un premier temps, tous les gens qu'on ne comprend pas sont des *étrangers*[5], ils parlent le *barbare* ou ne savent pas parler[6]. Puis, lorsque les échanges s'intensifient et qu'on se donne les moyens de communiquer, on constate que toutes les langues étrangères ne sont pas les mêmes, qu'il y a plusieurs peuples ; certaines langues sont plus faciles à comprendre que d'autres. Il faut donc inventer un terme pour chacun de ces peuples différents ainsi que pour leur langue : chaque peuple pourra être désigné d'après l'un de ses traits pertinents. Il peut s'agir d'une caractéristique physique (noir, blanc, etc.), du lieu géographique de résidence (rivière, montagne, etc.), d'une activité (chasseur, nomade, agriculteur, potier, etc.), etc. Ce genre de motivation pour les noms de langue a toutes les chances d'être universel et donc d'être observé dans chacun des continents. Le terme peut aussi avoir comme origine le type de relations existant entre les deux peuples, soit liées à l'histoire commune (peuple envahi, soumis, réduit à l'esclavage, etc. ou bien à l'inverse, peuple envahisseur, vainqueur, barbare, etc.), soit liées à des conventions ancestrales. Ce second type,

---

4 Les exemples sont nombreux : on considère habituellement que l'ethnonyme *Deutsch* pour les Allemands est dérivé du proto indo-européen **teuta* « peuple ».

5 Le nom anglais *Welsh* qui désigne entre autres les Gallois est dérivé du proto-germanique **walh* dont le signifié serait « étranger ».

6 Les Russes dénomment les Allemands les *nemets*, de même origine que *nemoj*, qui signifie « qui ne parle pas correctement ».

particulièrement important en Afrique de l'Est, sera abordé dans la partie suivante. Pour l'instant, je propose de passer en revue quatre conséquences directes de ces hypothèses concernant le processus de dénomination.

2.1. Exonymie

Une première conséquence très importante de ce qui vient d'être dit est qu'on s'attend à ne trouver que très peu d'*autonymes* parmi les ethnonymes : ceci est dû au fait qu'il n'y a aucune nécessité de dénommer son propre peuple ou sa propre langue, alors que ce processus s'impose lorsqu'il s'agit des peuples voisins. Paradoxalement, le nom de peuple ou de langue n'est pas choisi par les membres du groupe mais plutôt par les voisins et doit donc avoir une étymologie étrangère. Si les deux langues sont liées génétiquement, il est possible que la motivation du nom soit transparente, mais vu la diversité linguistique de l'Afrique de l'Est, on peut prédire que certains peuples ont dû adopter la dénomination utilisée par un de leurs voisins sans se rendre compte de son caractère péjoratif.

Bien sûr, rapidement, ce signe est démotivé : qui songe encore aujourd'hui à associer les Berbères à des *barbares* ou, même parmi les anglophones, les Slaves à des *esclaves*[7] ?

Pour retrouver l'origine d'un ethnonyme, une démarche qui a de grandes chances d'aboutir me semble donc être la suivante : rechercher dans les langues des peuples voisins (actuellement ou anciennement) les termes de formes semblables et dont le signifié soit est général (*peuple*, *nation*, *foule*, *étranger*, *autre*, etc.), soit correspond à un trait pertinent du peuple en question (trait physique ou moral, activité, lieu d'habitat ou de provenance, etc.), soit est péjoratif (*esclave*, *soumis*, *barbare*, etc.). Ceci nécessite donc de bien connaître l'histoire des migrations de la région dont on étudie les ethnonymes : dans le cas de l'Afrique de l'Est, cette histoire, très complexe, a donné lieu à plusieurs variantes, souvent contradictoires ; je reviendrai sur l'importance de ce point dans la partie suivante.

---

7 Il semblerait que dans le cas des Slaves, le processus soit inverse : c'est *esclave* qui en est issu et non le contraire. Ceci n'enlève rien à mon propos qui ici était de donner un exemple de la démotivation des noms de langues.

2.2. Plusieurs dénominations pour un même peuple (ou une même langue)

La deuxième conséquence est la multiplicité des dénominations : en plus de l'éventuel autonyme[8], un peuple (et sa langue) pourra avoir autant de noms différents qu'il a de voisins. Il arrive parfois qu'une de ces désignations connaisse un sort privilégié : elle efface les autres en devenant la seule utilisée. Ceci peut être dû à une décision politique, officielle, ou bien à l'hégémonie d'un peuple qui impose aux autres peuples de la région sa dénomination pour l'un d'entre eux[9].

Pour illustrer la multiplicité des ethnonymes (et donc des glossonymes), prenons l'exemple[10] des peuples de la zone frontalière entre la Somalie et le Kenya (*cf.* carte 3) : les langues dominantes proches sont le *somali* au nord, l'*oromo* à l'ouest et au sud, le *swahili* au sud.

Les Dahalos, petit peuple de langue couchitique, sont respectivement nommés *sanje, duŋgaʔ* et *dʒuwa:nə* par les Swahilis, les Oromos Waata et les Bonis, mais se dénomment *da:ko* s'ils sont sédentaires et *sanje* s'ils habitent la forêt.

De même, les Somalis sont appelés *ʔidʒidi* par les Dahalos, *gabar* par les Swahilis, *safara, dʒi:du, garbitʃa, garba* ou *gabra* par les différents groupes oromos et *idʒi, gabrə* ou *kablalə* par les Bonis.

Les Swahilis sont denommés *ku:dza* par leurs voisins dahalos, *ʃidle* ou *badʒun* par les Somalis, *hamar*^{a} ou *garb*^{a} par les Oromos et *hamar* ou *mu:njə* par les Bonis.

Terminons avec le cas des Bonis, un peuple vivant traditionnellement de la chasse et la cueillette (au sud de la frontière somalo-kenyane dans la carte 3). Le *boni* se divise en une dizaine de dialectes dont le *kilii* à l'extrême nord qui tranche linguistiquement avec le reste. La dénomination *boni* est utilisée par les Swahilis. Elle est empruntée au *somali boon* « caste de chasseurs » qui dans cette langue désigne un peuple somali de chasseurs-cueilleurs qui ne partage avec les Bonis que la désignation et le mode de vie (le dialecte correspondant est appelé *af-boon* « langue boon » en *somali* ; *cf.* carte 3 au SO de Muqdishu). Les Dahalos utilisent le terme *ʔogoda,* dont je n'ai pu déterminer l'origine. L'ensemble des Bonis (sauf les Kilii) utilisent le mot *aweer* pour se dénommer : selon Heine (1982 : 11), ce terme serait relié au mot kilii *uwaay-* « chasser ». Les Kilii, quant à eux, utilisent le terme somali *boon.*

Parmi les autres termes utilisés pour les Bonis, on recense *waata* qui désigne aussi un peuple de chasseurs oromos et qui signifie « chasseurs » en *oromo*, *sanye* qui désigne aussi les Dahalos (peuple d'anciens chasseurs-cueilleurs

---

8 Cet autonyme peut parfois être postérieur aux autres appellations et apparaître en réaction contre ces dernières jugées désobligeantes.

9 Par exemple, l'autonyme *oromo* tend aujourd'hui à effacer les autres appellations considérés comme péjoratives, suite au combat mené contre le pouvoir central détenu par les Amaras.

10 Ces données proviennent de Tucker (1969), Heine (1977 ; 1981 ; 1982) et Tosco (1991).

habitant au sud de la zone boni) et qui signifie « cueilleur » en *swahili*. Ces deux dernières appellations nous amènent au point suivant.

2.3. Homonymie fréquente des noms de peuple

On observe beaucoup de cas d'homonymie parmi les ethnonymes de la Corne de l'Afrique : à des milliers de kilomètres de distance aussi bien que côte à côte, on rencontre des peuples qui partagent le même nom ou presque[11]. Il y a au moins trois causes à ceci. D'abord et c'est le cas des Bonis, des Dahalos et des Oromos Waata, plusieurs peuples voisins partageant certains traits ont pu être dénommés de la même façon : les Swahilis n'ont pas distingué ces trois peuples, car ils partageaient le même mode de vie, vivant de la chasse et de la cueillette ; ils les ont donc regroupés sous la dénomination *wasanye* ou *sanye* « les cueilleurs ». La langue (couchitique dans chacun des trois cas) et l'apparence physique des locuteurs tranchent radicalement avec celles des Swahilis (langue de la famille bantoue) : ceci explique un regroupement qui peut paraître intempestif[12]. Il est remarquable que le même motif (chasseurs/cueilleurs) ait été utilisé dans quatre langues différentes pour dénommer les Bonis : le somali *boon*, l'oromo *waata*, le swahili *sanye* et le kilii *aweer*.

La deuxième cause est d'une part que les motivations des noms de peuples ne sont pas très diversifiées et d'autre part que les langues de cette région sont souvent génétiquement reliées : ceci implique des homonymies par coïncidence ; on trouve par exemple les dénominations *garre*, *gurraa*, *garrii*, *karrayyu*[13] dont la motivation est sans doute liée à l'oromo *gara* « montagne » (nominatif : *garri*). On verra plus loin une autre hypothèse sur l'origine de ces noms.

Troisièmement, le fait que les peuples de cette région aient entrepris de grandes migrations et se sont ainsi parfois séparés tout en conservant le même nom permet d'expliquer certaines dénominations identiques. C'est le cas du peuple de pasteurs nomades garreh, garre ou karre résidant en Somalie méridionale et au NE du Kenya[14] : ne constituant à l'origine qu'un peuple parlant une même langue, les Garreh du Kenya parlent maintenant un dialecte oromo tandis que ceux de Somalie vivant près de Qoryooley (les Karre) ont conservé le dialecte somali. Les langues *tigré* et *tigrigna* (ou *tigray*), qui sont voisines au nord de l'Éthiopie et en

---

11 Il existe la même chose en Europe avec *latin* et *ladin* (Italie du nord ou Judéo-espagnol) ou bien avec *roman*, *romain*, *roumain*, *romanche*, *romani* ou encore avec *deutsch* et *dutch*, avec *gaulois*, *wallon* et *gallois*, ...

12 D'ailleurs, lorsqu'ils veulent parler plus spécifiquement de l'un de ces peuples, les Swahilis utilisent les appellations Boni (emprunté au *somali*), Dahalo (qui selon Tosco (1991) signifie « esclave » en *swahili*) et Walangulo.

13 Il s'agit de 4 tribus oromos, respectivement localisées autour du point triple Éthiopie-Kenya-Somalie, au sud d'Addis-Ababa, à la frontière kenyane et à l'est d'Addis-Ababa.

14 Ils sont appelés Garreh au Kenya et Garre ou Karre en Somalie.

Érythrée (*cf.* carte n° 3), constituent sans doute un deuxième exemple[15], une autre explication de cette ressemblance pouvant être que ces deux ethnonymes proviennent du nom de la région, le Tigré.

On recense bien d'autres cas d'homonymies : les Mocha, appelés aussi Shekka sont voisins des Sheko ; les Dasenech, les Aari, les Gumuz et les Birale sont appelés Shangilla, Shankilla ou Shanqilla, en particulier par les Amaras ; les Dasenech et les Mursi sont aussi dénommés Dama ; les Yaaku, les Elmolo, les Okiek et les Laamoot sont appelés Ndorobo par les populations bantoues du Kenya ; signalons aussi la similarité de forme existant entre Amarro (Koyra), Amuru (Boro) et Amaras (Amhariques), etc.

2.4. Dénomination à plusieurs niveaux de précision

Enfin, la quatrième conséquence concerne la « stratification » du processus de dénomination des peuples et des langues. Voici d'abord un exemple où une appellation en englobe d'autres, plus précises, et nous verrons ensuite le cas où une même appellation désigne, suivant celui qui l'utilise, un ensemble plus ou moins restreint.

Plusieurs peuples sont parfois dénommés de la même façon parce que leur façon de parler paraît équivalente, parce qu'ils ont la même physionomie, le même mode de vie, etc. À l'inverse, d'autres peuvent choisir de différencier ces peuples. Le résultat revient à une classification linguistique. Il n'est pas très étonnant de constater l'existence de plusieurs niveaux d'appellation de manière relativement fréquente dans un État multilingue comme l'Éthiopie : par exemple, les Amaras, dont la langue, l'amharique, appartient à la famille sémitique, n'ont qu'un seul mot pour désigner le *bilin* (au nord d'Asmara en Érythrée), l'*awŋi* (au sud du lac Tana), le *ximt'aŋa* et le *qimant* (au nord du lac Tana)[16] : l'*agaw*. Or, il se trouve qu'il est établi que ces quatre langues forment une division de la famille couchitique appelée aussi *couchitique central.*

Une autre situation peut avoir pour conséquence à la fois stratification et homonymie. Les grands peuples de l'Afrique de l'Est (Oromos, Somalis, Amhariques, Afars, etc.) occupant de vastes territoires, on peut penser que ce sont seulement des portions de ces peuples qui sont en contact : les Afars du sud avec les Amhariques du nord, les Somalis du nord avec les Afars de l'est, etc. L'ethnonyme choisi pour désigner son voisin a des chances de ne concerner que la partie avec laquelle on est en contact, le motif ne convenant pas forcément au reste : cette partie peut par exemple être désignée par son lieu d'habitation, les montagnes, alors que le reste du peuple, plus éloigné, habite en plaine, etc. Ensuite, l'ethnonyme pourra être étendu à l'ensemble du peuple et on peut

---

15 Notons que le suffixe [-iɲɲa] est un morphème permettant de construire le nom de la langue à partir de celui du peuple en *amharique* (par exemple, Amara pour l'ethnonyme et *amariɲɲa* pour le nom de langue).

16 Ces quatre dénominations sont celles utilisées par les locuteurs de ces langues.

s'attendre à ce que le motif du nom ne soit plus approprié ou que les autres tribus ne le reconnaissent pas. Ce processus complexe est relativement courant en Afrique de l'Est et ne facilite pas la détermination de l'origine des noms de langues : selon celui qui l'emploie, le même nom désignera des choses différentes, tout un peuple pour certains et seulement une fraction de ce peuple pour d'autres. Voici un exemple (Morin 2003) : le peuple afar se divise en plusieurs groupes de tribus, dont les *dana:kil* qui habitent la bande côtière au nord de Djibouti et les *adʕali* qui résident dans le sud du triangle (*cf.* carte n° 3) en Éthiopie. La première dénomination est utilisée par les voisins sahos (bande verticale à l'ouest du triangle afar sur la carte) et les Arabes (depuis leur implantation dans cette zone) tandis que la deuxième correspond à l'appellation des Afars par les Amaras (*adal*), les Oromos (*adali*) et les Somalis (*odʕali*) : il est possible que ces noms soient d'origine arabe[17] comme nous le verrons plus bas, mais ce qui est important ici est que dans l'esprit des Afars, ils ne désignent qu'une partie d'entre eux (les groupes qui ont été en contact originellement avec les Arabes ou les Amaras), tandis que selon l'usage des Arabes ou des Amaras, ils désignent l'ensemble du peuple afar. Pour compliquer encore la situation, les Tigrés nomment les Afars *teltal*, terme d'origine inconnue.

Selon l'appartenance ethnique de la personne qui l'utilise, une même appellation peut donc désigner des réalités différentes, l'ensemble d'un peuple ou une fraction de ce peuple, un ensemble de peuples ou un des peuples qui le constituent.

2.5. Exemples

Pour finir et à titre d'illustration, voici ci-dessous des étymologies proposées pour quelques ethnonymes/glossonymes[18] de la Corne de l'Afrique : l'origine ne fait parfois aucun doute et est unique, mais souvent sont proposées en concurrence plusieurs étymologies ; un point d'interrogation en finale de ligne signale que l'étymologie est incertaine. Notons qu'il est parfois difficile de savoir si le nom propre est issu du nom commun ou si c'est le contraire : c'est le cas par exemple de l'ethnonyme Oromo qui selon certains aurait pour origine le nom homonyme signifiant « race, nation »[19].

En première colonne figure le nom usuel[20] (celui généralement utilisé par les linguistes) ; on trouve en deuxième colonne l'ethnonyme/glossonyme dont on

---

17 Selon Morin (2003 : 35), il serait possible que *ad-ʕali* signifie la *tribu d'Ali*.

18 Je rappelle que les noms de peuple et de langue sont presque toujours homonymes : parfois, le glossonyme est construit à partir de l'ethnonyme (suffixé ou précédé du mot « langue »).

19 Le nom *latin* n'a-t-il pas pris le sens de « langage » dans la Romania comme par exemple dans l'expression « il en a perdu son latin » ?

20 La plupart des noms des deux premières colonnes sont donnés avec l'orthographe utilisée en oromo dans laquelle « ch » note l'affriquée alvéo-palatale sourde, « j » l'affriquée alvéo-palatale sonore, « sh » la fricative alvéo-palatale sourde et « y » le glide palatal.

recherche l'étymologie ; en troisième colonne est donnée en transcription API et en caractères gras l'étymon ayant servi de base à l'ethnonyme, généralement dans la langue (en italique) des locuteurs qui utilisent le nom ; on trouve aussi dans cette colonne la signification de l'étymon (donc le motif de l'ethnonyme). L'ouvrage dont est tirée cette information apparaît en quatrième colonne.

Ethnonymes et glossonymes		***Langues utilisées et étymons***	***Références***
utilisés par les scientifiques	***utilisés par les autres***		
oromo	oromo	*oromo* (**oromo:**, « race, nation »)	Huntingford 1955 : 11
midgan	alowa	*midgan* (**alowa**, « homme »)	Kirk 1905
somali	goried	*yibir* (**goried**, « peuple, homme »)	Kirk 1905
dahalo	guho gʷittso	*dahalo* (**guho gʷittso**, « petit peuple »)	Tosco 1991 : xii
elmolo	elmolo	*sampur + elmolo* (**elmolo**, « personne »)	Heine 1980 : 175
mecha	mecha	*oromo* (**mattʃ'a**, « peuple, foule » ; « étranger »)	Borello 1995 Gamta 1989
orma	orma	*oromo* (**orma**, « étrangers »)	Huntingford 1955 : 11 Gragg 1982 : 307
borana	dossha	*burji* (**doʃʃa**, « étranger »)	Hudson 1989 : 109
sidamo	sidaama	*oromo wallagga* (**sida:ma**, « étranger »)	Gragg 1982 : 356
gofa	gofa	*chara* (**wofa**, « étranger »)	Cerulli 1938 : 176
wallagga	wallagga	*hadiyya, sidamo* (**allagga**, « étranger, ennemi »)	Hudson 1989 : 109
burji	burji	*sidamo* (**borodd͡ʒe**, « esclave »)	Hudson 1989 : 355
kachama	kachama	*zayse* (**gatʃ**, « esclave »)	Cerulli 1938 : 202
swahili	kuudza	*dahalo* (**ku:dza**, « esclave »)	Tosco 1991 : xi
ajuraan	addon	*ogaden* (**addoon**, « esclave »)	Conti Rossini 1937
oromo	galla	*somali* (**ga:lo**, « cruel »)	
alaba	alaba	*hadiyya* (**allabo**, « brigand »)	Plazikowsky 1964

Tableau 1. *Noms de peuple/langue dont la motivation est générique ou péjorative*

Par exemple, comme on le voit en huitième ligne du tableau (2) ci-dessus, Hudson (1989) considère que l'appellation *dossha* que les Burjis utilisent pour nommer les Boranas et leur langue, provient de *doʃʃa* qui signifie « étranger » en *burji* : il s'agit ici d'une motivation *générique*. En revanche, comme il apparaît au début du tableau (3) ci-dessous, Hayward (1982) suppose que l'appellation *badditu* utilisée par les Oromos pour dénommer les Koyras et leur langue, provient du mot oromo *badda* signifiant « plateau, forêt » : il s'agit là d'une motivation *spécifique*, c'est-à-dire faisant référence à un trait spécifique des Koyras.

Ethnonymes et glossonymes utilisés par les scientifiques	Ethnonymes et glossonymes utilisés par les autres	Langues utilisées et étymons	Références
koyra	badditu	*oromo* (**badda**, « plateau, forêt »)	Hayward 1982 : 211
dobase[21]	d'oopace	*harso, gollango* (**d'oop-**, « potier »)	Amborn und al. 1980
gollango	kollanko[22]	*gawwada, tsamai* (**koll-**, « rivière »)	Amborn und al. 1980
gura pau	elmolo	*elmolo* (**gura pau**, « peuple du lac »)	Heine 1980 : 175
somali	safara	*oromo* (**saf(f)ara**, « camp, voyage »)	Borello 1995 : 363
somali	dafaran	*rendille* (**ɖafar-an**, « chiffon-personne »)	Pillinger and al. 1999: 89
yemma	janjero	*amharique* (**zəndʒero**, « singe »)	Huntingford 1955 : 137
bantou	shidle	*somali* (**ʃidle**, « meule-avoir »)	Lewis 1955
dahalo	sanye	*swahili* (**kusanja**, « cueillir »)	Johnson 1939 : 232
amara	bilaagaa	*qimant* (**ba:la:g-**, « rustre, paysan »)	Conti Rossini 1912: 177
oromo	galla	*oromo* (**galana**, « rivière ») *arabe* (**qal la**, « il a dit non »)	
oromo	debanno	*hadiyya* (**debanno**, « Liban (rég. éthiop.) »)	
borana	borana	*oromo* (**bor**, « Est »)	Cerulli 1922
tumaal	tumaal	*somali* (**tum**, « battre (forgeron) »)	
dasenech	shangilla	*amharique* (**ʃanqəlla**, « noir »)	Leslau 1976 : 64
aari	shankilla		
gidicho	gidicho	*oromo guji* (**giddo-ttʃo**, « intérieur-*singulatif* = île »)	Siebert and al. 2001: 13
yaaku	mogogodo	*swahili* (**mukogodo**, « nom d'une forêt »)	Heine 1982 : 44
Somali	Soomaali	*somali* (**so:-ma:l**, « particule-traire[23] »)	Lewis 1955 : 13

Tableau 2. *Noms de peuple/langue dont la motivation est spécifique (lieu d'habitation, activité, caractéristique physique, etc.)*

---

[21] Les langues *dobase*, *harso*, *gollango*, *gawwada* et *tsamai* font partie du groupe *dullay* de la sous-famille couchitique-est : Dullay est le nom de la rivière traversant la zone correspondante et n'est utilisé par les locuteurs que comme hydronyme (Amborn und al. 1980).

[22] -ko semble être un suffixe comme en témoigne la comparaison entre le nom que les Gawwadas donnent à leur pays (kawwaad'a) et à leur peuple (kawwaako).

[23] Cette étymologie ferait référence à l'activité pastorale traditionnelle de ce peuple par la combinaison de *so:* « particule préverbale donnant l'idée de destination vers le locuteur » avec *ma:l* « traire ». Elle est cependant peu vraisemblable car on a vu que l'origine des ethnonymes était plutôt étrangère, surtout lorsqu'il y a référence à une activité ou une caractéristique physique (il est néanmoins possible qu'une tribu somalie ait désigné par ce moyen une autre tribu qui par la suite aurait imposé cette appellation à l'ensemble des Somalis).

3. Représentation des ethnonymes en Afrique de l'Est : du système clanique à l'identité nationale

Il y a beaucoup d'interactions entre les aspects sociolinguistiques et linguistiques : la plupart des points évoqués ci-dessus (histoire, ethnologie, politique, etc.) ont une grande importance au niveau de la représentation des ethnonymes dans l'esprit des individus.

La première chose[24] qui joue traditionnellement un grand rôle est le système clanique ou tribal en vigueur en Afrique de l'Est et ensuite, parfois intimement liés, le rôle primordial joué par les Perses et les Arabes en Somalie et l'histoire des grandes invasions, principalement des Somalis et des Oromos[25]. Il y a des tribus nobles et des tribus vassales, les relations entre les deux étant strictement codifiées et se superposant à cela, on trouve les peuples soumis et les peuples vainqueurs. Nous allons voir que chaque peuple s'ingénie à trouver une étymologie « valorisante » pour son appellation.

Dans l'histoire récente est intervenu un autre facteur qui va encore compliquer la situation. Les puissances coloniales, comme partout ailleurs, se sont partagé arbitrairement l'Afrique de l'Est : l'Érythrée et la moitié sud de la Somalie au mains des Italiens, le nord de la Somalie et le Kenya pour les Anglais, Djibouti aux Français, l'Éthiopie ayant conservé une relative indépendance malgré les tentatives des Italiens. Tous ces États, à l'exception de la Somalie, sont multiethniques, l'exemple extrême étant celui de l'Éthiopie.

L'objet de cette deuxième partie est de présenter les paramètres responsables de l'évolution des représentations, depuis le système clanique ancestral jusqu'à la formation d'identités nationales, parfois s'appuyant sur un État, parfois se définissant contre un pouvoir central.

3.1. Le système clanique

L'organisation interne des peuples de la Corne de l'Afrique est très complexe[26]. Prenons l'exemple du peuple somali : il se divise en *familles tribales*, chacune d'elles comprenant plusieurs *confédérations tribales*, divisées à leur tour en *sous-confédérations* comportant plusieurs *tribus*. L'unité habituellement considérée est la *tribu* : il s'agit d'un groupe parfois très segmenté[27], identifié par un nom et une marque tribale (*sumad* en somali) ; une tribu occupe un territoire et possède un chef qui n'a qu'un rôle global : il n'intervient que pour les affaires mettant en jeu l'ensemble de la tribu (les guerres contre d'autres tribus, le

---

[24] Cet aspect aurait pu trouver sa place dans la partie étymologique, mais compte tenu de son importance au niveau des représentations, j'ai préféré l'évoquer ici.

[25] Bader (2000 : 7-8).

[26] On pourra consulter pour plus de détails Lewis (1955 ; 1994 : 19-23).

[27] On utilise en somali les termes *tol* (tribu) subdivisé en *qolo* et *jilib*, *reer*, *ba*, *baha*, *habar*... parfois difficiles à définir ou à différencier de manière stricte.

paiement à une autre tribu d'une somme (argent ou bétail) en compensation du meurtre d'un homme (prix du sang), l'acceptation ou non sur son territoire de familles issues d'une autre tribu, etc.) ; les membres d'une tribu pratiquent généralement les mêmes rites religieux, exercent le même type d'activité (pasteurs nomades, potiers, chasseurs, forgerons, magiciens, etc.), observent les mêmes interdits alimentaires (dans certaines tribus, on ne mange pas de produits de la mer (comme chez les Oromos Waata), ou bien pas d'animaux sauvages), etc.

Deux caractéristiques du système tribal de l'Afrique de l'Est sont capitales pour ce qui nous intéresse.

Il s'agit d'abord de l'existence d'une hiérarchie entre tribus : certaines sont nobles, possèdent des droits envers d'autres qui sont vassales et qui ont des devoirs ou moins de droits. Voici quelques exemples : d'abord, le mariage est souvent interdit entre tribus supérieures et inférieures ; ensuite, les membres de ces dernières n'ont parfois pas accès aux lieux de pèlerinage ; enfin, on peut trouver dans une confédération des tribus de rangs différents : les membres de rang inférieur ne pourront pas directement réclamer de réparation pour un préjudice (prix du sang), mais devront demander à la tribu « noble » dont ils dépendent de le faire pour eux. Généralement, les tribus de chasseurs-cueilleurs, de tanneurs/potiers et de forgerons sont au bas de l'échelle : il s'agit des Waata au Kenya et des Boon en Somalie (chasseurs), des Tumaal (forgerons[28]) en Somalie, etc.

Ensuite, dans la tradition orale de chaque peuple de l'Afrique de l'Est, ce découpage très complexe a une origine historique : de façon schématique, on peut dire qu'au début, un peuple n'était composé que d'une tribu qui s'est divisée ensuite en plusieurs tribus (qui sont à l'origine des familles tribales) se scindant ensuite elle-mêmes en plusieurs groupes (confédérations), et ainsi de suite[29]. Chaque tribu a été fondée par un homme qui est l'*ancêtre de la tribu* et chaque membre d'une tribu est en mesure de *réciter sa généalogie* (*abtirsiino*[30]), c'est-à-dire donner la liste de ses ancêtres[31], depuis son père jusqu'au fondateur de la tribu et ensuite, depuis le fondateur de sa tribu jusqu'au fondateur de la première tribu, cette deuxième partie étant en principe commune avec d'autres tribus.

Cette seconde caractéristique est à l'origine de la dénomination d'une partie des ethnonymes (qui proviennent parfois d'un nom de tribu) de la Corne de l'Afrique : on va retrouver des noms d'ancêtres dans les motivations proposées soit par les locuteurs eux-mêmes, soit par les linguistes. Contrairement aux

---

28 Du somali *tum* « battre ».

29 Bien sûr, ce n'est pas tout à fait aussi simple que cela : on a parfois des regroupements de tribus, par exemple lorsque le nombre d'individus n'est plus assez grand, ou lorsque l'une a soumis l'autre ou encore lorsque, suite à une sécheresse, une partie de l'une est venue s'installer sur le territoire d'une autre qui l'a assimilée, etc.

30 Mot somali signifiant « fait de réciter sa généalogie » ou littéralement « fait de compter ses ancêtres » : ab-tir-so ~ ancêtre-compter-pour soi (*autobénéfactif*).

31 Du moins, les étapes les plus marquantes de sa généalogie : outre des noms d'hommes, on peut y trouver des noms de clans, de lieux ... Cette liste est transmise de père en fils.

peuples indo-européens modernes, la recherche d'une explication étymologique des noms de peuple ou de clan est une préoccupation importante dans la Corne de l'Afrique : ceci est à relier directement avec la tradition de réciter sa généalogie. Bien sûr, les plus anciennes étapes de la généalogie sont difficiles à vérifier : il est donc difficile de savoir si c'est le fondateur qui aurait donné son nom à la tribu ou si c'est le contraire, c'est-à-dire si à un moment donné, ses membres auraient rattaché le nom de leur peuple ou de leur tribu à celui d'un chef prestigieux qui lui ressemble et auraient ensuite construit une *mythologie* autour de cet homme, de ses fils, etc. Même si la première hypothèse n'est pas à écarter[32], la deuxième paraît plus vraisemblable : cette mythologie est sans doute tirée de faits réels, mais qui ont été embellis pour mieux correspondre à la réalité actuelle ou pour servir des intérêts divers comme on le verra dans la section 3.4. Toujours est-il que la plupart des peuples et tribus prétendent qu'un nom prestigieux est à l'origine de leur appellation.

Prenons l'exemple du mot « Somali » dont l'origine a fait l'objet de multiples hypothèses. Deux d'entre elles font intervenir le nom d'un ancien chef : il s'agit de *Soma bin Tersoma Nagashi*, gouverneur d'une région et de *Samale Ram Nagashi*, fils de Ram Nagashi qu'on dit être immigrant hindou (Lewis 1955 : 14). De même, l'ethnonyme Oromo est parfois donné comme provenant d'*Oromo*, fils d'Omer de Ghellad (Huntingford 1955 : 11).

Le système tribal de l'Afrique de l'Est, qui fixe le prestige accordé à chaque tribu, a une grande importance sur la représentation que chacun a de son peuple et de sa langue : par exemple, parmi les Oromos habitant le nord du Kenya, les tribus garre, sakuye et surtout ajuraan ont tendance à abandonner leur dialecte oromo mais ne le remplacent pas par le *swahili* (pourtant politiquement dominant), mais par le *somali* qui jouit d'un plus grand prestige (Heine and Möhlig 1980 : 71-72) ; dans l'esprit des Couchites, les Somalis sont en effet issus de tribus « nobles », avec une activité « noble » (pasteurs nomades, « libres ») contrairement aux Bantous (agriculteurs, sédentaires, « non libres »). Autre exemple, les Tunnis, ensemble de tribus du sud de la Somalie, se disent somalis, mais ces derniers ne les considèrent pas comme tels (Tosco 1997). Un dernier exemple concerne les Midgans, tribu de chasseurs du sud de la Somalie, traditionnellement considérée comme inférieure par les Somalis : ils utilisent, pour désigner ces derniers, le terme *aaji* qui signifie « personne de bonne naissance, noble » (Kirk 1905).

---

32 Cela signifierait qu'on a affaire à des autonymes, ce qui est peu courant comme on l'a signalé plus haut.

3.2. Importance des grandes invasions

Selon les historiens[33], l'Afrique de l'Est a été le théâtre de grandes migrations depuis des millénaires. Les deux plus proches de nous sont celles des Oromos et des Somalis : il y a plusieurs hypothèses concernant les mouvements de ces deux peuples et je ne donnerai ici que la plus couramment admise et qui plus est de manière très schématique.

Il y a environ 1500 ans, les premiers auraient habité du nord de la Somalie jusqu'au sud de l'Éthiopie ; ils auraient repoussé petit à petit les Bantous (anciennement appelées « Zendj ») de Somalie. À la même époque, une partie des Proto-Somalis, originaires du nord du Kenya, près du lac Turkana, auraient commencé à migrer vers le sud-est, certains, qu'on appelle aujourd'hui les Rendille, restant sur place. Ils parcourent donc tout le nord-est du Kenya jusqu'à l'Océan Indien où certains s'établissent (notamment les Bonis actuels). Ils poursuivent leur périple vers le nord et traversent progressivement toute la Somalie actuelle, côtoyant les populations bantoues et oromos, mais sans véritablement s'installer[34].

Ensuite, au début du 16ème siècle, les Oromos d'Éthiopie entreprennent de grandes migrations d'une part vers le sud-est et d'autre part vers le nord : ils occupent la moitié nord-est du Kenya où résident des Somalis, ainsi que l'Éthiopie centrale. La plupart des peuples autochtones soumis par les Oromos sont assimilés culturellement et linguistiquement et le fait que Ménélik II soumette les Oromos dans la deuxième moitié du 19ème siècle ne change que très peu leur aire d'influence. L'extension des Somalis est plus récente : occupant l'extrême nord de la Somalie, ils redescendent dès le 14ème siècle lentement vers le sud en repoussant les Oromos vers l'ouest, et arrivent au sud de la Somalie et au nord-est du Kenya au début du 20ème siècle, date à laquelle le processus d'invasion est enrayé par la colonisation.

L'étymologie d'une partie des ethnonymes de la région est directement liée à ces événements.

Parmi les peuples qui ont été soumis et assimilés pendant l'expansion des Oromos, la plupart sont appelés Gabra, Gabar ou Garba (« esclave » en oromo)[35] (Lewis 1955 ; Braukämper 1986 : 27 ; Conti Rossini 1937 : 148-149). Ceux qui n'ont pas été soumis sont appelés Sidaama (en *oromo wallagga*, *sidaama* signifie « étranger » (Gragg 1982) et, selon Stroomer (1987), en *oromo borana*, *sidii*

---

33 Les données de cette section sont principalement issues de Huntingford (1955), Lewis (1960 ; 1966), Turton (1975), Ehret (1976), Heine (1978 ; 1980 : 30-31), Doresse (1983), Braukämper (1986) et Schlee (1987).

34 Cette vision, basée sur des comparaisons linguistiques ne fait pas l'unanimité : Doresse contrairement à Heine considère que les Somalis sont originaires du sud de Djibouti et que la similarité avec les langues *rendille* et *boni* s'explique par un contact ultérieur avec ces peuples.

35 La considération du tableau (1) fournit plusieurs exemples : les populations bantoues et les Kiili appellent les Somalis *garba* ou *gabrə* (*kablalə*), du nom que leur ont donné les Oromos ; les Oromos Waata nomment les Mijikenda *garb*[a].

signifie « ennemi ») : ainsi, pour les Oromos, les Amhariques, tout comme les peuples du sud de l'Éthiopie, sont des Sidaama (Cerulli 1925 : 597). Parmi les peuples de l'Éthiopie du Sud, l'un d'entre eux, les Sidamo utilisent cette désignation. On arrive donc à la situation complexe suivante : *sidamo* pour les Amhariques ne désigne qu'un peuple de l'Éthiopie méridionale, tandis que pour les Oromos, cette appellation recouvre l'ensemble des peuples non soumis d'Éthiopie.

Les termes oromo *garba* « esclave » ou *gabbare* « être soumis »[36] sont à rapprocher de la racine arabe *ʒbr* « forcer, contraindre » qui a donné *ʒabr* « esclave », de l'égyptien *gabar* « forcer » et de l'amharique *gäbbärä* « payer un tribut », *gäbər* « domestique » et *gäbäre* « fermier ».

On trouve un très grand nombre de noms de peuple dont la forme ressemble étrangement à cette racine g-b-r : le fait que les Somalis soient nommés par les Kiili avec les termes *gabrə* ou *kablalə* montre que cette racine a pu subir des altérations (en l'occurrence k-b-l). De même, le fait qu'ils soient nommés *gabra* ou *garba* par les Oromos Orma et *garfa* par les Oromos Waata montre un autre type d'altération. Ensuite, la dénomination *dʒabarti* (peuple du sud de la Somalie qui parle un dialecte somali) a sans doute la même origine (von Tiling 1921 : 21), de même que les tribus oromos du centre-nord du Kenya, les Gabra. On peut aussi se demander si les dénominations *garre* (ou *karre*), *gurraa*, *garrii*, *karrayyu*, analysées plus haut en section 2.3 comme dérivant de l'oromo *gara* « montagne », ne sont pas issues de cette racine g-b-r : un argument en faveur de cette hypothèse est le comportement particulier des labiales dans plusieurs langues couchitiques comme l'*oromo* ou le *somali* ; l'occlusive sonore b (mais aussi la nasale m) ont tendance soit à disparaître, soit à être assimilées totalement par une consonne adjacente, même si celle-ci est sonnante[37]. Enfin, parmi les multiples noms donnés au peuple dasenech (rive nord du lac Turkana), on trouve *galab*, *geleb*, *galuba*, etc. utilisés par les peuples oromo, amara, rendille, konso, arbore, etc. (Sasse 1976 : 196) et on peut supposer que cette appellation a la même origine.

3.3. Prestige des Arabes et de l'islam

À partir du 5ème siècle apr. J.-C. et jusqu'au 16ème siècle, des émigrants perses et arabes s'installent sur les côtes somaliennes et soumettent rapidement et sans violence les populations locales. Ceci constitue une phase capitale de l'histoire de la Corne de l'Afrique. Le prestige et l'influence des émigrants sont

---

36 On trouve énormément de métathèse en oromo, conséquence de la forte contrainte pesant sur la nature des consonnes en position de coda de syllabe où on ne rencontre principalement que les sonnantes (l, r, m, n).

37 En témoigne la variation dialectale *orra* ~ *obra* « cultiver » en *oromo* (Stroomer 1987 : 375). On pourra aussi trouver de nombreux autres exemples dans (Barillot 2002 : 431-434).

considérables, dans un premier temps grâce à leur puissance et ensuite grâce à la religion.

Pour les Couchites, le fait d'être descendant d'immigrants perses ou arabes confère une ascendance sur les autres peuples, la supériorité étant bien sûr donnée à ceux qui descendent du prophète (Lewis 1955 : 17).

Chacune ou presque des milliers de tribus de Somalie et d'Éthiopie vont donc inclure dans leur généalogie des noms d'immigrants arabes ou perses. Voici quelques exemples : la tribu bantoue des Bajun considère être issue d'un mélange entre Arabes et Perses qui se seraient établis au sud de la Somalie vers le 8ème siècle (Doresse 1983 : 143) ; dans sa tradition, le peuple oromo considère que ses ancêtres habitaient la péninsule arabique et qu'ils ont franchi la Mer Rouge pour rejoindre leurs terres actuelles (Doresse 1983 : 165) ; les membres de la tribu *reer-maanyo*, au sud de Muqdishu, se disent originaires de Siraf en Perse (Doresse 1983 : 150) ; selon la généalogie des Afars, un Arabe (de surnom Hadal-Mâhis) serait leur ancêtre (Morin 2003 : 181) ; enfin, les tribus afares *ankala* considèrent quant à elles avoir une origine perse (Morin 2003 : 56).

Bien sûr, la plupart de ces généalogies sont des légendes destinées à donner un prestige aux peuples et tribus concernés. Il est cependant probable qu'elles soient souvent inspirées de faits réels, à savoir que les ancêtres de ces tribus aient été en contact avec les Perses et les Arabes dont ils se prétendent les descendants.

Plus fort, selon certains peuples, leur ethnonyme s'explique par la présence dans leur généalogie du nom d'un ancêtre arabe, ce qui montrerait indubitablement leur « origine noble ». Voici quelques exemples : l'origine du nom *afar* serait *Ophir*, nom d'immigrants arabes (Lewis 1955 : 155) ; les membres de la tribu somalie des Darod prétendent descendre d'un cheikh arabe *Jibarti ibn Ismail* ou *Darod* (Lewis 1955 : 18) ; les Isaaq seraient de même les descendants du cheikh arabe *Isaaq ibn Ahmed* (Lewis 1955 : 23) ; les tribus Sab du sud de la Somalie, pourtant méprisées et considérées comme inférieures[38], se réclament aussi descendre d'un ancêtre arabe éponyme *Sab* (Lewis 1955 : 31-32) ; les Afars ne sont pas en reste, puisque la trisaïeule de Hadal-Mâhis (ancêtre arabe des tribus afares) s'appelle *Afra* (Morin 2003 : 81).

Le prestige dont jouissent Perses et Arabes dans la Corne de l'Afrique a une grande influence sur la représentation des peuples et des langues : plus il est reconnu que les liens entre un peuple et les Arabes sont forts, mieux ce peuple sera considéré par les autres. Ceci permet de comprendre la fantastique extension des Somalis du 2ème millénaire et la grande facilité avec laquelle ils ont assimilé les peuples résidant sur le territoire somali (en particulier les tribus des Yibir, Midgan, Tumaal, Ajuraan, etc.) : les Somalis ont été l'un des premiers peuples à se convertir à l'islam, ont noué de fortes relations avec les immigrants arabes et ont gagné grâce à cela beaucoup de considération ; ils sont ainsi devenus les

---

38 D'une part parce que ce peuple est hétérogène (vraisemblablement issu d'un mélange de Couchites et de Bantous), d'autre part parce qu'il est composé de cultivateurs sédentaires.

protecteurs des nombreuses tribus auxquelles ils apportaient la religion, une généalogie prestigieuse et, très rapidement, leurs coutumes et leur langue.

3.4. Politique linguistique moderne

Comme on l'a déjà signalé, les situations linguistiques que connaissent l'Éthiopie et la Somalie sont complètement différentes : une multitude de langues différentes dans le premier cas, un pays mono-ethnique dans le second[39].

L'indépendance de la Somalie est intervenue en 1960, date à laquelle le Somaliland (nord de la Somalie, sous domination anglaise) et la Somalie italienne (partie sud) se sont réunis en un seul État. Après une période de transition où domine la corruption, Siyad Barre arrive au pouvoir en 1969 et instaure un régime communiste : son ambition est que la république somalienne devienne un pays développé et indépendant linguistiquement et économiquement. Au niveau linguistique, d'énormes efforts sont entrepris : le taux d'alphabétisation de la population passe de 3% en 1970 à presque 30% en 1992[40] ; en 1972 est créé le *somali standard* avec une écriture (basée sur l'alphabet latin) : cette langue, issue pour une bonne part du dialecte nord, est enseignée à l'école, utilisée dans l'administration, comprise par tous les Somaliens et devient la seule langue officielle[41] du pays en effaçant les langues coloniales (*anglais* et *italien*) qui ne subsistent plus qu'à l'université, ce qui est relativement unique en Afrique noire[42].

Cette politique linguistique, très appréciée du peuple somali, a été globalement une réussite : en 1990, la plupart des Somalis considèrent appartenir à un seul peuple avec une seule langue, sans dialecte, à part le dialecte *maay* au sud qui diffère sensiblement de leur langue. En 20 ans, les représentations de la langue et de l'appartenance ethnique ont changé : on est Somali avant d'appartenir à un clan ; on parle la langue somalie, et non plus le dialecte de son clan (af-isaaq, af-geedabuursi, af-abgaal, af-ogaadeen, etc.)

Siyad Barre savait que son objectif ne pourrait être atteint que s'il limitait l'emprise des clans sur la société somalienne. Malheureusement, les grandes sécheresses et la guerre contre l'Éthiopie à la fin des années 1980 appauvrissent le pays, ce qui discrédite le gouvernement : des groupes armés, appuyés par des clans, ébranlent le régime de Siyad Barre qui est contraint à l'exil en 1991. À partir de cette date, le pays s'enfonce petit à petit dans le chaos, se disloquant en

---

39 Signalons qu'il s'agit d'une situation presque unique en Afrique sub-saharienne où le découpage issu du colonialisme et la grande fragmentation linguistique ont abouti à la création d'états multilingues. En Somalie, 95% des habitants appartiennent au groupe ethnique somali et parlent un dialecte somali.

40 Si on ne considère que les femmes, la progression est encore plus spectaculaire : la proportion a été multipliée par plus de 50 en 20 ans.

41 Lors de l'introduction de la Somalie dans la ligue arabe, bien que presque personne ne l'utilise en dehors du contexte religieux, l'*arabe* devient la seconde langue officielle.

42 On pourra consulter Laitin (1977), Adam (1980), Saeed (1982), Ali (1988) et http://www.tlfq.ulaval.ca/AXL/AFRIQUE/somalie.htm.

quatre États, subissant la terreur causée par les luttes claniques et l'extrémisme religieux : le taux d'alphabétisation diminue lentement et les langues coloniales, surtout l'anglais au nord, refont leur apparition, notamment dans les écoles et l'administration.

La situation de l'*oromo* est totalement différente : 80% des 30 millions d'Oromos vivent en Éthiopie où leur langue et leurs coutumes sont réprimées depuis le 19ème siècle par le pouvoir central d'Addis-Abeba, aux mains des Amhariques. Depuis 1994, le gouvernement éthiopien a donné une certaine autonomie aux Oromos, notamment par la création de l'Oromia. Les organisations oromos ont pu donc se développer plus librement à partir de cette date : bien que leur langue soit fortement dialectisée, elles véhiculent pour des objectifs politiques évidents le principe d'une grande homogénéité, aussi bien culturelle que linguistique du peuple oromo. Si on remonte 30 ans en arrière, seules les tribus d'Éthiopie avaient conscience d'appartenir à une même entité : les Orma et surtout les Waata au sud du Kenya ignoraient le lien culturel et linguistique qui les unit avec les Oromos d'Éthiopie (Heine 1981 : 10) ; les tribus du nord du Kenya (*borana*, *ajuraan*, *gabra*) étaient nommées « Borana » et non « Oromo.» Cette situation a aujourd'hui beaucoup évolué et la quasi-totalité des Oromos du Kenya sont conscients d'appartenir à une grande entité avec laquelle ils partageraient une culture et une langue.

L'histoire de la dénomination de ce peuple est intéressante : appelés « Galla » par leur voisins amhariques et somalis, cet ethnonyme a pris dès le 19ème siècle une connotation péjorative. On trouve, entre autres explications de son origine, une expression arabe *qal la* « il a dit non » prononcée *galla,* qui témoignerait de la résistance à l'islamisation de la part des Oromos ; on trouve aussi dans la langue somali le terme dépréciatif *gaalo* « non musulman, cruel, inférieur » utilisé pour dénommer les Oromos et leur langue[43] (Braukämper 1986 : 36). Il n'est pas facile de savoir si ces étymologies sont à l'origine de la connotation ou si c'est le contraire.

Les deux hypothèses sont vraisemblables, mais la plus probable est la deuxième : les Amhariques et les Somalis, comme on l'a vu plus haut, se sont constamment opposés aux Oromos au cours de l'histoire : les Somalis les ont repoussés hors de Somalie entre les 12ème et 20ème siècles ; les Amhariques et les Somalis du sud ont été envahis par les Oromos au 16ème siècle ; les Amhariques ont vaincu ces derniers au 19ème siècle et les ont opprimés depuis. Il paraît donc logique que le nom *galla* ait acquis, s'il ne l'avait pas au départ, une connotation négative dans la langue de leurs voisins.

Ainsi, le nom *galla*, comme beaucoup d'ethnonymes, a peut être une origine péjorative, mais la plupart des étymologies négatives ont dû être construites « après coup » par les peuples voisins. En tout cas, ces étymologies populaires ainsi que les relations entre ces peuples ont amené les Oromos à réagir

---

[43] Dans l'usage des linguistes, le terme *oromo* n'a d'ailleurs que très récemment supplanté le terme *galla*.

contre cette appellation : ils la jugent désobligeante et revendiquent l'utilisation du nom *oromo*.

Il est intéressant de voir que l'étymologie du nom *oromo* a aussi donné lieu à de multiples hypothèses : en *oromo*, il signifie aussi « homme libre » (Borello 1995) ou « homme courageux, honnête » (Braukämper 1986 : 37), ces sens étant probablement plus récents que l'ethnonyme. Un indice pour cela est le mot *orma* qui désigne non seulement une tribu oromo du sud du Kenya, mais a aussi pour sens « étranger, non proche, non familier » et pour lequel Gragg (1982) donne un ancien pluriel *oromo*. Ce motif étymologique (classique comme on l'a vu plus haut) montre que cette dénomination semble une fois de plus être le fait d'un autre peuple, pour lequel les Oromos étaient des étrangers : vu le caractère péjoratif qu'a pris le terme *galla*, ils ont choisi une autre désignation, sans se rendre compte que la nouvelle appellation n'est pas très flatteuse non plus. Le nom *oromo* a donc probablement une origine étrangère et en cela est un exonyme, mais est en même temps une auto-désignation, choisie délibérément par les Oromos.

Le sentiment d'une appellation péjorative est assez fréquent dans l'Afrique de l'Est : les Yemma refusent le terme *janjero*, à cause du rapprochement avec *zəndʒero* qui signifie « singe » en amharique : le fait que ce mot soit ou non à l'origine de cet ethnonyme est secondaire, l'important est le sentiment créé chez les Yemma qui les fait rejeter cette dénomination. De même, les Bench appelés *gimira* par leurs voisins considèrent ce terme insultant, les Dasenech refuse le terme *shangilla* utilisé par les Amhariques (*ʃanqəlla* « noir »), etc.

4. CONCLUSION

Cette étude montre que la dénomination des peuples et langues de l'Afrique de l'Est obéit pour une bonne part à des principes qu'on peut certainement qualifier d'universels : l'ethnonyme et le nom de langue sont presque toujours homonymes et la plupart du temps d'origine étrangère, leur motivation peut être d'abord générale (*autre*, *étranger*, etc.) et ensuite viennent le lieu d'habitat, l'activité, l'apparence physique s'ils tranchent radicalement avec ceux des autres peuples voisins. Puis, l'histoire partagée est aussi à l'origine d'une partie des ethnonymes : dans la Corne de l'Afrique, cette histoire revêt un caractère particulier, notamment d'abord par l'importance du système clanique qui régit les relations entre peuples, ensuite par les grandes migrations et invasions qu'a connues cette région, dues en particulier à l'activité pastorale nomade traditionnelle d'une partie de ces peuples et aux sécheresses chroniques qui les obligent pour survivre à migrer vers des régions moins arides et enfin par le prestige conféré aux peuples convertis à l'islam qui se réclament les descendants de migrants perses ou arabes. Ces paramètres permettent d'expliquer l'origine de la plupart des ethnonymes de l'Afrique orientale.

Pour finir, je voudrais remarquer qu'une proportion non négligeable d'entre eux partage une similarité de forme plutôt surprenante : on trouve à la fois une labiale (*m* ou *b*) et une liquide (*r* et parfois *l*). C'est le cas des **Oromo**s et de certaines de leurs sous-tribus, en particulier les **Orma**, les Waata O**omar**-tu (Heine 1981 : 9), les **Bor**ana, les **Baren**-tu, les O**borr**a et les Ga**bra**, c'est le cas des A**mar**as (autonyme des Amhariques) parmi les peuples sémitiques, des A**rb**ore, des **Bor**o, des A**mur**u, des Ge**l**e**b** (Dasenech), des **Bor**odda (Wolaytta), des A**l**a**b**a, des **Bur**ji, des G**orow**a, des **Bur**unge, etc. parmi les couchitiques. Je n'apporte pas de réponse à cette observation mais sans doute mérite-t-elle d'être étudiée plus profondément.

Références bibliographiques

Adam, H.M., 1980, « The Revolutionary Development of the Somali Language », *Occasional paper* n° 20, Los Angeles, African Studies Center, University of California.

Ali, S.M., 1988, « The Unity of the Somali Language despite the Barrier of Regional Language Variants » in Puglielli, A., *Third International Congress of Somali Studies*, 90-99.

Amborn, H., Minker, G. und Sasse, H.J., 1980, *Das Dullay. Materialien zu einer ostkuschitischen Sprachgruppe*, Berlin, Dietrich Reimer.

d'Ans, A.-M., 1997, « Les anciens mayas ne parlaient pas le maya ! » in Tabouret-Keller,A. (dir.), *Les enjeux de la nomination des langues*, Louvain-la-Neuve, Peeters, 191-223.

Bader, C., 2000, Mythes et légendes de la Corne de l'Afrique, Paris, Karthala.

Barillot, X., 2002, Morphophonologie gabaritique et information consonantique latente en somali et dans les langues est-couchitiques, Thèse de doctorat, Paris, Université Paris 7.

Bender, M.L., 1986, « A possible Cushomotic Isomorph », in *Afrikanistische Arbeitspapiere* n° 6, 149-155.

Borello, M., 1995, *Dizionario oromo-italiano*, Hamburg, Helmut Buske.

Braukämper, U., 1986, « Oromo Country of Origin : a Reconsideration of Hypotheses », in Goldenberg, G. (éd.), *Ethiopian Studies, Proceedings of the sixth International Conference*, 25-40.

Cerulli, E., 1922, « The Folk-Literature of the Galla of Southern Abyssinia », *Harvard African Studies* n° 3, 9-228.

Cerulli, E., 1925, « Note su alcune popolazioni sidama dell'Abissinia meridionale », *Rivista degli studi orientali*, X, 597-692, Roma, Casa editrice italiana.

Cerulli, E., 1938, *Studi etiopici III. Il linguaggio dei giangero ed alcune lingue sidama dell'Omo*, Roma, Istituto per l'oriente.

Conti Rossini, C., 1912, *La langue des kemant en Abyssinie*, Vienne, Alfred Hölder.

Conti Rossini, C., 1937, *Etiopia e genti d'Etiopia*, Firenze, Bemporad.

Doresse, J., 1983, *Histoire sommaire de la corne orientale de l'Afrique*, Paris, Paul Geuthner.

Ehret, C., 1976, « Cushitic Prehistory », in Bender, M.L., *The non-Semitic Languages of Ethiopia*, East Lansing, African Studies Center, Michigan State University, 85-96.

Fleming, H.C., 1976, « Cushitic and Omotic », in Bender, M.L. and al., *Language in Ethiopia*, London, Oxford University Press, 34-53.

Gamta, T., 1989, *Oromo-English Dictionary*, Addis Ababa, Addis Ababa University Printing Press.

Gragg, G., 1982, *Oromo Dictionary*, East Lansing, Michigan State University.

Hayward, R.J., 1982, « Notes on the Koyra Language », *Afrika und Übersee* n° 65-2, Berlin, Dietrich Reimer, 211-268.

Heine, B., 1977, « Bemerkungen zur Boni-Sprache (Kenia) », *Afrika und Übersee* n° 60-4, Berlin, Dietrich Reimer, 242-295.

Heine, B., 1978, « The Sam Languages. A history of Rendille, Boni and Somali », in *Afroasiatic Linguistics* n° 6-2, 23-115.

Heine, B., 1980, *The non-Bantu Languages of Kenya*, Berlin, Dietrich Reimer.

Heine, B., 1981, *The Waata Dialect of Oromo. Grammatical Sketch and Vocabulary*, Berlin, Dietrich Reimer.

Heine, B., 1982, *Boni Dialects*, Berlin, Dietrich Reimer.

Heine, B. and Möhlig, W.J.G., 1980, *Geographical and Historical Introduction. Language and Society. Selected Bibliography*, Berlin, Dietrich Reimer.

Hudson, G., 1989, *Highland East Cushitic Dictionary*, Hamburg, Helmut Buske.

Huntingford, G.W.B., 1955, *The Galla of Ethiopia, the Kingdoms of Kafa and Janjero*, London, International African Institute.

Johnson, F., 1939, *A standard Swahili-English Dictionary*, Nairobi, Oxford University Press.

Kirk, J.W.C., 1905, *A Grammar of the Somali Language with Examples in Prose and Verse and an Account of the Yibir and Midgan Dialects*, Cambridge, Cambridge University Press.

Laitin, D.D., 1977, *Politics, Language and Thought : the Somali Experience*, Chicago, University of Chicago Press.

Lamberti, M. 1991, « Cushitic and its Classification », *Anthropos* n° 86, 552-561.

Leslau, W., 1976, *Concise Amharic Dictionary*, Wiesbaden, Otto Harrassowitz.

Lewis, I.M., 1955, *Peoples of the Horn of Africa*, London, International African Institute.

Lewis, I.M., 1960, « Somali Conquest of the Horn of Africa », *Journal of African History* n° 1, 213-229.

Lewis, I.M., 1966, « The Origins of the Galla and Somali », *Journal of African History* n° 7-1, 27-46.

Lewis, I.M., 1994, *Blood and Bone : the Call of Kinship in Somali Society*, Lawrenceville, Red Sea Press.

Morin, D., 2003, *Dictionnaire historique afar (1288-1982)*, Paris, Karthala.

Moseley, C. and Asher, R.E., 1994, *Atlas of the World's Languages*, London and New York, Routledge.

Pillinger, S. and Galboran, L., 1999, *A Rendille Dictionary including a Grammatical Outline and an English-Rendille Index*, Köln, Rüdiger Köppe.

Plazikowsky-Brauner, H., 1964, « Wörterbuch der Hadiya-Sprache », *Rassegna di Studi Etiopici* n° 20, 133-182.

Saeed, J.I., 1982, « Language Reform in Somalia : the Official Adoption of a Vernacular », in *Journal of Research on North East Africa* n° 1-2, 95-107.

Sasse, H.J., 1976, « Dasenech », in Bender, M.L., *The non-Semitic Languages of Ethiopia*, East Lansing, African Studies Center, Michigan State University, 196-221.

Schlee, G., 1987, « Somaloïd History », in *Proceedings of the Fourth International Hamito-Semitic Congress*, Amsterdam and Philadelphia, John Benjamins, 265-315.

Siebert, R. and Hoef, L., 2001, *Sociolinguistic Survey Report of the Languages of the Abbaya/Chamo Area of Ethiopia*, Part I, SIL International [www.sil.org/silesr].

Siebert, R., Siebert, K. and Wedekind, K., 2002, *Sociolinguistic Survey Report on Languages of the Asosa-Begi-Komosha Area*, Part I, SIL international [www.sil.org/silesr].

Stroomer, H., 1987, *A Comparative Study of three Southern Oromo Dialects in Kenya. Phonology, Morphology and Vocabulary*, Hamburg, Helmut Buske.

Tabouret-Keller, A., 1997, « Les enjeux de la nomination des langues. Présentation », in Tabouret-Keller, A. (dir.), *Les enjeux de la nomination des langues*, Louvain-la-Neuve, Peeters, 5-20.

von Tiling, M., 1921, « Die Sprache der Jabarti », in *Zeitschrift eingeborenen-Sprachen*, Band XII, Berlin, Dietrich Reimer, 17-52, 97-162.

Tosco, M., 1991, *A grammatical Sketch of Dahalo*, Hamburg, Helmut Buske.

Tosco, M., 1997, *Af Tunni : Grammar, Texts, and Glossary of a Southern Somali Dialect*, Köln, Rüdiger Köppe Verlag.

Tucker, A.N., 1969, « Sanye and Boni », in H.J. Greshat und H. Jungraithmayr, *Wort und Religion. Kalima ma dini*, Stuttgart, Evangelischer Missionsverlag, 66-81.

Turton, E.R., 1975, « Bantu, Galla and Somali Migrations in the Horn of Africa : a reassessment of the Juba/Tana area », *Journal of African History* n° 16-4, 519-537.

Wedekind, C. and Wedekind, K., 2002, *Sociolinguistic Survey of the Awngi Language of Ethiopia*, SIL international [www.sil.org/silesr].

Yilma, A., Siebert, R. and Siebert, K., 2002, *Sociolinguistic Survey of Omotic Language of Sheko and Yem*, SIL international [www.sil.org/silesr].

Le nom des langues III. Le nom des langues en Afrique subsaharienne : pratiques, dénominations, catégorisations. Naming Languages in Sub-Saharan Africa: Practices, Names, Categorisations (sous la direction de C. de Féral), Louvain-la-Neuve, Peeters, BCILL 124, 2009, p. 297-299.

LES AUTEURS

Xavier BARILLOT. Maître de conférences en linguistique à l'Université de Nice-Sophia Antipolis et membre du laboratoire du CNRS *Bases, Corpus et Langage* (UMR 6039). Ses travaux portent sur la morphophonologie des langues couchitiques (*somali, afar, oromo, rendille*...). Il étudie en particulier la virtualité consonantique et l'activité gabaritique que l'on rencontre dans ces langues.

U.F.R. Lettres, Arts et Sciences Humaines, Université de Nice-Sophia Antipolis
98, Bd Édouard-Herriot, B.P.3209, 06204 Nice Cédex 3, France
barillot@unice.fr

Edmond BILOA. Professeur de linguistique à l'Université de Yaoundé I. Il a publié six ouvrages et de nombreux articles qui portent sur la syntaxe générative des langues africaines, le français parlé et écrit au Cameroun, l'acquisition du français, le français des romanciers négro-africains et le rôle des intellectuels en Afrique.

Faculté des Arts, Lettres et Sciences Humaines, Université de Yaoundé I
B.P. 8531 Yaoundé, Cameroun
ebiloaus@yahoo.com

Roland BRETON. Professeur émérite de géographie à l'Université de Paris 8 (Vincennes-St Denis). Il publie d'abord *La géographie des langues* (PUF, Que sais-je?). En poste à l'Université de Yaoundé de 1975 à 1987, il est chargé de diriger la publication des Atlas des langues d'Afrique Centrale, dont ceux du Cameroun et du Zaïre, de Centrafrique, du Burundi et du Congo. Enfin il publie *Horizons et Frontières de l'esprit* (Le Mot et le Reste), et chez Autrement, l'*Atlas des langues dans le monde* et l'*Atlas des minorités dans le monde*.

60 Les Figueras, 13770 Venelles, France
breton-roland@wanadoo.fr

George ECHU. Maître de Conférences en linguistique à l'Université de Yaoundé I. Auteur de nombreux articles sur les situations de plurilinguisme en Afrique, particulièrement au Cameroun. Co-éditeur de *Bilinguisme officiel et communication linguistique au Cameroun* et *Africa Meets Europe : Language Contact in West Africa*.

Faculté des Arts, Lettres et Sciences Humaines, Université de Yaoundé I
B.P. 8531 Yaoundé, Cameroun
georgeechu@hotmail.com

Carole de FÉRAL. Maître de Conférences en linguistique à l'Université de Nice-Sophia Antipolis. Responsable de l'équipe « Français d'Afrique et Dynamique des Langues » au laboratoire du CNRS *Bases, Corpus et Langage* (UMR 6039). Auteur de nombreux articles sur les langues en contact en Afrique, elle a publié notamment *Pidgin-english du Cameroun* (Peeters/Selaf) et co-dirigé *Le français en Afrique noire ; faits d'appropriation* (*Langue française* n° 104).

U.F.R. Lettres, Arts et Sciences Humaines, Université de Nice-Sophia Antipolis
98 Bd Édouard-Herriot, B.P.3209,06204 Nice Cédex 3, France
deferal@unice.fr

Valentin FEUSSI. Chargé de Cours de linguistique à l'Université de Douala. Ses recherches portent sur les contacts de langues et sur l'enseignement/apprentissage des langues dans une dynamique plurilingue.

Faculté des Lettres et Sciences Humaines, Université de Douala
BP 3132, Douala
valfeussi@yahoo.fr

Peter GOTTSCHLIGG. Africaniste et spécialiste du peul. Il a enseigné dans les universités de Vienne, Maiduguri et Hambourg et participé à des projets de recherche pour l'Académie Autrichienne des Sciences et les universités de Francfort et de Bayreuth.

Afrikanistik II / SFB/FK 560
Universität Bayreuth
peter.gottschligg@gmx.at

John HOLM. Professeur à l'Université de Coimbra, auteur de nombreux ouvrages sur les pidgins et les créoles, il est l'un des membres fondateurs de la *Society for Pidgin and Creole Linguistics* et de l'association *Crioulos de Base Lexical Portuguesa e Espanhola.*

Centro de Crioulística, CELGA
Faculdade de Letras, Universidade de Coimbra
3049 Coimbra Codex, Portugal
jholm@mail.ttelepac.pt

Caroline JUILLARD. Professeur de sociolinguistique à l'université Paris Descartes (Paris 5). Elle a publié *Sociolinguistique urbaine. La vie des langues à Ziguinchor* (Presses du CNRS) et, en collaboration avec Martine Dreyfus, *Le plurilinguisme au Sénégal* (Karthala) ainsi que de nombreux articles sur ses recherches en Casamance et à Dakar.

Dynalang, FSHS, Université Paris Descartes,
45 rue des Saints-pères, 75006 Paris, France.
cjuillard@paris5.sorbonne.fr

Sandra MADEIRA. Enseignante de français et d'anglais à la *Escola Superior de Educação de Coimbra* au Portugal.

Área Línguas Estrangeiras, Escola Superior de Educação de Coimbra
Praça Heróis do Ultramar
3030-329 Coimbra, Portugal
sand_madeira@yahoo.com

Catherine MILLER. Chargée de Recherche au CNRS, sociolinguiste et arabisante, elle a principalement travaillé sur le changement linguistique et le contact de langues au Soudan et en Égypte.

CNRS-IREMAM, Maison Méditerranéenne des Sciences de l'Homme
Aix en Provence, France
miller@mmsh.univ-aix.fr

Salikoko S. MUFWENE. Professeur de linguistique à l'Université de Chicago. Ses recherches actuelles portent sur l'évolution linguistique, y compris le développement des créoles, l'indigénisation de l'anglais, l'évolution du langage, ainsi que la naissance et la mort des langues. Il a publié *The Ecology of Language Evolution* (CUP), *Créoles, écologie sociale, évolution linguistique* (l'Harmattan), et *Language Evolution: Contact, Competition, and Change* (Continuum). Il a aussi co-dirigé *African-American English* (Routledge) et *Polymorphous linguistics: Jim McCawley's legacy* (MIT Press). Il dirige également la collection « Cambridge Approaches to Language Contact ».

University of Chicago
Department of Linguistics
1010 East 59th St.
Chicago, IL 60637, USA
s-mufwene@uchicago.edu

Mamadou NDIAYE. Maître de Conférences en linguistique générale et africaine, spécialiste de linguistique historico-comparative et de peul, il a reçu le prix Nessim Habif de l'UNESCO pour la promotion des littératures en langues africaines.

Département de Linguistique générale et négro africaine
Faculté des Lettres et Sciences sociales, Université Cheikh Anta Diop de Dakar
madaye52@yahoo.fr

Katja PLOOG. Maître de Conférences en linguistique à l'Université de Franche-Comté. Ses recherches portent sur la description syntaxique des dynamiques langagières, principalement en Afrique francophone et en Amérique latine. Ses différentes expériences sur le terrain l'ont amenée à accorder une importance particulière aux considérations théoriques sur les discours oraux et sur les contacts de langue.

Université de Franche-Comté à Besançon
30, rue Mégevand
25030 Besançon Cedex- France
katploog@yahoo.fr

Patrick RENAUD. Professeur de sociolinguistique à la Sorbonne nouvelle-Paris 3 où il dirige le *Centre Inter-universitaire d'Études Hongroises*. Ses travaux, sur les pratiques plurilingues au travail, s'inspirent de l'analyse conversationnelle d'inspiration ethnométhodologique (EMCA). Il a été à l'origine de l'Atlas Linguistique du Cameroun (ALCAM).

CIEH Paris 3 – Sorbonne nouvelle
1, rue Censier, 75005 Paris-France
Patrick.Renaud@univ-paris3.fr

Thomas SCHIPPERS. Membre associé de l'*Institut d'Ethnologie Méditerranéenne, Européenne et Comparative* (IDEMEC/CNRS), il a enseigné l'ethnologie comme Maître de Conférences à Aix-en-Provence, à Nice et à l'étranger (Slovénie, Autriche, Lituanie). Il s'intéresse particulièrement aux ethno-sciences (pastoralisme, perception de temps, gestes techniques, anthropologie de l'espace), à l'études des formes d'appartenance et d'identités locales et aux analyses historiques et méthodologiques dans le domaine de l'ethnologie. Ses travaux plus théoriques portent sur ce qu'il a choisi de nommer « la nature fractale des faits humains » (par exemple, catégories d'appartenances collectives).

Institut d'Ethnologie Méditerranéenne et Comparative, UMR 6591 du CNRS
5 Rue du Château de l'Horloge, B.P. 647, 13094 Aix-en-Provence, France
t-schip@libello.com

Le nom des langues III. Le nom des langues en Afrique sub-saharienne : pratiques, dénominations, catégorisations. Naming Languages in Sub-Saharan Africa: Practices, Names, Categorisations (sous la direction de C. de Féral), Louvain-la-Neuve, Peeters, BCILL 124, 2009, p. 301-309.

INDEX DES NOMS DE *LANGUES**

**langues* : « langue », « dialecte », « groupe de langues », « variété », « façon de parler propre à un groupe » etc. Sont reportées ici les différentes graphies signalées par les auteurs.

BIBLIOTHÈQUE DES CILL (BCILL)

VOLUMES RÉCENTS

Tous les volumes antérieurs de la BCILL sont disponibles et peuvent être commandés chez les Editions Peeters

BCILL 90: **J.-M. ELOY**, *La constitution du Picard: une approche de la notion de langue*, IV-259 pp., Louvain-la-Neuve, Peeters, 1997. Prix: 23 €. ISBN 978-90-6831-905-7.
Cet ouvrage fait le point sur le cas picard et développe une réflexion originale sur la notion de langue. À partir des théories linguistiques, de l'histoire du fait picard et d'une démarche principalement sociolinguistique, l'auteur dégage des résultats qui éclairent la question des langues régionales d'oïl, et au delà, intéressent la linguistique générale.

BCILL 91: **L. DE MEYER**, *Vers l'invention de la rhétorique. Une perspective ethnologique sur la communication en Grèce ancienne,* 314 pp., Louvain-la-Neuve, Peeters, 1997. Prix: 28 €. ISBN 978-90-6831-942-2.
L'auteur, s'inspirant des données de l'ethnologie de la communication, tente une description généalogique des différents «niveaux de conscience» du discours qui ont précédé celui de la rhétorique proprement dite. Le passage des «proto-rhétoriques», encore fortement liées à la «parole efficiente», à la rhétorique est analysé dans ses rapports aux nouveaux usages de l'écriture, à la crise de l'expérience démocratique athénienne et à l'avènement de la philosophie.

BCILL 92: **J. C. HERRERAS** (éd.), *L'enseignement des langues étrangères dans les pays de l'Union Européenne*, 401 pp. Louvain-la-Neuve, Peeters, 1998. Prix: 36 €. ISBN 978-90-429-0025-7.
L'Union Européenne, en choisissant de garder onze langues officielles, a fait le pari de la diversité linguistique. Mais cette option a aussi ses exigences, puisque, pour faciliter la mobilité des citoyens et assurer une meilleure intercompréhension à l'intérieur de la Communauté, l'apprentissage des langues des partenaires européens est indispensable. Le présent ouvrage essaie d'analyser dans quelle mesure la politique linguistique des pays membres contribue à atteindre ces objectifs.

BCILL 93: **C. DE SCHAETZEN** (éd.), *Terminologie et interdisciplinarité. Actes du Colloque organisé en avril 1996 par le Centre de terminologie de Bruxelles (Institut Libre Marie Haps) et l'Association internationale des Professeurs de Langues vivantes*, 184 pp., Louvain-la-Neuve, Peeters, 1997. Prix: 17 €. ISBN 978-90-6831-949-1.
La terminologie des spécialistes est à la fois obstacle et vecteur de communication interdisciplinaire. Ce volume constitue les *Actes* d'un Colloque centré sur les rapports entre terminologie et inderdisciplinarité.

BCILL 94: **A. MANIET**, *Répercussions phonologiques et morphologiques de l'évolution phonétique: le latin préclassique*, XIV-303 pp., Louvain-la-Neuve, Peeters, 1997. Prix: 28 €. ISBN 978-90-6831-951-4.

L'ouvrage vise à tester, sur le plan phonique, le principe fonctionnaliste d'économie. La démonstration se base sur la série algorithmique, quantifiée, des changements phoniques qui ont fait aboutir le système d'un corpus reconstitué au système représenté par un corpus latin préclassique, y compris les variantes morphologiques.

BCILL 95: **A. TABOURET-KELLER** (éd.), *Le nom des langues. I. Les enjeux de la nomination des langues*, 274 pp., Louvain-la-Neuve, Peeters, 1997. Prix: 24 €. ISBN 978-90-6831-953-8.
Nommer une langue, loin d'être une question linguistique, relève d'enjeux qui intéressent aussi bien les institutions que les personnes et qui sont souvent contradictoires. Dans ce premier tome d'une série traitant du *nom des langues*, une dizaine d'études illustrent cette problématique en s'appliquant chacune à un cas bien particulier.

BCILL 96: **A. MEURANT**, *Les Paliques, dieux jumeaux siciliens*, 123 pp., Louvain-la-Neuve, Peeters, 1998. Prix: 13 €. ISBN 978-90-429-0235-0.
Une étude détaillée du mythe et du culte de très vieilles divinités siciliennes devenues symboles de liberté et consultées pour éprouver la bonne foi. La formation de leur légende, la nature de leur gémellité et leurs relations avec les Δέλλοι y sont particulièrement analysées.

BCILL 97: **Y. DUHOUX** (éd.), *Langue et langues. Hommage à Albert MANIET*, 289 pp., Louvain-la-Neuve, Peeters, 1998. Prix: 27 €. ISBN 978-90-429-0576-4.
Treize articles (de Y. DUHOUX, É. ÉVRARD, G. JUCQUOIS, M. LAVENCY, A. LÉONARD, G. MALONEY, P. MARTIN, A. PAQUOT, R. PATRY, E.C. POLOMÉ, É. TIFFOU, K. TUITE) traitent d'indo-européen, de grec ancien, de latin, de français contemporain, de bourouchaski, de svane, et de la langue conçue comme thermomètre social.

BCILL 98: **F. BENTOLILA** (éd.), *Systèmes verbaux*, 334 pp., Louvain-la-Neuve, Peeters, 1998. Prix: 39 €. ISBN 978-90-429-0708-9.
Les quinze descriptions présentées dans cet ouvrage, toutes fondées sur les mêmes principes théoriques, fourniront des matériaux homogènes à la typologie et à la comparaison. Les auteurs ont eu le souci de dégager les unités par commutation, de distinguer unité et variante d'unité, et de répartir les déterminants en classes sur la base de l'exclusion mutuelle. À partir de leurs travaux, on perçoit mieux la spécificité des déterminants grammaticaux du verbe par rapport aux marqueurs d'opération énonciative (assertion, interrogation, injonction), aux subordonnants et aux affixes de dérivation.

BCILL 99: **Sv. VOGELEER, A. BORILLO, C. VETTERS, M. VUILLAUME** (éds), *Temps et discours*, 282 pp., Louvain-la-Neuve, Peeters, 1998. Prix: 26 €. ISBN 978-90-429-0664-8.
Les articles réunis dans ce volume explorent trois aspects des rapports entre temps et discours: la référence temporelle; la relation entre type de discours et emploi des temps verbaux; les manifestations discursives du développement du système temporel au cours de l'acquisition. Ce livre intéressera tous les linguistes qui étudient la temporalité.

BCILL 100: *Hethitica XIV*, 177 pp., Louvain-la-Neuve, Peeters, 1999. Prix: 16 €. ISBN 978-90-429-0732-4.
Treize articles de S. de Martino, M. Forlanini, D. Groddek, R. Lebrun, M. Mazoyer, E. Neu, A. Polit, M. Popko, O. Soysal, F. Imparati.

BCILL 101: **H. FUGIER**, *Syntaxe malgache*, 253 pp., Louvain-la-Neuve, Peeters, 1999. Prix: 23 €. ISBN 978-90-429-0710-2.
Cette *Syntaxe* décrit l'état de langue dit *malgache officiel*, sur base d'un corpus dont sont analysés en détail 450 énoncés, échelonnés du *classique ancien* à la *langue commune* actuelle. Chaque classe de constituants est définie par son utilité fonctionnelle dans la construction de la phrase. L'auteur montre comment l'énoncé grammatical se complexifie par un jeu d'applications successives où interviennent des phénomènes typologiquement remarquables (voix multiples, nom verbal avec son possesseur-agent, verbes sériés...).

BCILL 102: **Ph. BLANCHET, R. BRETON, H. SCHIFFMAN** (éd.), *Les langues régionales de France: un état des lieux à la veille du XXIe siècle – The Regional Languages of France: an Inventory on the Eve of the XXIst Century,* 202 pp., Louvain-la-Neuve, Peeters, 1999. Prix: 18 €. ISBN 978-90-429-0791-1.
Des (socio)linguistes, ethnologues, géographes, juristes et responsables de l'enseignement dressent le panorama des problèmes de six langues régionales de France: alsacien, basque, breton, corse, occitan, provençal.

BCILL 103: **S. VANSÉVEREN**, *«Prodige à voir». Recherches comparatives sur l'origine casuelle de l'infinitif en grec ancien*, 192 pp., Louvain-la-Neuve, Peeters, 2000. Prix: 18 €. ISBN 978-90-429-0835-2.
Étude sur l'origine casuelle de l'infinitif grec ancien, principalement en grec homérique. L'optique est comparative, morphologique, syntaxique, prosodique, mais surtout méthodologique, prenant en compte les problèmes fondamentaux de la grammaire comparée des langues indo-européennes. En plus du grec, sont examinés les faits en latin, sanskrit védique, avestique, hittite, arménien, tokharien, germanique, vieux slave, balte et celtique.

BCILL 104: **Yves DUHOUX**, *Le verbe grec ancien. Éléments de morphologie et de syntaxe historiques* (deuxième édition, revue et augmentée), Louvain-la-Neuve, Peeters, 2000, 561 pp. Prix: 50 €. ISBN 978-90-429-0837-6.
La deuxième édition de ce livre étudie la structure et l'histoire du système verbal grec ancien. Menées dans une optique structuraliste, les descriptions morphologiques et syntaxiques sont toujours associées, de manière à s'éclairer mutuellement. Une attention particulière à été consacrée à la délicate question de l'aspect verbal. Les données quantitatives ont été systématiquement traitées, grâce à un *corpus* de plus de 100.000 formes verbales s'échelonnant depuis Homère jusqu'au IVe siècle.

BCILL 105: **F. ANTOINE**, *Dictionnaire français-anglais des mots tronqués,* LX-209 pp., Louvain-la-Neuve, Peeters, 2000. Prix: 24 €. ISBN 978-90-429-0839-0.
Ce dictionnaire bilingue français-anglais présente les mots tronqués ("doc" pour "docteur", etc.) du français. Il propose pour chaque terme: une traduction en anglais la plus fidèle possible du point de vue historique et stylistique; des mises en contexte propres à faire apparaître d'autres traductions; des citations qui l'illustrent; l'information lexicologique pertinente. L'ouvrage est précédé d'une étude des aspects historiques, sociologiques, morphologiques et psychologiques des mots tronqués.

BCILL 106: **F. ANTOINE**, *An English-French Dictionary of Clipped Words,* XLIV-259 pp., Louvain-la-Neuve, Peeters, 2000. Prix: 27 €. ISBN 978-90-429-0840-6.
This book is a bilingual dictionary of English clipped words ("doc" for "doctor", etc.).

It offers for each headword: one or several translations into French, which aim to be as accurate as possible from the historical and stylistic point of view; examples of usage to show other possible translations; illustrative quotations; the pertinent lexicological data. The dictionary proper is preceded by an analysis of the historical, sociological, morphological and psychological aspects of clippings.

BCILL 107: **M. WAUTHION - A. C. SIMON** (éd.), *Politesse et idéologie. Rencontres de pragmatique et de rhétorique conversationnelles,* 369 pp. Louvain, Peeters, 2000. Prix: 33 €. ISBN 978-90-429-0949-6.
Ce volume représente les actes du colloque qui, en novembre 1998, a réuni à Louvain-la-Neuve une trentaine de chercheurs francophones pour explorer les rapports entre linguistique et littérature autour du thème de la politesse des échanges et de la rhétorique des conversations. Ces univers scientifiques distincts nous rappellent la vocation de la politesse à agir dans la science classique comme dénominateur commun du savoir et du savoir-vivre.

BCILL 108: **L. BEHEYDT — P. GODIN — A. NEVEN — B. LAMIROY — W. VAN BELLE — J. VAN DER HORST — W. VAN LANGENDONCK** (éd.), *Contrastief onderzoek Nederlands-Frans / Recherches contrastives néerlandais-français,* 239 pp., Louvain, Peeters, 2001. Prix: 21 €. ISBN 978-90-429-1004-1.
Ce recueil interpellera linguistes, didacticiens, traducteurs et enseignants soucieux de voir leurs pratiques éclairées par les données de la recherche. Problèmes de phonétique et de morphologie, de syntaxe et de sémantique, démarches fonctionnelles et cognitives conduiront le lecteur à bien des considérations, parfois audacieuses, toujours dûment motivées. Ces textes ont été présentés lors du colloque de linguistique contrastive "Néerlandais-Français" organisé en étroite collaboration entre l'UCL et la KUL, en mars 2000 à Louvain-la Neuve.

BCILL 109: *Hethitica XV. Panthéons locaux de l'Asie Mineure pré-chrétienne. Premier Colloque Louis Delaporte – Eugène Cavaignac (Institut Catholique de Paris, 26-27 mai 2000), Acta Colloquii edenda curavit* René LEBRUN, 244 pp., 2002. Prix: 23 €. ISBN 978-90-429-1199-4.

BCILL 110: **J. PEKELDER**, *Décodage et interprétation. Ordres linguistique, iconique et pragmatique en néerlandais contemporain*, 298 pp. Louvain, Peeters, 2002. Prix: 42 €. ISBN: 978-90-429-1139-0.
Quel est le comportement du récepteur natif en néerlandais contemporain? Quelles sont les stratégies de décodage et d'interprétation de l'organisation linéaire des constituants? Comment construire valablement un modèle permettant de simuler ces stratégies? Telles sont les principales questions qu'aborde ce livre.

BCILL 111: **P. LORENTE FERNÁNDEZ,** *L'aspect verbal en grec ancien. Le choix des thèmes verbaux chez Isocrate,* 400 pp., Louvain, Peeters, 2003. Prix: 36 €. ISBN 978-90-429-1296-0.
Cet ouvrage présente une approche nouvelle du difficile problème de l'aspect verbal en grec ancien. Utilisant une base informatisée de 14980 formes verbales, il étudie en détail une cinquantaine de facteurs (morphologiques, syntaxiques et lexicaux) susceptibles d'avoir une incidence sur le choix aspectuel. Il en résulte que les temps de 95% des formes du corpus sont explicables par un ou plusieurs facteurs dont l'influence est statistiquement démontrable.

BCILL 112: **H. BOUILLON** (éd.), *Langues à niveaux multiples. Hommage au Professeur Jacques Lerot à l'occasion de son éméritat,* 284 pp. Louvain, Peeters, 2004. Prix: 25 €. ISBN 978-90-429-1428-5.
Une moisson de faits de langue dans des cultures aussi bien proches qu'éloignées comme le Burundi ou Madagascar, examinés d'un point de vue linguistique, littéraire ou didactique: c'est ce que rassemblent les 18 articles de ce volume offert à Jacques Lerot à l'occasion de son éméritat. Leurs 21 auteurs ont voulu exprimer leur amitié au collègue émérite en employant les langues qui lui tiennent à cœur, français, allemand, néerlandais ou anglais.

BCILL 113: **É. TIFFOU** (éd.), *Bourouchaskiana. Actes du Colloque sur le bourouchaski organisé à l'occasion du XXXVI*e *Congrès international sur les Études asiatiques et nord-africaines (Montréal, 27 août — 2 septembre 2002),* 124 pp., Louvain-la-Neuve, Peeters, 2004. Prix: 15 €. ISBN 978-90-429-1528-2
Ces *Bourouchaskiana* présentent un panorama des connaissances relatives au bourouchaski, langue sans parenté démontrée et qui constitue un isolat parlé par seulement quelques dizaines de milliers de locuteurs dans l'extrême nord du Pakistan. On y trouvera six articles dus à cinq éminents spécialistes: E. Bashir, H. Berger, Y. Morin, É. Tiffou et H. van Skyhawk.

BCILL 114: **R. GÉRARD**, *Phonétique et morphologie de la langue lydienne,* 130 pp., Louvain-la-Neuve, Peeters, 2005. Prix: 15 €. ISBN 978-90-429-1574-9
Le lydien est une langue indo-européenne appartenant au groupe anatolien, à l'instar du hittite, du louvite, du palaïte, du lycien ou du carien. Elle est attestée par des inscriptions datées des VIIIe-IIe s. av. J.-C. Ce livre présente un état des lieux le la phonétique et de la morphologie lydienne.

BCILL 115: **L. FILLIETTAZ – J.-P. BRONCKART** (éd.), *L'analyse des actions et des discours en situation de travail. Concepts, méthodes et applications,* 264 pp., Louvain-la-Neuve, Peeters, 2005. Prix: 33 €. ISBN 978-90-429-1612-8.
Cet ouvrage porte sur la dimension langagière des activités de travail. Il propose un ensemble de considérations théoriques et méthodologiques permettant d'en rendre compte. Ses contributions analysent des données empiriques issues de domaines professionnels variés (industrie, agriculture, services, école, formation professionnelle, etc.). Les points de vues envisagés sont eux-mêmes divers : psychologie du travail, didactique professionnelle, différents courants en linguistique du discours et de l'interaction.

BCILL 116: **W. O. DESMOND**, *Paroles de traducteur. De la traduction comme activité jubilatoire. Avant-propos de* F. ANTOINE, X-135 pp., Louvain-la-Neuve, Peeters, 2005. Prix: 16 €. ISBN 978-90-429-1626-5.
Paroles de traducteur est dû à un grand de la traduction contemporaine, William O. DESMOND – il a, entre autres, traduit en français Stephen King ou Donna Leon et est actuellement associé au DESS de traduction de l'Université de Bordeaux. Ce volume rassemble une belle moisson de réflexions concrètes, nourries par une longue pratique et soutenues par une claire vision de ce qu'est l'activité du traducteur.

BCILL 117: **E. CRESPO – J. DE LA VILLA – A. R. REVUELTA** (eds.), *Word Classes and Related Topics in Ancient Greek. Proceedings of the Conference on 'Greek Syntax and Word Classes' held in Madrid on 18-21, June 2003*, 584 pp., Louvain-la-Neuve, Peeters, 2006. Prix : 49 €. ISBN 978-90-429-1737-8.
This book presents an up-to-dated and thorough treatment of an important part of the syntax of Ancient Greek, the Word Classes. It reflects a large part of the research on Ancient Greek Syntax nowadays. It intends to be useful for classicists, historical linguists and Hellenists.

BCILL 118: **J. AMERLYNCK**, *Phraséologie potagère. Les noms de légumes dans les expressions françaises contemporaines.* Préface de Gaston GROSS. Illustrations de Th. AMERLYNCK, 250 pp., Louvain-la-Neuve, Peeters, 2006. Prix: 23 €. ISBN 978-90-429-1738-5.
La langue d'aujourd'hui regorge encore d'expressions figurées empruntées au monde des légumes. C'est que le potager inspire toujours le français du XXIe siècle: d'*avoir la patate* à *être dans les choux*, voire même à *tremper son poireau...* Ce livre fait l'inventaire de tout ce trésor potager, en retraçant l'évolution du sens et de la forme de ces locutions pleines de saveur.

BCILL 119: **G. STELL**, *Luxembourgish standardization. Context, ideology and comparability with the case of West Frisian*, 91 pp., Louvain-la-Neuve, Peeters, 2006. Prix: 10 €. ISBN 978-90-429-1847-4.
Labelled the 'youngest Germanic language', Luxembourgish is still in the process of being standardized. The modalities of this process have sought their justification in the imagery of a common Luxembourgish language already established in everyday practice. Confronting that imagery with data on actual language reality in Luxembourg, this book attempts to draw a parallel between Luxembourgish and the more standardized, but sociolinguistically comparable West Frisian.

BCILL 120: **Y. DUHOUX – A. MORPURGO DAVIES** (eds), *A Companion to Linear B. Mycenaean Greek Texts and their World,* Volume I, 430 pp., 2008. Prix: 55 €. ISBN 978-90-429-1848-1.
Linear B is the earliest form of writing used for Greek. The tablets written in this script offer crucial information about the Mycenaean Greeks and their time. This *Companion* aims at not only summarizing the results of current research but also trying to explain the problems which arise from the study of the texts and the methods wich can be used to solve them. It is aimed both at the beginner who needs an introduction to this area and to advanced scholars (archaeologists, historians, classicists) who require an up-to-date account which can serve as a standard reference tool and highlight the remaining problems.

BCILL 121: **E. ADAMOU** (éd.), *Le nom des langues II. Le patrimoine plurilingue de la Grèce,* 153 pp., Louvain-la-Neuve, Peeters, 2008. Prix: 15 €. ISBN 978-90-429-2059-0.
Cet ouvrage présente les langues les moins parlées en Grèce contemporaine, héritage des empires byzantin et ottoman. S'appuyant sur des enquêtes de terrain, les auteurs présentent des informations sur la situation linguistique, sociolinguistique et historique de chaque langue, de même que sur son ou ses nom(s). Ces données sont indispensables pour appréhender le contexte général et les enjeux de la nomination des langues.

BCILL 122: **H. FUGIER**, *Les constructions causatives en malgache*, 132 pp., Louvain-la-Neuve, Peeters, 2009. Prix: 15 €. ISBN 978-90-429-2174-0.
Les constructions causatives en malgache décrivent les affixes (tous d'origine austronésienne) *man(a)-, -amp- et maha-* qui, adjoints à des radicaux verbaux/adjectivaux/nominaux, produisent des verbes causatifs. Ceux-ci ont en commun leur construction "à pivot", mais leur interprétation varie suivant la position et l'effet fonctionnel de chaque affixe, en explicitant les différentes valeurs de: production d'un effet, explication justificative, ingrédience...

BCILL 123: **M. BIRAUD**, *Les Interjections du théâtre grec antique. Étude sémantique et pragmatique*, 251 p., Louvain-la-Neuve, Peeters, 2010. Prix: 25 €. ISBN 978-90-429-2231-0.
Quelles sont les valeurs des interjections du théâtre grec antique? Cet ouvrage les analyse minutieusement à partir d'une méthode innovante qui associe les acquis de la philologie à ceux de la linguistique pragmatique. *Public visé*: les lecteurs des oeuvres théâtrales et des dialogues philosophiques, mais aussi les chercheurs en linguistisque et en linguistique générale.

BCILL 124 : **C. DE FÉRAL,** *Le nom des langues III. Le nom des langues en Afrique sub-saharienne : pratiques dénominations, catégorisations. Naming Languages in Sub-Saharan Africa: Practices, Names, Categorisations* (sous la direction de C. DE FÉRAL), 309 p., Louvain-la-Neuve, Peeters, 2009. Prix : 30 €. ISBN 978-90-429-2270-9
Les langues sont l'objet de représentations et d'enjeux multiples. Elles sont de ce fait souvent dotées de plusieurs noms, ce qui peut engendrer confusion et désaccords. Il convient donc de se demander « qui nomme, quelle langue, pour qui et quand ? ». Ce volume consacré à l'Afrique sub-saharienne recense et questionne un millier de dénominations qui se réfèrent à des langues africaines (« ethniques » et véhiculaires), des langues européennes qui assument la fonction de langues officielles, et des pratiques issues du contact entre ces langues européennes et africaines (pidgins, créoles et « parlers jeunes »).

SÉRIE PÉDAGOGIQUE DE L'INSTITUT DE LINGUISTIQUE DE LOUVAIN (SPILL)

VOLUMES RÉCENTS

Tous les volumes antérieurs de la SPILL sont disponibles et peuvent être commandés chez les Editions Peeters

SPILL 20: **C. CAMPOLINI, V. VAN HÖVELL, A. VANSTEELANDT,** *Dictionnaire de Logopédie: Le développement normal du langage et sa pathologie.* XVI-138 pages; 1997. Prix: 12 €. ISBN 978-90-6831-897-5.
Cet ouvrage rassemble les termes utilisés en logopédie-orthophonie pour décrire la genèse du langage et les troubles qui peuvent entraver les processus normaux de son acquisition. Première étape d'une réflexion qui cherche à construire un outil terminologique spécialement destiné aux professionnels du langage, il s'adresse également aux parents et enseignants, témoins privilégiés de l'évolution linguistique des enfants.

SPILL 21: **Fr. THYRION,** *L'écrit argumenté. Questions d'apprentissage,* 285 pp., Louvain-la-Neuve, Peeters, 1997. Prix: 25 €. ISBN 978-90-6831-918-7.
Ce livre est destiné aux enseignants du secondaire et du supérieur qui ont à enseigner la tâche créative à haut degré de complexité qu'est l'écrit argumenté. Les opérations d'un apprentissage progressif et adapté au niveau des apprenants y sont passées en revue, de même que les étapes et les indices de la maîtrise du processus.

SPILL 22: **C. CAMPOLINI, V. VAN HÖVELL, A. VANSTEELANDT,** *Dictionnaire de logopédie: Les troubles logopédiques de la sphère O.R.L.,* XV-123 pages; 1998. Prix: 15 €. ISBN 90-429-0006-7.
Ce livre est une suite logique d'un premier ouvrage et se veut une étape dans la construction d'un dictionnaire exhaustif du langage logopédique. Il aborde les domaines du dysfonctionnement tubaire, de l'orthopédie dento-faciale, de la dysphagie et dysphonies. S'il s'adresse bien sûr aux logopèdes-orthophonistes, il cherche aussi à interpeller les spécialistes de l'équipe pluridisciplinaire et susciter ainsi la rencontre de savoir-faire complémentaires.

SPILL 23: **Ph. BLANCHET,** *Introduction à la complexité de l'enseignement du français langue étrangère,* 253 pp., Louvain-la-Neuve, Peeters, 1998. Prix: 23 €. ISBN 978-90-429-0234-3.
Cet ouvrage novateur propose un parcours à travers les questions fondamentales qui se posent quant à la diffusion et l'enseignement du «Français Langue Étrangère». On les examine de points de vue issus de courants scientifiques récents (interculturalité, pragmatique, sociolinguistique, sciences de l'éducation), dans une éthique pluraliste respectueuse de l'Autre, associant diversité et unité. Une bibliographie fournie étaye le propos et ouvre vers des développements ultérieurs. Ce livre s'adresse à ceux qui désirent s'initier à la didactique des langues, s'orienter vers l'enseignement et la diffusion du F.L.E., ainsi que plus largement à tous ceux que la question des langues et de culture intéresse.

SPILL 24: **J. GRAND'HENRY**, *Une grammaire arabe à l'usage des Arabes*, 154 pp., Louvain-la-Neuve, Peeters, 1999. Prix: 13 €. ISBN 978-90-429-0761-4.
L'étudiant francophone qui souhaite apprendre la langue arabe dans une université européenne utilisera généralement une grammaire arabe rédigée en français par un arabisant, et il y en a d'excellentes. S'il dépasse le niveau élémentaire et veut se perfectionner par des séjours linguistiques en pays arabe, il se trouvera rapidement confronté à un problème difficile: celui de la grammaire arabe à l'usage des Arabes, la seule employée par les enseignants arabophones dans l'ensemble du monde arabe, qu'elle s'adresse à des étudiants arabophones ou non. Pour cette raison, l'auteur du présent ouvrage s'efforce depuis plusieurs années d'initier ses étudiants au vocabulaire technique de la grammaire arabe destinée aux Arabes. On aperçoit l'avantage d'une telle méthode: permettre à l'étudiant francophone d'aborder d'emblée des cours de perfectionnement de niveau supérieur en pays arabe, en ayant acquis au préalable les bases indispensables. Il s'agit ici de la traduction et des commentaires d'un manuel libanais largement utilisé dans les écoles du monde arabe.

SPILL 25: **C. CAMPOLINI, V. VAN HÖVELL, A. VANSTEELANDT**, *Dictionnaire de logopédie: Le développement du langage écrit et sa pathologie*. Louvain-la-Neuve, Peeters, 2000. Prix: 15 €. ISBN 978-90-429-0862-8.
Ce troisième volet du «dictionnaire de logopédie» s'inscrit comme une suite logique des deux ouvrages qui l'ont précédé. Après avoir envisagé le langage oral, son évolution normale et les troubles qui peuvent entraver son développement, les auteurs se devaient de prolonger leur réflexion en se penchant sur le langage écrit dont le point d'encrage s'appuie sur un ensemble de bases linguistiques, préalablement intégrées.

SPILL 26: **C. CAMPOLINI, A. TIMMERMANS, A. VANSTEELANDT,** *Dictionnaire de logopédie. La construction du nombre*. Louvain-La-Neuve, Peeters, 2002. Prix: 15 €. ISBN 978-90-429-1093-5.
Cet ouvrage prolonge la réflexion terminologique poursuivie dans le secteur de la logopédie. Les auteurs abordent ici un domaine qui peut apparaître, de prime abord, assez éloigné de la vocation paramédicale première des logopèdes. L'élaboration de la notion de nombre est d'ailleurs un domaine qui intéresse tout autant les enseignants, les psychologues et les éducateurs en général, spécialisés ou non. Les logopèdes sont pourtant souvent sollicités pour la rééducation des troubles d'apprentissage en calcul dont les causes profondes doivent être recherchées dans les toutes premières étapes du développement cognitif.

SPILL 27: **C. CAMPOLINI, F. TOLLET, A. VANSTEELANDT**, *Dictionnaire de logopédie. Les troubles acquis du langage, des gnosies et des praxies*. Louvain-La-Neuve, Peeters, 2003. Prix: 25 €. ISBN 978-90-429-1278-6.
Cet ouvrage constitue le cinquième volume d'une série consacrée à la réflexion terminologique relative au langage spécifique des logopèdes-orthophonistes. Les auteurs abordent ici le vaste domaine des troubles acquis suite à une atteinte cérébrale. La recherche a permis de mettre en évidence la complexité des pathologies rencontrées qui débordent le cadre, déjà large pourtant, des symptômes langagiers. Les practiciens se doivent d'aborder les patients dans une perspective globale en tenant compte de l'ensemble des perturbations cognitives. Si beaucoup de questions restent encore en suspens, cette recherche permet de faire un état actuel de la question et de clarifier des notions qui restent souvent très floues pour les praticiens.

PRINTED ON PERMANENT PAPER • IMPRIME SUR PAPIER PERMANENT • GEDRUKT OP DUURZAAM PAPIER - ISO 9706
N.V. PEETERS S.A., WAROTSTRAAT 50, B-3020 HERENT